国家自然科学基金青年项目
（匹配视角下环境规制与结构升级的能源环境偏向型
技术进步效应研究，71804001）阶段性成果

Energy and Environment Biased Technological Progress in the Context of

CARBON NEUTRALITY

碳中和背景下的能源
环境偏向型技术进步

周肖肖 ◎ 著

中国财经出版传媒集团

经济科学出版社
Economic Science Press

图书在版编目（CIP）数据

碳中和背景下的能源环境偏向型技术进步/周肖肖
著 . -- 北京：经济科学出版社，2022.7
ISBN 978 - 7 - 5218 - 3870 - 1

Ⅰ.①碳… Ⅱ.①周… Ⅲ.①二氧化碳 - 节能减排 -
影响 - 能源开发 - 技术进步 - 研究 - 中国 Ⅳ.
①F426.2

中国版本图书馆 CIP 数据核字（2022）第 128202 号

责任编辑：李　雪
责任校对：郑淑艳
责任印制：邱　天

碳中和背景下的能源环境偏向型技术进步
周肖肖　著
经济科学出版社出版、发行　新华书店经销
社址：北京市海淀区阜成路甲 28 号　邮编：100142
总编部电话：010 - 88191217　发行部电话：010 - 88191522
网址：www. esp. com. cn
电子邮箱：esp@ esp. com. cn
天猫网店：经济科学出版社旗舰店
网址：http：//jjkxcbs. tmall. com
固安华明印业有限公司印装
710 × 1000　16 开　22 印张　340000 字
2022 年 9 月第 1 版　2022 年 9 月第 1 次印刷
ISBN 978 - 7 - 5218 - 3870 - 1　定价：99.00 元
（图书出现印装问题，本社负责调换。电话：010 - 88191510）
（版权所有　侵权必究　打击盗版　举报热线：010 - 88191661
QQ：2242791300　营销中心电话：010 - 88191537
电子邮箱：dbts@ esp. com. cn）

目录
CONTENTS

第1章

碳中和与当代中国
能源、环境问题

1.1 引　　言

　　绿色低碳是近年来发展的主旋律，全球多个国家都定下了 21 世纪实现碳中和的伟大目标，2020 年 9 月中国明确提出 2030 年"碳达峰"与 2060 年"碳中和"的"双碳"目标，具有加速能源结构变革、加快应对气候变化行动力、引领全球气候治理、推进经济高质量发展等多重战略意义（成金华等，2021；庄贵阳等，2022）。目前中国正致力于建设绿色低碳经济体系，致力于为新发展时期经济注入活力。然而在中国经济转型发展过程中面临着许多难题，其中，能源、环境问题是中国在新时代统筹推进"五位一体"总体布局、建设生态文明必须要解决的问题，是实现"双碳"目标必须直接面对的难题。

　　能源安全是国家发展的基石（史丹和薛钦源，2021）。2022 年是改革开放 44 周年，我国能源发展自 1978 年以来，取得了巨大成果，建立了多元能源体系，包括化石燃料和非化石燃料。化石燃料有煤炭、石油和天然气，非化石燃料有风能、核能和太阳能等，我国是全球最大的能源生产和消费国。近年来，中国的能源消费发展相比经济发展增速较低，但仍然面临着煤炭消费高、碳排放程度大、能源消费海外依赖度过高、可再生能源供应有限、能源管理体系机制不完善等问题。同时，大量化石能源消耗导致的环境问题已然成为制约我国经济发展的重要因素，是阻碍我国生态文明建设的关键问题（付佳鑫和肖新建，2021）。

本章主要目的在于明确碳中和背景下中国能源、环境基本情况以及其对未来经济发展的可能约束等，以期明确碳中和时代背景下我国在能源、环境方面存在的主要问题。首先，对碳中和的提出及其发展历史进行梳理，形成对碳中和概念和内涵的明确界定，并整理碳中和与可持续发展的联系，比较分析中国在碳中和方面面临的压力；其次，通过对中国化石能源、环境资源和可替代资源发展现状的整理，形成对我国资源、环境现状的总体把握；之后，通过中国能源和环境的国际比较来了解我国能源、环境在世界格局中的基本状况及其重要性；最后，整理上述分析，总结碳中和背景下中国能源、环境存在的问题，并从技术进步的视角分析可能的突破口。

1.2 碳中和的提出和发展历史

1.2.1 碳中和的概念

目前全球变暖已经成为国际社会需要解决的共同问题，研究温室效应，就不得不考虑碳排放，因为碳排放量与当前的全球变暖问题密切相关。几百年前排放的温室气体，也是导致如今全球变暖的原因之一。温室气体排放如果持续过多地增加，可能会导致地球温度不断升高。如果放任地球温度再升高几度，不采取管控措施，将会引发一系列不可控的恶劣后果，比如冻土融化、病毒释放、海平面上升等等。自工业革命开始以来，世界已经升温了 1.2 摄氏度，有关专家表示，需要将升温幅度控制在 1.5 摄氏度内，才能避免气候危机形成气候灾难。

碳达峰是实现碳中和所必须经历的一个过程，主要是指以二氧化碳（carbon dioxide，CO_2）为主的温室气体在经过前期的排放后，在某一个时点后，二氧化碳不再增加，排放量达到一个峰值，也就是碳排放的拐点，这标志着二氧化碳的排放量开始由增变减，在此之后，二氧化碳的排放量逐渐减少。因为各个国家自身情况不同，碳达峰的时间也有所不同，在全球气候问题的背景下，我国庄严宣布力争在 2030 年达到碳达峰，体现了高度负责任的大国形象，为世界应对气候变化问题注入一剂强心剂。

碳中和是指在一段时间内，碳排放在达到峰值以后（也就是达到了所谓的碳达峰）自然界的碳排放量开始逐渐减少，最终实现零碳排放，即二氧化碳"净零排放"。这一概念涉及的主体不仅可以是国家和地区，也涉及个人、企业、团体、行业等，其核心是经济体在其活动期间和范围内实现净零排放。目前主要的措施有植树造林、发展碳汇技术、碳捕捉技术以及大力宣传低碳生活进行节能减排等（庄贵阳等，2022）。碳中和的实现有助于全球应对气候变暖问题，全球已经一百多个国家提出了碳中和目标（成金华等，2021）。

面对严峻的国际形势，2020 年 9 月 22 日，习近平主席在第 75 届联合国大会上，明确向全世界表态，中国将在世界上引领新的绿色发展理念，在高质量的发展中，通过经济社会的发展推动整体的绿色转型，提出"双碳"目标，即 2030 年前，二氧化碳的排放达到峰值，2060 年实现碳中和，为世界作出巨大贡献[①]。综合来看，我国应对气候变化目标从相对目标，最终转向了绝对目标，也就是能源和碳强度目标，通过目标过渡，最终转向碳达峰、碳中和目标。

气候变化问题一直是我国关注的重点问题，国家采取的态度是积极应对气候变化，将气候问题纳入国家经济社会发展的重大战略，自从"十一五"开始，每个五年规划都会制定应对气候变化的目标。根据国务院新闻办公室 2020 年 12 月发布的《新时代中国能源发展》白皮书，2019 年碳排放强度与 2005 年相比，降低了 48.1%，其中非化石能源占能源消费比重达到了 15.3%，从整体目标制定规划速度看，我国已提前完成向国际社会承诺的 2020 年目标。

2021 年 3 月 5 日，《政府工作报告》指出我国将稳步推进碳达峰和

---

① 习近平在第七十五届联合国大会一般性辩论上的讲话，https://baijiahao.baidu.com/s? id = 1678595656103445127&wfr = spider&for = pc。

碳中和的各项工作，制定 2030 年前碳达峰行动方案，优化资源配置，升级能源消费结构。因此，"30·60 目标"是我国对地球的承诺，也是对未来的美好期许。

2021 年是"双碳"目标行动方案制定年（安国俊等，2022）。2021 年 2 月 2 日发布的《国务院关于加快建立健全绿色低碳循环发展经济体系的指导意见》指出我国要高度贯彻党的十九大和十九届二中、三中、四中、五中全会精神，认真落实党和国家的相关工作，要坚定不移地实行新发展理念，以此为抓手实现绿色转型，全面实现绿色规划、绿色设计、绿色投资、绿色生活等一系列绿色理念，使得发展不再以破坏环境为代价，制定了环境保护的相关规章制度，在有效遏制以二氧化碳为主的温室气体排放的基础上，推动经济高质量发展，同时完善绿色低碳循环发展的经济体系，为我国实行碳达峰和碳中和打下坚实基础，使得我国的绿色发展更上一层楼。

进一步，为了更好地有序开展碳达峰和碳中和的相关工作，2021 年 10 月下旬，中共中央　国务院发布了《中共中央　国务院关于完整准确全面贯彻新发展理念做好碳达峰碳中和工作的意见》，该文件对于如何实行碳达峰和碳中和进行了统筹规划和系统部署，并且积极构建出中国自己的"1 + N"政策体系的顶层设计。作为"1 + N"政策体系中的"1"，此文件起到了统筹全局的重要作用，坚定支持中国将绿色低碳作为未来经济社会发展的主旋律。

1.2.2 碳中和的发展背景

近 100 年来，地球至少遭受了 10 次由气候异常带来的大型自然灾害，给人类的生命财产带来巨大的损失。自然灾害频发的根源在于地球变暖，而燃烧化石能源导致的二氧化碳等温室气体过度排放就是地球变暖的主要原因。

自 18 世纪 60 年代以来出现了三次工业革命，前两次大大推进了人类利用化石能源的进度，而化石能源是产生以二氧化碳为主的温室气体的主要来源，主要包括煤炭、石油和天然气。260 多年过去了，厄尔尼诺以及拉尼娜现象带来了台风、飓风、森林大火、洪水等巨大灾害。

　　面对人类共同的敌人，只有通过世界各国共同的努力才能延缓地球温度的上升，才能降低灾害发生的频率，于是《巴黎协定》在以联合国为首的国际组织的努力下成为人类对抗未来灾害的共同行动。

　　2015 年，很多国家均签署了《巴黎协定》，中国作为人口和碳排放大国在 2016 年 9 月正式加入该协定，并在 2018 年兑现了《巴黎协定》的承诺，相比原先制定的计划，提前了整整三年，碳排放强度比 2005 年下降 45.8%。《巴黎协定》的最终目标是减少温室气体排放量，尽力在 21 世纪内将地球温度增长幅度限制在 2 摄氏度以内，同时努力把温度增长幅度进一步限制在 1.5 摄氏度以内。《巴黎协定》是碳减排的"最低限度行动"，之后联合国环境规划署发布的《2020 年排放差距报告》给出了更大的碳减排决心，构成了我国提出双碳目标的国际环境（杜祥琬，2021）。

1.2.3　碳中和与可持续发展

　　能源是人类文明发展进步最重要的推动力量，发挥着塑造社会主体技术和经济发展范式的基础性作用，能源的低碳化是人类实现可持续发展的历史必然（卢纯，2021）。中国的"双碳"将导致国家社会和经济发展发生深刻变化。中国人口众多、经济规模大，同时也是温室气体排放大国，在应对气候变化方面，中国对实现全球目标具有决定性影响。中国的承诺能走多远，将对全球气候变化目标能实现多少产生重大影响。

　　在《巴黎协定》生效第五个年头后，美国正式退出。新冠肺炎疫情的爆发也让许多人对协议能否继续施行感到困惑。此刻，中方的承诺表明对该协议的大力支持，不仅重新定义中国在减缓气候变化方面的重要作用，而且将对中国乃至全球政治、经济、文化以及世界秩序产生巨大影响。

　　在国内，碳中和目标深刻影响中国未来经济发展的方向。目前，中国正在实施"十四五"规划。随着国内疫情状况有所好转，经济正处于复苏阶段。在这个特殊时刻宣布碳减排目标可能影响未来的整体经济结构。可以预见，可再生能源产业将迎来更多发展机遇，煤炭开采和燃煤发电将被逐步淘汰，中国能源格局将发生根本性转变。

其实早在 2015 年，中国政府就向联合国提交了《强化应对气候变化行动——中国国家自主贡献》报告，提出到 2030 年左右二氧化碳达到峰值，并争取尽早达峰。经过多方努力，中国在减碳减排领域取得了重要成果，提前完成了"十三五"（2016~2020）的约束性目标，并且与 2015 年相比，2019 年的碳强度下降了 18.2%。

在其他方面中国也有巨大成效，如在技术方面，中国在多个重点领域取得了突破性进展，我国的可再生能源资源的生产成本相较于过去的十年，实现了大幅度下降，其中以光伏发电最为突出，生产成本降低了近 90%，已经低于煤炭。可再生资源产生的绿色电力已可以实现对煤炭的技术替代。工业能源效率也显著提高。中国数字化和信息化技术崛起开始加速推进能源消费结构和产业结构的优化转型。

中国对绿色发展的承诺和环境保护的努力体现了其减少碳排放的使命。在相关政策方面主要体现在政策制定和执行均更加注重经济的高质量发展，兼顾了经济增长和保护环境的双重目标。经济和环境政策之间也强调更好的协同作用。

但是，我们要看到，为实现碳中和目标，中国需要在各个领域进行深刻变革。在能源领域，煤炭在能源消费中的比重将下降到 10% 甚至不到 5%。目前，中国西北部的青海省就是一个很好的例子。青海能源结构独特，风能、太阳能、水资源丰富，清洁能源占比 87%，每年有 1/3 的时间完全靠清洁能源来发电，可再生能源开发潜力巨大，目前达到了 30 亿千瓦，直接开发潜力达到了 10 亿千瓦。2020 年 9 月，青海向其他地区输送清洁能源的首条特高压直流输电通道[①]实现与中部河南省相连。未来，青海、甘肃、宁夏、内蒙古等西部地区将成为清洁能源的根基，也可以称作发电基地，从而使得中国能源供应地图有所改变。

另一个值得关注的问题是自然资源丰富的省份和地区的转型问题。主要将从以下两个方面进行：第一，要发展可再生能源，大力发展风电

---

① 世界首条特高压输电大通道"青豫直流"投运，https://baijiahao.baidu.com/s? id = 1688200385117356897&wfr = spider&for = pc。

产业，提高以新能源为主的绿电占比；第二，充分发展互联网技术，通过搭建互联网大数据中心平台，探索新的发展功能。上述措施将有效减少环境污染，并且有利于将煤炭对经济社会的影响降到最小。能源消费结构的优化和转型将是一个长期的过程，因此要做好长期攻坚的准备，制定中长期计划，以便更好地实现能源转型。而在这过程中，不可避免地会出现转型的阵痛期，即传统的火力发电为主的行业中基层煤炭工人将会面临失业等问题，面对这种情况国家应该积极提供相关培训，使传统煤炭行业的从业人员向新能源行业的从业人员转变，顺利实现从高碳产业转移到低碳产业的转岗。

在工业生产领域，许多关于节能减排的技术正在积极地研究开发和推广应用中。例如，由于废钢库存的增加，将其作为铁矿石的替代品，以此节省大量能源。炼钢中的还原剂由煤和焦炭改为氢气后，不会产生任何碳排放。另外，低碳水泥的研究已经取得了较大的进展，零碳水泥的研发也在进行中。煤基化工向氢基转变的方式也在研究中。

在建筑领域，零碳柔性建筑正被引进深圳等城市做试点。在屋顶的建筑设计以及光伏板的立面安装方面，开始将储能电池配置到每一户，并且安装直流配电网，从而实现城市建筑供电、制冷和供暖的全自动化。住宅小区和工业园区的低碳零碳化和智能化将是未来的主要趋势。

在农业领域，光伏农业发展潜力巨大。例如，在青海的广阔大漠安装上光伏板，其好处是既可以发电，又可以减少沙漠中水的蒸发。同时，还可以通过冲洗这些光伏板，来增加灌溉水量，增加草地面积。当地人把羊放在板下放牧，形成了综合水、草、光伏、牲畜的良性生态循环圈。青岛地区也在极力探索发展光伏农业，通过农民在太阳能电池板下种植蘑菇的措施，大幅增加农民收入。我国农村低收入人口仍然较多，探索新能源相关产业也是增加收入的一种方式。

实现碳达峰、碳中和目标是党和国家根据国内国际现实局面做出的重大战略决策，体现了党和国家对资源环境问题的重视，反映了国家对于着力解决资源环境问题的决心，同时顺应了可持续发展目标的要求，有利于我国可持续性发展，也是我国追求人类命运共同体的具体体现。

总而言之，实现"双碳"目标的关键是不断推动化石能源与非化石能源的发展，促进能源清洁低碳化，构建安全、高效、低碳的能源体系（王茹，2020），与国家可持续发展密不可分，二者相辅相成。

1.2.4 中国碳中和压力较大

2020 年 9 月 22 日，在新冠肺炎疫情全球大爆发的背景下，中国宣布了"'30·60'双碳"目标。这一目标通常被认为涵盖了所有人为的温室气体。目前，中国的规划工作正在全面展开，但脱碳的途径还在持续研究发展中。非化石能源转型十分必要，其对中国和世界的影响巨大，同时挑战也很大。随着中国城镇化的不断发展与工业化的不断推进，能源消费不断扩大，碳排放量也不断上升。碳中和目标提出后，我国陆续出台了许多碳中和相关文件，例如大力发展新能源电动汽车产业、逐步降低新车中传统燃油汽车的占比等。此外，国家发改委会同各相关部门颁布关于"双碳"目标的规章制度，并且将尽快建立健全碳达峰、碳中和的"1 + N"相关政策体系（谭显春等，2022；庄贵阳等，2022），同时因地制宜、科学合理地使得各地方建立起行之有效的"双碳"目标实施方案。

在气候风险已经成为全球性非传统风险的今天，尽管我国早做准备、积极行动以应对碳减排问题，但作为世界第一的碳排放大国，我国在实现"双碳"目标方面依然面临着较大压力，存在许多困难。

一是人口问题。我国作为泱泱大国，拥有十四亿人口，基本上是所有发达国家人口总和，要计算碳排放，人口问题是不能忽略的，人人平等，那么碳排放也应该是平等，但人口基数的巨大差异导致国际碳排放标准在我国实行相对困难；二是时间问题。我国是最大的发展中国家，发达国家早在 1850 年起就已经开始碳排放，已经经历过经济高速发展阶段，而发展中国家正处于经济飞速发展时期，社会发展与碳排放势必会存在一定的矛盾；三是能源问题。我国能源消费一直以传统化石能源为主，且较快的经济增长速度和巨大的经济基数使得我国能源消费总量高居不下，特别是传统能源消费占全球比重较高，想要改变当前的能源结构非常困难；四是环境生态问题。以往高投入、高污染、高排放的经济发展方式实现了中国经济快速增长，但也造成了巨大的环境生态代价，我国生态环境的破坏已经到了严重影响人们生活、制约经济发展的程度，彻底放弃传统经济发展方式存在较大的成本，形成了积重难返的困局。

此外，为实现"双碳"目标，技术创新是关键突破口。中国在碳中和关键核心技术的创新发展、技术应用的基础设施建设和市场机制建设方面均存在许多问题。首先，在核心技术创新发展上，中国工程院院士贺克斌在"碳中和与绿色高质量发展"的演讲中指出科技部组织专家分析了我国实现"双碳"目标的相关支撑技术，列出了 6 大类、18 子类、66 个亚类的关键技术，其中 34% 已得到商业营运，36% 还处于中试和工程示范阶段，另外还有 30% 在概念和研发阶段。这意味着，我国碳中和技术总体成熟度不高，还有 2/3 的任务需要突破，形势比较严峻[①]。其次，在技术应用方面，不仅存在对应的基础设施建设不足、不均衡问题，还存在政府引导为主、市场机制建设不足问题。然而，为推动碳中和技术的普遍应用和长期发展，市场机制的引入、推广和主导是必然的。总而言之，我国在实现碳达峰碳中和的道路上依然任重道远，下文将主要从能源和环境两方面通过现状描述和国际比较分析中国面临的具体问题，并试图从技术进步方向寻求解决之道。

1.3　中国能源和环境现状

1.3.1　中国化石能源消费现状

自 1978 年改革开放以来，我国经济在较短的时间内快速发展，并且城市化和工业化进程也在飞速前进，与此同时国家资源存量不断减少，过度依赖资源的经济发展方式遇到阻碍，经济发展急需从资源驱动转向技术驱动。

---

①　中国工程院院士贺克斌："双碳行动"或影响我国未来 40 年，https：//www. cenews. com. cn/news. html？aid＝995934。

在经济发展取得巨大成就的同时，我国也付出了巨大的能源和环境代价。从总量上来看（见图1-1），自1980年来我国能源消费总量高居不下，2016年中国超过美国成为全球最大能源消费国，2020年我国能源消费总量高达455737万吨标准煤。同时我国能源消费总体呈现出增长趋势，特别是在2000年以后，增长趋势更加明显，除1981年外，之后每年的能源消费增速均在0以上，特别是2003年增速更是高达16.88%。巨大的能源消费基数和短期内难以改变的能源消费增长趋势是导致我国碳排放量高居不下的重要原因之一。

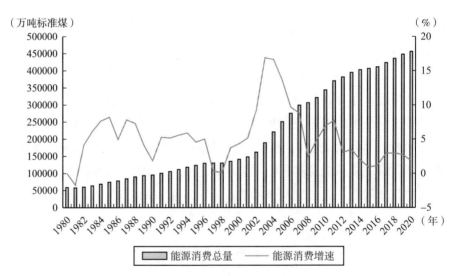

图 1-1　1980~2020 年中国能源消费

注：其中能源消费总量为电热当量计算法数据。

资料来源：《中国能源统计年鉴2021》。

从结构上来看（见图1-2），在我国经济发展过程中，有很长一段时间以煤炭为主的能源消费结构未发生太大的变化。1980~2014年间，我国能源消费结构中煤炭占比一直保持在70%以上，直到2015年才降低到70%以下。但目前来看煤炭依然是我国主要化石能源，2020年能源消费结构中煤炭占比为62.2%。虽然我国能源消费结构中，水电与核电的比重也在不断增加，总体呈现比较明显的上升趋势，但整体来看，水电与核电的比重一直处在 4% 和 1% 以下，所占比重依然较小，尚不足以改变我国以煤为主的能源消费结构趋势。造成了我国的碳排放量较大，排放强度较高。根据"双碳"目标，煤炭消费短期来看稳中有降，需将重点放在煤炭清洁利用方面。根据中国石油天然气集团发布的《世界与中国能源展望（2021 年版）》，煤炭占一次能源消费比重需从 2020 年 57% 降至 2030 年的 43%。石油消费目前将在短期内持续增长，天然气作为相对清洁能源，长期来看会快速增长。可以看出，以煤为主的能源消费结构是导致我国碳排放量高居不下的另一重要因素。

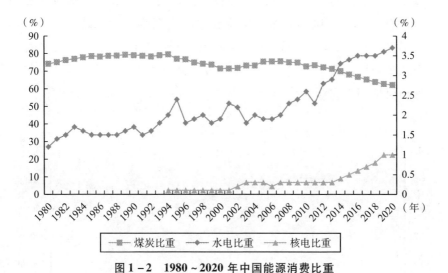

图 1-2　1980~2020 年中国能源消费比重

注：各比重均为电热当量计算法数据结果。
资料来源：《中国能源统计年鉴 2021》。

　　总结而言，我国能源消费整体上呈现出消费总量基数较大、增长趋势短期内难以扭转、消费结构不合理、清洁能源占比较低的特征，这些特征导致了我国能源资源消耗迅速、碳排放量高居不下，在"双碳"目标的指引下，我们应该将工作重点放在传统化石能源清洁利用、优化能源消费结构、加速向新能源转型上。通过对传统化石能源节约集约利用以及新能源的发展替代，实现在保障经济增长所需能源充沛的基础上力争碳达峰碳中和早日到来。

1.3.2　中国环境资源现状

我国过去高污染、高能耗、高排放的生产方式不仅导致能源大量消耗，还给我国带来了巨大的环境影响。基于"双碳"目标的研究背景，我们主要针对大气污染进行对应的分析。

由图1-3可以看出，2000~2020年间，我国二氧化碳排放量逐年上升、二氧化硫排放量在近几年才有所下降、烟尘排放量也呈现出高居不下的态势。其中，自2006年我国成为全球最大碳排放国之后，二氧化碳排放总量一直占据世界第一高位，2021年更是高达全球碳排放量的31.1%，超过美国和欧盟的碳排放总量。意味着我国碳减排工作的推进不仅关系着我国经济绿色转型发展以及人与自然和谐共生，同样对于全球碳减排以及可持续发展目标的推进都至关重要，我国对于环境的治理和保护刻不容缓。

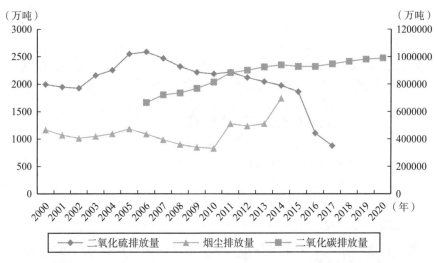

图1-3　2000~2020年中国二氧化碳、二氧化硫和烟尘排放量

资料来源：《bp世界能源统计年鉴》、EPS数据库。

从主要城市来看（见图1-4），2020年各城市工业废气排放差距较大，基本上与其自身经济体量保持相一致的趋势。其中，重庆在工业二氧化硫、工业氮氧化物和工业颗粒物排放方面均占据最高水平，表明重庆当前的生产方式还有待进一步优化，特别是工业生产方式转型问题。天津、石家庄、长春、福州、长春、济南、兰州的二氧化硫排放量也相对较高，他们主要是老工业基地或者工业化水平较高城市，也表示我国大部分城市的工业生产方式都有待进一步绿色化转型。

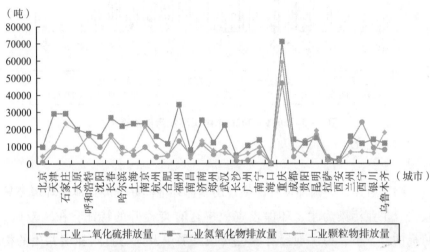

图 1-4　2020 年主要城市工业废气排放

资料来源：《2021 中国环境统计年鉴》。

　　面临严峻的能源和环境压力，中国已经采取相关环保措施，取得了一定的效果，但是整体上还有待进一步完善。从图 1-5 中可以看出，我国环境污染治理投资总额整体呈现上升趋势，工业污染源治理投资也呈现出比较平缓的上升趋势，同时当年完成环保验收项目环保投资具有较明显的上升趋势，一定程度上说明我国在环保方面做出来积极的努力，取得了一定的效果。例如从自然灾害的发生次数和灾害损失来看，根据《2021 中国环境统计年鉴》的数据可知，我国四大类型自然灾害（质地灾害、地震灾害、海洋灾害、森林火灾）的数量均呈现出了下降趋势，但对应造成的损失下降趋势稍显平缓，还有待进一步做好环境保护和自然灾害的预防和防治工作。

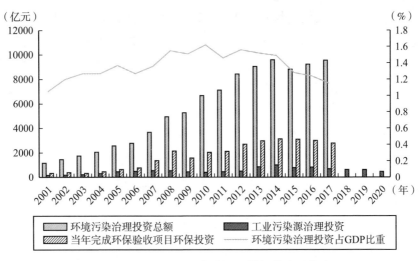

图 1-5　2001~2020 年中国环境污染治理投资

资料来源：《2021 中国环境统计年鉴》。

综上所述，我国环境资源呈现出整体环境向好发展、地区环境差异较大、工业污染为主、环保投资效率还有待提升的特征。在"双碳"目标的背景下，为实现经济绿色转型发展以及人与自然和谐共生的构建，我国亟须寻求能够解决当前能源、环境问题的突破口。

1.3.3　可替代资源发展现状

"双碳"目标的提出开启了中国新一轮能源革命和经济发展范式变革升级的"倒计时"（卢纯，2021）。发展可再生能源是 21 世纪社会发展的必然要求，是保护环境、减少以二氧化碳为主的温室气体排放的主要路径。我国可再生能源资源较丰富，拥有全世界规模最大的清洁可再生能源体系（卢纯，2021），有非常广阔的开发应用前景。

"碳中和"背景下，我国能源结构优化计划不断推进。根据《"十四五"现代能源体系规划》，我国计划到 2025 年单位 GDP 二氧化碳排放五年累计下降 18%，非化石能源消费比重提高到 20% 左右（2030 年 25% 左右），非化石能源发电量比重达到 39%；单位 GDP 能耗下降 13.5%，能源资源配置更加合理。另外，在国家能源局颁布的《2022

年能源工作指导意见》中指出，要求非化石能源消费占比提高到 17.3% 左右，大力发展可再生能源，风能发电量和光伏发电量达到社会总用电量的 12.2% 左右。

如今我国的风电、光电、水电、核电、特高压输电等发电设备和传输技术已经逐渐突破并且领先世界，例如光伏和风电的产量超越西方所有发达国家的总和。除此之外，从成本上看，我们拥有价格优势和规模优势。技术问题的核心便是成本问题，比如光伏发电，目前的成本只有十年前的十分之一，价格已经低于传统的燃煤发电，在国际上极具竞争力。根据我国规划，预计到 2050 年我国光电占到分电源种类发电量组成中的 39%，风电占到 33%。

我国水电与风电资源充足，水力发电与风力发电技术成熟，是清洁的发电方式，未来水力发电具有非常大的发展前景，风力发电未来也会进一步发展。我国光伏发电目前成本较高，需要将太阳能转化为热能和电能，目前正在不断攻克技术，待成本降下来后，会有较大发展。核能是一种清洁能源，具有安全、可靠、不排放污染物和温室气体的优势，未来很有可能大规模取代化石能源。随着近几年核电技术的不断发展，快中子堆技术不断成熟，未来有望用上清洁安全的核聚变能。氢能的不断探索为我国能源发展注入动力源泉，保证能源安全发展。近年来，科研人员不断实验，突破质子交换膜燃料电池技术，可应用于交通领域，实现氢能替代化石燃料。氢能具有清洁、高效特性，可用于氢燃料电池发电，实现零排放，构建永动利用的氢能体系。我国生物质能目前发展非常迅速，其作为固体燃料，用于发电，它可以将生物分解，通过产生沼气发酵进而产生酒精，再通过高温技术得到液体、气体燃料。作为可再生能源的生物质能表现出极大的发展潜力，涉及众多行业，如医疗、化工、食品和消费品等，并以此衍生出了众多的产品导向型公司，因此将是未来发展的一大亮点。我国的地热能与海洋能分布较广，国家采取因地制宜方式，分步进行开采，提升能源利用效率，以此提高整体竞争力，并降低资源浪费。

1.4　中国能源和环境的国际比较

2020 年将永远被人类铭记，被历史铭记。这一年，新冠肺炎疫情爆发，对世界经济产生了巨大的冲击，造成了世界经济的严重衰退，这是和平时期世界经济衰退最为严重的一次。而且新冠病毒带来的负面影响具有长期作用，对经济形成长期的负面影响，在全球能源市场造成了空前的动荡和破坏。

根据《bp 世界能源统计年鉴》2021 版，2020 年全球能源需求下降了 4.5%，这是自二战结束以来最严重的一次衰退，其中最为直接地体现为石油消费需求在能源总需求的比重中下降了 75% 左右，并且与之相关的全球运输需求也在断崖式下降。天然气表现出更强的韧性，主要是中国经济持续强劲增长。在可再生能源方面没有遭受这么严重的打击，即使 2020 年出现了波动，但仍然继续蓬勃发展。表现最为突出的就是风能和太阳能，不仅没有下降反而增加了 238GW① 的发电量，相比较其他时期有近 50% 的扩张，风能发电和太阳能发电出现了有史以来的最大增幅。

在能源使用方面，能耗所带来的碳减排量也有较大的增长，根据英国石油公司公布的数据，2020 年能源使用降低而导致的碳减排量超过了 6%，也是自 1945 年以来降幅最大的一年。新冠肺炎疫情导致的碳排放下降将会随着世界经济的复苏而上升，碳排放将短暂地解除封锁。目前最大的挑战在于如何在不对我们的生计和日常生活产生影响的前提下，实现可持续的、可比较的年复一年的减少排放的目标。

目前随着世界气候问题日益凸显，环境问题越来越严重，对于能源需求不断增长，各国都纷纷出台相应的政策与措施来规范改善能源与环境问题，以促进能源和环境可持续发展。

---

① 吉瓦，1 吉瓦等于 10 亿瓦特。

1.4.1 能源总体发展状况

根据《bp 世界能源统计年鉴》2021 版[①]，2020 年是全球能源消耗自 2009 年以来首次下降，一次能源消费的降幅达到了 4.5%。能源消耗的下降主要是因为石油（−9.7%），由石油推动的能耗下降贡献了近四分之三的净下降，天然气和煤炭价格也大幅下降。风能、太阳能和水力发电在整体能源下降的情况下其需求都有所增长。可再生能源（包括生物燃料，但不包括水力发电）增长 9.7%，增速有所下降，但能源增量与 2017 年、2018 年和 2019 年基本持平（如图 1−6 和图 1−7 所示）。可再生能源增长的最大贡献者是中国（1.0EJ），其次是美国（0.4EJ），欧洲地区贡献 0.7EJ。

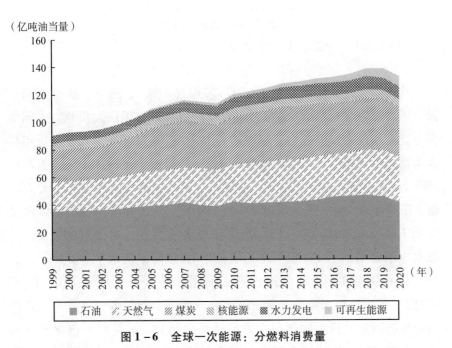

（亿吨油当量）

图例：■ 石油　▨ 天然气　▨ 煤炭　▨ 核能源　▨ 水力发电　■ 可再生能源

图 1−6　全球一次能源：分燃料消费量

资料来源：《bp 世界能源统计年鉴》2021 版。

---

① 本节下文数据均来自《bp 世界能源统计年鉴》2021 版，后文将不再赘述。

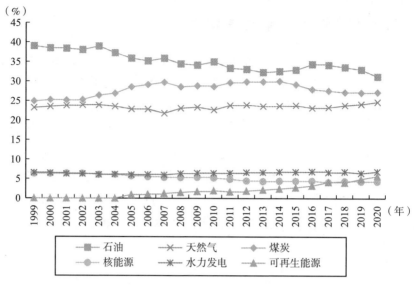

图 1-7 全球一次能源消费占比

资料来源：《bp 世界能源统计年鉴》2021 版。

具体而言，太阳能发电增加了 1.3EJ（20%），创下了历史最高纪录，风力发电（1.5EJ）为可再生能源的增长做出了巨大贡献。太阳能发电能力和风力发电能力分别增加了 127GW 和 111GW，几乎是历年最大年增幅的两倍。水力发电增加 1.0%，核能发电下跌 4.1%。自 2011 年和 2012 年福岛核事故以来，按投入当量计算的核能耗迎来了最大降幅，下降了 4.1%。受到新冠肺炎疫情影响，法国和美国的核能发电量分别下降了 0.4EJ 和 0.2EJ，是降幅最大的国家；对于水电来说，虽然水电消费增加了 1%，但是仍然低于 10 年间平均水平（2.1%）。另外，除了中国和俄罗斯的用水量有所增长外（分别增长了 0.4EJ 和 0.2EJ）各国的用水量均有所下降；对于可再生能源来说（这里所说的可再生能源是包括生物燃料在内的可再生能源，但是却不包含水电），中南美洲的可再生能源消费增长了 2.9EJ，年增长率达到了 9.7%，却仍低于历史 10 年的平均水平。

总体来看，世界各国的能源消耗都相应有所下降，其中美国、俄罗斯和印度是降幅最大的国家。而中国能源需求增长了 2.1%，在全球去年能源需求增长的国家中排在前列。碳排放能源使用量达到了自 2011 年的最低水平，下降了 6.3%，这同样是二战之后的最大降幅。

1. 石油

截至 2020 年底，全球已探明石油储量为 17320 亿桶，比 2019 年减少 20 亿桶，2020 年全球石油储产比为 53.5 年。石油输出国组织"欧佩克"（OPEC）拥有全球石油储量的 70.2%。储备最多的国家是委内瑞拉（占全球储备的 17.5%），其次是沙特阿拉伯（占全球储备的 17.2%）和加拿大（占全球储备的 9.7%）。

除了石油产量是 2009 年以来的首次下降外，石油消费量也是首次大幅度下降。2020 年，布伦特原油平均价格为 41.84 美元/桶，是 2004 年以来的最低水平。石油消费量下降了 9.3%，减少了 910 万桶/天，降至 2011 年以来的最低水平。无论是经济合作与发展组织（Organization for Economic Co-operation and Development，OECD，简称经合组织）成员国还是非经合组织成员国石油产量都有所下降，分别下降了 580 万桶/天和 330 万桶/天。从区域层面来看，美国下降了 230 万桶/天，欧盟下降了 150 万桶/天，印度下降了 48 万桶/天。而中国却增加了 22 万桶/天，是 2020 年石油消费增长的少数几个国家之一。

从结构上来看，石油继续在能源结构中占据最大份额；煤炭成为第二大能源，在一次能源的占比为 27.2%，比上年增长 27.1%；天然气在一次能源的占比为 24.7%，可再生能源在一次能源的占比为 5.7%。水电能源占比上升 0.4 个百分点（如图 1-7 所示），去年为 6.9%，自 2014 年以来首次上升。

图 1-8 和图 1-9 分别给出了 2020 年各大地区各类主要能源消费的总量和占比。可以看出，不同地区的能源消费结构具有较大差距。其中，美洲、非洲和中东地区的能源消费中石油占比相对要高于其他地区的石油消费占比。亚太地区的能源消费中煤炭占比明显高于其他各地区的煤炭比重，在总量上，煤炭消费总量高达 120.97 艾焦，高于其他几个地区的煤炭消费加总。而在天然气的消费比重中相对较高的地区是独联体国家和中东地区，分别高达 52.21% 和 54.56%，但在消费总量上，北美洲和亚太地区的天然气消费总量较大，分别为 37.11 艾焦和 31.02

艾焦。其他能源不作详细讨论。

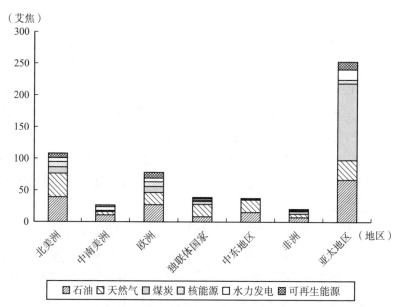

图 1-8 2020 年各地区能源消费量

资料来源:《bp 世界能源统计年鉴》2021 版。

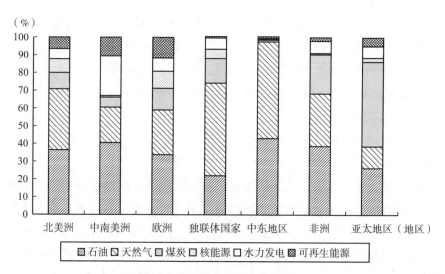

图 1-9 2020 年各地区能源消费占比

资料来源:《bp 世界能源统计年鉴》2021 版。

2. 天然气

美国亨利中心（Henry Hub）的平均天然气价格已经下降至近年来的最低水平，2020 年液化天然气（LNG）价格为 1.99 美元/mmBtu①，为 1995 年以来的最低价格（日本和韩国市场），创下了历史最低水平（4.39 美元/mmBtu）。天然气消费量下降了 810 亿立方米，降幅 2.3%，但是天然气的占比不断提高，在一次能源的比重已经达到 24.7%，达到了历史最高点。天然气需求总量呈下降态势，其中俄罗斯（−330 亿立方米）和美国（−170 亿立方米）降幅最大，而中国（220 亿立方米）和伊朗（100 亿立方米）的需求在增长。地区间天然气贸易下降5.3%，液化天然气供应增长了 40 亿立方米（0.6%），远低于近 10 年的平均水平。美国的液化天然气供应增加了 140 亿立方米（29%），但这一增长速度仅为每年 6.8%，其他大部分地区（尤其是欧洲）的下降部分抵消了美国增长的部分。

3. 煤炭

以美国（−2.1EJ②）、印度（−1.1EJ）为首，煤炭消费量减少6.2EJ，减少 4.2%。但是中国和马来西亚的消费量分别有所增加，显示出了不同于其他国家的特征。世界煤炭生产量减少 8.3 EJ（5.2%），其中包括美国（−3.6EJ）、印度尼西亚（−1.3EJ）和哥伦比亚（−1.0EJ）在内的一些国家均呈现下降趋势。

对于非洲、欧洲和美洲来说，石油仍然是它们的主要能源和燃料。对于独联体和中东来说，天然气则是它们的命脉，占据了能源结构的50% 以上。对于亚太地区来说，煤炭在能源消费结构中占据着巨大的比重。总的来说，煤炭在 2020 年的一次能源消费占比中达到了历史最低，表现为北美的煤炭占比为 12%，欧洲仅为 9%（如图 1 − 9 所示）。

4. 电力

全球发电量下降了 0.9%，比 2009 年的降幅还要大（−0.5%），根据收集到的公开数据显示，2020 年是自 1985 年以来唯一的当年电力

---

① million British Thermal Units 代表百万英热单位。
② 艾焦，1 艾焦等于 10 万亿焦耳。

需求下降的年份。各国对于可再生能源的发展越来越重视，可再生能源发电比重已经由 10.3% 提高到了 11.7%，另外煤炭发电比重有所下降，降到 35.1%，降低了 1.3%，处于较低水平。

5. 可再生能源

对于可再生能源发电增长贡献最大的是风能发电，达到了 172 太瓦时，紧随其后的是太阳能，达到了 148 太瓦时。另外太阳能的发电组合也在不断增加，虽然只占据了总发电量的 3.2%，但是在可再生能源发电中的占比达到了 27%，并随着时间推移在不断增加。

对于生物燃料来说，全球生物燃料的产量在 2020 年下降了 6%，而此前 10 年间的平均增幅为 6%。亚太地区呈现温和的增长趋势（1.1%），但被其他地区的普遍下降抵消，其中北美洲下降 9.6%，中南美下降 7.5%，欧洲下降 4.6%。具体到各类生物燃料来说，生物汽油产量整体下降 10.0%，生物柴油产量整体下降了 0.9%。中国的生物燃料生产量表现为上升趋势，增幅为 16.0%，总量占全球总量的 3.8%。

此外，生物燃料的消费量也在下降，降幅为 5.2%，此前 10 年间的平均增幅为 6.2%。具体而言，欧洲地区和独联体国家表现为增长趋势，增幅分别为 1.0% 和 12.6%，但其他地区均表现出下降趋势，其中亚太地区下降 1.6%，北美洲下降 11.0%，中南美洲下降 3.8%。具体到各类生物燃料来说，生物汽油消费量整体下降 8.8%，生物柴油消费量整体下降了 0.5%。中国的生物燃料消费量表现为下降趋势，降幅为 8.1%，消费总量占全球总量的 3.3%。

2020 年，可再生能源的份额达到了创纪录的 11.7%，可再生能源和燃气发电的总和（35.1%）首次与煤炭发电持平。欧洲地区对于可再生能源的利用达到了领先水平，成了第一个可再生能源发电占据主导地位的地区，可再生能源的发电占比达到了 23.8%，已经超过了核能发电。

6. 人均能源消费

图 1-10 给出全球及各地区的人均能源消费量。可以发现，北美洲和欧洲人均能源消费的下降，使得 2020 年全球人均消费能源呈现整体下降趋势，北美洲下降了 8.6%，欧洲下降了 8%，全球人均能源消费

下降了 5.5%，达到了 71.4GJ[①]/人。尽管如此，北美洲仍然是全球人均能源消费最高的地区，人均能源消费量为 217GJ/人，其次是独联体国家和中东地区，人均能源消费量分别为 150GJ/人和 140GJ/人，而非洲地区仍然是人均能源消费量最低的地区，仅达到了 14GJ/人。

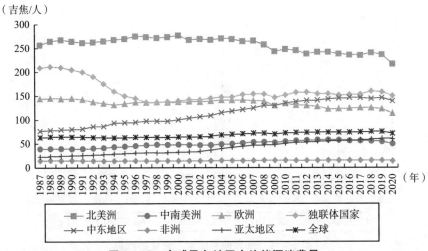

图 1 - 10　全球及各地区人均能源消费量
资料来源：《bp 世界能源统计年鉴》2021 版。

全球的能源消费和人口分布极为不均衡。2020 年，占据了全球人口 63.7%的地区，人均能源消费量仍低于 100GJ/人，虽然相比较 2019 年全球 81%的人口生活在人均平均能源需求低于 100GJ/人的地区来说有所改善，但是仍有待进一步提升能源消费均衡程度。对于中国来说，人均能源需求有所上升，从 2019 年的 99GJ/人提高到了 2020 年的 101GJ/人。

1.4.2　环境国际比较

关于世界各国的环境问题，其中达到世界共识的首先便是气候问题，气候问题中最受关注的便是碳排放问题。图 1 - 11 给出了世界部分

---

① 吉焦，1 吉焦等于 10 亿焦耳。

国家 2010 年、2015 年和 2020 年三个时间的二氧化碳排放总量和 2020 年对应国家碳排放全球占比。从图 1-11 中我们可以发现：在统计区间中，中国和印度的碳排放呈现明显的递增趋势，其他国家基本呈现递减趋势；中国碳排放在统计年份处在全球第一的水平，2020 年更是达到全球碳排放的 30.7%，其次是美国，占全球碳排放的 13.8%。

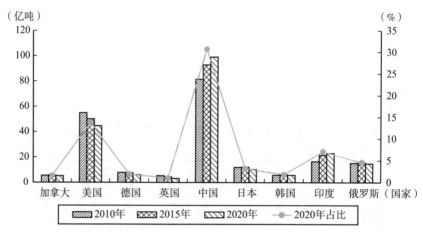

图 1-11　世界部分国家二氧化碳排放

资料来源：《bp 世界能源统计年鉴》2021 版。

　　由此可知，在世界各国（部分国家）环境比较中，中国环境问题非常严峻，不占据相对优势，中国环境问题的解决会为全球环境问题提供重大贡献。我国对于全球气候问题的"双碳"目标承诺是我们对于全球环境问题承担大国责任的体现，当然也给我国未来经济发展带来了新的挑战。

1.5　碳中和背景下中国能源和环境问题

1.5.1　碳中和背景下中国能源和环境存在的问题

实现"双碳"目标的核心是不断推动化石能源与非化石能源转型

升级，进行低碳化的清洁发展，构建绿色、清洁、安全、低碳的新型能源环境体系。中国不仅要对自己的环境负责，也要对世界的环境负责，所以这条路任重而道远。

目前面临的挑战主要是能源需求的不断增长与能源低碳转型的矛盾。中国确定了高质量发展目标，经济已经逐步进入了高质量发展阶段，近年来，虽然经济增速有所下降，但由于经济基数较大，国内对于能源的需求仍然处于高位。我国富煤少油的资源禀赋特征导致煤炭消费在能源消费中占主导地位，煤炭的单位热值排放相比原油和天然气较高，煤炭的开采与使用造成了我国环境状况不断恶化。面对这种情况，国家颁布了一系列环境治理的相关政策法规，推动煤炭清洁化进程，在稳增长的前提下，由于我国煤炭消费占比较高及能源消耗的路径依赖性，能源结构低碳化面临巨大挑战。

我国近年来一直在推进产业结构调整。当前我国产业体系中制造业体量巨大，是我国经济命脉所系，能源消费总量大，高耗能产品输出多，尤其是钢铁、水泥等，并且我国制造业以煤炭消耗为主，制造业能源消耗占全国一次能源消费总量的 60% 以上，排放总量占全国排放总量的 30% 以上（《中国能源统计年鉴》2021）。构建"双碳"新格局，需要我国重视产业结构优化调整带动能源消费减少和能源消费结构优化，在保障制造业推动经济发展持续增长的前提下，不断优化产业结构，合理产业布局，不能一味地产业转移，而应通过产业升级促进"双碳"目标下能源转型与经济发展同步进行。

此外，可再生能源技术成本较高，存在技术壁垒与能源安全问题。在目前的技术下，近八成的可再生能源是通过转化成电能再利用，且某些可再生能源还存在不确定性，会产生能源安全问题，加剧系统风险。尽管目前风能、太阳能等成本有所下降，但是电力能源成本依然处于高位。除此之外，电力系统还存在电力负荷峰谷差距过大造成不稳定性的问题，相比效益，整个系统维护成本比较高昂，从而导致总成本高居不下。

快速增加碳减排速度，可能会对能源系统的稳定性产生冲击。目前减碳减排是能源系统的主旋律，但是煤炭在我国能源消费体系中占比较大，发挥着重要作用，如果过度追求减碳低碳，将对能源体系产生较大影响。近年来我国煤炭市场规模日趋减小，产能处于较低位，但其仍占据我国能源供应主位，如何在保障能源供给充足的前提下，优化能源供给和消费结构，实现减碳减排是当前需要解决的问题之一。

传统能源与新型能源风险叠加。尽管我国已在新型能源发展上取得一定成果，但是新型能源也存在安全风险，其供应链有着更加复杂的问题。我国锂、钴、镍等矿产资源并不丰富，目前电动汽车市场处于高速发展时代，其电池生产需要大量的锂、镍、钴等原材料，当前我国这些原材料对于国际市场的依赖度非常高，一旦国际原材料价格大幅波动，将会对我国相关产业链与供应链产生较大冲击，风险指数较高。

1.5.2 碳中和目标与中国能源、环境现状之间的差距

要实现碳中和目标，依据现在的能源、环境供给和消费情况，还有一定的差距。当前我国仍处于工业化快速发展阶段，需要大量能源作为支持，然而我国能源在开采、利用等方面还没有高效有序的战略措施，能源结构有待完善，能源开采技术存在壁垒，能源价格受国际影响较大。对比世界上先进国家的能源发展，我国的能源发展还有待进一步完善，相关能源技术转化效率相对较低、核心技术相对滞后，资源存在浪费现象、资源转化率较低、能源利用效率处于低位。因此，想要实现"双碳"目标，我国能源结构亟须大力转型升级，能源效率亟须大幅提升，能源利用方式有待进一步优化，能源利用技术的开发和转化有待大力推进。总体而言，想要推动"双碳"目标实现，我国能源在结构、利率、方式上都还面临着较大的改善空间，有待进一步努力。

从环境方面来看，我国当前碳排放依然高居世界第一位，碳排放总量达到98.993亿吨（《bp世界能源统计年鉴》2021版），这与2060年实现碳中和目标还有非常大的差距，意味着我国气候问题方面还存在较大的努力空间，碳减排还面临着巨大的挑战。由于环境问题与能源问题之间的伴生关系，特别是碳排放问题，二氧化碳排放总量中有80%以上来自化石能源的消耗（付佳鑫和肖新建，2021），因此，环境问题根

源于能源问题（庄贵阳等，2022），解决好能源问题，能够从根本上促进环境问题的解决。而创新是解决中国能源、环境问题和经济发展之间矛盾的关键，然而并非所有技术创新都能带来节能减排（Tsuboi，2019），而且创新的产出具有不确定性（Atanassov & Liu，2020），偏向型技术进步才是我们下文将要重点探讨的内容，我们将从碳中和与技术进步发展方向之间的关系展开讨论。

1.5.3　碳中和与技术进步发展方向

技术创新是碳达峰碳中和的基础路径之一（庄贵阳等，2022），碳中和需要充分利用技术创新实现节能减排（杜祥琬，2021），社会发展模式应该由资源驱动的外延式规模扩张转向以技术创新驱动的内涵式发展（谭显春等，2022）。工业革命的核心实际上是能源革命（卢纯，2021），能源变革对于产业发展的意义不言而喻，正是对煤炭、原油、天然气等传统能源的利用使人类从农业文明走向了工业文明。在当前所谓的工业 4.0 时代，"碳中和"既是挑战又是机遇，"技术为王"将在此进程中得到充分体现，技术上的先进性将转变为产业上的主导性，即谁在技术上走在面前，谁就将在未来国际竞争中取得优势。发达国家利用自身技术优势和标准优势，强化在全球气候变化领域的话语权，以此来维持自身在此领域的地位，运用的主要手段有设置市场壁垒和征收碳关税等，同时却一再回避对发展中国家在减碳过程中提供资金和技术的支持，发达国家推行绿色政纲的过程，其实也符合其新一代产业竞争中保持优势的利益诉求。

碳减排、碳中和离不开技术进步，由于欧美在碳减排方面起步较早，从而获得了碳减排领域的领先优势，基于此，欧美一些发达国家强行构筑"绿色壁垒"。一方面技术进步将大大降低脱碳成本，提高国内的产业竞争力，增加就业机会，另一方面成为能源技术的领先者向其他国家输出低碳解决方案，获得高额技术收益。同样以"低碳"为名制造壁垒的还包括碳边境税，欧盟委员会推出的气候政策最新计划"Fit for 55"将引入碳边界调整机制（CBAM），计划对在环境标准较低的第三国生产的某些商品征收进口税，同时防止企业将生产转移到气候规则不太严格的非欧盟国家，欧盟宣布的第一批高碳排放进口品包括水泥、电力、化肥、钢铁和铝等，这些商品出口到欧盟必须经过碳边界调整，即必须在欧盟碳交易市场购买碳信用，才能完成海关手续。碳边境税将极大增加高碳强度的产品成本，脱碳成本将成为影响产业竞争力的关键。据欧委会估计，2030 年二氧化碳的价格可能达到每吨 85 欧元左右，一些研究称每吨将达 120 欧元，这将使中国向欧盟的出口增加数百亿的成本，具体取决于中国和欧盟出口产品的碳强度差异。以钢铁为例，100 欧元/吨二氧化碳的碳税或将使得中国钢铁出口的成本上升20% ~30% 。实现碳税的国家有加拿大、欧盟、澳大利亚、日本、新加坡，对碳税的实施已经有了计划的国家为印度和南非，预计在 2022 年开始实施，美国多次提出、尚未实施，英国和中国也尚未实施。由此可知，脱碳技术的发展将成为未来国际贸易的重要影响因素。

碳中和是指排放量 = 自然过程吸收 + 生态碳汇（木材、土壤有机质、炭屑等）+ 工程封存，自然吸收过程可以理解为自然界存在的一个基数，人为的努力则体现在减少碳排放、生态碳汇和工程封存上。碳中和是中长期战略，与能源技术进步息息相关，包括碳捕集利用、电网升级、储能、氢能、低碳生产技术等在内的技术进步对未来 40 年实现碳中和的目标至关重要。根据东北证券股份有限公司发布的《迈向碳中和系列二：能源转型》研究报告：得益于技术的进步，光伏发电和风电的度电成本分别下降了 90% 和 39% ，因此，光伏补贴政策在 2020 年大范围停止执行，2021 年光伏开始步入平价时代。光伏和风电在 2011年只占中国总发电量的 1.6% ，但到了 2020 年，占比达到 9.5% 。在未来，高效电池技术将有望推动光伏度电的成本进一步降低，硅片领域转向大尺寸和组件领域的双面双玻璃解决方案也有望提高效率和摊薄单位成本。如果清洁能源的成本能够进一步降低，绿氢的商业利用也将变得更经济。绿氢被视为未来无法电气化脱碳领域的理想解决方案，例如工业燃料、重型运输等。氢能大规模商业化的障碍主要在于高成本、安全有效运输/储存和足够的基础设施，这些都还有待通过进一步的技术创新予以解决。

对于可再生能源的不稳定性，更高效、更智能的电网是必不可少的基础设施。理想的电网系统可有效分配电网资源，动态调节负荷。建设特高压线路可长距离、低损耗输送电力，二次设备及软件设备、虚拟电厂也是未来技术进步的方向。储能是全球能源转型的必需环节，现阶段属于储能行业的快速导入期，并且伴随着储能规模的上升和成本的下降，传统化石能源的装机将会被彻底淘汰，而搭配储能的可再生能源装机会成为真正的主流模式，以及电化学储能将逐步成为主流。此类技术进步将给经济和环境和谐发展带来希望。

碳捕集、利用与封存也是实现碳中和的关键技术之一，在水泥、钢铁、化工等行业，是实现工业排放深度脱碳的关键解决方案。2019 年全球发电行业以及水泥、钢铁等上游行业的碳捕集成本为 40～120 美元/吨二氧化碳。碳捕集、利用与封存的工业应用在目前阶段仍不具备经济性，鉴于许多技术仍在开发中或处于试点阶段，未来的技术进步值得关注。

综上所述，具体实践活动明确告诉我们推进碳减排、实现碳中和、赢得经济与环境和谐发展需要的是特定技术，再次说明并非所有的技术进步都具有节能减排的功用。因此，想要实现碳中和，在各类资源之间存在非完全替代关系假说的前提以及资源相对有限的约束下，应该集中力量去发展对当前发展目标约束力最强的要素偏向型技术。也就是说，在"双碳"目标的约束下，我们应该发展能够实现能源和环境效率提升的能源、环境偏向型技术创新。

1.6　小　　结

经济增长与能源消费息息相关，第二个百年目标的实现需要以能源资源为支撑，实现"双碳"目标，需要把好能源与环境关口，严格把控能源资源的消费总量与环境污染排放总量，规范环境保护机制，保证经济可持续发展下低碳清洁能源发展。本章主要对中国能源、环境现状予以整理分析。首先，通过对碳中和概念提出和发展历史的梳理，明确碳中和与可持续发展的关系，强调其重要性；其次，通过对中国能源、环境现状的分析和国际比较，明确我国当前能源、环境问题的严重性；最后，通过梳理我国当前能源、环境现状与碳中和目标之间差距，指出问题所在，明确解决方法，从而将本书的研究对象落脚于技术创新，具体研究内容确定为能源、环境偏向型技术进步。

本章是总起章节，明确研究问题，指出研究方向，引出研究内容，引领后续各个章节。后续各个章节将按照"理论基础梳理—特征现状分析—作用结果评价—影响因素溯源—对策方向判断"的研究逻辑予以展开。具体而言，第 2 章主要介绍了偏向型技术进步有关理论，为研究内容提供理论支撑；第 3 章在对能源环境偏向型技术进步概念界定基础上，构建合适的衡量方法，对当前中国能源环境偏向型技术进步的特征进行分析，明确研究对象的基本特征；第 4 章和第 5 章分别从经济增长和碳减排的视角评价能源环境偏向型技术进步的影响结果，明确研究主题对于实现经济和环境和谐发展的重要性；第 6 ~ 8 章是对研究对象影响因素的溯源，分别从产业结构优化、环境规制和金融发展的视角探索能源环境偏向型技术进步的影响因素，并对其可能存在的异质性予以考察；最后，第 9 章为了寻找碳中和背景下的能源环境偏向型技术进步动力之源，从制度优化和市场建设的视角去评判其对偏向型技术进步的作用，以期为未来相关技术政策的制定和执行提供参考。

参 考 文 献

［1］Atanassov, J., Liu, X., Can Corporate Income Tax Cuts Stimulate Innovation？［J］. Journal of Financial & Quantitative Analysis, 2019：1 - 88.

［2］Tsuboi, M., Resource scarcity, technological progress, and stochastic growth［J］. Economic Modelling, 2019, 81：73 - 88.

［3］安国俊，陈泽南，梅德文."双碳"目标下气候投融资最优路径探讨［J］. 南方金融，2022（02）：3 - 17.

［4］成金华，易佳慧，吴巧生. 碳中和、战略性新兴产业发展与关键矿产资源管理［J］. 中国人口·资源与环境，2021，31（09）：135 - 142.

[5] 杜祥琬. 试论碳达峰与碳中和 [J]. 人民论坛·学术前沿, 2021 (14): 22-27+143.

[6] 付佳鑫, 肖新建. 以能源高质量发展支撑经济社会进步 [J]. 人民论坛, 2021 (04): 56-57.

[7] 卢纯. 开启我国能源体系重大变革和清洁可再生能源创新发展新时代——深刻理解碳达峰、碳中和目标的重大历史意义 [J]. 人民论坛·学术前沿, 2021 (14): 28-41.

[8] 史丹, 薛钦源. 中国一次能源安全影响因素、评价与展望 [J]. 经济纵横, 2021 (01): 31-45+2.

[9] 谭显春, 郭雯, 樊杰, 郭建新, 汪明月, 曾桉, 苏利阳, 孙翊. 碳达峰、碳中和政策框架与技术创新政策研究 [J]. 中国科学院院刊, 2022, 37 (04): 435-443.

[10] 王茹. 补齐城镇环境基础设施短板 [J]. 宏观经济管理, 2020 (10): 24-29.

[11] 庄贵阳, 窦晓铭, 魏鸣昕. 碳达峰碳中和的学理阐释与路径分析 [J]. 兰州大学学报（社会科学版）, 2022, 50 (01): 57-68.

第2章

偏向型技术进步的理论基础

2.1 引　　言

　　早期关于经济增长的相关理论认为技术进步不具有额外的效应，只是能够按相同的比例增加生产活动中劳动、资本以及其他要素的边际产出（钱娟，2019）。而"双碳"背景下全国碳市场以及碳排放交易权的确立，使得企业的能源使用成本，尤其是高二氧化碳排放的能源使用成本显著提高。且碳达峰与碳中和两个目标之间的时间跨度较窄，企业在短时间内的碳排放成本将变得更加昂贵。在生产过程中单一生产要素投入成本增加，企业为了确保经营收益需要考虑提高某种生产要素的边际产出，可采用的方法是在确保收益均衡的情况下减少高成本生产要素的投入，进而达到节约生产成本的效果。而要想实现这一效果，就需要技术进步的偏向性推动，即"有偏向的技术进步"或称"偏向型技术进步"。考虑到当前我国关于"双碳"目标的郑重承诺，以及经济绿色转型的特殊时期，研究偏向型技术进步正合时宜。

　　本章目的在于明确偏向型技术进步的理论基础，为本书主要研究内容提供理论支撑。首先，对偏向型技术进步的概念及其演进历史进行描述，了解当前研究方向；其次，通过分析碳中和背景下技术进步的主要约束理解能源环境压力对技术进步方向的影响，明确碳中和与能源环境偏向型技术进步之间的关系；最后，运用能源经济学、环境经济学和规制经济学等相关理论梳理能源环境偏向型技术进步的学理基础，为本书主要研究对象提供理论支撑。

2.2　偏向型技术进步的概念及演进发展

2.2.1　概念

有学者提出如果技术进步下各种生产要素的投入只是按照同比例进行增减，而没有改变最终生产产品的要素构成，即无法实现其他要素边际产出不变的情况下某种生产要素边际产出上升的情况，因此这种技术进步很难有效促进一国 GDP 或某地区全要素生产率（TFP）的增长。但是，文献中越来越多的证据表明，技术变革不再是中性的，其特点是具有强烈的偏向性（项松林和田容至，2020），并且这种具有偏向性的技术进步会对生产活动产生深刻的影响。偏向性技术进步最早是由希克斯（Hicks）提出的，首先需要注意的是偏向性技术是相对中性技术而言的（Antonelli & Quatraro，2014；Jerzmanowski，2007），主要描述的是生产过程中的技术进步会在不同的生产要素之间表现出偏向性（董春诗，2021）。阿西莫格鲁（Acemoglu，2002）认为如果技术进步使得各个生产要素投入的边际产出出现不同步增长的情况，具体而言，当生产过程中发生了技术进步时，并且该技术进步促进了某种生产要素 Z 边际产出的增加，且该生产要素边际产出增加的幅度超过了其他要素边际产出增加的幅度，则称这种技术进步偏向要素 Z，或者称这是偏向要素 Z 的技术进步（Z – biased technical change）。结合希克斯的"诱导性创新"（induced innovation）思想，也就是说当一项技术创新实现后，如果某种相对昂贵生产要素的边际产出增加的幅度高于其他生产要素边际产出的增加幅度，或者是在获得同样产量的情况下可以降低该要素投入比例，则这种技术进步是偏向于该要素的。

2.2.2　发展历史

在技术进步中，偏向性是相对中性而言的。中性技术进步是指创新过程中不具有单一要素相对于其他要素出现额外边际产出的情况。关于技术进步偏向性的早期研究可以大致分为以下三类思想：早期的希克斯"诱导性创新"（induced innovation）理念认为基于节约相对昂贵要素的技术创新将不再是技术中性的，在初始资本和劳动投入比例不变的情况下，如果社会中的技术进步存在着提高资本边际产出的程度大于劳动边际产出的情况，则认为这种技术进步偏向资本这一生产要素。哈罗德和索罗的理论互为镜像，分别以资本和劳动为技术依赖要素，在假说基础要素产出比不变的情况下，技术进步导致依赖要素边际产出提高，则称为资本偏向型或者劳动偏向型。之后萨托（Sato，1970）的偏向性技术进步（biased technical progress）的思想主要基于分析要素增强型（factor-augmenting）技术生产函数 $F = (AK, BL)$，指出技术进步促使生产要素效率变化，若资本效率的相对增长率较大，则称为资本增强型技术进步，反之则是劳动增强型。要素节约型技术进步（factor saving technical progress）的思想与希克斯的诱导性创新下技术进步偏向理念更类似。之后随着内生技术变迁理论发展，偏向型技术进步的微观基础研究受到广泛关注。

2.2.3 演进规律及当前热点

随着经济模型研究中不断引入新的要素，阿西莫格鲁（2002，2003）通过模型分析明确了偏向型技术进步的微观基础，并在前人基础上拓展偏向型技术进步（directed technical change）并给出了明确的定义，即如果在生产过程中某种创新促进的一种要素的边际产出超过了其他所有要素，则称这种创新是偏向于这种要素的。在此基础上，随着更多投入要素被引入经济生产模型中，学者们探索了更加丰富的偏向型技术进步。其中包括：阿西莫格鲁等（2012，2016）引入环境因素探讨清洁技术偏向，阿吉翁等（Aghion et al.，2016）区分了"清洁"技术、"污染"技术和"灰色"技术，以及苏扎（Souza，2017）将技术进步的要素节约偏向拓展到土地节约型创新。

在当前关于偏向型技术进步的实证研究中，学术界主要关注的是资本和劳动的偏向性或者某种要素内的偏向性，例如对高技能偏向性和低技能偏向性的研究。一方面评价研究主体经济发展过程中技术进步发展方向及其影响结果，另一方面分析技术进步偏向性的影响因素及其具体表现。如在国外相关研究中有的学者采用标准化系统方法度量了美国技术进步的资本偏向性（Klump et al.，2007）。有的学者发现在平衡增长路径中美国制造业技术进步为劳动增强型（Chen，2017）。有的学者提出技术进步偏向具有时变性，并解释了 20 世纪美国经济发展的产业转变（Cruz，2017）。有的学者研究了得益于技术和资本偏向技术进步的经济增长将会对资本和高技术劳动力增长需求产生不均衡要求，加大收入差距（Jung et al.，2017）。有的学者分析了发展中国家技能偏向型技术进步对技能型和非技能型工资不平衡的影响（Pi & Zhang，2018）。有的学者考察美国农业及相关工业中劳动力教育及组成结构变化及其影响的劳动力节约型技术进步偏向特征（Lambert，2018）。

在国内相关研究中，戴天仕和徐现祥（2010）通过其构建的技术进步方向指数研究了中国的技术进步情况并发现其具有资本偏向性的特点，指出了资本和劳动技术进步偏向之间表现为此消彼长的情况。张月玲和叶阿忠（2014）通过经验数据实证检验发现中国的技术进步会同时表现出资本和技能的偏向性特征。陈欢和王燕（2015）关注了国际贸易对制造业的技术进步具有偏向性的促进作用。封永刚等（2017）应用要素增强型 CES 生产函数评估发现我国经济增长动力源自有偏技术进步多于要素投资增长。杨振兵和王小霞（2017）的研究表明国有或者外贸企业生产技术的要素偏向指数均表现出资本偏向的情况，其中要素结构的资本化程度是负向指标，而行业竞争强度和研发创新投入是正向指标。邓明等（2017）研究了要素价格扭曲对技术进步偏向性的影响，指出资本价格扭曲会促进劳动偏向型技术进步，反之则相反。潘文卿等（2017）和王林辉等（2017）发现存在发达地区向欠发达地区的技术进步方向的扩散现象。杨飞（2017）实证检验出中国技术进步在行业中会表现为高技能偏向性的特征，并证明了中国市场化进程的加快将对这种技术进步具有显著的正向影响，这有助于技能溢价。还有学者基于松弛量的超效率测算模型测算了从企业层面衡量考虑排放降低和能源节约的技术进步（environment-biased technical progress）（Song &

Wang，2018）。有学者构建了包含劳动、资本和能源的 CES 函数，发现由于能源效率发展，中国工业行业技术进步具有明显且渐增的能源偏向（energy-biased technical progress）（Zha et al.，2018）。目前技术进步偏向性的研究较多集中在资本和劳动力两类要素上，较少直接关注能源和环境要素，随着资源和环境因素对经济可持续发展的约束不断增强，研究能源环境偏向型技术进步更具针对性和实用性。

2.3　碳中和背景下技术进步方向

2.3.1　有偏约束下的技术进步方向选择

近几年来随着我国经济逐渐由高速增长模式步入下行通道，粗放式的增长方式正逐步走入瓶颈期，而这一过程所造成的环境问题则逐渐严重，特别是空气污染现象日益严重，我国环境质量不断恶化（王林辉等，2020）。在经济方面，2008～2018 年这十一年间中国的人均 GDP与总量 GDP 平均增速都保持在较高水平，远高于其他经济体，这一时期的经济增长由高排放和高污染的化石能源消耗所推动。在中国能源消费的结构中，煤炭占据了很大的一部分，达到了全国能源消费总量的 70% 左右（《中国能源统计年鉴》2009－2019）。煤炭作为相对廉价的化石能源，其对环境的危害却是最大的，尤其是其在消耗过程中释放的大量温室气体，会给国家甚至全球气候变化带来十分恶劣的影响。由此可见，这种高污染排放的经济增长方式显然无法长期持续。

如何实现经济增长的同时又不对环境构成损害，这一直是相关学者关注的问题。但是生产力进步推动人均产出得到提高，在这一过程中难以摆脱对资源的依赖，最终造成污染排放等系列环境问题（Focacci，2005）。同时，技术水平与发展水平的差异使得碳减排目标并不能做到"全国一盘棋"，部分地区的经济增长高度依赖化石能源，从而难以降低碳排放。相关研究发现一些地区经济增长水平与污染排放之间存在着门槛效应，对于我国东部地区而言只有当经济增长水平低于门槛值时，经济增长才不会造成环境污染（俞毅，2010；王锋等，2013）。

同时，虽然中国坐拥全球第三的陆地国土面积，但是中国是一个资源相对匮乏的国家。因此，这种能源依赖型的粗放式发展方式势必受到中国资源匮乏的约束而难以为继。与此同时，中国已经成长为全球经济总量第二以及能源消费第一的国家（袁永科等，2015），能源是生产经营活动中必备的要素，粗放式的能源消耗使得中国单位 GDP 的能耗远高于发达国家甚至是其他与中国相似的新兴经济体。特别是钢铁、有色、化工、建材四大行业，其能源消耗占比高达 40% 左右，其污染排放也成为造成环境污染的主要构成。这些行业不仅是能源密集型行业，同时也是技术密集型行业，这些行业的技术创新对于我国实现绿色发展转型至关重要。

综上所述，随着经济增长与环境污染、经济增长与能源消耗两对矛盾的日益突出，对技术进步的能源和环境偏向性需求越来越高，实现能源低耗或者环境友好的技术进步，对于摆脱当前高污染、高排放、高能耗的经济发展方式，从而实现碳中和与经济绿色转型具有重要意义。

2.3.2 碳中和强化技术进步面临的能源、环境压力

在"双碳"背景下，未来技术进步的方向必然会受到能源"双控"约束，形成能源节约压力。"双控"指的是控制能耗总量和能耗强度。能源"双控"是实现"双碳"任务的重要途径，但同时由于实现难度大而具有艰巨性，从短期来看能源"双控"的政策会降低经济中能源的参与度，在一定程度上降低经济的活力并给予其一定的冲击，但从中期或者长期来看，能源"双控"政策有助于摆脱当前中国经济对于能源的高度依赖。当前来看，能源"双控"的首要影响是减少能源使用从而降低生产产量，随着行业内一段时间的发展调整，能源资源的减少会带来两个方面的价格效应：第一是新能源相较于传统能源来说会展现出一定程度的价格优势，因为能源"双控"下带来的减排会使得整个行业重新洗牌，金融资源会流向绿色低碳能源相关产业，推动这些产业的发展并最终使得该产业的产品具有价格优势，从而能够促进绿电的生产；第二是由于"双控"下的限产减产会使得位于高能耗行业中的企

业生产出来的产品价格短期内出现一定程度的上涨，但是从长期来看，当这个价格信号最终传导到整个产业链的中游或者下游的时候，会加速社会经济中落后产业的淘汰以及其他产业的转型升级并最终向绿色产业靠拢。

近年来，我国经济快速增长的同时也导致了严重的资源环境代价。碳市场的建立对于实现经济和环境的协调发展从而实现 2030 年 "碳达峰" 以及 2060 年 "碳中和" 的目标具有重要的意义（李坤阳和顾光同，2021）。新时期，我国对于改革开放以来经济增长过程中所造成的环境污染越来越重视，提出了 "绿水青山就是金山银山" 的发展理念。需要注意的是，当前我国的宏观目标仍然是以稳增长为主要前提，而不是一味地倡导环境保护却忽视发展经济于保障民生的重要性。因此，现阶段我国要在实现经济增长的目标下保护环境，努力探索环境友好型的经济增长方式（唐雪梅等，2021）。总而言之，碳中和的提出在给我国经济发展强化了能源、环境压力的同时，也为探索新的发展方式和变革方面提供了指引——能源环境偏向型技术进步。

2.4 碳中和与能源环境偏向型技术进步

2.4.1 碳中和背景下能源节约与环境保护技术发展

化石能源消耗过程中产生二氧化碳引起的全球气候危机受到了世界各国的关注。许多国家采取了相应的措施来应对二氧化碳造成的全球变暖问题，提出了自己的 "碳中和" 时间表（熊兴，2022）。主要方式之一就是发展对环境友好的新能源并替代掉化石能源，但是就目前而言，新能源的转换效率、技术水平以及生产成本仍不足以支撑其完全替换掉相对廉价的化石能源，特别是发展中国家以及落后国家根本无法大规模采取这种全面替代方式。与此同时，国际能源机构也预计化石能源仍然是未来几十年的主要能源。所以，探索有效的碳处理技术也是无法快速、全面实现新能源替代情况下的一种可行方案，其中碳捕集和封存技术被人们所熟知。

碳捕集和封存技术是将二氧化碳首先捕获然后进行封存从而将其与空气进行隔离。从原理上看，这种技术具备实施的可行性，尽管实现降低二氧化碳排放的最佳方式肯定是减少甚至杜绝化石能源的使用，从而能够从根源上避免二氧化碳造成的全球气候变暖，但这显然是大多数国家所不能实现的。但 CCS 技术不会对依赖能源进行发展的国家构成威胁，并且这种技术能够在短期内投入使用，正是因为这些特点使得 CCS 技术得到了世界各国的广泛关注。具体而言，CCS 技术具有以下优势。

（1）考虑到化石能源在很长一段时间还不能被完全替代，让高度依赖化石能源的后发国家具有同等的发展机会。

（2）从结果端处理碳排放的问题，避免了新能源替代方案的过高技术壁垒。

（3）当前世界碳储存的方式多样，储存空间也充足，具有良好的储存条件。

在 CCS 技术的实现中有以下三个步骤：捕捉二氧化碳、运送二氧化碳和存储二氧化碳。总体而言，CCS 技术是当前新能源替代困境下的一种有效的碳处理方案，能够在保证后发国家发展机会的前提下实现碳规模降低，能在一定程度上降低化石能源消耗导致的二氧化碳对全球气候的危害。下文将分别对碳捕捉技术、碳运送技术及碳封存技术展开介绍，并说明当前 CCS 技术的国内外发展情况，同时还介绍了碳利用技术。

1. 碳捕捉技术

CCS 技术的第一个步骤就是要实现对二氧化碳的捕捉，具体做法是在产生二氧化碳的燃烧源燃烧前进行分离，然后将这一过程中收集到的二氧化碳分别进行净化和压缩，以减少这些能源在燃烧后的二氧化碳排放，进而减少大气中二氧化碳浓度并降低其对全球气候的影响。当前存在着燃烧前、富氧燃烧及燃烧后三种捕捉方式。

（1）燃烧前捕捉。

燃烧前捕捉是在化石能源燃烧排放出二氧化碳前进行捕捉，其做法是先将化石燃料气化变成氢和一氧化碳，一氧化碳转变成二氧化碳，氢则被拿来当作能源，在这一过程中就将二氧化碳进行了分离。在燃烧前捕捉的技术中，最具代表性的技术是集成气化组合循环技术（IGCC），具体的做法是把煤转变成合成气并将二氧化碳提前分离出来，从而避免了煤燃烧后二氧化碳的排放。

（2）富氧燃烧捕捉。

富氧燃烧捕捉技术也被称为氧气和二氧化碳燃烧技术，具体做法是将具有污染性的化石能源放在纯氧或者富氧的环境内进行燃烧，燃烧后只剩下二氧化碳和水蒸气，把水蒸气进行冷却后就只有二氧化碳，最后将这一过程中剩下的二氧化碳分离出来。而由于这种技术中要求的制氧成本很高使得其广泛推行相对困难。可以预见的是，技术的进步使得制氧成本被控制在可以接受的范围，这种技术将有望在未来得到广泛使用。

（3）燃烧后捕捉。

燃烧后捕捉是指在化石能源燃烧并排放出二氧化碳后将其分离的做法，具体而言，就是在燃烧后形成的烟道气中分离出二氧化碳并将其捕捉的过程。其中包括化学吸收法、吸附、物理吸收法和膜分离等办法。这种方法的技术门槛低，当前技术也比较成熟。但是由于设备成本较高，并且在脱碳或者捕捉碳过程中的相关反应也可能会产生一定程度的二氧化碳，所以该方法尚未得到大范围的使用。

2. 碳运送技术

当前碳运送技术主要分为管道运送和罐装运送两种方式。管道运送技术现阶段发展得较为成熟并具有远距离运送以及运送量大的特点，得到了大范围的使用。但是这种运送方式需要大量的前期投资，这也成为制约其发展的重要因素。管道运输可将二氧化碳分成气态、液态以及超临界态运送三种方式。每种运送方式都随着运送的状态而不同，其中超临界态运送是当前受到各国广泛关注的运送方式，而目前我国则主要以气态或液态的运送方式为主。罐装运送则是依靠交通网络进行运输，优点是单次运输成本较低，缺陷是运送规模有限且运送速度较慢。

3. 碳封存技术

碳封存就是将经过捕捉的二氧化碳进行封存的技术，有地质、海洋和化学封存三种方式。

（1）地质封存。

地质封存是把二氧化碳送入海底盐沼池、油气层或煤井等地质中的技术。在这一过程中，为了保证二氧化碳保持在超临界的状态，普遍的做法是将二氧化碳储存在各种不同地质下 800 米左右的位置。随着对油田和气田的深入研究，发现二氧化碳等碳氢化合物能够被稳定地储存在废弃的油田和气田中，并且对采油效率较低的油田来说，往其中注入二氧化碳还能提高其采集效率并提升其使用周期。据统计约有 92300 亿吨二氧化碳被储存在世界各地废弃的油田和气田中（田泽和马海良，2016）。这种地质封存的方法也能有效地避免碳氢化物的圈闭，从而保持二氧化碳的稳定性。而对底水—深度蓄水盐层的地质封存方法来说，虽然其圈闭环境没有油田和气田那么完美，但是由于盐水层具有适合储存二氧化碳的储气结构，成为一种常用的二氧化碳储存方法，但是使用时应注意区分各种盐水层的性质和地质构造。

（2）海洋封存。

海洋封存是将二氧化碳储存在深海的海洋水或者海床中，有溶解型和湖泊型两种储存方法。第一种是通过将二氧化碳运送到深海里面，使其在深海中自行分解最终变成自然界中的碳成分。第二种方法则是通过管道将二氧化碳运送到深海下 3000 米左右的位置，由于在这个位置海水的密闭要比二氧化碳小，所以二氧化碳在这里会变成液态并成为二氧化碳湖，这种方法可以大大延缓二氧化碳排放到空气中的速度，但是会对深海中生物的生存环境造成严重威胁，因此这种方法无法得到推广。

（3）化学封存。

化学封存是通过化学反应将二氧化碳转变成稳定的碳酸盐的方法，这种方式具备理论上的可行性并且看起来是一种一劳永逸的方法，但是由于当前技术尚不成熟，其所需成本和碳处理效率还无法准确得知，因而暂时还无法评估其可行性。

4. CCS 技术的发展现状

综合来看，CCS 技术是一项牵涉多种科学以及多项技术的系统性工程，目前来看还是任重而道远，科学家们正在全力攻克其中涉及的技术难关。成本过高的问题成为阻碍这项技术推广使用的最大障碍，不过随着技术的进步，这一问题最终会得到改善。此外，碳封存实施过程中还存在着一些未知的风险，比如可能会对地质结构以及生态环境造成负面影响。所以在当前情况下，如何实现 CCS 技术的低成本化，以及预测并防范其潜在风险将是其主要的发展方向，但不管怎么说，这些技术都在全球气候危机下积极且有效地探索中。

（1）国外发展现状。

由于西方发达国家具有先发以及技术优势，CCS 技术也最先由发达国家发现并进行研究，这项技术也被其中的一些国家视为未来能源战略中极为重要的一部分。美国、加拿大、欧盟等发达国家推出了大量关于 CCS 的项目计划并大多处于积极开展的阶段。挪威 1996 年推出了 Sleipner 项目，目的是将每年油气伴生的约 100 万吨二氧化碳封存在附近区域海床下的地质层。加拿大于 2000 年推出了 Weyburn 项目，目的是将来自燃料排放的 2000 万吨二氧化碳封存在油田中，持续的检测结果表明并未出现二氧化碳外泄的情况，目前来看封存效果依旧良好。荷兰也在 2004 年开始了类似封存项目，目标是 800 万吨二氧化碳，截止到目前该项目运行良好。法国的道尔集团则开展了一项备受全球瞩目的 CCS 试验项目，该项目中的设备在 2010 年开始投入使用，具体做法是将燃料焚烧后排出的二氧化碳收集起来，通过管道将其运送到已经废弃的天然气田中，该项目被认为是全球首条具备碳捕捉、碳输送和碳封存的二氧化碳处理链。

当前国际上普遍采取的碳捕捉方法是化学吸收法，即通过化学反应的方式将二氧化碳与某种化学物质相结合，最终在生成的烟道气中分离出二氧化碳从而实现碳捕捉的目的。但无论是化学捕捉还是物理捕捉，高昂的成本依然是 CCS 技术难以跨越的障碍，目前只能寄希望于技术进步能够解决这一成本难题。

（2）国内发展现状。

在中国目前的能源消费结构中，成本低廉以及规模较大的煤炭仍然是最大的组成部分，这样的能源结构也使得中国的能源消费具有高度的污染性和风险性（卢纯，2021）。与之相对的，中国的 CCS 技术发展较晚，尚处在起步阶段。将二氧化碳捕集起来并运送封存在油气田的方式是当前中国碳处理的最佳方案，该方法不仅能降低二氧化碳的规模，还能提升油气田的使用效率，可以说是一种双赢的方案。因此，这一设想也得到了中国政府乃至石油企业的大力支持，目前最大的障碍则是需要攻克 CCS 方案的技术难关。

在 CCS 技术中，中国目前更青睐于燃烧前和燃烧后的二氧化碳捕捉方法。原因在于这两种方法相较于氧化燃料燃烧技术的方法来说技术门槛相对较低，具有更快的发展速度，适合现阶段的中国。中国于 2007 年首次启动了燃煤电厂的二氧化碳捕集工程，并建立了国内首座用于捕集燃煤发电过程中排放二氧化碳的装置，这一项目的落地，代表中国正式进入了碳处理的时代。但是相较于西方等一些发达国家来说，中国的相关技术尚处于起步阶段，还存在着不小的技术差距。

5. 碳利用技术

学者们对于碳处理的方案不仅关注封存问题，也关注对二氧化碳的利用，相关研究自 2016 年展开，即 CCU（碳捕集与利用）。具体的做法是将工业生产中释放的二氧化碳收集起来然后将其转化为能够满足市场需求的相关工业品。这种方法不仅能有效地对二氧化碳进行处理，还能将其转化为具有经济效益的工业产品，从而实现工业生产过程中碳的内部循环。

在碳利用技术方面，国内外很多机构都在各自国家以及相关组织的资助下开展了研究，并已经有相关的项目取得了一定的进展。比如在 2020 年 6 月美国能源部通过了一项价值 1700 万美元的研发方案，通过这笔联邦资金开展了 11 个碳利用项目。这些项目的目标是通过开发将工业活动中排放的二氧化碳收集起来进行重新利用的相关技术以实现减少二氧化碳排放的目的，在这一过程中还能将二氧化碳转化为具有经济价值的产品。2021 年 3 月 22 日，日本的东芝公司宣布其开发出了具有更高处理速度的二氧化碳电催化技术，据该公司披露的数据显示，该技术利用底面积约 300 平方厘米、高为 23 厘米的如信封大小的机器，将二氧化碳的处理速度提高了 60 倍，并且东芝公司计划在 2025 年推出试制品。

在国内,已经有多个研究团队在二氧化碳的转换利用方面取得了突破性进展。其中,2020 年 9 月中海油宣布其实现了二氧化碳加氢生成甲醇的试点项目,预计该项目最终能实现年产 500 吨的目标。2020 年 10 月审核通过了李灿院士团队将在兰州建立千吨级的"液态太阳燃料合成示范项目"。而在这些项目中,目前最值得关注的是能以较低成本将二氧化碳合成清洁能源的等离激元技术,该技术已经完成了前期相关的试验工作并进入中期试验的阶段,与其他技术相比该技术的优势是在二氧化碳的转换率以及成本控制等多个方面都获得了令人满意的成绩,可以预期的是,该技术有望在不久的将来得到推广。此外,中国工程院院士和四川大学校长谢和平团队于 2014 年在实验室成功完成了二氧化碳矿化发电并生产碳酸盐的实验,根据他们的实验结果,每吨二氧化碳经过一系列的化学反应会产出 140 度电以及 1.91 吨的碳酸氢钠。总结来看,这些把二氧化碳从污染气体转换成具有一定经济收益资源的技术,可以在实现碳减排的同时转化成工业生产的资源,如能成熟且大规模利用,将对我国"双碳"目标的实现具有十分重要的意义。

2.4.2 能源环境偏向型技术进步

40 多年的改革开放使中国走上了经济高速增长的繁荣复兴之路,但粗放式增长模式带来一系列严重的能源与环境等问题。2020 年我国一次能源消费量达 145.46 艾焦、占全世界的 26.1%,并且其过去 10 年的平均消费增速也是全球第一[①]。据 2021 年《BP 世界能源统计年鉴》数据显示当年中国的煤炭、天然气和石油的储产比分别达到了 37、18.2 和 43.3 的水平,对能源安全来说是一件非常危险的事。而根据《2018 年全球环境绩效指数》报告中世界环境绩效指数 EPI(Environmental Performance Index),中国的分数仅为 50.74 分,在 180 个参评国家中排名第 120 位,空气质量更是排名倒数第四。2021 年我国依然是自 2013 年以来世界最大碳排放国。生态环境部公布的 2021 年 12 月全国城市空气质量报告指出,全国 339 个地级及以上城市平均空气质量优

---

① 《bp 世界能源统计年鉴》2021 版。

良天数比例为 86.4%，轻度污染天数比例为 10.0%。空气质量较差的城市主要是运城、兰州、咸阳、临沂、枣庄、株洲、徐州、黄石等。过去十年，我国环境污染成本接近每年 GDP 的 10%。由此可知，经济增长高度依赖能源以及该模式下环境污染严重的问题已然成为约束当前中国经济健康发展的瓶颈。党的十九大报告和 2018 年政府工作报告均提出"发展是解决我国一切问题的基础和关键"，坚持"人与自然和谐共生"，强调创新和绿色发展。能源环境偏向型技术进步直指我国经济发展中能源和环境问题，是新时代背景下实现经济高质量发展以及人与自然和谐共生的必由之路。"双碳"目标的提出更是为能源环境偏向型技术进步带来新的挑战和机遇。碳达峰碳中和是围绕减碳技术创新和应用展开的竞争（庄贵阳等，2022）。

能源环境偏向型技术进步是建立在"技术进步偏向性"概念基础上的。阿西莫格鲁（2002）首先定义了偏向 Z 的技术进步（Z – biased technical change），结合希克斯的"诱导性创新"（induced innovation）思想，也就是说一项技术创新实现后，某一相对昂贵要素的相对边际产出提升了，节约了该要素投入比例，则技术进步是偏向于该要素的。基于此，能源环境偏向型技术进步是指在资源环境约束下，基于环境资源化的视角，通过技术创新提高能源和环境要素生产效率方式来促进经济增长，从而实现同等效益水平下，能源环境资源投入更低，节约愈发昂贵的能源环境资源。

能源环境偏向型技术进步可以划分为以下三类：能源节约型技术进步、污染治理型技术进步（环境节约型技术进步）和新能源替代技术进步（后备技术进步）①。面临资源环境对经济可持续发展的约束，在当前无法实现要素间完全替代发展水平下，如何有效引导技术进步向能源环境要素节约偏向成为政府政策制定和执行的关键问题，即解析能源环境友好偏向型技术进步的形成机理、构建政策诱发机制是当前我国经济绿色化发展进程中亟待解决的问题。本书后续章节主要就能源环境偏

---

① 鉴于要素节约型技术进步与希克斯要素偏向型技术进步是一对互为对称的概念，同时，因能源约束主要来自可耗竭化石能源的约束，而新能源的替代也可实现化石能源的节约。因此，将能源环境友好偏向型技术进步划分为包含后备技术进步的上述三类。

向型技术进步特征、对经济和环境的影响及其影响因素开展相应的研究。

2.5 能源环境偏向型技术进步的理论基础

2.5.1 能源经济理论

能源消费是指生产和生活中所消耗的能源，是社会生产和居民生活中必要的物质要素，规模和结构构成了能源消费过程中的主要内容。在生产过程中，能源主要是作为工业生产中的投入要素，构成了能源的要素需求属性。与之相对的，居民日常生活中的能源消费则属于其商品需求属性。在现实生活中，工业生产过程中的能源消费占据了其总体消费中的绝大部分，所以其要素需求属性更为突出。并且能源消费又可依据其消费方式而分为直接消费和间接消费两种方式。直接能源大多能从大自然中直接获取，而间接能源则主要由生产者生产，且居民生活大多消费的是间接能源，因此，可以预想的是间接能源的规模不但会受到生产者生产决策的影响，还会受到消费者需求的影响。此外，一些人还将能源消费理解为居民层面上的能源消费、工业等各个行业生产过程中的能源投入以及其在使用转化过程中所出现的能源损失。

能源经济学被看作政治经济学和工程经济学的一个重要分支，近几年的发展十分迅速，其主要是研究生产和生活过程中与能源相关的一些经济问题，最终目的是实现能源促进下的经济持续健康增长。其主要关注的是能源与环境、如何实现生产过程中能源资源的高效利用、经济和社会发展之间的关系以及达到节能减排和实现经济良性循环等内容。在中国，能源经济学的主要关注方向是考察能源消费与经济发展之间的关系、对生产过程中的能源函数进行估计、保障能源安全、改善能源产业的组织结构并提高能源的利用效率、考察能源价格运行和波动的潜在机制、分析中国能源政策特征以及建立包含能源在内的一般均衡模型等。本书则主要关注在环境规制下能源如何提升利用效率的问题，其中包含了能源经济学中的多个相关理论和相关研究，在这里，本书对其中的可耗竭资源和外部性理论进行了详细的介绍。

1. 可耗竭资源理论

可耗竭资源理论最先由霍特林（Hotelling，1931）提出，其著作可以看成现代资源经济学的起源。该理论主要考察的是可耗竭资源的配置以实现高效利用的问题。在该理论的发展过程中，20 世纪 70 年代学术界涌现了一大批关于可耗竭资源理论的相关研究，学者们广泛讨论的是如何实现可耗竭资源的最优利用及探索出一条最优的开采路径。其中影响范围最为广泛的是索洛（Solow，1974）、斯蒂格利茨（Stiglitz，1974）和达斯古普塔和希尔（Dasgupta & Heal，1974）各自发表的论文。他们分别从经济增长、环境保护以及资源高效持续利用的三个不同的角度考察了可耗竭资源的开采问题。而在可耗竭资源的最优开采路径研究中，哈特维克（Hartwick，1977）认为可耗竭资源的开采量要随着时间递减才能实现社会福利的最大化。DHSS（Dasgupta – Heal – Solow – Stiglitz）理论的相关研究则认为可耗竭资源实现社会福利最大化的理论要建立在严格的假说条件之下。但在 DHSS 之后的一些研究则放松了某些假说，最终的结果仍表明可耗竭资源的最优开采方式是随着时间而递减的。值得注意的是，在能源矿产耗竭规律的相关研究中，哈伯特在 20 世纪 60 年代提出了"石油峰值"论，即矿物资源的开采量会在达到最大值之前逐年上升并在此之后开始逐年减少，从而表现出钟形曲线的消耗形态（Hubbert，1968）。

2. 外部性理论

1890 年著名经济学家马歇尔（Alfred Marshall）在其著作的《经济学原理》中首次提出了"外部经济"的概念，并且他的研究被视为外部性这一经典理论诞生的起点（马歇尔，1995）。之后，他的学生庇古（Arthur Cecil Pigou）在此基础上将外部性发扬光大，他的核心观点就是将外部性看作处于内部环境的人的行为对外部环境的人的利益造成了影响（庇古，1999）。奈特（Knight，1924）研究发现外部性的产生原因是没有对稀缺资源的所有权进行明确的划分，只要能够将稀缺资源的产权进行明晰，就能有效解决经济中时常出现的外部不经济问题。受到弗兰克的影响，后来的研究都将产权制度看作影响外部性的关键因素，也有学者对产生外部性的相关主体进行研究并以此去探究外部性的特点（刘勇生，2014）。

2.5.2　环境经济理论

环境经济学是经济与环境的交叉学科，该学科主要研究的内容是如何在实现经济发展的同时实现环境保护的目标。狭义上来看环境经济学主要强调造成环境问题的经济根源并寻找有效的应对方法。而由于环境的问题并不只是单纯地只与经济有关，而是同时受到自然、社会以及资源等多个因素的共同影响，所以从广义上来看环境经济学不仅包含传统的经济学，也包含了能够反映出环境和资源重要性的生态经济学和资源经济学。环境经济学这一科学一开始并未受到人们的重视，直到 20 世纪 60 年代西方发达国家的环境污染问题严重才逐渐兴起，在这之后经济学家们开始反思传统经济学下仅仅关注需求与供给以及各种生产要素的投入而忽视对环境影响的情况。而环境经济学可以从以下两个方面为我们的社会做出贡献：一是将环境科学融入传统经济学的分析框架，可以有效地解决资源配置过程中的环境污染问题。二是使经济学更加贴近实际，也能更好地给人们的社会经济活动做出解释，从而为人们克服经济发展过程中的环境问题提供理论依据。在西方学术界看来，不完善的产权制度会造成公共资源的浪费甚至出现"公地悲剧"情况，私人企业成本与社会成本的不一致很容易引发道德风险问题，短期收益与长期收益不匹配的问题又会使得人们开展经济活动时只看重短期的得失，而忽视了其行为本身可能对环境存在着长期且持续的伤害。

在此背景下，穆贤清等（2004）对国外环境与资源经济理论进行了研究并对其进行了整合，最终从产权问题、可持续性发展以及环境与资源等多个方面将两者结合到一起进行了概括性的描述。（1）产权问题。新制度经济学的拥护者认为经济活动中所产生的负的外部性是导致环境受到破坏的重要原因，而外部性的存在恰恰是因为产权制度的不完善，因此，要想消除社会经济活动中广泛存在的负外部性问题，就要建立起完善的产权制度。（2）可持续发展的问题。可持续发展理念的关键在于如何使得我们的子孙后代享有与前人相同的发展机会，即他们的发展不会受到资源稀缺性的影响。针对这一问题。哈特维克（Hartwick，1977）发现如果将稀缺资源出租出去，将获得的资金再进行投资，以此可以实现较弱的持续性发展。（3）资源和环境的价值评估。价值评估作为经济学中主要的研究内容，目前关于这个方向的研究正在不断完善中。从资源的价值来说，可以将其分为使用与非使用价值，其中使用价值又可以分为直接使用价值、间接使用价值与选择使用价值。（4）基于市场的环境管理政策工具研究。政策工具作为实现政策目标的主要手段，其主要通过向市场中传递出政策信号来影响人们的行为决策，而在环境管理政策中并未制定明确的标准和条款来禁止或者是约束人们的行为。具体的相关政策包括交易许可制度、污染收费标准以及押金管理制度等，大多是市场导向性的政策。这类政策工具的特点是能够以较小的成本来实现对经济主体持续且高效的激励，从而理论上看要优于传统的"命令–控制"型的政策工具，其中需要注意的是这类政策工具之间可能会彼此之间相互影响。（5）环境问题的数量模型研究。格罗斯曼和克鲁格尔（Grossman & Krueger，1991）建立了环境库茨涅兹曲线（Environmental Kuznets Curve，EKC），这是一条能够反映出经济增长与污染气体排放之间关系的曲线，在此之后，这一模型在学术界得到了广泛的应用。具体而言，EKC 是指污染水平与经济水平之间的变动关系中存在着一个拐点，当经济水平处于拐点之前时，经济水平较低，环境污染的程度与人均收入呈正向的相关关系，人均收入的增长会加剧社会中的环境污染。当经济水平超过这一拐点时，社会发展进入较为发达的阶段，人均收入的增加或者说社会的进步不会对环境构成负的外部性，而是会减缓环境污染的程度。（6）越境环境问题。随着全球化的推进，各国也逐渐意识到了环境并不是单纯某一个国家的问题，而是会在全球范围内造成影响，比如某国的工业废物排放可能会引起区域内的气候改变，从而影响到与其相邻的其他国家，再如二氧化碳引起的全球性气候变暖的问题已经不是单个国家就能独自解决的问题，而是要全球构建双边以及多边的机构共同决策、共同进退。（7）环境非政府组织（NGO）的发展研究。政府虽然作为公共资源与服务的主要供给者,但是与社会组织或社区相比,政府内部机构众多、权责重叠以及程序冗杂,显然不如公众组织或机构的效率更高,因此,在这种政府职能不足以应对这些问题的背景下,环境非政府组织(NGO)应运而生。
(8)环境与资源管理中利益相关者的行为研究。行为金融学认为,由于信息不对称的存在,市场中的价格往往不能真实地反映出商品的价值,而是围绕着其上下波动。而对环境与资源问题中各利益相关者经济活动的研究显然能够缓解这种信息不对称所造成的损害。

在完成节能减排目标任务的同时要实现经济优化增长,碳中和相关理论提供了更为广阔的思路,此处对碳排放脱钩理论给予简要介绍。

"脱钩"原指两节火车车厢之间连接物的脱落,后引申为事物之间中断原有的联系。由于经济增长与生态环境承载力之间的联系,经济增长往往伴随着或多或少的资源消耗或污染排放(夏勇和钟茂初,2016)。脱钩理论是由经合组织提出的,目的在于消除经济增长过程中造成的环境污染等问题。以"脱钩"来代表经济增长与环境污染之间关系的阻断,最终实现两者的和谐发展。但 OECD 所提出的指标体系衡量区域内节能减排效果与经济增长状况并不精确。环境库兹涅茨曲线则说明了虽然在通常情况下经济活动会带来环境污染和资源消耗的问题,但是随着相关政策的颁布以及技术的发展,经济增长的环境与资源代价可能会逐渐减小,这样的一种发展过程也可以称之为脱钩。进一步地,可以根据脱钩的强度将其细分为弱脱钩、强脱钩和衰退性脱钩。其中强脱钩被看作实现经济低碳甚至是脱碳最佳状态(彭佳雯等,2011)。但随着研究的不断深入,塞佩莱等(Seppälä et al.,2001)最先发现并指出 EKC 假说虽然在 1970 年至 1985 年期间作为许多西方工业国家关于物质流动总量和二氧化碳排放量的测量指标时确实成立,但在那之后就不成立了。同时塔皮奥(Tapio,2005)在研究中指出 EKC 假说并非具有普适性,至少在其所调查的欧盟十五国中不具有,借此他综合传统脱钩思想和 EKC 理论重新定义了"脱钩"并提出新的模型——"Tapio 脱钩模型",模型将脱钩分为耦合(膨胀性耦合和隐性耦合)、脱钩(弱脱钩、强脱钩和隐性脱钩)和负脱钩(扩张型负脱钩、弱负脱钩和强负脱钩)。塔皮奥新模型的提出给后来的学者提供了一种新的研究思路和方法，孙耀华和李忠民（2011）基于 1999～2008 年中国的省际数据，通过塔皮奥建立的脱钩指标实证检验了中国各省区的碳排放与经济增长之间潜在的脱钩关系并对其进行了全面的测度，研究结果显示中国各省区经济水平及自然资源禀赋的差异导致地区间出现减排贡献率差异，在此基础上，他们提出应该在充分考虑地区差异的前提下制定各省区碳减排和低碳经济发展政策。

2.5.3　规制经济理论

规制是指政府依据其自身权利在法律法规的框架下对社会生活中的各个参与主体的社会活动进行规定和限制的行为。在市场经济环境下，政府的规制行为将对市场秩序起到十分重要的作用。规制目标理论顾名思义就是讨论政府为什么要采取规制行为，其规制的目标是什么，当然其中还要考虑到规制的最终结果是谁会受益，又有哪些产业会成为规制所主要关注的对象等问题。关于规制目标理论，学术界共将其分为了三个阶段，分别是规制公共利益理论、规制俘房理论以及规制经济理论。规制公共理论是指当市场失效时，政府对经济主体的规制活动有利于社会福利的提高，因为此时市场失灵将导致其不能同时兼顾资源高效配置与满足消费者需求，而政府的规制行为能达到这一目标，这也是政府规制行为的根本目的，这表明政府这一主体更侧重于维护公众利益而不是企业或其他部门的利益。规制俘房理论则认为政府的规制活动将受到产业的影响并最终会被产业所控制，即规制的方向将按照符合该产业利益的方向进行，成为产业的"俘房"，最终会导致产业受益而可能损害社会福利。从根本上看，这两种理论对规制的行为及其结果没有进行更深入的探讨，而只是停留在经验层面的简单描述，因此还算不上是真正的理论。虽然这两个理论描述了规制行为提高了社会主体利益的情况，但并未解释产生这一现象的原因，因此，当前需要一种新的理论来回答这些问题。

诺贝尔经济学奖获得者施蒂格勒（Stigler，1974）首次从经济学的角度去阐释规制产生的原因，这也就是现在被熟知的规制经济理论。其基于传统经济学理论以及社会相关主体的经济活动提出一系列假说的做法是规制目标理论的一大进步，因为它充分考虑了现实情况并解释了规制活动的实践过程。后来佩尔兹曼（Peltzman，1976）和贝克尔（Becker，1985）等人进一步发展和完善了规制经济理论。施蒂格勒理论的核心是他认为规制主要是受到产业的利益诉求所驱动的，从这一脉络来看，规制政策制定的初衷明显是更偏向于使管理高效且组织良好的利益集团获益，因为在施蒂格勒看来，生产者的经济规模往往要比消费者大得多，所以在立法的过程中生产者的影响力更大，一方面，虽然企业数量明显少于消费者的数量，但企业作为一台精密运行的机器并且企业之间的同质性往往更强，这使得企业能够通过较小的成本而被高效地组织起来。另一方面，企业数量较少的特点也使得规制带给其的收入水平要高于规制给消费者带来的损失水平，因此，规制给生产者带来的激励效应要明显高于其给消费者带来的激励效应，所以政府规制政策实施的最终结果必然是生产者获利更多。针对这种情况，史蒂文斯（Stevens，1993）认为大型生产者所具有的这一特点往往赋予了其更大的权力，这使得大企业对于风险的偏好更大并且一旦其发生道德风险，其自身的社会危害也更大，这也反映出美国于 19 世纪普遍认同的一种社会现象，即大企业通常会给人一种不好的印象，而小企业、农民、消费者和工人由于其规模较小的特点往往更容易受到人们的同情。1976 年，施蒂格勒的同事佩尔兹曼在其基础上进一步完善了规制经济理论，并进一步发展与完善，最终形成了施蒂格勒理论的扩展形式——佩尔兹曼理论。该理论是基于一条重要的假说提出的，即发布规制政策的政府主体选择规制政策的动机是围绕着获得最大程度的政治支持进行的。在指定关于价格和市场准入条件等相关规制政策时，立法主体可以通过价格机制来实现利益在消费者和生产者之间合理转移，以此来维持市场秩序以及实现社会总体福利最大的目标。在此基础上，佩尔兹曼深入研究了如何制定价格以获得政策的最大支持力度的问题，具体的做法是首先假定各个立法者都具有斜率为正但形态不同的无差异曲线，同一坐标系内单条无差异曲线都反映在相同的政治支持程度下所有价格和利润的不同组合，处于坐标系内不同位置的无差异曲线所代表的政治支持程度彼此之间是不同的，这表明如果想要实现相同的政治支持程度的话，在价格较高时的利润必定也较高。通过这条曲线，佩尔兹曼证明了最佳的规制价格应处于利润为零时的竞争性价格与利润最大化时的垄断价格之间，因此可以预想的是规制政策的制定者并不会盲目地追求利润最大化，而是会重点考虑政治支持度，并最终朝着实现政治支持度最大的方向去制定规制价格。综合来看，施蒂格勒与佩尔兹曼的规制理论都认为规制者制定价格主要考虑的是能否实现最大的政治支持度，而不以利润作为简单的参考。与他们不同的是，贝克尔的规制理论认为规制政策并不是简单由颁布规制的主体所决定，而是会受到与规制活动相关的所有利益集团的相互作用的影响，并最终体现的是市场中话语权最重的集团的利益。类似于经济理论中各寡头之间的博弈模型，贝克尔认为每个集团的最优压力水平是基于对其他集团压力水平的判断的情况下做出的会使其自身福利最大化的压力水平，因为如果本集团不对其他集团的压力水平进行合理预测的话，其自身选择的压力水平较小的话就不具备竞争力，过大的话则会带来较大的成本，因此每个集团都存在着基于对其他集团压力水平精准预测情况下做出的最佳反应函数。在这种情况下，当两个集团彼此之间都认为对方不会改变或者没有打算去改变各自的压力水平时，此时便形成了这两个集团之间的"政治均衡"，该均衡点就在两个集团各自最佳反应曲线形成的交点上，并且该点是两个集团同时实现最佳压力水平的点。但这种均衡并不一定是帕累托最优（Pareto Optimality）的，因为虽然此时两个集团的压力水平是最佳的并且可以在该点上实现较低成本情况下同时获得一样的影响，但是集团彼此之间各自影响政治程序的竞争行为会构成一定程度上的资源浪费，最终导致实现不了帕累托最优。基于此理论，贝克尔认为规制活动的频繁与否将取决于其产生的边际净损失情况，若其中的净损失增加，规制活动的数量将会减少，这表明规制政策可能更偏向于增加社会福利的方向，而那些市场失灵、负外部性较高的产业可能受到更严厉、数量更多的规制政策的影响，在此情况下，由于市场秩序失衡而获利较多的集团往往会具有更大的动力去反对规制，而那些本来受到损失的集团的损失状况可能会得到改善，因而它们反而是规制政策的支持方。这也是贝克尔理论和施蒂格勒、佩尔兹曼理论的根本区别，即贝克尔理论更加关注各个利益集团之间的相互作用，是各个集团依据政策压力以及其他集团反应函数而做出的最佳反应函数，而不能只考虑政治支持度情况，总的来说这种以社会集团所施加的相对压力来决定政府规制政策的分析方法可以帮助我们理解政府其他公共政策的内在逻辑。

通过规制理论的发展历史来看可以发现其中存在着一个重要的假说，即各个利益集团也会对政府政策主体的规制政策产生影响，并且市场中涉及众多的利益相关者，所以规制政策的产生是一个复杂的过程。而利益集团要对其产生实质影响的话，其自身应具备足够的政治影响力，并且规制的政策主体也必须受到其支持力度减少的制约。但现实情况是利益集团尚不具备足够强大的影响力去完全干扰立法者的政策活动，因而立法者可以不受利益集团的干扰去实行符合自身目标的行动。除此之外，利益集团作为社会部门往往比立法者能更快速地掌握信息并且立法者调整规制政策的行动也需要一定程度的成本，所以受到规制的利益集团往往具有很大的自主性。最后，当前的规制经济理论往往忽视了司法系统的作用，规制政策通常需要获得司法的支持才能得以实施，而利益集团则可能采取引导社会舆论等方式向立法者施压，而其中又有怎样的影响，当前的规制经济理论显然并未对这一问题做出详细的阐述。

在研究经济发展中的能源、环境问题时，由于化石能源快速消耗带来的资源耗竭以及环境污染，不仅导致了对经济可持续发展的资源约束问题，还带了严重的环境污染负外部性问题。整个过程中必然涉及化石能源跨期配置问题、环境资源的外部性问题、经济发展与碳排放的脱钩问题以及政府相关规制政策效率问题等一系列需要我们关注并努力解决的问题。上述相关理论的整合与梳理，为我们研究上述一系列问题提供了坚实的理论基础，同时也为我们从偏向型技术进步视角研究解决经济发展中的能源、环境问题的渠道提供了研究思路和分析方法。后续研究将在上述相关理论的基础上构建能源环境偏向型技术进步的基本研究模式和分析框架，致力于为进一步发展能源与环境经济学相关理论做出一定贡献。

2.6　小　　结

本章首先对偏向型技术进步的概念进行界定，并对其发展历史进行梳理；之后，结合当前热点问题说明了我们主要关注的是能源环境偏向型技术进步；随后，结合能源经济理论、环境经济理论和规制经济理论等试图搭建能源环境偏向型技术进步的理论基础。通过对偏向型技术进步的理论基础进行系统化梳理，发现随着监管政策的严格和资源约束条件的加强，能源环境偏向型技术进步是推进"双碳"目标实现的路径之一。但值得注意的是，成本和发展潜力将是选择碳中和技术路径的重要的微观影响因素，除此之外，还应从宏观的层面考察碳中和技术的潜在影响，以达到在减少二氧化碳排放的同时实现中国经济高质量发展的目标。本章为后续章节探讨能源环境偏向型技术进步的宏观效果和影响因素奠定了坚实的理论基础。

参 考 文 献

［1］ Acemoglu, D., Aghion, P., Bursztyn, L., Hemous, D., The environment and directed technical change ［J］. American Economic Review, 2012, 102 (1): 131 - 166.

［2］ Acemoglu, D., Akcigit, U., Hanley, D., Kerr, W., Transition to clean technology ［J］. Journal of Political Economy, 2016, 124 (1): 52 - 104.

［3］ Acemoglu, D., Directed technical change ［J］. The Review of Economic Studies, 2002, 69 (4): 781 - 809.

［4］ Acemoglu, D., Labor-and capital-augmenting technical change ［J］. Journal of the European Economic Association, 2003, 1 (1): 1 - 37.

［5］ Aghion, P., Dechezleprêtre, A., Hemous, D., Martin, R., Van Reenen, J., Carbon taxes, path dependency, and directed technical change: Evidence from the auto industry [J]. Journal of Political Economy, 2016, 124 (1): 1 - 51.

[6] Antonelli, C., Quatraro, F., The effects of biased technological changes on total factor productivity: a rejoinder and new empirical evidence [J]. The Journal of Technology Transfer, 2014, 39 (2): 281 - 299.

[7] Becker, G. S., Public policies, pressure groups, and dead weight costs [J]. Journal of Public Economics, 1985, 28 (3): 329 - 347.

[8] Chen, X., Biased technical change, scale, and factor substitution in US manufacturing industries [J]. Macroeconomic Dynamics, 2017, 21 (2): 488 - 514.

[9] Cruz, E., Structural change and non-constant biased technical change [J]. The BE Journal of Macroeconomics, 2017, 17 (2).

[10] Dasgupta P., Heal, G., The optimal depletion of exhaustible resources [J]. The Review of Economic Studies, 1974, 41: 3 - 28.

[11] de Souza, J. P. A., Biased technical change in agriculture and industrial growth [J]. Metroeconomica, 2017, 68 (3): 549 - 583.

[12] Focacci, A., Empirical analysis of the environmental and energy policies in some developing countries using widely employed macroeconomic indicators: the cases of Brazil, China and India [J]. Energy Policy, 2005, 33 (4): 543 - 554.

[13] Grossman, G. M., Krueger, A. B., Environmental impacts of a North American free trade agreement [J]. National Bureau of Economic Research, 1991: 3914.

[14] Hartwick, J. M., Intergenerational equity and the investing of rents from exhaustible resources [J]. The American Economic Review, 1977, 67: 972 - 974.

[15] Hotelling, H., The economics of exhaustible resources [J]. Journal of Political Economy, 1931, 39 (2): 137 - 175.

[16] Hubbert, M. K., Degree of advancement of petroleum exploration in the United States: Natural gases of North America [J]. AAPG Memoir,

1968, 9: 2149 - 2170.

[17] Jerzmanowski, M. , Total factor productivity differences: Appropriate technology vs. efficiency [J]. European Economic Review, 2007, 51 (8): 2080 - 2110.

[18] Jung, S. , Lee, J. D. , Hwang, W. S. , Yeo, Y. , Growth versus equity: A CGE analysis for effects of factor-biased technical progress on economic growth and employment [J]. Economic Modelling, 2017, 60: 424 - 438.

[19] Klump, R. , McAdam, P. , Willman, A. , Factor substitution and factor-augmenting technical progress in the United States: a normalized supply-side system approach [J]. The Review of Economics and Statistics, 2007, 89 (1): 183 - 192.

[20] Knight, F. H. , Some fallacies in the interpretation of social cost [J]. The Quarterly Journal of Economics, 1924, 38 (4): 582 - 606.

[21] Lambert, D. K. , Workforce education and technical change bias in US agriculture and related industries [J]. American Journal of Agricultural Economics, 2018, 100 (1): 338 - 353.

[22] Peltzman, S. , Toward a more general theory of regulation [J]. The Journal of Law and Economics, 1976, 19 (2): 211 - 240.

[23] Pi, J. , Zhang, P. , Skill-biased technological change and wage inequality in developing countries [J]. International Review of Economics & Finance, 2018, 56: 347 - 362.

[24] Sato, R. , The estimation of biased technical progress and the production function [J]. International Economic Review, 1970, 11 (2): 179 - 208.

[25] Seppälä, T. , Haukioja, T. , Kaivo-oja, J. , The EKC hypothesis does not hold for direct material flows: environmental Kuznets curve hypothesis tests for direct material flows in five industrial countries [J]. Population and Environment, 2001, 23 (2): 217 - 238.

[26] Solow, R. M. , Intergenerational equity and exhaustible resources

[J]. The Review of Economic Studies, 1974, 41: 29 – 45.

[27] Song, M. L., Wang, S. H., Measuring environment-biased technological progress considering energy saving and emission reduction [J]. Process Safety and Environmental Protection, 2018, 116: 745 – 753.

[28] Stevens, D. L., Financial characteristics of merged firms: A multivariate analysis [J]. Journal of Financial and Quantitative analysis, 1973, 8 (2): 149 – 158.

[29] Stigler, G. J., The optimum enforcement of laws [J]. Journal of Political Economy, 1970, 78 (3): 526 – 536.

[30] Stiglitz, J., Growth with exhaustible natural resources: efficient and optimal growth paths [J]. The Review of Economic Studies, 1974, 41: 123 – 137.

[31] Tapio, P., Towards a theory of decoupling: degrees of decoupling in the EU and the case of road traffic in Finland between 1970 and 2001 [J]. Transport Policy, 2005, 12 (2): 137 – 151.

[32] Zha, D. L., Kavuri, A. S., Si, S. J., Energy-biased technical change in the Chinese industrial sector with CES production functions [J]. Energy, 2018, 148: 896 – 903.

[33] 阿弗里德·马歇尔. 经济学原理 [M]. 廉运杰, 译. 北京: 华夏出版社, 1995.

[34] 庇古. 福利经济学 [M]. 金镝, 译. 北京: 华夏出版社, 1999.

[35] 陈欢, 王燕. 国际贸易与中国技术进步方向——基于制造业行业的经验研究 [J]. 经济评论, 2015 (03): 84 – 96.

[36] 戴天仕, 徐现祥. 中国的技术进步方向 [J]. 世界经济, 2010, 33 (11): 54 – 70.

[37] 邓明, 王劲波, 林文. 要素市场价格扭曲与技术进步方向——来自中国工业行业的经验依据 [J]. 厦门大学学报 (哲学社会科学版), 2017 (06): 35 – 45.

[38] 董春诗. 偏向技术进步有利于可再生能源转型吗——基于要

素替代弹性的证据 [J]. 科技进步与对策, 2021, 38 (15): 28 - 36.

[39] 封永刚, 蒋雨彤, 彭珏. 中国经济增长动力分解: 有偏技术进步与要素投入增长 [J]. 数量经济技术经济研究, 2017, 34 (09): 39 - 56.

[40] 李坤阳, 顾光同. 我国碳交易试点地区碳市场—经济增长—环境保护协调发展度研究 [J]. 林业资源管理, 2021 (04): 29 - 37.

[41] 刘勇生. 煤炭开发负外部性及其补偿机制研究 [D]. 北京理工大学, 2014.

[42] 穆贤清, 黄祖辉, 张小蒂. 国外环境经济理论研究综述 [J]. 国外社会科学, 2004 (02): 29 - 37.

[43] 潘文卿, 吴天颖, 胡晓. 中国技术进步方向的空间扩散效应 [J]. 中国工业经济, 2017 (04): 17 - 33.

[44] 彭佳雯, 黄贤金, 钟太洋, 赵雲泰. 中国经济增长与能源碳排放的脱钩研究 [J]. 资源科学, 2011, 33 (04): 626 - 633.

[45] 钱娟. 能源节约偏向型技术进步对经济增长的影响研究 [J]. 科学学研究, 2019, 37 (03): 436 - 449.

[46] 孙耀华, 李忠民. 中国各省区经济发展与碳排放脱钩关系研究 [J]. 中国人口·资源与环境, 2011, 21 (05): 87 - 92.

[47] 唐雪梅, 黄红伟, 谭雨欣, 黎德福. 经济增长压力与环境保护的经济代价——基于我国"两控区"的实证分析 [J]. 产业经济评论, 2021 (04): 89 - 102.

[48] 田泽, 马海良. 碳捕捉和碳封存技术一瞥 [EB/OL]. http: // www. tanjiaoyi. com/article - 15769 - 1. html.

[49] 王锋, 冯根福, 吴丽华. 中国经济增长中碳强度下降的省区贡献分解 [J]. 经济研究, 2013, 48 (08): 143 - 155.

[50] 王林辉, 王辉, 董直庆. 经济增长和环境质量相容性政策条件——环境技术进步方向视角下的政策偏向效应检验 [J]. 管理世界, 2020, 36 (03): 39 - 60.

[51] 王林辉, 杨博, 董懿萱. 技术进步偏向性的跨国传递效应——来自中美制造业的经验证据 [J]. 东南大学学报 (哲学社会科学

版），2017，19（04）：63 – 75 + 147 + 149.

[52] 夏勇，钟茂初 . 经济发展与环境污染脱钩理论及 EKC 假说的关系——兼论中国地级城市的脱钩划分 [J]. 中国人口·资源与环境，2016，26（10）：8 – 16.

[53] 项松林，田容至 . 偏向型技术进步与动态比较优势：理论与中国行业经验 [J]. 经济评论，2020（05）：44 – 62.

[54] 熊兴 . "双碳"目标下全球能源治理改革的中国方案 [J]. 社会主义研究，2022（01）：155 – 162.

[55] 杨飞 . 市场化、技能偏向性技术进步与技能溢价 [J]. 世界经济，2017，40（02）：78 – 100.

[56] 杨振兵，王小霞 . 制造业部门国有企业与外资企业生产技术要素偏向影响因素对比分析 [J]. 科学学与科学技术管理，2017，38（06）：43 – 54.

[57] 俞毅 . GDP 增长与能源消耗的非线性门限——对中国传统产业省际转移的实证分析 [J]. 中国工业经济，2010（12）：57 – 65.

[58] 袁永科，任旭东，迟远英 . 环境规制对中国能源产业清洁产出的反向 U 型影响分析 [J]. 山西财经大学学报，2015，37（08）：63 – 77.

[59] 张成，陆旸，郭路，于同申 . 环境规制强度和生产技术进步 [J]. 经济研究，2011，46（02）：113 – 124.

[60] 张月玲，叶阿忠 . 中国的技术进步方向与技术选择——基于要素替代弹性分析的经验研究 [J]. 产业经济研究，2014（01）：92 – 102.

[61] 庄贵阳，窦晓铭，魏鸣昕 . 碳达峰碳中和的学理阐释与路径分析 [J]. 兰州大学学报（社会科学版），2022，50（01）：57 – 68.

第3章

能源环境偏向型技术进步的性质和特征

3.1 引　　言

创新被普遍认为是解决环境保护与经济增长之间矛盾的方法之一（Cancino et al.，2018；D. Zhang & Vigne，2021；冯志军等，2017；廖文龙等，2020）。许多学者已经尝试在不同的学术领域中确定和证明技术创新与可持续发展之间的正向关系（Vollebergh & Kemfert，2005；Zhou et al.，2020；万伦来和黄志斌，2004；陈向阳，2015；潘苏楠等，2020）。然而，并非所有创新活动都是有正向作用的（Omri，2020；Rosenbusch et al.，2011），也并非所有技术进步都会减少资源需求和碳排放（Tsuboi，2019；申萌等，2012；张文彬和李国平，2015）。因此，直指经济发展中能源、环境问题的能源环境偏向型技术进步至关重要，它能直接作用且改善能源枯竭、环境恶化等局面并支持可持续发展目标（主要是可持续发展目标3、6、7、11、12、13、14和15）（Acemoglu et al.，2012；Acemoglu et al.，2016；Aghion et al.，2016；Fan et al.，2020；Khan et al.，2020；张江雪和朱磊，2012；周力，2010；谢荣辉，2021；邓峰和贾小琳，2020）。在目前主流的针对技术进步偏向型的研究中较多集中在资本与劳动要素的角度，而针对能源与环境要素的相关研究较少。随着能源与环境要素对于中国的经济发展愈发显现出制约性，对于节约能源与环境要素的偏向型技术进步研究愈发显得十分必要。

本书第 1 章和第 2 章介绍了我国能源环境的现状和偏向型技术进步的理论基础,本章主要目的在于对能源环境偏向型技术进步的性质和特征予以全面把握。首先,根据能源环境偏向型技术进步针对的要素类型进行分类;其次,通过对相关衡量方法的总结和比较,确定本书对于能源环境偏向型技术进步的衡量方法,并给出对应的模型构建;再次,应用构建的方法对中国能源环境偏向型技术进步进行特征分析,总结其时空演化规律;最后,应用空间计量模型对中国能源环境偏向型技术进步的时空溢出效应进行检验分析。本章对本书主要研究对象进行了基本特征分析,为后续深入探索能源环境偏向型技术进步的作用结果和影响因素提供了基础数据和基本特征描述。

3.2 能源环境偏向型技术进步的概念和分类

3.2.1 能源环境偏向型技术进步的概念

技术进步是指在生产要素之间的组合方面引入新的组合,具体包含多个方面,如产生新产品、采用新技术、采用新型组织结构等创新组合,从而提高生产要素的生产使用效率。而偏向型技术进步指的是如果技术进步使得其中一类生产要素的边际产出相对更增加,就称技术进步偏向于该生产要素。目前主流研究偏向型技术进步可以分为两种类型,分别为劳动偏向型与资本偏向型技术进步,鉴于资源环境对经济发展愈发强烈的约束作用,本书将主要从能源与环境要素的角度开展偏向型技术进步的研究。

早在 1932 年,希克斯就在著作《工资理论》中给出了对于偏向型技术进步的思考,在希克斯的研究基础上,先后有哈罗德与索罗分别给出了各自对其的定义。三者对技术进步的定义都基于不同的假说条件,假说条件依次为资本劳动比不变、资本产出比不变以及劳动产出比不变,进而研究了在资本与劳动要素边际产出变化不同的情况下技术进步是偏向资本还是偏向劳动,还是技术中性的。陆雪琴和章上

峰（2013）利用中国 1978～2011 年的总产出、资本以及劳动力三类
要素，分析估算了要素间的替代弹性，最后得出中国技术进步不处于
希克斯与哈罗德中性类型，而是偏向资本型的。张莉等（2012）利用
跨国经济的发展数据，进一步分析在国际贸易的背景下偏向型技术进
步对发展中国家的影响机制，发现偏向型技术进步在发展中国家中是
偏向资本的。之后在阿西莫格鲁等相关学者的努力下，偏向型技术进
步的研究范围不断扩张，从原有的仅关注资本和劳动力要素扩展到更多
要素方面，例如：土地、能源等（Acemoglu et al，2012，2016；Aghion
et al.，2016；Song & Wang，2018；Zha et al.，2018）。特别是随着能源
环境等要素对经济发展的约束愈显强烈，越来越多的学者开始关注环境
友好型技术进步的研究（Song & Wang，2018；You et al.，2019；Li et
al.，2019；Zhou & Du，2021；颜青和殷宝庆，2020；谢荣辉 2021）纷
纷提出了诸如绿色技术创新、环境友好型技术创新、生态创新、绿色全
要素生产率等相关概念，并对其基本特征、影响因素和作用效果展开了
不同层面的探索。这些研究为我们进一步明确能源环境偏向型技术进步
的概念和衡量方法提供了丰富的理论和实证基础。

衡量技术进步的表现形式有多种假说，在不同的假说下，技术进步
的表现形式也不一样，如果假说能源效率的技术进步是外生的，则表现
为"自主式"效应；假说能源偏向型技术和经验进步主要是企业在正
常的能源生产管理过程中，则表现为"干中学"效应；假说当前技术
进步取决于过去的活动，技术进步都建立在上一期的基础之上，则表现
为"巨人肩膀"效应（张成等，2011）。本书采用的是"巨人肩膀"效
应假说，设定技术进步形式如下：

$$A_{it+1} = (1 + x) A_{it} \qquad (3.1)$$

能源环境偏向型进步则是表示在能源与环境有限的背景下，并且将
环境视为类似于能源或资本的一种投入资源的视角下，通过相应技术创
新与进步以实现提高能源与环境生产要素生产效率方式的一种偏向型技
术进步。

3.2.2 能源环境偏向型技术进步的分类

在本书中针对偏向型技术进步的研究将从能源和环境要素的角度开展，也就是主要研究能源和环境偏向型技术进步，具体则分别对应于能源节约型技术进步和污染治理型技术进步。而在能源偏向型技术进步中按照不同的能源形式可进一步分为传统化石能源技术进步（能源节约型技术进步）与新能源替代技术进步（后备型技术进步），具体能源环境偏向型技术进步分类见图 3 - 1 所示。

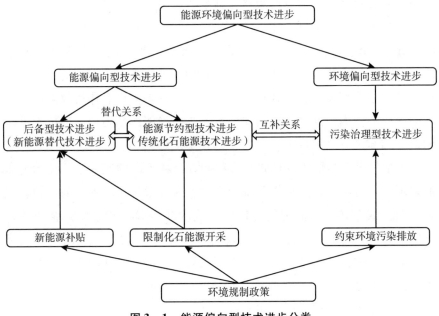

图 3 - 1　能源偏向型技术进步分类

能源偏向型技术进步的诱发机制有多种渠道，在影响厂商企业的技术创新倾向时，存在"市场规模效应"，指的是企业为了提高生产规模，最大化产出，会倾向于提高丰裕要素的使用规模，偏向于提高丰裕要素生产率；另一个是"价格效应"，指的是由于稀缺要素的成本过高，为了节约稀缺要素而倾向于提高稀缺要素的生产率，偏向于研发价格更高的稀缺要素的技术进步。这两种效应导致的技术偏向是不同的，具体技术进步倾向于偏向丰裕还是稀缺要素，主要还是取决于两类生产要素之间替代弹性的大小。当两者的替代弹性大于 1 时，厂商企业倾向于"市场规模效应"的丰裕要素的技术进步；当替代弹性小于 1 时，厂商企业的技术进步偏向于稀缺要素（何小钢和王自力，2015；张俊和钟春平，2014）。在具体讨论能源环境偏向型技术进步的诱发因素（或影响因素）之前，应对其衡量方法和标准进行说明，形成比较认可的衡量方法和数据基础。

3.3　能源环境偏向型技术进步的衡量方法

3.3.1　衡量方法

由于具体技术创新的形式具有多样性，体现出的结果也较为复杂，衡量技术进步的方式也是多种多样的。针对本书的主要研究对象——能源环境偏向型技术进步，其衡量方法也是纷繁复杂、莫衷一是，尚未形成权威的衡量指标体系。当前主流的用于衡量对应技术进步的方法主要可从三类视角进行分析：投入角度、产出角度和相对效率视角。

（1）投入角度。

从投入角度来看，蒋伏心等（2013）在探讨环境规制对技术进步的影响效应时，选用行业内的研发费用投入量作为衡量技术创新的指标，认为研发费用与技术创新之间呈现正相关关系。博尔萨托和阿美（Borsatto & Amui，2019）在衡量环境规制对发达国家与发展中国家的绿色创新影响程度的时候，将公司的规模大小、国际化程度的高低以及国家竞争力的大小看作外生变量，研究结果表明，环境规制和企业规模会正向影响到企业的绿色创新程度，而国家竞争力对绿色创新程度则有负向影响。还有学者指出生态创新是生态投资和生态规划创新的总和（You et al.，2019）。李秀珍等（2022）在研究信贷配置、环境规制与绿色技术创新时采用了万元产品综合能耗指标测算绿色技术创新水平。

（2）产出角度。

从产出角度来看，熊艳（2011）在探讨环境规制与经济增长之间关系时，在产出变量中选用工业废水排放达标率、工业二氧化硫排放达标率等 5 项产出比例指标进行衡量。江珂和卢现祥（2011）在分析环境规制与区域内技术创新之间的关系时，采用的是专利权的数量，通过采用不同区域内的专利权数量以及专利权的类型进行分析。希罗德在分析针对家庭部门受能源效率政策的影响时，采用的也是专利权数量作为产出指标（Girod et al.，2017）。张宇和钱水土（2021）在研究绿色金融发展对环境技术进步的相关影响时，则是选择省级发明专利数量增长率进行回归分析。孙莹和孟瑶（2021）也是利用专利数据进行创新水平衡量，具体做法是利用世界知识产权组织（WIPO）给出的 2010 年专利分类规定，对上市公司的绿色专利数据进行划分，进而将其作为评价绿色技术创新的衡量指标。董直庆和王辉（2021）在研究我国城市财富与绿色技术选择时，采用每千名研发人员绿色发明专利的申请量来衡量绿色技术，以地区绿色发明专利占全部专利的比值表征地区绿色技术进步方向。王智新等（2022）采用企业绿色专利拥有量作为衡量绿色技术的指标。唐大鹏和杨真真（2022）、杨海兰等（2022）应用企业绿色专利数据作为企业绿色技术创新的衡量指标。邵帅等（2022）将我国国家知识产权局专利数据库的数据利用绿色 IPC 代码筛选出绿色专利数量，同时还从产出角度给出了以单位能耗的 GDP 作为的技术创新衡量标准。

（3）相对效率。

从相对效率来看，张成等（2011）利用 DEA 的 Malmquist 模型分析了中国 30 个省份的相应企业部门的技术进步指标。李斌等（2013）采用 DEA 的 SBM 模型对中国工业的 36 个行业绿色技术效率以及绿色全要素生产率进行测度，并进一步分析环境规制对绿色全要素生产率的影响及作用机制。姚小剑和张英琳（2021）在传统全要素生产率基础上融合考虑了能源与环境因素，进而得出绿色全要素生产率，并通过面板门槛模型进一步探讨了绿色全要素生产率与环境规制之间的关系。马卫东等（2021）利用全要素生产率作被解释变量，采用双重门槛回归模型研究了环境规制对经济增长质量（用全要素生产率作衡量指标）的影响关系。王斌会和张欣（2021）利用 DEA – SBM 模型衡量与测度工业偏向型技术进步，在选择投入与产出数据时，利用熵值法综合计算出环境污染指数，并将其作为非期望产出，最终计算得出中国不同区域内相对的偏向性技术进步水平。高红贵和肖甜（2022）在规模报酬可变的基础上，把绿色技术创新效率作为中介变量建立两阶段超效率网络 SBM—DEA 模型。李新安和李慧（2022）利用随机前沿分析（SFA）测算出技术进步相对偏向。马海良和张格琳（2021）运用双层嵌套 CES 生产函数和超效率 DEA 模型测算长江经济带各省市能源偏向性技术进步指数与非能源偏向性技术进步指数。

　　此外，还有学者综合各个方面构建了覆盖角度广的综合性指标。例如：有学者在进行技术创新时就同时采用了投入角度和产出角度的指标（Li et al.，2019）。汪明月等（2021）采用问卷调查的形式分别对企业末端治理能力的技术创新、企业绿色工艺的创新、企业绿色产品的创新这三类绿色技术创新进行统计测度。范德成和吴晓琳（2022）从技术推动力、市场拉动力以及管制推动力方面，综合应用 16 个三级指标构造了中国工业绿色技术创新动力评价指标体系。王鹏和刘殊奇（2022）在进行企业技术创新演化博弈分析模拟时，分别对企业绿色创新资本、企业绿色创新人力资本和企业绿色产品产生的额外效用、消费者对于绿色产品额外效用的反应度进行了深入分析。聂秀华和吴青（2021）采用复旦大学和第一财经研究院利用微观大数据并通过专利更新模型估计的各区域发明授权专利市场价值数据，衡量区域技术创新水平的质量。刘自敏等（2022）利用设置虚拟变量来考察产出技术进步偏向，若某城市的产出技术进步偏向促进期望产出，即偏向绿色技术进步，则取值为 1；反之，若产出技术进步偏向促进非期望产出，即偏向非绿色技术进步或者为中性技术进步，则取值为 0。王林辉和杨博（2020）、曹孜和吴朝阳（2020）、王林辉等（2022）为衡量中国 30 个省市的技术进步的能源偏向性，通过设定双层嵌套 CES 生产函数，使用供给侧标准化四方程方法进行测度计算。钱娟（2020）与程中华等（2021）同样采用 CES 生产函数法估算各省的能源、环境偏向型技术进步。王俊等

（2021）通过构造超越对数成本函数来测算能源节约型技术进步。相关技术进步的衡量方法整理见表 3-1。

表 3-1　　　　　　　　　技术进步衡量方法

衡量视角	衡量方法	文献来源
投入角度	各行业研发投入经费	蒋伏心等（2013）
	绿色创新实践：基于 GRI 变量和 ISO 14001 认证的因子分析；联合国全球契约、DJSI 和环境投资	Borsatto & Amui（2019）
	生态创新是生态投资和生态规划创新的总和：企业生态投资包括排污费用、环境保护设施费用、环境保护技术费用、工作环境补偿费用、恢复性环境保护费用、预防性费用、特殊环境费用等；生态规划创新包括环境战略创新、可持续发展创新、环境规划创新和环境评价创新	You et al.（2019）
	万元产品综合能耗	李秀珍等（2022）
	绿色技术创新的投入能力：绿色研发费用投入/营业收入和绿色研发人员投入/总人数	Li et al.（2019）
产出角度	绿色技术创新产出：绿色专利授权数量/绿色研发人员数量；今年绿色产品利润增长/去年绿色产品总利润	Li et al.（2019）
	省级发明专利数量增长率	张宇和钱水土（2021）
	工业废水排放达标率，工业二氧化硫排放达标率等 5 项产出比例指标	熊艳（2011）
	专利（权）的数量	江珂和卢现祥（2011）；Costantini et al.（2017）；邵帅等（2022）
	单位能源消费的 GDP	邵帅等（2022）
	节能发明专利数量	Girod（2017）
	可再生能源专利考虑专利的折旧率和扩散率	Lin & Zhu（2019）
相对效率	Malmquist-Luenberger 多维分解指数模型	丁黎黎等（2020）
	基于 Acemoglu（2002）运用标准化系统法测算技术的要素偏向性	刘备和董直庆（2020）
	DEA-Malmquist 模型	张成等（2011）；Luo et al.（2019）
	DEA-SBM 模型	王兵等（2010）；李斌等（2013）；Jin（2019）；王斌会和张欣（2021）

续表

衡量视角	衡量方法	文献来源
相对效率	EBM 模型并结合 GML 指数测算绿色全要素生产率	纪建悦和孙亚男（2021）；姚小剑和张英琳（2021）
	一个三因素嵌套的 CES 函数结合 DEA	Zha et al.（2018）；马海良和张格琳（2021）；杨博和王林辉（2022）
	网络 DEA 模型测算绿色创新效率	许玉洁和刘曙光（2022）
	随机前沿分析（SFA）或基于超对数生产函数的 SFA	郑琼洁（2014）；Shao et al.（2016）
	一种超效率的基于松弛的测度模型	Song & Wang（2018）
	使用 SBM 方向性距离函数和 Luenberger 生产率指数对绿色技术进步指标进行估算	颜青和殷宝庆（2020）；谢荣辉（2021）；
	基于 Super SBM 模型的 GML 指数	弓媛媛和刘章生（2021）
	两阶段超效率网络 SBM—DEA 模型	高红贵和肖甜（2022）
	超效率 SBM 模型衡量生态效率	陈晓兰等（2022）；赵旭等（2022）

综上，根据对现有文献的归类与总结，可以发现无论是从哪个角度开展研究都有较多的文献支持，这为我们的研究奠定了良好的理论基础。比较来看可以发现，采用投入角度的分析相对来说比较少，这可能是受限于数据提供问题。而采用产出角度的分析相对较多，其中最多的则体现为应用专利（或绿色专利数据来衡量技术进步）相关数据来作为技术进步或技术创新的衡量指标及进步创新方向，主要原因在于专利是创新最直接的体现，能够很直观地代表着创新行为的结果与方向，因此是非常受欢迎的衡量指标之一。而对于采用相对效率的方式来体现技术进步的研究，其基本思想源自投入产出视角，效率提升是技术创新最根本的目标，因此基于相对效率的视角衡量技术创新或进步也是非常受欢迎的，从表 3 - 1 中可以看出已经有大量学者对相对效率的计算方法做出了大量的努力，计算方法不断发展、完善已经形成相对成熟的理论基础和计算模型，并得到广泛的应用。综上，采用相对效率的方法可以

更容易区分技术进步的指向性，并且选择 DEA 进行数据分析可以很好地避免回归模型设置不当导致的误差，无须任何的假说与前提就可以直接根据选择的多投入与多产出算出相对效率值，直接对各决策单元之间的效率进行评价排名。因此，本书采用相对效率的方式来衡量能源环境偏向型技术进步。

3.3.2 DEA 基本概念

DEA（数据包络分析）是一种不需要知道研究对象的生产函数形式，而只需要知道投入产出数据，就可以通过线性规划进行投入产出的效率度量的数据处理方法。与统计回归方法希望找出一条穿过数据中心的回归函数不同，DEA 通过找出一条效率前沿曲线，包裹住全部决策单元，从而揭示出各数据间的效率关系，也就是可以直接计算出各决策单元的相对效率值。对于效率值的计算，我们获得的数据往往是多个主体分别对应于多个投入与多个产出的数据，这样的一个主体可以将其称之为一个 DMU（decision making units）。在面对多投入多产出的情况时，通常意义上我们可以根据对不同投入与产出的偏好不同，分别给予不同的权重，最终只需要评价加权后的效率值即可。在测量效率值时，我们希望的是投入尽可能地少，而产出尽可能地多，以使得效率值尽可能大，故此 DEA 模型的目标函数即最大化效率值。同时，为了防止出现无穷多解的情况，需要对 DEA 增加一个限制性条件，即限制加权后的效率值小于 1（查勇，2008）。

3.3.3 DEA 基本模型

查恩斯、库铂和罗兹（Charnes，Cooper & Rhodes）三人在 1978 年提出了最初的 DEA 模型——CCR 模型，模式公式如下：

$$\max \sum_{r=1}^{q} u_r y_{rk} \Big/ \sum_{i=1}^{m} v_i x_{ik}$$

$$\text{s. t. } \sum_{r=1}^{q} u_r y_{rj} \Big/ \sum_{i=1}^{m} v_i x_{ij} \leq 1$$

$$v \geq 0 ; \ u \geq 0$$

$$i=1,\ 2,\ \cdots,\ m;\ r=1,\ 2,\ \cdots,\ q;\ j=1,\ 2,\ \cdots,\ n \quad (3.2)$$

其中 u 与 v 分别表示产出与投入的权重，k 表示当前测量的决策单元。

上述公式意思为，在取限制条件 q 种产出与 m 种投入加权之和的比值小于 1 的情况下，使被测量的决策单位 k 的产出与投入的比值达到最大值，通过循环计算，可以得出各决策单元之间的相对效率值。其中效率值为 1 的就是有效单元，位于效率前沿面，而其余效率值小于 1 的决策单元就位于效率前沿面的后方。而通过这些效率值小于 1 的决策单元投射在有效前沿面的投影值的投入与产出值和自身原始的投入与产出值做对比，就可以得出相应的决策单元需要缩减多少投入或是增加多少产出才可以达到有效效率值。

模型（3.2）的对偶模型如下：

$$\min\theta$$

$$
\begin{cases}
\text{s. t.} \quad \displaystyle\sum_{j=1}^{n}\lambda_j x_{ij} \leqslant \theta x_{ik} \\[2ex]
\displaystyle\sum_{j=1}^{n}\lambda_j y_{rj} \geqslant y_{ik}
\end{cases}
$$

$$i=1,\ 2,\ \cdots,\ m;\ r=1,\ 2,\ \cdots,\ q;\ j=1,\ 2,\ \cdots,\ n \quad (3.3)$$

1984 年班克、查恩斯和库铂（Banker，Charnes & Cooper）在原有 CCR 对偶模型的基础上提出了规模报酬可变的 BCC 模型。而 BCC 模型就是在模型（3.3）的基础上增加一项约束条件 $\displaystyle\sum_{i=1}^{n}\lambda_i = 1$（$\lambda \geqslant 0$）。

CCR 模型在测度时，采用的是规模报酬不变（Constant Returns to Scale）的假说，而 BCC 模型采用的是规模报酬可变（Variable Returns to Scale）的假说。采用 CCR 模型计算出来的技术效率（Technical Efficiency，TE）并不是纯技术效率，因为 CCR 模型在测度效率值时，并不是只有技术效率，同时还包含着规模效率（Scale Efficiency，SE）。而利用 BCC 模型计算的是纯技术效率值（Pure Technical Efficiency，PTE）。考虑至此，规模效率可以由 CCR 效率值与 BCC 效率值推算出来，计算过程为 $SE = TE/PTE$。

对于传统的 CCR 与 BCC 模型，在一般情况下可能出现多个效率值同为 1 的情况，对于这些同为 1 的效率值评价都为有效单元，但是有时候我们需要进一步区分每个 DMU 的效率值，进行 DMU 之间的效率排名，对于此，超效率模型可以很好地解决这个问题。超效率模型与传统的 DEA – CCR 模型的区别在于增加了 $j \neq k$ 这一约束条件，即每次在针对决策单元 k 测量效率时，从参考集剔除被评价单元 k，以剩余变量构成的有效前沿进行对决策单元 k 的相对效率值测量。考虑至此，先前按传统 DEA – CCR 模型测量出来效率值为 1 的有效单元，在超效率的模型测度下，可以进一步得出效率值大于 1 的情况，此时按效率值的具体大小进行决策单元的效率值排名，从而解决了在传统 DEA – CCR 模型中出现多个效率值同为 1 时，不能对这些有效单元进行进一步效率值排名的情况。模型公式如下：

$$\min \theta$$

$$
\left\{
\begin{array}{l}
\text{s. t.} \quad \sum_{j=1}^{n} \lambda_j x_{ij} \leq \theta x_{ik} \\[3mm]
\sum_{j=1}^{n} \lambda_j y_{rj} \geq y_{rk}
\end{array}
\right.
$$

$i = 1, 2, \cdots, m$；$r = 1, 2, \cdots, q$；$j = 1, 2, \cdots, n$；$j \neq k$ （3.4）

但是式（3.4）超效率模型存在无可行解的情况，当数据集中的一个 DMU 的产出（投入）数值高于（低于）其他的 DMU 时，此时无论其投入（产出）数值有多高（低），即投入与产出二者关系无论显现出多么无效率的情况，在投入（产出）导向的 VRS 标准效率模型中总是有效的。也就是该 DMU 不能投影至除它以外的其他 DMU 构建的生产集内，这时就需要进一步对式（3.4）进行变形以解决无可行解的情况，具体情况可以参考各类相关书籍论文，此处将不再赘述。

3.3.4 模型构建

为探讨上文提出的三类偏向型技术进步（后备型、能源节约型和污染治理型技术进步）的衡量，本书应用全局 DEA 模型的思想，以观测期内的所有投入产出要素的数据构建起生产技术参照集，构建的模型如下：

$$\min \beta + \gamma + \varphi$$

$$
\begin{cases}
\text{s. t. } \displaystyle\sum_{t=1}^{T}\sum_{k=1}^{K}\lambda_k^t x_k^t \leqslant x_k^t; \ \sum_{t=1}^{T}\sum_{k=1}^{K}\lambda_k^t e_k^{-t} \leqslant \beta e_k^{-t}; \\[2mm]
\displaystyle\sum_{t=1}^{T}\sum_{k=1}^{K}\lambda_k^t e_k^t \leqslant \gamma e_k^t; \ \sum_{t=1}^{T}\sum_{k=1}^{K}\lambda_k^t y_k^t \geqslant y_k^t; \\[2mm]
\displaystyle\sum_{t=1}^{T}\sum_{k=1}^{K}\lambda_k^t b_k^t = \varphi b_k^t; \ \lambda_k^t \geqslant 0
\end{cases}
\tag{3.5}
$$

其中，x 表示非能源投入、e^- 表示非化石能源投入、e 表示化石能源投入、y 表示期望产出、b 表示非期望产出；T 为时期数、K 为 DMU 数量；β 表示非化石能源效率（后备型技术进步）、γ 表示化石能源效率（能源节约型技术进步）、φ 表示环境效率（污染治理型技术进步）。而更为一般的，只考虑两类偏向型技术进步（即能源与环境偏向型技术进步）的模型可以在模型（3.5）的基础上简化如下：

$$\min \beta + \varphi$$

$$
\begin{cases}
\text{s. t. } \displaystyle\sum_{t=1}^{T}\sum_{k=1}^{K}\lambda_k^t x_k^t \leqslant x_k^t; \ \sum_{t=1}^{T}\sum_{k=1}^{K}\lambda_k^t e_k^t \leqslant \beta e_k^t; \\[2mm]
\displaystyle\sum_{t=1}^{T}\sum_{k=1}^{K}\lambda_k^t y_k^t \geqslant y_k^t; \ \sum_{t=1}^{T}\sum_{k=1}^{K}\lambda_k^t b_k^t = \varphi b_k^t; \\[2mm]
\lambda_k^t \geqslant 0
\end{cases}
\tag{3.6}
$$

其中，各变量表示含义与模型（3.5）基本一致，只是这里的 e 表示为能源投入，是非化石能源和化石能源的投入总和；β 表示为能源偏向型技术进步。

　　本书中应用的投入产出物主要包括以下内容：主要投入物为年末单位从业人员、资本存量和能源要素；期望产出为以 2000 年价格为基期，平减计算后的 GDP，非期望产出主要为二氧化碳以及城市工业二氧化硫排放量、工业烟粉尘排放量和工业废水排放量等。其中，GDP 平减指数源于城市级数据缺失问题由分省 GDP 平减指数替代；资本存量主要应用张军和章元（2003）的方法基于城市固定资产投资计算获得；能源消费鉴于城市数据约束主要由市辖区供气总量、市辖区液化石油气供气总量、市辖区全年用电量和蒸汽供热总量加热水供热总量几个部分基于 IPCC2006 公布的转换标准转换而成；二氧化碳作为最主要的非期望产出，其计算过程如下：

参考既有文献（Xie et al.，2017；Han et al.，2018），并考虑原始数据的可获得性，我们将城市碳排放的来源分为如下四类：天然气、液化石油气、电能和热能。前两类属于直接能源，后两类属于间接能源。首先，直接能源产生的二氧化碳排放量的计算方式相同，具体为该类能源的终端消费量与碳排放因子（由 IPCC2006 所公布）的乘积。其次，电能使用所产生的碳排放量的计算，由对应区域内的电网基准线排放因子与城市电能消耗量相乘得到。由于国家发改委气候司公布了历年华北、东北、华东、华中、西北和南方共六大区域电网基准线排放因子，因此可将样本城市与六大区域相匹配进行计算。再次，热能产生碳排放量的计算方法如下：首先利用供热量、热能转换效率与原煤发热量的系数值计算出相对应所需的原煤数量，再利用原煤折算为标准煤的系数（0.7143 千克标准煤/千克原煤），进而得出集中供热将会消耗的标准煤数量，最后利用 IPCC2006 提供的排放因子计算出对应热能消耗将会产生的碳排放量。供热量数据来源于《中国城市建设统计年鉴》，锅炉房供热与热电厂供热是城市供热的主要类型，多直接以原煤为主要原料。关于热效率的取值，采取吴建新和郭智勇（2016）的做法，取值70%，这是因为中国中小型燃煤锅炉为主要的集中供热锅炉，并且《GB/T 15317—2009 燃煤工业锅炉节能监测》规定的燃煤工业锅炉热效率最低标准介于65%~78%之间。最后，将天然气、液化石油气、电能和热能产生的碳排放加总就可以得到各个城市的碳排放总量。

此外，为增强研究结论的稳健性，本章不仅提供了基于二氧化碳作为非期望产出的能源和环境偏向型技术进步的分析，还将对基于熵值法合并了废水、烟尘和二氧化硫作为非期望产出的偏向型技术进步进行了讨论。其中熵值法的计算过程如下：

$$X_{ij} = \frac{x_{ij} - \min(x_i)}{\max(x_i) - \min(x_i)} + 10^{-10} \qquad (3.7)$$

其中，x_{ij} 表示第 i 种的非期望产出的第 j 个样本，X_{ij} 表示为 x_{ij} 的标准化值，末项加入 10^{-10} 表示防止出现指标等于 0 的情况。

$$y_{ij} = \frac{X_{ij}}{\sum_{j=1}^{N} X_{ij}} \quad\quad\quad (3.8)$$

其中，y_{ij} 表示 X_{ij} 占总体非期望产出指标的比重，N 表示样本总量。

$$e_i = -\frac{\sum_{j=1}^{N}(y_{ij}\ln y_{ij})}{\ln N}, \quad d_i = 1 - e_i \quad\quad (3.9)$$

其中，e_i 表示为熵值，d_i 表示为效用。

$$w_i = \frac{d_i}{\sum_{i=1}^{n} d_i} \quad\quad\quad (3.10)$$

其中，w_i 表示为指标的权重，n 表示为非期望产出的种类数。

$$z_j = \sum_{i=1}^{n} w_i \times x_{ij} \quad\quad\quad (3.11)$$

其中，z_j 为熵值法最后得出的非期望产出的综合指标。

　　本节选取 2003~2019 年 285 个城市的数据为观测期间的样本数据。所需数据来自国家发展和改革委员会相关政策文件，以及《中国城市年鉴》《中国城市建设统计年鉴》《中国统计年鉴》等官方统计数据。具体的投入和产出要素统计描述如表 3-2 所示。

表 3-2　　　　　　　　　　投入产出变量的统计描述

变量	观测值	均值	标准误	最小值	最大值
劳动力（万人）	4845	50.204	75.738	4.05	986.87
资本存量（亿元）	4845	3992.376	5709.405	83.525	72423.375
能源消费（万吨标准煤）	4845	163.294	308.262	1.099	4067.332
GDP（亿元）	4845	444.297	628.326	7.137	6966.762
二氧化碳（万吨）	4845	1125.715	1814.312	8.103	18767.6
二氧化硫（万吨）	4845	5.086	5.629	0	68.316

续表

变量	观测值	均值	标准误	最小值	最大值
烟尘（万吨）	4845	3.011	11.058	0.003	520
废水（万吨）	4845	6911.009	9226.488	7	96501

资料来源：作者计算整理。

3.4　中国能源环境偏向型技术进步的特征

3.4.1　中国能源环境偏向型技术进步的演化规律

基于数据的限制，前文中分别给出了基于省级数据计算的三类偏向型技术进步模型和基于城市级数据计算的两类偏向型技术进步模型。基于数据展示和宏观把控的难易程度，前者计算结果主要用于本节的特征分析，后者计算结果主要用于下节的溢出效应分析和后续的实证检验。为了纵向把握我国能源环境偏向型技术进步的演化规律，表 3 - 3 给出了 2000 年、2010 年和 2019 年我国 30 个省（区市）[①] 的化石能源效率、非化石能源效率和环境效率。需要补充说明的是，鉴于本书主要研究的是碳中和背景下的能源、环境偏向型技术进步，我们主要考虑二氧化碳为主要非期望产出的模型结果，而基于熵值法构建的考虑其他非期望产出的数据结果作为辅助研究使用。

表 3 - 3　　省级能源环境偏向型技术进步的纵向比较（部分年份）

省份	2000 年			2010 年			2019 年		
	β	γ	φ	β	γ	φ	β	γ	φ
北京	0.1791	0.3235	0.3486	0.3191	0.6441	0.7445	0.8560	1.2610	0.6084
天津	0.6767	0.6677	0.6929	0.4927	0.5411	0.4259	0.5923	0.7265	0.7260

---

① 因数据缺失，西藏、香港、澳门和台湾不在研究范围内，下同。

续表

省份	2000 年			2010 年			2019 年		
	β	γ	φ	β	γ	φ	β	γ	φ
河北	0.5345	0.5259	0.5119	0.2014	0.2950	0.1991	0.1748	0.3632	0.2317
山西	0.0836	0.2451	0.2438	0.2493	0.1852	0.1027	0.1043	0.2091	0.1431
内蒙古	0.3031	0.5883	0.4439	0.1011	0.1815	0.1144	0.0712	0.2554	0.1434
辽宁	1.0000	1.0000	1.0000	0.1950	0.3986	0.2871	0.1526	0.4427	0.3697
吉林	0.0502	0.6025	0.5966	0.2023	0.3127	0.2449	0.1800	0.7556	0.4648
黑龙江	1.0000	1.0000	1.0000	0.1696	0.5583	0.5015	0.3384	0.5831	0.4167
上海	1.0000	1.0000	1.0000	1.0372	0.7531	0.7139	1.0000	1.0000	1.0000
江苏	1.0000	1.0000	1.0000	0.2384	0.6528	0.4830	0.2903	0.7861	0.6466
浙江	0.0973	0.9102	1.0381	0.2124	0.5341	0.4233	0.3276	1.1120	0.0424
安徽	1.0000	1.0000	1.0000	0.4330	0.5457	0.3327	0.3363	0.5987	0.4271
福建	1.0000	1.0000	1.0000	0.1786	0.6398	0.3892	0.2493	1.5004	0.0405
江西	1.2297	0.6460	0.6122	0.1599	0.5010	0.3801	0.2004	0.6501	0.5307
山东	0.8238	0.8461	1.1350	0.6648	0.5338	0.3869	0.3338	0.5636	0.3182
河南	0.3386	0.9540	1.0597	0.1899	0.4072	0.2676	0.7487	0.8880	0.3000
湖北	0.0601	0.8715	0.9025	0.0715	0.5130	0.1134	0.1175	0.6537	0.3202
湖南	1.0000	1.0000	1.0000	0.0944	0.4031	0.3153	0.3036	1.0274	0.0326
广东	0.9306	0.8713	0.8434	0.8911	0.9525	0.3641	0.3524	1.2882	0.3270
广西	0.4494	0.7575	0.5170	0.1314	0.5982	0.0168	0.1552	0.9569	0.0263
海南	0.7611	0.9351	0.8699	0.1725	0.6732	0.5535	0.2608	0.9603	0.0322
重庆	0.2171	0.6621	0.1114	0.1854	0.4698	0.0560	0.4977	1.0476	0.0408
四川	0.3577	0.5546	0.5690	0.0948	0.3697	0.3118	0.1447	1.1470	0.0401
贵州	0.1321	0.1524	0.0636	0.0320	0.1665	0.1197	0.0909	0.3964	0.1570
云南	0.4001	0.5092	0.4335	0.1129	0.3860	0.0502	0.0914	0.9932	0.0267
陕西	0.0727	0.5270	0.5362	0.2225	0.2756	0.2166	0.1559	0.4320	0.3871
甘肃	0.2309	0.2878	0.3073	0.0910	0.3062	0.0660	0.0691	0.4953	0.2217

省份	2000 年			2010 年			2019 年		
	β	γ	φ	β	γ	φ	β	γ	φ
青海	0.0409	0.2493	0.0210	0.0267	0.3334	0.0113	0.0379	0.4236	0.0154
宁夏	0.0000	0.2224	0.1862	0.0612	0.1351	0.0759	0.0227	0.1128	0.0722
新疆	0.0247	0.3897	0.3672	0.1282	0.1745	0.1658	0.0417	0.1903	0.1284
均值	0.3639	0.2449	0.2989	0.1580	0.1593	0.1597	0.1772	0.3027	0.1999

注：β、γ、φ 分别代表非化石能源效率、化石能源效率和环境效率。

资料来源：作者计算整理。

由表 3-3 可知，随着时间推移，我国各省（区市）的三类能源环境技术进步呈现出动态变化特征。其中，相对发达省（区市）呈现出良好的技术提升趋势，而中部地区大部分省（区市）则呈现出不太明显的变化趋势，相对欠发达地区的三类技术进步呈现出不稳定的发展态势。说明当前我国各区域的技术进步发展趋势并未明显呈现出良好的增长态势，特别是相对不发达区域，为了促进经济增长、实现原始资本积累，其能源环境偏向型技术进步趋势并不稳定。为了推动"双碳"目标实现我国经济整体绿色转型，还有待进一步强调各区域共同开发和推动能源、环境偏向型技术进步。

3.4.2 中国能源环境偏向型技术进步的空间特征

为了横向比较我国各省（区市）三类能源环境偏向型技术进步之间的差异和空间特征，图 3-2 给出了样本期内中国 30 个省（区市）的化石能源效率、非化石能源效率和环境效率。

由图 3-2 可以看出，从三条曲线的跳动变化来看，样本期内我国各省（区市）之间在三类偏向型技术平均水平上表现出较大的差异。其中，非化石能源效率平均水平相对较高的有山东、北京、天津、广东、上海，较低的为青海、宁夏、贵州、湖北、新疆；化石能源效率平均水平较高的有江苏、北京、上海、福建、广东，较低的有宁夏、贵州、新疆、山西、青海；环境效率平均水平相对较高的有山东、天津、广东、江苏、上海，较低的有青海、宁夏、贵州、云南、甘肃。不同地区在数据上表现出较大差异，这说明我国三类能源环境偏向型技术进步在空间分布上具有明显差异，但是从普遍意义上来说，东部地区技术水平相对较高，西部地区技术水平相对较低，所以上述数据结果符合我国的实际情况。

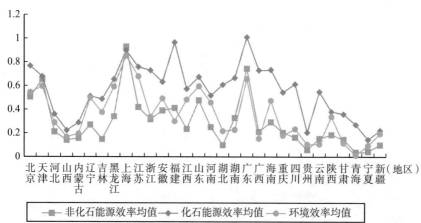

图 3 - 2　各地区偏向型技术进步均值

资料来源：作者计算整理。

3.4.3　中国能源与环境偏向型技术进步的比较分析

为了跨类别比较我国各省（区市）三类能源环境偏向型技术进步之间的差异。表 3 - 4 给出了样本期内我国各年整体水平上的化石能源效率、非化石能源效率和环境效率均值。

表 3 - 4　　　　　　　　　三类偏向型技术进步年度均值

年份	非化石能源效率	化石能源效率	环境效率
2000	0.4998	0.6766	0.6470
2001	0.3367	0.6762	0.6034
2002	0.2748	0.6292	0.5315
2003	0.2757	0.5883	0.4765

年份	非化石能源效率	化石能源效率	环境效率
2004	0.2762	0.5413	0.4427
2005	0.2648	0.4665	0.3437
2006	0.2466	0.4512	0.3304
2007	0.2457	0.4506	0.3357
2008	0.2612	0.4544	0.3308
2009	0.2627	0.4363	0.2852
2010	0.2453	0.4480	0.2811
2011	0.2753	0.4418	0.2812
2012	0.2702	0.4633	0.2682
2013	0.2805	0.5233	0.2951
2014	0.2944	0.5706	0.2417
2015	0.2932	0.6056	0.2592
2016	0.3089	0.6423	0.2584
2017	0.2904	0.6725	0.2587
2018	0.2672	0.7010	0.2930
2019	0.2766	0.7273	0.2746

资料来源：作者计算整理。

由表3-4可以明显看出非化石能源效率在各年的均值都普遍低于化石能源效率的均值，说明当前在我国由于新能源技术起步较晚、发展较慢、尚未形成良好的市场推广空间，导致我国新能源的利用规模和利用效率均普遍较低，未来提升我国新能源技术创新将能够更好地促进我国能源环境偏向型技术进步。而随着时间发展，我国化石能源效率呈现出先降后升的趋势，而环境效率呈现出明显的降低趋势，且与化石能源效率的差距越来越大，主要原因可能在于2008年金融危机的影响，随着后危机时代到来以及工业4.0的提出，我国工业化发展的推进，导致能源效率有所提升，而环境效率呈现出不理想的效果，说明当前我国偏向型技术进步更多在于能源效率提升，而污染治理技术有待进一步开发。

3.5　中国能源环境偏向型技术进步的时空溢出效应

3.5.1　技术进步溢出效应的研究现状分析

关于技术进步的溢出效应，很早就有学者进行探究，不管是对创新能力的溢出、知识的溢出还是对效率提升的空间特征分析，或者是从技术创新的区域扩散或垂直知识溢出的视角来分析，对技术进步溢出效应的分析已经非常丰富。本部分主要从时间和空间两个维度对技术进步的时空溢出效应进行梳理和分析，以期为后续我国能源环境偏向型技术进步的时空溢出效应检验提供理论基础。为了清晰地了解当前相关研究现状，我们从时间溢出和空间溢出两个维度，区域研究和全国层面研究两个视角对现有文献进行梳理，表3－5给出对应的文献梳理结果。

表3－5　　　　　　　　　　　技术溢出的文献梳理

研究维度	研究视角	研究内容和结论	参考文献
空间溢出效应	全国层面	省级能源效率存在空间扩散效应（新古典收敛）	张华和丰超（2015）
		区域技术创新水平存在正向空间自相关效应	聂秀华和吴青（2021）
		中国创新效率空间依赖性明显	赵增耀等（2015）
		我国城市技术创新能力存在显著的空间溢出效应	王俊松等（2017）

研究维度	研究视角	研究内容和结论	参考文献
空间溢出效应	区域层面	中国各区域全要素能源效率整体上显著收敛，存在"俱乐部收敛"特征	王兆华等（2013）
		八大综合经济区创新能力存在显著空间自相关	杨明海等（2018）
		Local Moran's I 指数说明存在高高集聚或低低集聚效应	聂秀华和吴青（2021）
		黄河流域绿色创新效率存在正向空间溢出效应	许玉洁和刘曙光（2022）
		长江沿线核心城市工业生态效率呈现空间俱乐部现象	赵旭等（2022）
时间溢出效应	全国层面	省级能源效率形成良性的私我集聚过程"循环累积因果关系"	张华和丰超（2015）
		创新价值链中知识创新的前向关联溢出效应显著，而产品创新的后向关联效应缺失	赵增耀等（2015）
		中国工业行业技术创新效率具有正向的滞后性	郑琼洁（2014）
		绿色全要素生产率具有累积性和持续性的特点	张建和李占风（2020）
		绿色全要素生产率滞后一期呈现显著负向影响	朱金鹤和王雅莉（2019）
		三类能源环境偏向型技术进步存在显著的时间溢出效应（路径依赖效应）	Zhou et al. (2021)
		中国不同地区的能源效率呈现空间集聚特征	Wang et al. (2021)

由表 3 - 5 可以看出，随着研究的深入，专门针对技术进步（创新或效率改进）的溢出效应进行分析的文献越来越少，更多的则是对其影响因素进行补充分析，随着研究内容和视角的多样化发展，越来越多的文献在对技术溢出效应进行分析时，只是将其置于更丰富的研究内容

中作为其中一个方面来辅助主要的研究内容。从研究的内容来看，主要是针对技术进步的影响因素来进行分析，例如针对 FDI（张建和李占风，2020）、研发投入、互联网发展等因素。或者说技术的空间溢出效应主要体现在技术对其他受影响因素的空间溢出效应，而非针对技术本身的时空溢出效应。例如，邵帅等（2022）在研究经济结构调整和绿色技术进步对中国低碳转型发展的时候考虑了技术进步的空间溢出效应，通过构建一般性空间杜宾模型，证明存在绿色技术创新对中国碳排放效率的空间溢出效应。然而通过文献梳理和分析我们可以发现对于技术进步空间和时间上的溢出效应，由于研究对象、研究方法、研究视角等各方面的不同，呈现出不同的研究结论，既有文献支持技术进步的时间和空间的正向溢出效应，又有文献证明是负向的溢出，还有文献直接认为不存在技术溢出效应，直接忽略其效果。基于此，我们认为具体是否存在技术的时空溢出效应还需要根据实际的研究对象、研究方法和数据结果来确定，但在理论上我们支持技术创新的时空溢出效应，下文将对此进行实证检验分析。

3.5.2　中国能源环境偏向型技术进步的溢出效应检验

首先需要说明的是由于城市级非化石能源消费数据缺失，无法对能源类型进行更加细致的划分，我们在后续的溢出效应检验中，仅考量了能源节约型技术进步和污染治理型技术进步两类偏向型技术进步。在进行技术进步空间溢出效应分析之前，我们首先要做的是找到合适的空间权重矩阵，并基于空间权重矩阵对是否存在空间相关性进行初步检验。通过空间相关性检验后才有必要对具体的空间溢出效果进行实证分析。因此，为了尽量降低空间矩阵的先验性对结果的影响，我们借鉴现有研究（Song et al.，2020；Zhang et al.，2020）构建了三种空间权重矩阵，具体做法如下：

（1）空间权重矩阵构建。

为进行空间计量的实证研究，必须先构建起合适的空间权重矩阵。为了检验本地区与相邻地区的技术空间溢出行为和效应，需要准确定义

"相邻地区"，相邻的定义既可以是直观理解上的地理区域的相邻，又可以从一个广义的角度，表示为在区域间相关经济、制度或是文化方面相似的相邻，这就体现为区域间在这些方面上的相似度。对此，本书从不同的研究对象着手，综合考虑不同区域间的地理空间上的关联以及经济、文化上的关联，并且为了排除先验判断对权重方案的影响，分别设置了0—1型、地理距离型和经济距离型三类空间权重矩阵。前两个权重矩阵表示的含义为，如果两个地区所处的地理位置较近，那么这两个地区在地区资源、文化制度或是区域优势等多个方面上就可能具有相同特点，这就导致两个地区之间较为可能进行技术学习与技术交流。最后一个权重矩阵设定的出发点则是考虑到经济发展合作对技术创新的影响，经济发展水平相近的地区间，可能会体现为"抱团取暖"，相互合作开发技术创新，推动区域间的联合发展。需要提及的是本书对上述三类空间权重矩阵均进行了标准化处理，以保证每行元素之和等于1。这三类空间权重矩阵设计方法如下：

①0—1型空间权重矩阵 W_{cont}。该类权重矩阵的设置为若两个地区在地理空间上相邻就设置权重为1，反之则为0。

②地理距离型空间权重矩阵 W_{dis2}。权重元素的计算公式为 $w_{ij}=1/d_{ij}^2$，其中 d_{ij} 是依据城市政府的地理经纬度，进而计算出两地区 i 和 j 之间的球面距离。

③经济距离型空间权重矩阵 W_{pgdp}。该矩阵综合了经济因素与地理距离因素，权重元素的设定方法为 $w_{ij}=[1/|pgdp_i-pgdp_j+1|]\times\exp(-d_{ij})$，其中 $pgdp_i$ 表示观测期内地区 i 的平均经济发展水平，d_{ij} 为城市间的球面距离。由于嵌套权重矩阵将不同空间单元间的地理与经济联系同时包括在内，可以使区域间的空间联系得到更全面准确的反映。

（2）莫兰检验。

确定具体的空间权重矩阵后，我们对研究对象是否存在空间相关性及其相关性方向进行检验，利用莫兰指数（Moran's I）来判断具体的结果。为了提供更加稳健可信的结果，我们给出基于不同非期望产出计算的能源、环境偏向型技术进步的检验，表3-6、表3-7、表3-8给出基于不同空间权重矩阵的两组能源、环境效率对应的莫兰检验结果，其

84

中 *ee*1 和 *pa*1 是基于只包含二氧化碳作为非期望产出计算的能源、环境效率，*ee*2 和 *pa*2 是基于应用熵值法合并了工业废水、烟尘、二氧化硫和二氧化碳构建的非期望产出计算的能源、环境效率，具体的 DEA 模型详见 3. 3. 3 章节。

表 3 – 6　　　　Moran'I 指数结果——基于地理邻接矩阵 W_{cont}

*ee*1 – 年	Moran'I	Z 值	P 值	*pa*1 – 年	Moran'I	Z 值	P 值
*ee*12003	0.059	2.318	0.020	*pa*12003	0.120	4.630	0.000
*ee*12004	0.010	0.523	0.601	*pa*12004	0.070	2.775	0.006
*ee*12005	0.019	0.838	0.402	*pa*12005	0.039	1.612	0.107
*ee*12006	0.023	1.017	0.309	*pa*12006	0.059	2.362	0.018
*ee*12007	0.026	1.105	0.269	*pa*12007	0.043	1.785	0.074
*ee*12008	− 0.007	− 0.114	0.909	*pa*12008	− 0.001	0.094	0.925
*ee*12009	0.023	1.009	0.313	*pa*12009	0.025	1.086	0.277
*ee*12010	0.033	1.403	0.161	*pa*12010	0.062	2.517	0.012
*ee*12011	0.054	2.180	0.029	*pa*12011	0.096	3.748	0.000
*ee*12012	0.069	2.718	0.007	*pa*12012	0.107	4.148	0.000
*ee*12013	0.102	3.968	0.000	*pa*12013	0.165	6.312	0.000
*ee*12014	0.060	2.415	0.016	*pa*12014	0.116	4.553	0.000
*ee*12015	0.063	2.514	0.012	*pa*12015	0.141	5.516	0.000
*ee*12016	0.061	2.459	0.014	*pa*12016	0.141	5.552	0.000
*ee*12017	0.130	4.939	0.000	*pa*12017	0.134	5.111	0.000
*ee*12018	0.274	10.343	0.000	*pa*12018	0.252	9.575	0.000
*ee*12019	0.389	14.560	0.000	*pa*12019	0.473	17.648	0.000
*ee*2 – 年	Moran'I	Z 值	P 值	*pa*2 – 年	Moran'I	Z 值	P 值
*ee*22003	0.040	1.624	0.104	*pa*22003	0.153	5.924	0.000
*ee*22004	− 0.001	0.076	0.939	*pa*22004	0.122	4.766	0.000
*ee*22005	0.018	0.809	0.418	*pa*22005	0.061	2.477	0.013
*ee*22006	0.020	0.883	0.377	*pa*22006	0.078	3.170	0.002

续表

ee2 - 年	Moran'I	Z 值	P 值	pa2 - 年	Moran'I	Z 值	P 值
ee22007	0.022	0.959	0.337	pa22007	0.074	2.948	0.003
ee22008	-0.001	0.103	0.918	pa22008	0.038	1.590	0.112
ee22009	0.025	1.098	0.272	pa22009	0.053	2.174	0.030
ee22010	0.037	1.526	0.127	pa22010	0.059	2.374	0.018
ee22011	0.047	1.908	0.056	pa22011	0.090	3.558	0.000
ee22012	0.057	2.281	0.023	pa22012	0.141	5.512	0.000
ee22013	0.093	3.660	0.000	pa22013	0.012	0.627	0.530
ee22014	0.054	2.170	0.030	pa22014	0.021	0.958	0.338
ee22015	0.065	2.574	0.010	pa22015	0.057	2.287	0.022
ee22016	0.074	2.946	0.003	pa22016	0.077	3.103	0.002
ee22017	0.122	4.648	0.000	pa22017	0.154	5.863	0.000
ee22018	0.184	7.016	0.000	pa22018	0.171	6.593	0.000
ee22019	0.316	11.893	0.000	pa22019	0.314	11.835	0.000

资料来源：作者计算整理。

由表 3 - 6 可知基于地理邻接矩阵的莫兰指数检验中，$ee1$ 和 $pa1$ 的结果表现更好，大部分年份都表现出显著的正向空间相关性。但在基于 $ee2$ 和 $pa2$ 的检验中，$ee2$ 在 2010 年后才表现出显著的正向空间相关性，$pa2$ 的结果相对来说更支持正向空间相关性。总体而言，基于地理邻接矩阵的检验中，能源、环境偏向型技术进步表现出较强的正向空间相关。

表 3 - 7　　　　Moran'I 指数结果——基于地理距离矩阵 W_{dis2}

ee1 - 年	Moran'I	Z 值	P 值	pa1 - 年	Moran'I	Z 值	P 值
ee12003	0.015	0.731	0.465	pa12003	0.065	2.791	0.005
ee12004	0.008	0.460	0.646	pa12004	0.059	2.552	0.011
ee12005	0.009	0.510	0.610	pa12005	0.023	1.088	0.277

ee1 – 年	Moran'I	Z 值	P 值	pa1 – 年	Moran'I	Z 值	P 值
ee12006	0.010	0.540	0.589	pa12006	0.036	1.616	0.106
ee12007	0.006	0.377	0.706	pa12007	0.030	1.370	0.171
ee12008	−0.017	−0.559	0.576	pa12008	0.006	0.416	0.678
ee12009	−0.008	−0.176	0.860	pa12009	0.029	1.380	0.168
ee12010	−0.032	−1.182	0.237	pa12010	−0.001	0.096	0.924
ee12011	−0.004	−0.004	0.997	pa12011	0.042	1.858	0.063
ee12012	−0.005	−0.051	0.959	pa12012	0.049	2.163	0.031
ee12013	0.019	0.927	0.354	pa12013	0.078	3.292	0.001
ee12014	0.022	1.050	0.294	pa12014	0.078	3.369	0.001
ee12015	0.028	1.286	0.198	pa12015	0.094	4.030	0.000
ee12016	0.020	0.966	0.334	pa12016	0.072	3.159	0.002
ee12017	0.059	2.505	0.012	pa12017	0.063	2.692	0.007
ee12018	0.158	6.525	0.000	pa12018	0.168	6.993	0.000
ee12019	0.257	10.481	0.000	pa12019	0.345	14.034	0.000
ee2 – 年	Moran'I	Z 值	P 值	pa2 – 年	Moran'I	Z 值	P 值
ee22003	0.004	0.296	0.767	pa22003	0.167	7.018	0.000
ee22004	−0.004	−0.011	0.991	pa22004	0.148	6.249	0.000
ee22005	0.005	0.357	0.721	pa22005	0.106	4.597	0.000
ee22006	0.006	0.384	0.701	pa22006	0.158	6.815	0.000
ee22007	0.002	0.222	0.825	pa22007	0.137	5.789	0.000
ee22008	−0.010	−0.265	0.791	pa22008	0.118	5.058	0.000
ee22009	−0.007	−0.156	0.876	pa22009	0.113	4.902	0.000
ee22010	−0.017	−0.567	0.571	pa22010	0.094	4.017	0.000
ee22011	−0.009	−0.243	0.808	pa22011	0.090	3.894	0.000
ee22012	−0.015	−0.455	0.649	pa22012	0.131	5.570	0.000
ee22013	0.013	0.676	0.499	pa22013	0.038	1.844	0.065
ee22014	0.016	0.795	0.427	pa22014	0.042	1.946	0.052
ee22015	0.023	1.067	0.286	pa22015	0.064	2.760	0.006

续表

ee2 – 年	Moran'I	Z 值	P 值	pa2 – 年	Moran'I	Z 值	P 值
ee22016	0.016	0.811	0.417	pa22016	0.055	2.454	0.014
ee22017	0.048	2.068	0.039	pa22017	0.063	2.709	0.007
ee22018	0.112	4.701	0.000	pa22018	0.117	4.944	0.000
ee22019	0.211	8.697	0.000	pa22019	0.232	9.509	0.000

资料来源：作者计算整理。

由表 3 – 7 可知基于地理距离矩阵的莫兰指数检验中，ee1 和 pa1 的结果表现相对较差，特别是前面大部分年份的莫兰指数都不显著，直到 2017 年 ee1 的莫兰指数才显著，到 2011 年 pa1 的结果开始表现出显著的正向空间相关；在基于 ee2 和 pa2 的检验中，ee2 在 2017 年后才表现出显著的正向空间相关性，而 pa2 的结果相对来说总体上支持 10% 显著水平下的正向空间相关性。总体而言，基于地理距离矩阵的检验中，能源、环境偏向型技术进步的空间相关关系的显著性相对不理想，具体还有待进一步的检验。

表 3 – 8   Moran'I 指数结果——基于经济距离矩阵 W_{pgdp}

ee1 – 年	Moran'I	Z 值	P 值	pa1 – 年	Moran'I	Z 值	P 值
ee12003	− 0.020	− 0.235	0.814	pa12003	0.056	0.829	0.407
ee12004	− 0.038	− 0.478	0.632	pa12004	0.069	1.013	0.311
ee12005	0.001	0.067	0.947	pa12005	0.005	0.116	0.907
ee12006	0.011	0.209	0.834	pa12006	0.032	0.509	0.611
ee12007	0.027	0.423	0.672	pa12007	0.096	1.423	0.155
ee12008	− 0.065	− 0.877	0.381	pa12008	− 0.031	− 0.398	0.691
ee12009	− 0.008	− 0.064	0.949	pa12009	0.120	1.775	0.076
ee12010	− 0.024	− 0.286	0.775	pa12010	0.030	0.489	0.625
ee12011	0.029	0.455	0.649	pa12011	0.103	1.514	0.130
ee12012	0.042	0.644	0.520	pa12012	0.158	2.271	0.023

续表

ee1 – 年	Moran'I	Z 值	P 值	pa1 – 年	Moran'I	Z 值	P 值
ee12013	0.084	1.226	0.220	pa12013	0.170	2.425	0.015
ee12014	0.067	0.993	0.321	pa12014	0.137	2.005	0.045
ee12015	0.034	0.537	0.591	pa12015	0.138	2.029	0.042
ee12016	0.032	0.501	0.616	pa12016	0.089	1.326	0.185
ee12017	0.033	0.510	0.610	pa12017	0.036	0.545	0.586
ee12018	0.305	4.310	0.000	pa12018	0.281	3.987	0.000
ee12019	0.459	6.416	0.000	pa12019	0.520	7.258	0.000
ee2 – 年	Moran'I	Z 值	P 值	pa2 – 年	Moran'I	Z 值	P 值
ee22003	− 0.027	− 0.327	0.744	pa22003	0.232	3.342	0.001
ee22004	− 0.052	− 0.676	0.499	pa22004	0.224	3.244	0.001
ee22005	− 0.005	− 0.023	0.982	pa22005	0.164	2.422	0.015
ee22006	0.003	0.087	0.930	pa22006	0.265	3.911	0.000
ee22007	0.012	0.223	0.823	pa22007	0.246	3.559	0.000
ee22008	− 0.053	− 0.697	0.486	pa22008	0.247	3.576	0.000
ee22009	− 0.026	− 0.320	0.749	pa22009	0.303	4.430	0.000
ee22010	− 0.019	− 0.224	0.823	pa22010	0.208	3.018	0.003
ee22011	0.000	0.052	0.959	pa22011	0.164	2.396	0.017
ee22012	0.006	0.139	0.890	pa22012	0.245	3.560	0.000
ee22013	0.057	0.855	0.392	pa22013	0.081	1.295	0.195
ee22014	0.045	0.684	0.494	pa22014	0.062	0.954	0.340
ee22015	0.038	0.589	0.556	pa22015	0.088	1.295	0.195
ee22016	0.022	0.356	0.722	pa22016	0.066	1.016	0.310
ee22017	0.012	0.209	0.834	pa22017	0.057	0.849	0.396
ee22018	0.179	2.561	0.010	pa22018	0.180	2.602	0.009
ee22019	0.360	5.076	0.000	pa22019	0.371	5.218	0.000

资料来源：作者计算整理。

由表 3 - 8 可以看出基于经济距离矩阵的莫兰指数检验中，$ee1$ 和

pa1 的结果表现相对较差，前面大部分年份的莫兰指数几乎都不显著，而且前期 ee1 的结果还出现了负值的情况，直到 2018 年 ee1 和 pa1 的莫兰指数才显著为正；在基于 ee2 和 pa2 的检验中，ee2 在 2018 年后才表现出显著的正向空间相关性，而 pa2 的结果相对来说大部分都支持 10% 显著水平下的正向空间相关性。总体而言，基于经济距离矩阵的检验中，能源、环境偏向型技术进步的空间相关关系的显著性相对不理想，具体结论还有待进一步的检验。

（3）模型构建。

为了检验能源、环境偏向型技术进步的空间溢出效应，本书遵循既有文献（Konisky，2007；杨海生等，2008；Renard & Xiong，2012；宋德勇和蔡星，2018）的一般做法，使用经典的空间自回归模型（SAR）识别地区间技术创新的溢出效应，具体设定如下：

$$Tech_{it} = \rho W \times Tech_{it} + \beta X_{it} + city_i + year_t + \varepsilon_{it} \tag{3.12}$$

其中，i 和 t 分别表示城市和年份；$Tech_{it}$ 表示地区能源环境偏向型技术进步，因为本书考察了两类技术进步的两种表达方式，因此，当考察能源效率时，$Tech_{it}$ 为 ee1 和 ee2，当考察环境效率时，$Tech_{it}$ 为 pa1 和 pa2；W 是空间权重矩阵，其元素 w_{ijt} 刻画了地区 j 相对于地区 i 的重要程度；$W \times Tech_{it}$ 是偏向型技术进步的空间滞后项，且满足 $W \times Tech_{it} = \sum_{j \neq i} W_{ijt} \times Tech_{jt}$，表示 i 城市 t 年其他地区加权的技术进步（即 i 城市的邻居）对本地区偏向型技术进步的影响，其估计系数 ρ 为空间自回归系数，如果 ρ 显著为正，表示偏向型技术进步存在显著正向空间自相关，即邻居的技术创新促进了本地的技术进步，如果 ρ 显著为负，则表示偏向型技术进步存在显著负向空间自相关，即邻居的技术创新反而抑制了本地的技术进步；X_{it} 表示影响地区能源、环境偏向型技术进步的其他控制变量；$city_i$ 是地区固定效应；$year_t$ 是时间固定效应；ε_{it} 为随机误差项。

同时，为了考察能源、环境偏向型技术进步在时间上的溢出效应，我们通过引入被解释变量滞后项的方式构建动态空间面板模型来实现，对基础模型（3.12）进行拓展，构建动态空间面板模型如下：

$$Tech_{it} = \alpha Tech_{i,t-1} + \rho W \times Tech_{it} + \beta X_{it} + city_i + year_t + \varepsilon_{it} \tag{3.13}$$

其中，$Tech_{i,t-1}$ 为能源、环境偏向型技术进步的一阶滞后项，其系数 α 表示上一期的技术进步对当期技术进步的影响，如果 α 显著为正，表示能源、环境偏向型技术进步具有正向时间溢出效应，表现为积极的技术推动作用，如果 α 显著为负，表示偏向型技术进步具有负向的时间溢出效应，表现为技术进步的路径锁定效应，拖累后续技术创新发展。

（4）变量选择与统计描述。

①被解释变量。本书主要的被解释变量是能源、环境偏向型技术进步，基于上文 3.3 节对技术进步衡量方法的比较分析，我们采用 DEA 方法利用非期望产出，进而分别计算出能源和环境效率作为偏向型技术进步的衡量指标。具体来说，$ee1$ 和 $pa1$ 是基于碳中和背景仅考虑二氧化碳作为非期望产出的能源和环境效率，也是本书中最主要的指标；$ee2$ 和 $pa2$ 是基于熵值法进行降维合并并考虑了工业废水、烟尘、二氧化硫和二氧化碳作为非期望产出的能源和环境效率，其主要是作为稳健性检验考虑，起到辅助研究的作用。

②主要解释变量。由于本章考虑的是偏向型技术进步的溢出效应，构建的是空间自回归模型，因此，主要的解释变量也就是能源、环境偏向型技术进步本身或者其空间滞后项和时间滞后项。

③控制变量。出于对可能影响能源、环境偏向型技术进步其他因素的考虑，我们从经济体的内外部环境、结构、总量等几个方面考虑引入其他变量作为本章的控制变量。本章控制变量包括 FDI、人口密度、财政支出、教育水平、科技支出、人均收入（张文彬等，2010；韩超等，2016；Zhou & Du，2021），考虑可能存在技术进步的库兹涅茨曲线，引入人均收入的平方项作为控制变量。关于控制变量的具体定义和计算方法详见表 3 – 9，表中同时给出了本章所有变量的描述性统计。

考虑到空间计量模型只能处理平衡面板数据，因此本书采用的样本为 2003～2018 年 285 个城市的平衡面板数据，对于个别缺失数据我们以 1×10^{-13} 予以补充替代，并对样本进行 1% 和 99% 的缩尾处理。所需数据来自各年度《中国城市年鉴》《中国区域经济统计年鉴》《中国金融年鉴》和《中国统计年鉴》等。另外，因为缺少市级的价格指数，因此选用的以货币为单位的名义变量，均以相对应的省级价格指数消除通货膨胀的影响，调整至以 2000 年为基期的不变价格。

表 3 - 9　　　　技术进步溢出效应检验的变量描述性统计

符号	变量及定义	均值	标准误	最小值	最大值	中值	变异系数
*ee*1	DEA 计算的能源效率（二氧化碳为非期望产出）	0.117	0.131	0.001	1.151	0.08	1.113
*pa*1	DEA 计算的环境（二氧化碳为非期望产出）	0.095	0.114	0.000	1	0.061	1.201
*ee*2	DEA 计算的能源效率（工业废水、烟尘、二氧化硫和二氧化碳为非期望产出）	0.126	0.137	0.001	1.214	0.088	1.083
*pa*2	DEA 计算的环境（工业废水、烟尘、二氧化硫和二氧化碳为非期望产出）	0.066	0.107	0.001	1.039	0.038	1.615
fdi	FDI 比重（FDI 占 GDP 的比重，%）	0.021	0.028	0.000	0.776	0.013	1.311
ln*density*	人口密度（单位面积人口总数的对数，人/km^2）	5.724	0.915	1.548	7.923	5.865	0.16
gov	财政支出比重（财政支出占 GDP 的比重，%）	0.192	0.203	0.040	6.041	0.146	1.059
edu	教育水平（普通高校在校学生数占人口总数的比重，%）	0.016	0.022	0.000	0.159	0.008	1.361
rd	科技支出（科技支出占财政支出的比重，%）	0.021	0.041	0.000	0.304	0.008	1.897
ln*pgdp*	人均收入（实际人均 GDP 的对数，元/人）	8.952	0.735	5.781	11.892	8.868	0.082
ln*pgdps*	人均收入的平方（实际人均 GDP 平方的对数，元/人）	80.687	13.367	33.416	141.419	78.643	0.166

资料来源：作者计算整理。

（5）能源、环境偏向型技术进步溢出效应结果与分析。

鉴于上文我们构建了三类空间权重矩阵，并选择两组能源、环境偏向型技术进步作为分析对象，为了更好地展现检验结果，我们将分别对不同空间权重矩阵的结果进行分类讨论。表 3 – 10、表 3 – 11 和表 3 – 12 分别列示了基于三类空间权重矩阵的空间自回归结果。

根据表 3 – 10 可知，对于能源节约型技术进步（能源效率），在基于地理邻接空间权重的回归中，我们发现在静态模型中，其空间项系数显著为正，表明邻接地区的偏向型技术进步对本地绿色技术创新具有正向空间溢出效应。但是随着时间滞后项的引入，发现空间项系数变得不再显著，而时间滞后项显著为正，且模型整体的拟合优度得到大幅度提升，R 平方项由 0.2158 上升到 0.7178（主要参考 $ee1$ 的回归结果），说明一旦考虑了技术进步的时间溢出效应，技术进步的空间溢出效应将不再是主要影响因素，本地能源、环境偏向型技术进步的主导因素更多依赖于以往的技术基础，邻接地区的影响相对来说比较小。

对于环境治理型技术进步（环境效率）而言，随着技术进步的一阶滞后项的引入，其空间项系数的显著性有所降低（主要参考 $pa1$ 结果），且系数大小也呈现减少趋势，一阶滞后项的系数都比空间滞后项的系数大许多，呈现数量级上的差异。说明能源、环境偏向型技术进步的主要引导因素还在于时间上的溢出效应，但对于污染治理技术创新，地区间溢出效果也是比较满意的，这与杜江和刘诗园（2020）的结论一致，认为区域技术创新存在明显的"叠加"效应和"溢出"效应，原因可能在于，我国环境技术创新还处在比较低的创新阶段，技术壁垒相对较低，新的技术出现的空间溢出效果比较好，而能源技术相对发达，对于技术的保护较强，技术研发壁垒相对较高，导致保持了纵向的"传承"效应，却不能实现更好的区域间互惠互利共赢发展。

关于控制变量，FDI 对能源、环境偏向型技术进步的回归系数几乎都不显著，表明考虑了技术进步的方向时，FDI 对东道国的技术溢出效应未能很好地发挥，也侧面反映出在引进 FDI 时更应该对其进行选择和

表 3 – 10

基于地理邻接权重矩阵 W_{cont} 的技术溢出效应结果

变量	ee1	ee1	pa1	ee2	ee2	pa1	pa2	pa2
L.Y		0.772 *** (0.010)	0.678 *** (0.010)		0.765 *** (0.009)	0.678 *** (0.010)		0.687 *** (0.010)
fdi	-0.053 (0.067)	-0.050 (0.047)	0.107 (0.073)	-0.099 (0.080)	-0.073 (0.055)	-0.006 (0.052)	0.594 *** (0.076)	0.054 (0.055)
Indensity	-0.039 *** (0.015)	-0.012 (0.010)	-0.049 *** (0.016)	-0.060 *** (0.018)	-0.017 (0.012)	-0.015 (0.011)	-0.036 ** (0.017)	-0.011 (0.011)
gov	-0.212 *** (0.019)	-0.083 *** (0.013)	-0.133 *** (0.020)	-0.218 *** (0.022)	-0.072 *** (0.015)	-0.039 *** (0.014)	0.078 *** (0.021)	0.021 (0.015)
edu	0.797 *** (0.000)	0.097 (0.0116)	0.677 *** (0.173)	0.924 *** (0.191)	0.066 (0.136)	-0.018 (0.128)	-0.179 (0.179)	-0.334 ** (0.132)
rd	-0.207 *** (0.081)	-0.176 *** (0.054)	-0.288 *** (0.088)	-0.158 (0.096)	-0.185 *** (0.063)	-0.123 ** (0.060)	-0.319 *** (0.091)	-0.099 (0.061)
lnpgdp	-0.277 *** (0.068)	0.126 *** (0.048)	-0.331 *** (0.073)	-0.287 *** (0.081)	0.132 ** (0.056)	0.134 ** (0.053)	-0.511 *** (0.076)	-0.125 ** (0.055)
lnpgdps	0.016 *** (0.004)	-0.006 ** (0.003)	0.021 *** (0.004)	0.017 *** (0.005)	-0.006 * (0.003)	-0.006 ** (0.003)	0.037 *** (0.004)	0.011 *** (0.003)
Spatial rho	0.131 *** (0.027)	0.024 (0.028)	0.205 *** (0.026)	0.070 ** (0.029)	0.011 (0.024)	0.043 * (0.025)	0.231 *** (0.024)	0.089 *** (0.021)

续表

变量	ee1	ee1	pa1	pa1	ee2	ee2	pa2	pa2
Variance sigma2_e	0.004 *** (0.000)	0.002 *** (0.000)	0.005 *** (0.000)	0.002 *** (0.000)	0.006 *** (0.000)	0.003 *** (0.000)	0.005 *** (0.000)	0.003 *** (0.000)
Log-likelihood	7191.2971	7830.7222	7822.0596	7398.8530	7387.5264	7112.2855	7106.6685	7191.3542
R－sq	0.2158	0.7178	0.1201	0.6246	0.1785	0.7060	0.0585	0.5435

注：*、**、*** 分别表示 10%、5%、1% 的显著水平，括号内是对应的标准误，L. Y 表示被解释变量的一阶滞后项，第一行为模型对应的被解释变量选择。下同。
资料来源：作者回归整理。

表3－11　　基于地理距离权重矩阵 W_{dis2} 的技术溢出效应结果

变量	ee1	ee1	pa1	pa1	ee5	ee5	pa5	pa5
L. Y		0.773 *** (0.010)		0.679 *** (0.010)		0.765 *** (0.009)		0.683 *** (0.010)
fdi	-0.062 (0.067)	-0.050 (0.047)	0.101 (0.073)	-0.006 (0.052)	-0.104 (0.080)	-0.073 (0.055)	0.564 *** (0.076)	0.041 (0.055)
lndensity	-0.041 *** (0.015)	-0.013 (0.010)	-0.051 *** (0.016)	-0.016 (0.011)	-0.061 *** (0.018)	-0.017 (0.012)	-0.036 ** (0.017)	-0.011 (0.011)
gov	-0.213 *** (0.019)	-0.083 *** (0.013)	-0.133 *** (0.020)	-0.039 *** (0.014)	-0.218 *** (0.022)	-0.072 *** (0.015)	0.069 *** (0.021)	0.018 (0.015)
edu	0.794 *** (0.160)	0.101 (0.117)	0.682 *** (0.174)	-0.017 (0.128)	0.918 *** (0.191)	0.068 (0.136)	-0.102 (0.178)	-0.300 ** (0.132)
rd	-0.225 *** (0.081)	-0.181 *** (0.054)	-0.314 *** (0.088)	-0.127 ** (0.059)	-0.163 * (0.097)	-0.186 *** (0.063)	-0.289 *** (0.090)	-0.085 (0.061)
lnpgdp	-0.282 *** (0.068)	0.128 *** (0.048)	-0.340 *** (0.074)	0.134 ** (0.053)	-0.288 *** (0.081)	0.133 ** (0.056)	-0.509 *** (0.076)	-0.127 ** (0.054)
lnpgdps	0.016 *** (0.004)	-0.006 ** (0.003)	0.021 *** (0.004)	-0.006 ** (0.003)	0.017 *** (0.005)	-0.006 * (0.003)	0.037 *** (0.004)	0.011 *** (0.003)
Spatial rho	0.044 *** (0.033)	-0.020 (0.028)	0.154 *** (0.032)	0.028 ** (0.028)	0.042 (0.033)	-0.002 (0.028)	0.309 *** (0.027)	0.134 *** (0.023)

续表

变量	ee1	ee1	pa1	pa1	ee5	ee5	pa5	pa5
Variance sigma2_e	0.004 *** (0.000)	0.002 *** (0.000)	0.005 *** (0.000)	0.002 *** (0.000)	0.006 *** (0.000)	0.003 *** (0.000)	0.005 *** (0.000)	0.003 *** (0.000)
Log-likelihood	7830.7222	7817.6957	7398.8530	7391.8611	7112.2855	7107.1052	7191.3542	7206.2999
R – sq	0.2132	0.7157	0.1196	0.6237	0.1770	0.7052	0.0556	0.5436

资料来源：作者计算整理。

表3-12　基于经济距离权重矩阵 W_{pgdp} 的技术溢出效应结果

变量	ee1	ee1	pa1	pa1	ee5	ee5	pa5	pa5
L.Y		0.772 *** (0.010)		0.680 *** (0.010)		0.765 *** (0.009)		0.688 *** (0.010)
fdi	-0.059 (0.067)	-0.049 (0.048)	0.122 * (0.073)	-0.008 (0.052)	-0.098 (0.080)	-0.072 (0.055)	0.646 *** (0.076)	0.060 (0.055)
lndensity	-0.042 *** (0.015)	-0.013 (0.010)	-0.054 *** (0.016)	-0.016 (0.011)	-0.062 *** (0.018)	-0.017 (0.012)	-0.040 ** (0.017)	-0.013 (0.011)
gov	-0.213 *** (0.019)	-0.083 *** (0.013)	-0.131 *** (0.020)	-0.039 *** (0.014)	-0.218 *** (0.022)	-0.072 *** (0.015)	0.077 *** (0.021)	0.020 (0.015)
edu	0.799 *** (0.160)	0.100 (0.117)	0.695 *** (0.174)	-0.016 (0.128)	0.923 *** (0.191)	0.068 (0.136)	-0.111 (0.180)	-0.297 ** (0.132)
rd	-0.234 *** (0.081)	-0.181 *** (0.054)	-0.348 *** (0.088)	-0.127 ** (0.059)	-0.169 * (0.097)	-0.186 *** (0.063)	-0.330 *** (0.091)	-0.095 (0.061)
lnpgdp	-0.280 *** (0.068)	0.127 *** (0.048)	-0.334 *** (0.074)	0.135 *** (0.053)	-0.288 *** (0.081)	0.132 ** (0.056)	-0.507 *** (0.077)	-0.124 ** (0.054)
lnpgdps	0.016 *** (0.004)	-0.006 ** (0.003)	0.021 *** (0.004)	-0.006 ** (0.003)	0.017 *** (0.005)	-0.006 ** (0.003)	0.037 *** (0.004)	0.010 *** (0.003)
Spatial rho	-0.010 (0.012)	-0.009 (0.009)	0.017 (0.011)	0.016 * (0.009)	-0.007 (0.012)	-0.004 (0.009)	0.079 *** (0.011)	0.042 *** (0.008)

续表

变量	ee1	ee1	pa1	pa1	ee5	ee5	pa5	pa5
Variance sigma2_e	0.004 *** (0.000)	0.002 *** (0.000)	0.005 *** (0.000)	0.002 *** (0.000)	0.006 *** (0.000)	0.003 *** (0.000)	0.005 *** (0.000)	0.003 *** (0.000)
Log-likelihood	7817.6957	7822.0596	7391.8611	7387.5264	7107.1052	7106.6685	7206.2999	7191.2971
R – sq	0.2141	0.7163	0.1221	0.6233	0.1779	0.7051	0.0674	0.5454

资料来源：作者计算整理。

引导，助推绿色技术溢出效应早日出现。人口密度的系数在静态模型中显著为负，而在动态模型中不显著，我们主要参考动态模型的结果，说明人口密集与否并未对绿色技术进步产生显著影响。政府财政支出的系数在基于 $ee1$ 和 $pa1$ 的回归中都显著为负，说明我国政府支出确实对技术进步有影响，但由于政府投资更注重经济增长目标，更多的政府支出进入到高能耗、高污染的工业行业，反而对能源、环境偏向型技术进步产生了抑制效果。关于教育水平，其在静态模型中回归系数显著为正，但在动态模型中不显著，说明教育水平对我国绿色技术研发的正向促进作用还不稳定，应进一步加强教育投入、提升国民素质、提高创新意识和绿色理念，从而发挥对绿色技术创新的推动作用。对于研发投入的效果，总体上来看是非常不理想的，几乎表现出显著为负的状态，说明我国的研发投入不仅未能促进能源、环境技术创新反而呈现出挤出效应，意味着我国研发投入的内部结构亟待优化，更多的研发资金应该进入绿色创新领域。关于经济发展水平的影响，可以发现在静态模型中呈现出 U 型关系，而在动态模型中支持了技术创新的"库兹涅茨曲线"结果，呈现倒 U 型。我们主要参考动态模型的结果，说明我国经济发展对绿色技术创新具有先促进后抑制的效果，就曲线拐点（$ee1$ 的拐点值为 10.5，$pa1$ 的拐点为 11.17）和我国能源环境偏向型技术水平（$ee1$ 和 $pa1$ 的均值分别为 0.117 和 0.095，最大值分别为 1.151 和 1）而言，发现拐点值远远大于技术进步取值，说明我国仍处在经济发展促进能源、环境偏向型技术进步的左侧区域，经济发展水平的提升对绿色技术创新具有正向促进作用，但促进效果递减。

表 3 - 11 记录了基于地理距离空间权重矩阵的空间自回归结果，比较其与表 3 - 10 的各个系数结果，发现其基本结果整体上都与基于地理邻接空间权重矩阵的回归结果保持一致，一方面证明了上述结果的稳健性，另一方面也说明基于地理相邻关系的自相关分析可信。因此，我们不再对具体的系数和代表结果进行详细解释。

表 3 - 12 给出了经济距离权重矩阵的空间自回归结果，可以看出，其主要变量的系数结果与前两个表的结果呈现出一定的差异。具体而言，对于空间项，可以发现基于 $ee1$ 和 $pa1$ 的回归中均表现出较低的显

著性，只有在 *pa*2 为被解释变量的回归中显著为正，说明在基于经济距离的空间权重矩阵下，能源、环境偏向型技术进步并未表现出显著的空间溢出效应，未能实现强强联合的技术合作效应。原因可能在于，随着能源、环境等资源约束的加强，经济水平相近的城市间可能更多地表现出经济发展的竞争和对能源、环境等资源的争取，未来应该通过政府意志来促进经济和技术创新层面的合作，争取实现地区间双赢。

3.6　小　　结

本章主要关注能源、环境偏向型技术进步的性质和特征。首先对其衡量方法进行总结整理，通过比较分析发现应用 DEA 方法基于投入产出数据衡量技术进步具有更强的理论和实践支撑。基于此，本文构建了考虑非期望产出的 DEA 模型对我国省级和城市级的能源、环境偏向型技术进步进行衡量，在此基础上对其进行纵向、横向、跨类型的比较分析，了解其发展规律和特征，发现其存在跨地区和跨类型之间的较大差异。之后分析能源、环境偏向型技术进步存在时空溢出效应的可能，在理论探讨的基础上对其进行实证检验，给出了基于三类不同空间权重矩阵的自回归分析结果，发现确实存在能源、环境偏向型技术进步的时空溢出效应，相比于空间溢出效应，我国能源、环境偏向型技术进步的时间溢出效应更强，表现出技术的累积推进效果，后文研究中将更多地考虑能源、环境偏向型技术进步的时间溢出效应，对其影响结果和自身影响因素进行更加丰富的研究。

参 考 文 献

［1］Acemoglu, D., Akcigit, U., Hanley, D., & Kerr, W., Transition to clean technology［J］. Journal of Political Economy, 2016, 124（1）: 52 – 104.

［2］Acemoglu, D., Aghion, P., Bursztyn, L., & Hemous, D.,

The environment and directed technical change [J]. American Economic Review, 2012, 102 (1): 131 - 66.

[3] Aghion, P., Dechezleprêtre, A., Hemous, D., Martin, R., & Van Reenen, J., Carbon taxes, path dependency, and directed technical change: Evidence from the auto industry [J]. Journal of Political Economy, 2016, 124 (1): 1 - 51.

[4] Borsatto, J., & Amui, L. Green innovation: unfolding the relation with environmental regulations and competitiveness [J]. Resources, Conservation and Recycling, 2019, 149: 445 - 454.

[5] Cancino, C., Paz, A., Ramaprasad, A., & Syn, T., Technological innovation for sustainable growth: An ontological perspective [J]. Journal of Cleaner Production, 2018, 179: 31 - 41.

[6] Costantini, V., Crespi, F., & Palma, A., Characterizing the policy mix and its impact on eco-innovation: A patent analysis of energy-efficient technologies [J]. Research Policy, 2017, 46 (4): 799 - 819.

[7] Fan, F., Lian, H., & Liu, X., et al., Can environmental regulation promote urban green innovation Efficiency? An empirical study based on Chinese cities [J]. Journal of Cleaner Production, 2020, 125060.

[8] Girod, B., Stucki, T., & Woerter, M., How do policies for efficient energy use in the household sector induce energy-efficiency innovation? [J]. An evaluation of European Countries. Energy Policy, 2017, 103: 223 - 237.

[9] Han, F., Xie, R., Fang, J., & Liu, Y., The effects of urban agglomeration economies on carbon emissions: Evidence from Chinese cities [J]. Journal of Cleaner Production, 2018, 172: 1096 - 1110.

[10] Hui, W., Xin-gang, Z., Ling-zhi, R., Ji-cheng, F., & Fan, L., The impact of technological progress on energy intensity in China (2005 - 2016): Evidence from a geographically and temporally weighted regression model [J]. Energy, 2021, 226: 120362.

[11] Jin, W., Zhang, H. Q., Liu, S. S., & Zhang, H. B., Tech-

nological innovation, environmental regulation, and green total factor efficiency of industrial water resources [J]. Journal of Cleaner Production, 2019, 211: 61 –69.

[12] Khan, Z. , Malik, M. Y. , Latif, K. , & Jiao, Z. , Heterogeneous effect of eco-innovation and human capital on renewable & non-renewable energy consumption: Disaggregate analysis for G –7 countries [J]. Energy, 2020, 209: 118405.

[13] Konisky, D. , Regulatory Competition and Environmental Enforcement: Is There a Race to the Bottom [J]. American Journal of Political Science, 2007, 51 (4): 853 –872.

[14] Li, G. , Wang, X. , Su, S. , & Su, Y. , How green technological innovation ability influences enterprise competitiveness [J]. Technology in Society, 2019, 59: 101136.

[15] Lin, B. , & Zhu, J. , The role of renewable energy technological innovation on climate change: Empirical evidence from China [J]. Science of the Total Environment, 2019, 659: 1505 –1512.

[16] Luo, Q. , Miao, C. , Sun, L. , Meng, X. , & Duan, M. , Efficiency evaluation of green technology innovation of China's strategic emerging industries: An empirical analysis based on Malmquist-data envelopment analysis index [J]. Journal of Cleaner Production, 2019, 238: 117782.

[17] Omri, A. , Technological innovation and sustainable development: Does the stage of development matter? [J]. Environmental Impact Assessment Review, 2020, 83: 106398.

[18] Renard, M. , & Xiong, H. , Strategic Interactions in Environmental Regulation Enforcement: Evidence from Chinese Provinces [R]. CERDI Working Paper, 2012.

[19] Rosenbusch, N. , Brinckmann, J. , & Bausch, A. , Is innovation always beneficial? A meta-analysis of the relationship between innovation and performance in SMEs [J]. Journal of Business Venturing, 2011, 26: 441 –457.

［20］Shao, S. , Luan, R. , & Yang, Z. , et al. , Does directed technological change get greener: empirical evidence from Shanghai's industrial green development transformation ［J］. Ecological Indicators, 2016, 69: 758 – 770.

［21］Song, M. , & Wang, S. , Measuring environment-biased technological progress considering energy saving and emission reduction ［J］. Process Safety and Environmental Protection, 2018, 116: 745 – 753.

［22］Song, Y. L. , Zhang, X. , & Zhang, M. , Research on the strategic interaction of China's regional air pollution regulation: spatial interpretation of "incomplete implementation" of regulatory policies ［J］. Environmental Science and Pollution Research, 2020, 27 (34): 42557 – 42570.

［23］Tsuboi, M. , Resource scarcity, technological progress, and stochastic growth ［J］. Economic Modelling, 2019, 81: 73 – 88.

［24］Vollebergh, H. , & Kemfert, C. , The role of technological change for a sustainable development ［J］. Ecological Economics, 2005, 54: 133 – 147.

［25］Xie, R. , Fang, J. , & Liu, C. , The effects of transportation infrastructure on urban carbon emissions ［J］. Applied Energy, 2017, 196: 199 – 207.

［26］You, D. , Zhang, Y. , & Yuan, B. , Environmental regulation and firm eco-innovation: Evidence of moderating effects of fiscal decentralization and political competition from listed Chinese industrial companies ［J］. Journal of Cleaner Production, 2019, 207: 1072 – 1083.

［27］Zha, D. , Kavuri, A. , & Si, S. , Energy-biased technical change in the Chinese industrial sector with CES production functions ［J］. Energy, 2018, 148: 896 – 903.

［28］Zhang, D. , & Vigne, S. , How does innovation efficiency contribute to green productivity? A financial constraint perspective ［J］. Journal of Cleaner Production, 2021, 280: 124000.

［29］Zhang, Z. , Jin, T. , & Meng, X. , From race-to-the-bottom to strategic imitation: how does political competition impact the environmental enforcement of local governments in China? [J]. Environmental Science and Pollution Research, 2020, 27 (20): 25675 – 25688.

[30] Zhou, X., & Du, J. T., Does environmental regulation induce improved financial development for green technological innovation in China? [J]. Journal of Environmental Management, 2021, 300: 113685.

[31] Zhou, X. X., Xia, M., Zhang, T., & Du, J. T., Energy- and Environment – Biased Technological Progress Induced by Different Types of Environmental Regulations in China [J]. Sustainability, 2020, 12 (18): 7486.

[32] 曹孜, 吴朝阳. 技术进步偏向的生态效应研究 [J]. 科研管理, 2020, 41 (02): 193 – 201.

[33] 陈向阳. 环境库兹涅茨曲线的理论与实证研究 [J]. 中国经济问题, 2015 (03): 51 – 62.

[34] 陈晓兰, 孟庆港, 史佳凝, 沈万芳. 中国八大综合经济区生态效率测度及时空演进分析 [J]. 经济与管理评论, 2022, 38 (02): 109 – 121.

[35] 程中华, 徐晴霏, 李廉水. 环境政策与环境偏向型技术进步 [J]. 研究与发展管理, 2021, 33 (05): 94 – 107.

[36] 邓峰, 贾小琳. 贸易开放、多渠道 FDI 与高技术产业绿色技术进步——基于中国省际数据的空间计量及 VAR 脉冲分析 [J]. 科技进步与对策, 2020, 37 (23): 71 – 80.

[37] 丁黎黎, 杨颖, 郑慧, 王垒. 中国省际绿色技术进步偏向异质性及影响因素研究——基于一种新的 Malmquist – Luenberger 多维分解指数 [J]. 中国人口·资源与环境, 2020, 30 (09): 84 – 92.

[38] 董直庆, 王辉. 城市财富与绿色技术选择 [J]. 经济研究, 2021, 56 (04): 143 – 159.

[39] 杜江, 刘诗园. 经济政策不确定性、金融发展与技术创新 [J]. 经济问题探索, 2020 (12): 32 – 42.

[40] 范德成, 吴晓琳. 中国工业绿色技术创新动力评价及时空格

局演化研究 [J]. 科技进步与对策, 2022, 39 (01): 78 – 88.

[41] 冯志军, 陈伟, 杨朝均. 环境规制差异、创新驱动与中国经济绿色增长 [J]. 技术经济, 2017, 36 (08): 61 – 69.

[42] 高红贵, 肖甜. 异质性环境规制能否倒逼产业结构优化——基于工业企业绿色技术创新效率的中介与门槛效应 [J]. 江汉论坛, 2022 (03): 13 – 21.

[43] 弓媛媛, 刘章生. 金融结构与绿色技术进步: 理论模型、影响效应及作用机制 [J]. 经济经纬, 2021, 38 (05): 151 – 160.

[44] 韩超, 张伟广, 单双. 规制治理、公众诉求与环境污染——基于地区间环境治理策略互动的经验分析 [J]. 财贸经济, 2016 (09): 144 – 161.

[45] 何小钢, 王自力. 能源偏向型技术进步与绿色增长转型——基于中国 33 个行业的实证考察 [J]. 中国工业经济, 2015 (02): 50 – 62.

[46] 纪建悦, 孙亚男. 环境规制、研发投入与绿色技术进步——基于中国省级面板数据的实证分析 [J]. 河南师范大学学报 (哲学社会科学版), 2021, 48 (06): 52 – 59.

[47] 江珂, 卢现祥. 环境规制与技术创新——基于中国 1997—2007 年省际面板数据分析 [J]. 科研管理, 2011, 32 (07): 60 – 66.

[48] 蒋伏心, 王竹君, 白俊红. 环境规制对技术创新影响的双重效应——基于江苏制造业动态面板数据的实证研究 [J]. 中国工业经济, 2013 (07): 44 – 55.

[49] 李斌, 彭星, 欧阳铭珂. 环境规制、绿色全要素生产率与中国工业发展方式转变——基于 36 个工业行业数据的实证研究 [J]. 中国工业经济, 2013 (04): 56 – 68.

[50] 李玲, 陶锋. 中国制造业最优环境规制强度的选择——基于绿色全要素生产率的视角 [J]. 中国工业经济, 2012 (05): 70 – 82.

[51] 李新安, 李慧. 外资引入、技术进步偏向影响了制造业的碳排放吗?——来自我国 27 个制造行业面板数据模型的实证检验 [J]. 中国软科学, 2022 (01): 159 – 170.

［52］李秀珍，张云，王向进．信贷配置、环境规制与绿色技术创新［J］．上海经济研究，2022（01）：95－103.

［53］廖文龙，董新凯，翁鸣，陈晓毅．市场型环境规制的经济效应：碳排放交易、绿色创新与绿色经济增长［J］．中国软科学，2020（06）：159－173.

［54］刘备，董直庆．技术进步的能源偏向诱发"碳锁定效应"了吗［J］．产经评论，2020，11（04）：133－148.

［55］刘自敏，黄敏，申颢．中国碳交易试点政策与绿色技术进步偏向——基于城市层面数据的考察［J］．产业经济评论，2022（01）：201－219.

［56］陆雪琴，章上峰．技术进步偏向定义及其测度［J］．数量经济技术经济研究，2013，30（08）：20－34.

［57］马海良，张格琳．偏向性技术进步对碳排放效率的影响研究——以长江经济带为例［J］．软科学，2021，35（10）：100－106.

［58］马卫东，唐德善，史修松．环境规制、创新能级与经济增长质量［J］．统计与决策，2021，37（21）：93－97.

［59］聂秀华，吴青．数字金融驱动区域技术创新水平提升的空间溢出效应研究［J］．当代经济管理，2021，43（12）：85－96.

［60］潘苏楠，李北伟，聂洪光．能源约束视角下中国经济可持续发展路径探究［J］．经济问题探索，2020（02）：158－169.

［61］钱娟，李金叶．中国工业能源节约偏向型技术进步判别及其节能减排效应［J］．经济问题探索，2018（08）：148－159.

［62］钱娟．能源节约偏向型技术进步对工业节能减排的门槛效应研究［J］．科研管理，2020，41（01）：223－233.

［63］邵帅，范美婷，杨莉莉．经济结构调整、绿色技术进步与中国低碳转型发展——基于总体技术前沿和空间溢出效应视角的经验考察［J］．管理世界，2022，38（02）：46－69.

［64］申萌，李凯杰，曲如晓．技术进步、经济增长与二氧化碳排放：理论和经验研究［J］．世界经济，2012，35（07）：83－100.

［65］宋德勇，蔡星．地区间环境规制的空间策略互动——基于地

级市层面的实证研究［J］. 工业技术经济, 2018, 37（07）: 112 –118.

［66］孙莹, 孟瑶. 绿色金融政策与绿色技术创新——来自绿色金融改革创新试验区的证据［J］. 福建论坛（人文社会科学版）, 2021（11）: 126 –138.

［67］唐大鹏, 杨真真. 地方环境支出、财政环保补助与企业绿色技术创新［J］. 财政研究, 2022（01）: 79 –93.

［68］万伦来, 黄志斌. 绿色技术创新: 推动我国经济可持续发展的有效途径［J］. 生态经济, 2004（06）: 29 –31.

［69］汪明月, 张浩, 李颖明, 王子彤. 绿色技术创新绩效传导路径的双重异质性研究——基于642家工业企业的调查数据［J］. 科学学与科学技术管理, 2021, 42（08）: 141 –166.

［70］王斌会, 张欣. 基于SBM方向距离函数下我国工业偏向型技术进步测度与分析［J］. 科技管理研究, 2021, 41（13）: 107 –116.

［71］王兵, 吴延瑞, 颜鹏飞. 中国区域环境效率与环境全要素生产率增长［J］. 经济研究, 2010, 45（05）: 95 –109.

［72］王俊, 郑卉殷, 张钰洁. 贸易自由化如何影响能源消耗?——基于能源节约型技术进步视角［J］. 浙江学刊, 2021（03）: 108 –116.

［73］王俊松, 颜燕, 胡曙虹. 中国城市技术创新能力的空间特征及影响因素——基于空间面板数据模型的研究［J］. 地理科学, 2017, 37（01）: 11 –18.

［74］王林辉, 杨博. 环境规制、贸易品能耗强度与中国区域能源偏向型技术进步［J］. 经济问题探索, 2020（02）: 144 –157.

［75］王林辉, 杨洒洒, 刘备. 技术进步能源偏向性、能源消费结构与中国能源强度［J］. 东北师大学报（哲学社会科学版）, 2022（01）: 75 –87.

［76］王鹏, 刘殊奇. 市场导向机制下绿色技术创新演化博弈研究［J］. 经济问题, 2022（01）: 67 –77.

［77］王兆华, 丰超, 郝宇, 康玉臣, 刘营. 中国典型区域全要素

能源效率变动走向及趋同性分析——以八大经济区域为例 [J]. 北京理工大学学报（社会科学版），2013，15（05）：1 - 9，22.

[78] 王智新，朱文卿，韩承斌. 数字金融是否影响企业绿色技术创新——来自上市公司的经验证据 [J]. 中国科技论坛，2022（03）：52 - 61.

[79] 吴建新，郭智勇. 基于连续性动态分布方法的中国碳排放收敛分析 [J]. 统计研究，2016，33（01）：54 - 60.

[80] 谢荣辉. 绿色技术进步、正外部性与中国环境污染治理 [J]. 管理评论，2021，33（06）：111 - 121.

[81] 熊艳. 基于省际数据的环境规制与经济增长关系 [J]. 中国人口·资源与环境，2011，21（05）：126 - 131.

[82] 许玉洁，刘曙光. 黄河流域绿色创新效率空间格局演化及其影响因素 [J]. 自然资源学报，2022，37（03）：627 - 644.

[83] 颜青，殷宝庆. 环境规制工具对绿色技术进步的差异性影响 [J]. 科技管理研究，2020，40（12）：248 - 254.

[84] 杨博，王林辉. 中国工业全球价值链嵌入位置对能源偏向型技术进步的影响 [J]. 中国人民大学学报，2022，36（01）：135 - 148.

[85] 杨海兰，石相娇，王硕. 异质性企业社会责任对绿色技术创新的影响 [J]. 山东社会科学，2022（02）：165 - 175.

[86] 杨海生，陈少凌，周永章. 地方政府竞争与环境政策——来自中国省份数据的证据 [J]. 南方经济，2008（06）：15 - 30.

[87] 杨明海，张红霞，孙亚男，李倩倩. 中国八大综合经济区科技创新能力的区域差距及其影响因素研究 [J]. 数量经济技术经济研究，2018，35（04）：3 - 19.

[88] 姚小剑，张英琳. 制造业集聚、环境规制调节与绿色全要素生产率 [J]. 统计学报，2021，2（05）：61 - 71.

[89] 张成，陆旸，郭路，于同申. 环境规制强度和生产技术进步 [J]. 经济研究，2011，46（02）：113 - 124.

[90] 张华，丰超. 扩散还是回流：能源效率空间交互效应的识别

与解析 [J]. 山西财经大学学报, 2015, 37 (05): 50-62.

[91] 张建, 李占风. 对外直接投资促进了中国绿色全要素生产率增长吗——基于动态系统 GMM 估计和门槛模型的实证检验 [J]. 国际贸易问题, 2020 (07): 159-174.

[92] 张江雪, 朱磊. 基于绿色增长的我国各地区工业企业技术创新效率研究 [J]. 数量经济技术经济研究, 2012, 29 (02): 113-125.

[93] 张军, 章元. 对中国资本存量 K 的再估计 [J]. 经济研究, 2003 (07): 35-43, 90.

[94] 张俊, 钟春平. 偏向型技术进步理论: 研究进展及争议 [J]. 经济评论, 2014 (05): 148-160.

[95] 张莉, 李捷瑜, 徐现祥. 国际贸易、偏向型技术进步与要素收入分配 [J]. 经济学 (季刊), 2012, 11 (02): 409-428.

[96] 张文彬, 张理芃, 张可云. 中国环境规制强度省际竞争形态及其演变——基于两区制空间 Durbin 固定效应模型的分析 [J]. 管理世界, 2010 (12): 34-44.

[97] 张宇, 钱水土. 绿色金融、环境技术进步偏向与产业结构清洁化 [J]. 科研管理, 2022, 43 (04): 129-138.

[98] 赵旭, 汪怡鑫, 赵菲菲. 城市工业生态效率的时空跃迁特征与空间溢出效应: 以长江经济带为例 [J]. 统计与决策, 2022, 38 (06): 133-138.

[99] 赵增耀, 章小波, 沈能. 区域协同创新效率的多维溢出效应 [J]. 中国工业经济, 2015 (01): 32-44.

[100] 查勇. 数据包络分析中的若干问题研究 [D]. 中国科学技术大学, 2008.

[101] 郑琼洁. 政府科技激励与技术创新效率研究——基于动态面板数据的 GMM 检验 [J]. 技术经济与管理研究, 2014 (09): 32-36.

[102] 郑小雪, 李登峰, 刘志, 郑守红. 政府补贴新能源汽车的不同模式效果差异研究 [J]. 系统科学与数学, 2020, 40 (10): 1821-1835.

［103］周力. 中国绿色创新的空间计量经济分析［J］. 资源科学，2010，32（05）：932 – 939.

［104］朱金鹤，王雅莉. 中国省域绿色全要素生产率的测算及影响因素分析——基于动态 GMM 方法的实证检验［J］. 新疆大学学报（哲学·人文社会科学版），2019，47（02）：1 – 15.

第4章

能源环境偏向型技术进步的经济效应

4.1 引　　言

自改革开放以来，中国开启了近 50 年的经济发展"快车道"模式，但是伴随而来的是人口和资源红利逐渐消退、经济增速下行、能源资源约束加大等多方面压力，新时期中国经济亟待解决转变发展方式、调整经济结构等一系列问题。十九大报告指出："创新是引领新时代发展的第一动力"，技术进步已逐渐成为新常态下中国经济应对转型压力、促进可持续发展的重要手段。尽管由要素驱动向创新驱动转型的目标已明确，但考虑地区间差异化的资源禀赋、文化特征、经济条件等因素，趋同的技术创新模式未必适应所有地区（史丹，2018），根据自身客观实际选择符合地区经济发展规律的技术演进速度和方向才能发挥比较优势，实现区域间优势互补、协调发展。因此，识别新时代区域经济发展的驱动力转换机理，探寻具有比较优势的技术创新方式，对于经济发展政策制定、推动经济高质量发展具有重要意义。

随着偏向型技术进步的发展，技术细分愈发受到学者的关注（Acemoglu et al.，2012；Acemoglu et al.，2016；Aghion et al.，2016）。其中能源环境偏向型技术进步直指我国经济发展中的能源短缺和环境污染问题，是实现绿色发展、共建生态文明的技术动力之一，主要包括能够降低能源和环境资源投入、节约愈发昂贵的能源、环境①资源的能源节约型技术进步,污染治理型技术进步和后备技术进步三类。已有文献更多关注单一偏向型技术进步的衡量方法、影响因素及作用结果的研究（Song & Wang,2018；王班班和齐绍洲,2014；王林辉和袁礼,2018）,同时比较分析多种技术进步对经济增长影响的研究相对较少,且对其作用机理的分析相对不够深入。

同时,从偏向型技术进步本身来看,考察其对经济发展的影响,是对其发展意义的明确,也是对其未来发展方向和程度进行科学规划的前提。结合碳中和背景,我们将从经济和环境两个角度探索偏向型技术进步的效用。第四章和第五章将分别对能源环境偏向型技术进步的经济效应和碳减排效应进行考察,为综合确定区域偏向型技术进步的优势方向提供参考,探索匹配于地区禀赋的技术进步发展方向,从而寻找符合地区实际情况的发展路径。

4.2　中国经济发展轨迹及现状

4.2.1　中国经济的发展历史

纵观中华人民共和国自成立以来的经济发展史,大致可以分为以下四个阶段:苏联模式下计划经济时期（1949~1956 年）、中国社会主义经济曲折探索时期（1956~1978 年）、中国经济体制渐进式改革时期（1978~2012 年）以及新时代中国特色社会主义经济建设时期（2012 年至今）。回顾这 70 多年的发展史,中国从一开始借鉴学习苏联模式到自主探索道路再到将马克思主义与中国国情有机结合最后形成了中国特色社会主义经济体系。

---

①　本书同时使用能源环境偏向型技术进步和能源、环境偏向型技术进步两种说法,前者广泛代表能源环境类偏向型技术进步,后者指代本书主要研究对象:能源偏向型技术进步和环境偏向型技术进步两类。

1. 1949～1956 年，苏联模式下的计划经济时期

在中华人民共和国成立初期，受限于世界范围内两大意识形态的对立，中国作为社会主义阵营国家，党和国家领导人在充分权衡利弊后采取了借鉴学习苏联模式，即以工业化为基础，优先发展重工业的单一公有制和高度集中的计划经济体制。在这一时期中国通过了《关于发展国民经济的第一个五年计划的决议》，于 1953 年开始在苏联的援助下开启了第一个五年计划，并最终在这一过程中完成了工业化的初步积累。

2. 1956～1978 年，中国社会主义经济曲折探索时期

早在第一个五年计划完成前夕的 1956 年，党和国家领导人就对中国的经济发展道路进行了全新的探索：在充分借鉴苏联在经济建设过程中暴露出的错误基础上提出的《论十大关系》，强调了其他行业建设的重要性；"三个主体，三个补充"的思想对单一经济体制的苏联模式提出了挑战；中共八大通过的《关于发展国民经济第二个五年计划的建议》不再只强调建设重工业，而应同样重视农业和手工业等其他行业。但是，《一九五六年到一九六七年全国农业发展纲要（修正草案）》的提出并未实际促成中国农业的发展，反而这之后的"以粮为纲""以钢为纲"的"大跃进"运动深深地打击了中国国民经济的发展。1966 年通过的《中共中央通知》（简称"五·一六通知"）和《中国共产党中央委员会关于无产阶级文化大革命的决定》使得中国正式进入了"文化大革命"的十年内乱时期。不可否认的是，在第一个五年计划的胜利初期中国对社会主义经济发展进行了积极的探索，但是后期爆发的"大跃进"和"文化大革命"运动使得中国的国民经济发展陷入了停滞甚至出现了倒退。

3. 1978～2012 年，中国经济体制渐进式改革时期

随着 1978 年第十届三中全会在北京召开，会上不仅对"文革"时期的"左"倾错误进行了全面拨乱反正，并且正式提出了改革开放的任务，中国正式进入了由计划经济转变到市场经济的经济体制渐进式改革时期。在这一时期，《中共中央关于经济体制改革的决定》《中共中央关于制定国民经济和社会发展第七个五年计划的建议》《中共中央关于制定国民经济社会发展十年规划和"八五"计划的建议》《中共中央关于建立社会主义市场经济体制若干问题的决定》《中共中央关于完善社会主义市场经济体制若干问题的决定》等政策的通过则标志着中国由社会主义公有制的计划经济体制转变为以公有制为主、多种所有制共同发展的市场经济体制。

4. 2012 年至今，新时代中国特色社会主义经济建设时期

自 2012 年召开党的十八大以来，中国经济发展进入了新时代。为了有效解决上个时期渐进式经济体制改革中积累的问题，党的十八届三中全会审议通过的《中共中央关于全面深化改革若干重大问题的决定》明确了经济体制改革的方向，并且在这之后开始逐步着手应对过去经济发展中存在的顽疾。2014 年召开的中央财经领导小组第六次会议研究了中国的能源安全战略，并在同年的第七次会议上提出了实施创新驱动发展战略的基本要求；2015 年，习近平总书记首次在中央财经领导小组第十一次会议上提出要加强供给侧结构性改革；《中共中央、国务院关于加快推进生态文明建设的意见》的发布强调了绿色发展的重要性。2017 年党的十九大报告中强调新时代中国要坚持新发展理念，"发展是解决我国一切问题的基础和关键"，"必须坚定不移贯彻落实创新、协调、绿色、开放、共享的发展理念"。同时还要坚持人与自然和谐共生，树立和践行"绿水青山就是金山银山"的理念，加快生态文明体制改革，建设美丽中国，进一步推进绿色发展。2022 年党的二十大报告中总结十八大以来的发展经验，再次强调"推动绿色发展，促进人与自然和谐共生"，"要加快发展方式绿色转型"，"积极参与应对气候变化全球治理"。总而言之，中国已经进入全面建设社会主义现代化国家的新时代，加快构建新发展格局，着力推动高质量发展。

4.2.2　中国经济发展的现状

1. 经济进入下行通道

如图 4 - 1 所示，以不变价来看经济总量，中国的国内生产总值从 2000 到 2020 年间呈现出显著的逐年增长趋势，从 2000 年开始的 100280.1 亿元一路增长到了 2020 年的 1015986.2 亿元，21 年的时间内增长约 10 倍。虽然在这 21 年的时间里中国的经济增长堪称世界奇迹，但是至 2007 年中国的经济增长率达到最高值 14.20% 后，整体上开始出现下降的趋势。即使受到 2008 年全球金融危机的冲击，中国在之后的三年间也依然维持着 10% 左右的增长率，但是在 2011 年后，中国的经济增长率开始逐年下降，在 2020 年全球新冠疫情的冲击下，增长率一度下降至 2.3%，但是与全球其他一些国家经济负的增长率相比，2.3% 的增长率还是可以反映出中国经济增长的活力。总的来看，自 2008 年全球金融危机以来，全球市场的萎缩以及全球需求的下降等因素，都在制约着作为世界工厂的中国经济发展，加之经济指标的调整等因素，我国经济进入了中低速增长阶段。

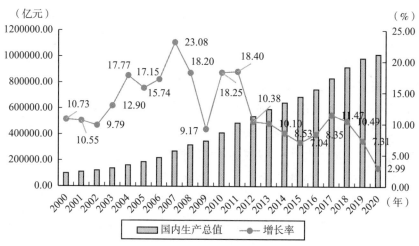

图 4 - 1　中国国内生产总值及其增长率

资料来源：《中国统计年鉴》（2001～2021）。

2. 地区差距明显

从地区经济总量来看（见图 4 - 2），2021 年广东省的经济总量位列首位，达到了 124369.67 亿元，其当年增长率为 8%。由于 2020 年武汉作为疫情重灾区，湖北省经济总量在 2021 年出现大幅反弹，其增长率为全国最高，达到了 12.9%，经济总量则排全国第七。从地理位置来看，广东、江苏、山东以及浙江等东部地区占据着国内生产总值的前四名，这四个省份 2021 年的国内生产总值之和为 397345.77 亿元，占当年全国 GDP（114.3 万亿元）的 34.7%。可见中国的经济规模主要集中于发达的东部地区，东部和中西部地区之间的差距较大。

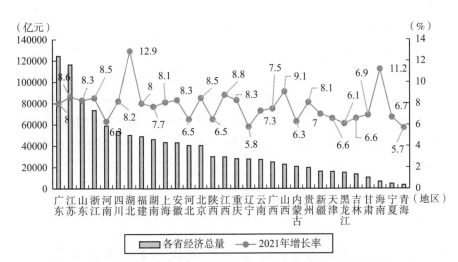

图 4－2　2021 年中国 30 个省（区、市）生产总值及其增长率

资料来源：《中国统计年鉴》（2022）。

3. 产业空心化加剧

从经济结构上看（如图 4－3 所示），在这 21 年间中国第三产业的经济体量在逐步壮大，其占 GDP 的比重自 2004 年后一直超过 40%，并在 2015 年超过了 50%，在 2020 年达到了 54%。相应地，第一产业的份额在逐年下降，自 2009 年之后一直在 10% 以下，第二产业的份额整体上也呈现出下降的趋势，在 2015 年之后一直维持在 40% 以下的水平。从它们的变动趋势看，以制造业为主的第二产业和以服务业为主的第三产业的此消彼长关系，反映出大量的资源要素从第二产业开始流向第三产业，从而导致制造业等实体经济出现萎缩，经济的虚拟化加深，产业空心化加剧。

不可否认的是，过去几十年间中国的经济增长史堪称世界历史中不可复制的奇迹，这是全中国人民辛勤劳作与党和国家领导人决策智慧完美结合的结果。但是，经济下行、地区发展差异以及产业空心化等现象正成为中国经济发展过程中必须要面对的问题。除此之外，粗放式的经济增长方式以及重消耗、重污染的生产方式在制约中国经济持续增长的同时，也给环境造成了巨大的压力。在此背景下，党的十八大提出了包括经济、政治、文化、社会以及生态文明于一体的"五位一体"总体战略建设规划，其中重点就是要将生态文明建设融入经济建设中，构建起一个以绿色、低碳、可持续发展为主要思想的生态经济体系，党的十九大振兴和二十大报告均强调绿色发展的重要性，加快构建新发展格局，将碳中和战略与生态文明建设有效融合，推动高质量发展。而要想实现这一目标，则需要依托直接制约我国经济高质量发展的能源环境问题的偏向型技术创新，推动产业结构升级，改变不合理生产方式，全面推进发展绿色转型。

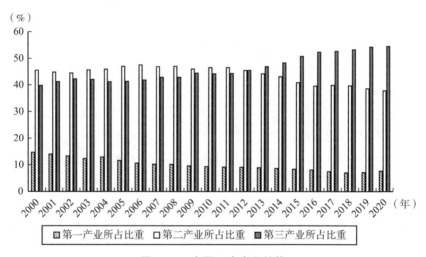

图 4 - 3　中国三次产业结构

资料来源：《中国统计年鉴》（2001～2021）。

4.2.3　中国经济发展的国际比较

2001 年，美国高盛公司首席经济师吉姆奥尼尔将四个新兴市场的国家称为"金砖四国"，它们分别是中国、俄罗斯、印度和巴西，在此之后，南非于 2010 年正式加入金砖国家行列并组成了"金砖五国"。2020 年，五个金砖国家的 GDP 总值占全球 GDP 的 21.07%，随着经济全球化的逐步推进，金砖五国也在全球经济格局中拥有了更多的话语权。其中，中国作为全球经济体量第二的国家，其国内生产总值也一直位居五国首位，如图 4 - 4 所示，中国 GDP 自 2000 年之后一直都高于其他四国，2009 年之后，中国的 GDP（50889.9 亿美元）开始超过其他四国的总和（46736.8 亿美元），2020 年中国的 GDP 达到 148667.4 亿美元，其他四国总和为 59188.7 亿美元，中国的经济总量超过其他四国之和的两倍。

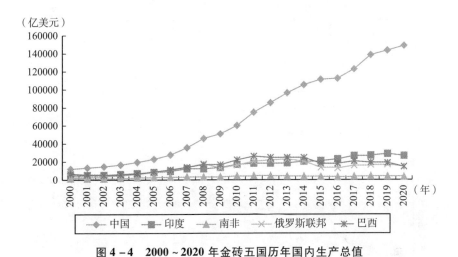

图 4 - 4　2000~2020 年金砖五国历年国内生产总值

资料来源：国际货币基金组织（IMF）。

虽然中国的经济体量远超过其他金砖国家，但是中国作为发展中国家，过去几十年的经济发展主要依靠高消耗和高污染的行业推动，资源驱动的发展方式也使得中国的能源消耗和污染排放远远高于其他金砖四国。如图 4 - 5 和图 4 - 6 所示，与经济总量一致，中国的一次能源消费量和二氧化碳排放量在 2000~2020 年的 21 年都高于其他四国，并且其增长率也远远高于其他四国。中国一次能源的消费量（56.88 艾焦耳）在 2003 年就超过了其他四国之和（53.76 艾焦耳）。中国二氧化碳的排放量（33.6087 亿吨）则在 2000 年开始超过了其他四国之和（30.9205 亿吨），可见我国经济发展是建立在能源过度消耗和环境污染的基础上的，这种发展方式急需改变。

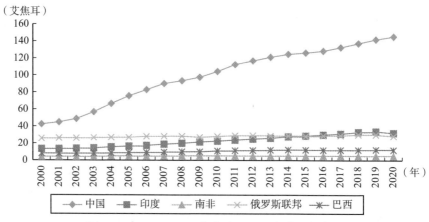

图 4 – 5　2000 ~ 2020 年金砖五国一次能源消费量

资料来源：《bp 世界能源统计年鉴》（2001 ~ 2021）。

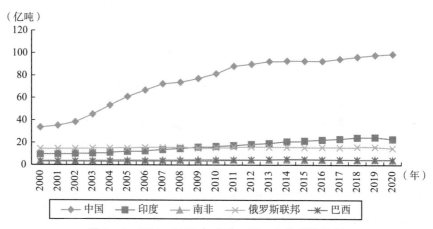

图 4 – 6　2000 ~ 2020 年金砖五国二氧化碳排放量

资料来源：《bp 世界能源统计年鉴》（2001 ~ 2021）。

随着中国近几年的产业转型以及技术进步的发展，这些现象得到了明显的改善，但是在当今全球对于在未来实现碳中和从而避免气候危机的目标达成共识的情况下，中国所面临的减碳压力远高于其他金砖四国。要在兼顾经济发展的同时实现经济与碳脱轨，中国首先要做的就是进行产业升级，淘汰那些低效率且高污染的产业，着重发展那些高科技且低污染的新兴产业。在此背景下，党和国家领导人多次提出要加快传统产业升级，坚定不移地贯彻新发展理念，实现传统经济的绿色化转型，推动中国开启更高效率、公平、持续的发展方向，发展具有更高质量的经济体系。在此契机下，利用有限的资源发展有偏的技术进步来推进经济发展和转型，能够帮助我国在新的赛道占据优势，实现碳中和与经济发展的共赢，推动我国高质量发展。

4.3　能源环境偏向型技术进步
对经济增长的作用机理

4.3.1　研究现状

很早就有经济学家看到了人力资本与技术创新对经济增长的作用（如熊彼特的"创造性破坏"理念）。但直到 20 世纪 80 年代，内生增长理论的发展才开始强调内生的技术进步是保证经济持续增长的决定因素。之后，随着现代经济增长理论的不断发展，越来越关注寻求经济增长的真实推动因素，许多经济学家认为技术进步与经济增长之间存在很强的因果关系（Romer，1994；Grossman & Helpman，1994；Lucas，1998）。现代经济理论的发展，结合不断成熟的计量经济学，实证研究如雨后春笋般涌现去探索技术创新对经济发展的具体影响效果。

阿奇科兹和梅尔特（Acikgoz & Mert，2014）关注经济增长的来源，并分析了来自中国香港地区、韩国、新加坡和中国台湾地区的数据，证明技术进步是快速增长的根本来源。席尔瓦和斯泰尔斯（Silva & Styles，2017）的研究表明，技术创新对企业在国际贸易中的经济绩效具有正向影响。希恩等（Shin et al.，2019）分析了合适的技术创新对经济的贡献。切格和王（Chege & Wang，2020）对肯尼亚 204 家小企业的调查显示，技术创新对环境友好型企业具有正向影响。吉埃杜等（Gyedu et al.，2021）的研究指出在七国集团和金砖国家中，研发、专利和商标作为创新的决定因素，对人均 GDP 有显著影响，也是经济增长的决定因素。唐未兵（2014）认为技术进步是原有的技术创新或是对外部新技术引进的结果，具体表现为全要素生产率的提升。但是原有的技术创新或外部新技术的引进从而提高全要素生产率仅是技术进步促进经济增长方式的必要条件，而非充分条件，进一步地研究发现技术创新与经济增长水平之间呈现显著的负相关关系。涂正革和陈立（2019）对中国 28 个省级行政区的研究指出资本偏向型技术进步能够提升经济增长率。钱娟（2019）的研究指出不同技术创新来源的经济效应具有差异化结果，其中自主创新经济增长效应为正，而技术改进的经济增长效应为负。柳卸林和葛爽（2018）针对中国省级面板数据的研究表明企业产学研合作投资创新因转化率较低对经济增长起到抑制作用。熊等（Xiong et al.，2020）的研究指出研发努力和经济绩效之间关系的复杂性，认为不同地区呈现出不同结果。许士道和江静（2021）应用 283 个地级市数据的研究指出创业活力和创新能力对经济发展效率均具有促进作用，但二者的交互项会对经济发展效率产生逆向冲击，且上述结果存在地区差异。

虽然已有研究证明技术进步对经济增长具有显著的促进作用，但由于中国经济的区域间增长不平衡，偏向型技术变革对中国经济的不同效应仍然需要区分。与此同时，随着技术进步的区域化和多样性，以及偏向型技术进步理论的蓬勃发展，不同资源禀赋的地区在不同类型的技术进步所带来的效益方面具有比较优势的现象显而易见。此外，由于能源和环境资源的约束愈发凸显，能源和环境相关技术进步是否对经济增长具有促进作用已成为人们关注的焦点。席佩尔等（Schipper et al.，2000）、白俊红和聂亮（2018）、逯进等（2021）以不同的经济实体为例，证明了能源效率的提高确实有助于促进经济体的经济增长。郭等（Guo et al.，2016）的工作也表明，能源技术创新可以促进中国从煤炭经济转型。还有很多关于清洁技术创新的研究，例如：马尔孔等（Marcon et al.，2017）证明"环境可持续创新导向学习"是巴西跨国公司组织创新活动中最常涉及的变量，以实现商业利益与环境可持续增长之间的平衡。宋等（Song et al.，2017）的研究证明了环境效率提高能够促进经济的可持续发展。索哈杰等（Sohag et al.，2019）对土耳其的研究和卡恩和乌鲁卡克（Khan & Ulucak，2019）关于金砖国家的研究都证实环境相关技术进步对绿色增长有积极贡献。

　　然而也有研究呈现差异的结果。沈能和刘凤朝（2012）利用中国的面板数据进行相关分析，结果表明能源效率与经济增长之间确实存在门槛效应，能源效率对经济增长的促进作用随着能源效率的提高而降低。王等（Wang et al.，2013）利用中国的数据探讨能源经济效率与经济增长之间的关系，实证结果表明两者呈倒 U 型曲线关系。傅智宏等（2019）的研究表明中国外部能源偏向型技术进步支持经济发展的时代即将结束。魏巍（2019）针对珠三角和长三角偏向型技术进步进行研究，结果表明"长三角"的偏向型技术进步对于经济增长呈现为典型的 U 型关系，而"珠三角"的偏向型技术进步与经济增长之间则是负相关关系。

　　总而言之，技术进步（特别是能源环境偏向型技术进步）的经济效应影响的具体方向并不确定，尚未形成对技术创新和经济增长之间关系的统一定论。因此，有必要进一步研究偏向型技术进步对地区内经济增长的作用路径以及在中国的具体表现。下文章节将首先基于增长理论构建偏向型技术进步模型，并分析能源、环境偏向型技术进步对经济发展的作用路径，形成研究的理论基础，并基于此提出对应研究假说，之后应用中国地级市面板数据进行相应的检验和结果分析，以期为寻找区域发展技术动力方向提供指导。

4.3.2　偏向型技术进步经济效应的作用机理

　　在第三章 3.2.3 节对偏向型技术进步研究基本假说的基础上，基于阿西莫格鲁等（Acemoglu et al.，2012）和达姆斯高（Damsgaard，2012）的研究，基于环境资源化的视角，将环境作为第四种投入要素，构建两部门模型如下所示：

$$U = f_1\big[(A_{k_1}k_1),(A_{l_1}l_1)\big] + f_2\big[(A_{k_2}k_2),(A_{l_2}l_2),(A_e e),(A_h h)\big]$$

$$(4.1)$$

　　表 4-1 给出了对应符号的说明。其中，部门 1 为清洁部门，仅投

入资本（k_1）和劳动力（l_1）；部门 2 为污染部门，不仅投入资本（k_2）和劳动力（l_2），同时消耗大量能源（e）并造成污染（表现为对环境资源的消耗，即投入环境资源 h）；A_* 表示相应投入要素 $*$ 的对应技术系数，令 $\dfrac{\partial f}{\partial A_*} > 0$，即相应投入要素 $*$ 技术进步会带来相应部门效用提升；另考虑到环境污染与能源消耗之间的伴生性，假说存在 $h = h(e)$，即在减排技术不变的情况下，环境资源的消耗与能源消耗之间存在一定的比例关系；且 $k_1 + k_2 = K$，$l_1 + l_2 = L$。

表 4 – 1   符号说明

符号	含义
U	全社会福利效益
$f(\cdot)$	部门生产函数
A_*	投入要素 $*$ 的对应技术系数
k_i	部门 i 的资本投入
l_i	部门 i 的劳动投入
e	污染部门的能源投入
h	污染部分的环境投入

将效用函数分别对 k_1，l_1，k_2，l_2，e，h 求偏导，可知局部均衡框架下，各部门利润最大化需满足以下条件：

$$\frac{\partial U}{\partial k_1} = 0 \leftrightarrow \frac{\partial f_1\left[\left(A_{k_1}k_1\right),\ \left(A_{l_1}l_1\right)\right]}{\partial k_1} = \frac{\partial f_2\left[\left(A_{k_2}k_2\right),\ \left(A_{l_2}l_2\right),\ \left(A_e e\right),\ \left(A_h h\right)\right]}{\partial k_2}$$

$$(4.2)$$

$$\frac{\partial U}{\partial l_1} = 0 \leftrightarrow \frac{\partial f_1\left[\left(A_{k_1}k_1\right),\ \left(A_{l_1}l_1\right)\right]}{\partial l_1} = \frac{\partial f_2\left[\left(A_{k_2}k_2\right),\ \left(A_{l_2}l_2\right),\ \left(A_e e\right),\ \left(A_h h\right)\right]}{\partial l_2}$$

$$(4.3)$$

$$\frac{\partial U}{\partial e} = \frac{\partial f_2\left[\left(A_{k_2}k_2\right),\ \left(A_{l_2}l_2\right),\ \left(A_e e\right),\ \left(A_h h\right)\right]}{\partial e} = 0 \qquad (4.4)$$

$$\frac{\partial U}{\partial h} = \frac{\partial f_2\left[\left(A_{k_2}k_2\right),\ \left(A_{l_2}l_2\right),\ \left(A_e e\right),\ \left(A_h h\right)\right]}{\partial h} = 0 \qquad (4.5)$$

　　此时，式（4.2）和式（4.3）表明资本和劳动力在两部门的边际产出相等，不存在跨部门流动的比较优势，说明资本 K 和劳动力 L 在两部门间的配置达到均衡状态，实现资源的有效配置。式（4.4）和式（4.5）表明当前技术水平条件下，经济均衡时对能源和环境资源的消耗。上述均衡状态随着技术水平和结构的变动发生相应变化，具体可知：

　　（1）当能源利用技术提升（即 $A_e \rightarrow A_e^+$），则 $\frac{\partial U}{\partial e} > 0$，$\frac{\partial f_2}{\partial k_2} > \frac{\partial f_1}{\partial k_1}$，$\frac{\partial f_2}{\partial l_2} > \frac{\partial f_1}{\partial l_1}$。此时，资本和劳动力在部门 2 中的边际效用会随着能源节约型技术进步而提高，在要素自由流动的前提下，资本和劳动力将不断由低效率部门 1 逐渐转移到高效率部门 2 中（$k_2 \rightarrow k_2^+$，$l_2 \rightarrow l_2^+$，$k_1 \rightarrow k_1^-$，$l_1 \rightarrow l_1^-$）[1]，直至达到新的均衡状态 $\left(\frac{\partial U^+}{\partial e^+} = 0, \ \frac{\partial f_2^+}{\partial k_2^+} = \frac{\partial f_1^-}{\partial k_1^-}, \ \frac{\partial f_2^+}{\partial l_2^+} = \frac{\partial f_1^-}{\partial l_1^-} \right)$，此时，$f_2^+ > f_2$，$f_1^- < f_1$，$|\Delta f_2| > |\Delta f_1|$，$U^+ > U$，意味着新均衡条件下整体经济效益实现扩张。由此可得：

　　命题 1：在资源自由流动时，能源节约型技术进步可以提高资源使用效率，进而促进经济发展。

　　（2）当治污技术提升（即 $A_h \rightarrow A_h^+$），则 $h^+(e) < h(e)$，即同样污染能源的使用会带来更少的环境污染，实现同样的效用水平需要更少的环境资源投入。此时，$\frac{\partial U}{\partial h} > 0$，$\frac{\partial f_2}{\partial k_2} > \frac{\partial f_1}{\partial k_1}$，$\frac{\partial f_2}{\partial l_2} > \frac{\partial f_1}{\partial l_1}$，资本和劳动力在部门 2 中的边际效用会随着污染治理型技术进步[2]而提高，在要素自由流动的情况下，资本和劳动力将不断由低效率部门 1 逐渐转移到高效率部门 2 中（$k_2 \rightarrow k_2^+$，$l_2 \rightarrow l_2^+$，$k_1 \rightarrow k_1^-$，$l_1 \rightarrow l_1^-$），直至达到新的均衡状态 $\left(\frac{\partial U}{\partial h^+} = 0, \ \frac{\partial f_2^+}{\partial k_2^+} = \frac{\partial f_1^-}{\partial k_1^-}, \ \frac{\partial f_2^+}{\partial l_2^+} = \frac{\partial f_1^-}{\partial l_1^-} \right)$，此时，$f_2^+ > f_2$，$f_1^- < f_1$，$|\Delta f_2| >$

---

　　[1]　此处假说总资本 K 和总劳动力 L 不随着技术进步产生变化，即使考虑代际总资本和总劳动力随着技术增加，依然有 $\Delta k_2 > \Delta k_1$，$\Delta l_2 > \Delta l_1$，上述命题依然成立。

　　[2]　基于环境资源化的视角，治污技术提升导致污染排放降低，减少对环境的破坏，污染治理型技术进步亦可视为环境节约型技术进步。

$|\Delta f_1|$，$U^+ > U$，意味着治污技术变化引致的新均衡状态下社会总体收益有所提升。由此可得：

命题 2：资源自由流动时，污染治理型技术进步能够提高资源效率促进经济增长。

（3）当清洁部门技术进步时（以劳动力技术进步为例，即 $A_{l_1} \rightarrow A_{l_1}^+$），则 $\frac{\partial f_2}{\partial k_2} < \frac{\partial f_1}{\partial k_1}$，$\frac{\partial f_2}{\partial l_2} < \frac{\partial f_1}{\partial l_1}$。此时，资本和劳动力在部门 1 中的边际效用会随着后备技术进步而提高，在要素自由流动的前提下，资本和劳动力将不断由低效率部门 2 逐渐转移到高效率部门 1 中（$k_1 \rightarrow k_1^+$，$l_1 \rightarrow l_1^+$，$k_2 \rightarrow k_2^-$，$l_2 \rightarrow l_2^-$），直至达到新的均衡状态（$\frac{\partial U}{\partial e^-} = 0$，$\frac{\partial f_2^-}{\partial k_2^-} = \frac{\partial f_1^+}{\partial k_1^+}$，$\frac{\partial f_2^-}{\partial l_2^-} = \frac{\partial f_1^+}{\partial l_1^+}$），此时，$f_1^+ > f_1$，$f_2^- < f_2$，$|\Delta f_1| > |\Delta f_2|$，$U^+ > U$，同样可以说明后备技术提升引致的新均衡状态下，社会整体效率有所提升。由此可得：

命题 3：在资源自由流动时，后备技术进步能够促进经济增长。

4.3.3 研究假说

基于上述分析，本部分提出研究假说 4 - 1a 和假说 4 - 1b，需要说明的是由于本研究拟采用地级市数据对研究假说进行检验，然而城市级数据中缺少对新能源的划分，难以找到后备技术进步的合理代理指标，因此，我们在后文的实证分析中仅分析了能源节约型和污染治理型两类偏向型技术进步的经济效应，是故此处仅提出对应的两个研究假说：

假说 4 - 1a：能源节约型技术进步能够促进经济发展；

假说 4 - 1b：污染治理型技术进步能够促进经济发展。

考虑到技术进步对经济增长影响的可能异质性结果（Gyedu et al.，2021；魏巍，2019；许士道和江静，2021），我们提出研究假说：

假说 4 - 2：能源、环境偏向型技术进步的经济增长效应具有区域异质性。

4.4 能源环境偏向型技术进步 对经济增长的影响

4.4.1 模型构建

本章以地区人均生产总值（lnpgdp）为被解释变量，能源、环境偏向型技术进步为主要解释变量，纳入相应控制变量以反映技术创新引导对社会总体福利的影响，基本模型构建如下：

$$lnpgdp_{it} = \alpha_0 + \beta[tech_{it}] + \delta X_{it} + city_i + year_t + \varepsilon_{it} \tag{4.6}$$

引入被解释变量的滞后一期项避免"鸡蛋相生"的内生性问题（Elhorst，2014）。构建动态模型如下：

$$lnpgdp_{it} = \alpha_0 + \theta \ln gdp_{it-1} + \beta[tech_{it}] + \delta X_{it} + city_i + year_t + \varepsilon_{it} \tag{4.7}$$

其中，i 和 t 分别表示地区和年份；$tech_{it}$ 表示技术进步指标，分别为能源节约型技术进步变量 ee_{it}、污染治理型技术进步变量 pa_{it}。X_{it} 表示其他控制变量，包括产业结构、FDI、人口密度、财政支出、受教育水平、科技支出等。$city_i$ 和 $year_t$ 分别表示不客观可测的个体效应和时间效应，ε_{it} 为随机扰动项。下文实证分析中的标准误均聚类到地级市层面上，使得结果对潜在的截面异方差与自相关问题保持稳健。

4.4.2 变量选择与统计描述

被解释变量为经济增长（lnpgdp），以各地区人均 GDP 衡量，为消除其指数增长趋势对其进行了取对数处理。此外，在后续的稳健性检验中，将会通过替换被解释变量的方式，对各城市生产总值取对数作为替代指标进行再次检验。

主要解释变量：两类能源、环境偏向型技术进步。其具体模型见第 3 章内容，此处不再赘述其计算方法。

控制变量包含如下几个变量：产业结构、FDI、人口密度、财政支出、受教育水平、科技支出。其中，产业结构变迁（isc）是经济发展过程中重要的特征，由于工业产业对我国经济影响重大，因此我们以第二产业增加值占 GDP 总量的比值来做产业结构变迁对我国经济发展影响的衡量指标；外商直接投资（*fdi*）能够通过增加投资促进东道国经济发展，同时一定条件下还能带来一定程度的技术溢出效应，以外商直接投资占 GDP 总量的比值作为其衡量指标；人口密度（ln*density*）影响了一个地区的人类资本情况，决定一个地区经济的活跃程度，我们以单位面积人口总数的对数作为人口密度的衡量指标；财政支出（*gov*）反映了一个经济体政府对经济的主导程度，财政分权体制下地方政府竞争体制导致政府行为对经济发展必然产生重要影响，以政府财政支出占 GDP 总量的比值衡量；创新水平（*rd*），鉴于 R&D 活动是技术创新的核心，对技术创新具有较强的引导作用，能够直接形成技术创新的激励，本书以各区域 R&D 经费支出与 GDP 的比值为创新水平的替代变量；受教育水平（*edu*）衡量了社会的人力资本水平，人力资本是经济发展的动力载体，我们将普通高校在校学生数占人口总数的比重作为各个城市受教育水平的衡量指标。

考虑数据可得性，本书以中国 2003～2019 年 285 个城市为研究样本。所有基于货币单位衡量的指标均进行了以 2000 年为基期的通货膨胀消除处理。其中，原始数据均来自相对应年份的《中国城市年鉴》《中国区域经济统计年鉴》《中国金融年鉴》和《中国统计年鉴》等。而样本值中存在部分少量缺失的数据，均采用插值法进行补充。表 4 - 2 和表 4 - 3 分别给出了全样本的变量描述性统计和分地区的变量描述性统计。

表 4 - 2　　　　　　　　　　　　变量描述性统计

变量	样本量	均值	标准误	最小值	最大值	中值	变异系数
ln*pgdp*	4845	8.952	0.735	5.781	11.892	8.868	0.082
ln*gdp*	4845	14.812	0.937	11.176	18.059	14.742	0.063
*ee*1	4845	0.117	0.131	0.001	1.151	0.08	1.113
*pa*1	4845	0.095	0.114	0.000	1	0.061	1.201

续表

变量	样本量	均值	标准误	最小值	最大值	中值	变异系数
$ee5$	4845	0.126	0.137	0.001	1.214	0.088	1.083
$pa5$	4845	0.066	0.107	0.001	1.039	0.038	1.615
isc	4845	47.516	11.175	10.680	90.97	47.77	0.235
fdi	4604	0.021	0.028	0.000	0.776	0.013	1.311
$lndensity$	4845	5.724	0.915	1.548	7.923	5.865	0.16
gov	4845	0.192	0.203	0.040	6.041	0.146	1.059
edu	4716	0.016	0.022	0.000	0.159	0.008	1.361
rd	4840	0.021	0.041	0.000	0.304	0.008	1.897

资料来源：作者计算整理所得。

表 4-3 给出了根据中国国家统计局对于我国东、中、西部地区行政划分的分地区变量描述性统计结果，可以看出各地区在各个变量之间还是有较大差异，有必要进行分样本讨论，且分样本之后东、中部变异系数相对变小，说明分区间样本内部各经济主体具有更加一致的特征，而西部样本的变异系数相对变大，说明西部城市之间差异较大，对整体样本的波动性产生较大影响。

表 4-3　　　　　　　　　　分地区变量统计描述

地区	变量	样本量	均值	标准误	最小值	最大值	中值	变异系数
东部城市	$lnpgdp$	1717	9.352	0.731	6.821	11.892	9.272	0.078
	$ee1$	1717	0.105	0.106	0.002	1	0.077	1.017
	$pa1$	1717	0.093	0.112	0.001	1	0.061	1.203
	$ee5$	1717	0.113	0.11	0.002	1	0.087	0.971
	$pa5$	1717	0.094	0.139	0.002	1.039	0.047	1.48
	isc	1717	48.473	9.079	16.160	82.28	49.31	0.187
	fdi	1716	0.028	0.029	0.000	0.376	0.019	1.038
	$lndensity$	1717	6.198	0.629	4.509	7.923	6.324	0.101
	gov	1717	0.14	0.105	0.040	1.464	0.114	0.75
	edu	1709	0.019	0.023	0.000	0.127	0.011	1.209
	rd	1716	0.027	0.043	0.000	0.304	0.014	1.572

地区	变量	样本量	均值	标准误	最小值	最大值	中值	变异系数
中部城市	ln$pgdp$	1700	8.789	0.572	5.781	10.612	8.783	0.065
	$ee1$	1700	0.124	0.129	0.001	1.151	0.086	1.039
	$pa1$	1700	0.093	0.104	0.001	1	0.063	1.11
	$ee5$	1700	0.134	0.137	0.002	1.214	0.095	1.024
	$pa5$	1700	0.05	0.064	0.001	1	0.035	1.289
	isc	1700	47.361	11.694	10.680	85.92	47.41	0.247
	fdi	1681	0.023	0.03	0.000	0.776	0.015	1.335
	ln$density$	1700	5.743	0.795	3.054	7.273	5.807	0.138
	gov	1700	0.198	0.248	0.040	6.041	0.152	1.25
	edu	1675	0.015	0.021	0.000	0.131	0.008	1.427
	rd	1700	0.019	0.037	0.000	0.226	0.008	1.943
西部城市	ln$pgdp$	1428	8.667	0.707	6.187	11.311	8.559	0.082
	$ee1$	1428	0.125	0.156	0.001	1.055	0.073	1.247
	$pa1$	1428	0.1	0.128	0.000	1	0.058	1.284
	$ee5$	1428	0.133	0.162	0.001	1.055	0.079	1.217
	$pa5$	1428	0.052	0.096	0.001	1	0.03	1.831
	isc	1428	46.548	12.647	13.570	90.97	45.66	0.272
	fdi	1207	0.008	0.013	0.000	0.186	0.004	1.517
	ln$density$	1428	5.133	0.998	1.548	6.953	5.251	0.194
	gov	1428	0.246	0.217	0.043	2.847	0.185	0.886
	edu	1332	0.014	0.022	0.000	0.159	0.006	1.507
	rd	1424	0.017	0.041	0.000	0.259	0.005	2.41

资料来源：作者计算整理所得。

4.4.3 实证结果与分析

为了更好地呈现能源、环境偏向型技术进步的经济效应，我们将分别从全国层面和分地区层面对上述4.4.1节构建的模型进行回归，并对其结果进行详细解析，以期能够系统地分析不同地区具有比较优势的偏向型技术进步方向，为推动经济发展提供发展技术创新的对策建议。

（1）全样本结果。

首先，针对全国层面的经济效应，表4-4给出对应的回归结果，

表 4-4　　能源、环境偏向型技术进步的经济效应

变量	模型（1）ee1&pa1	模型（2）ee1&pa1	模型（3）ee2&pa2	模型（4）ee2&pa2	模型（5）ee1&pa1	模型（6）ee1&pa1	模型（7）ee2&pa2	模型（8）ee2&pa2
$L.Y$					0.144*** (0.009)	0.247*** (0.011)	0.147*** (0.009)	0.242*** (0.011)
$ee1/ee2$	-0.537*** (0.064)	-0.044 (0.052)	-0.529*** (0.03)	-0.008 (0.027)	-0.756*** (0.071)	-0.216*** (0.058)	-0.601*** (0.031)	-0.106*** (0.028)
$pa1/pa2$	0.188*** (0.067)	0.206*** (0.053)	0.437*** (0.032)	0.354*** (0.026)	0.373*** (0.077)	0.286*** (0.06)	0.430*** (0.033)	0.314*** (0.027)
isc	0.012*** (0.000)	0.011*** (0.000)	0.011*** (0.000)	0.01*** (0.000)	0.009*** (0.000)	0.009*** (0.000)	0.009*** (0.000)	0.008*** (0.000)
$fdii$	-1.314*** (0.113)	-0.425*** (0.093)	-1.413*** (0.111)	-0.531*** (0.091)	-1.339*** (0.113)	-0.528*** (0.091)	-1.384*** (0.110)	-0.593*** (0.090)
$lndensity$	0.297*** (0.034)	-0.023 (0.028)	0.285*** (0.033)	-0.02 (0.027)	0.243*** (0.032)	-0.029 (0.026)	0.224*** (0.032)	-0.032 (0.025)
gov	-0.8*** (0.023)	-0.918*** (0.018)	-0.832*** (0.022)	-0.933*** (0.018)	-0.852*** (0.021)	-0.929*** (0.017)	-0.88*** (0.021)	-0.942*** (0.017)
edu	8.883*** (0.362)	2.286*** (0.315)	8.764*** (0.355)	2.277*** (0.308)	8.059*** (0.386)	1.873*** (0.327)	7.944*** (0.379)	1.947*** (0.322)
rd	-2.573*** (0.077)	-1.075*** (0.139)	-2.487*** (0.076)	-1.018*** (0.136)	-2.702*** (0.072)	-1.327*** (0.129)	-2.642*** (0.071)	-1.292*** (0.127)

续表

变量	模型 (1)	模型 (2)	模型 (3)	模型 (4)	模型 (5)	模型 (6)	模型 (7)	模型 (8)
	ee1&pa1	ee1&pa1	ee2&pa2	ee2&pa2	ee1&pa1	ee1&pa1	ee2&pa2	ee2&pa2
Constant	6.806***	8.526***	6.914***	8.55***	5.999***	6.529***	6.117***	6.632***
	(0.198)	(0.160)	(0.195)	(0.157)	(0.200)	(0.174)	(0.196)	(0.172)
City－FE	1	1	1	1	1	1	1	1
Year－FE	0	1	0	1	0	1	0	1
R－sq	0.680	0.803	0.692	0.811	0.734	0.840	0.744	0.845
F－test	1117.312	712.698	1183.563	751.433	1206.319	857.134	1270.204	887.684
	[0.000]	[0.000]	[0.000]	[0.000]	[0.000]	[0.000]	[0.000]	[0.000]

注: *、**、*** 别分表示 10%、5%、1% 的显著水平, 括号内是对应的标准误, [ ] 内是对应的 P 值, City－FE 为城市固定效应, Year－FE 表示时间固定效应, 其中取值 1 表示采用, 0 表示不采用, 下同。
资料来源: 作者回归整理所得。

其中模型（1）~ 模型（4）为静态模型结果，模型（5）~ 模型（8）为动态模型结果，考虑了经济发展的时间溢出效应。为了提供比较分析和相对稳健的结果，我们分别给出基于 $ee1$ 和 $pa1$，以及 $ee2$ 和 $pa2$ 的回归结果，表中第二行对应的数据说明了本模型所采用的主要解释变量。

首先，对主要解释变量——能源、环境偏向型技术进步的结果进行解析。从表 4 - 4 可以看出，在静态模型中在仅考虑城市固定效应时，能源效率和环境效率的系数均呈现出显著性的结果，而当同时考虑个体固定效应和时间固定效应时，能源效率系数变得不再显著，其结果相对不太稳定；而在动态模型中，随着人均 GDP 滞后一期的引入，我们可以发现，无论是仅个体固定效应模型还是双固定效应模型，能源效率和环境效率的系数均在 1% 的水平上显著，同时能源效率系数显著为负和环境效果系数显著为正，说明当前我国能源节约型技术进步不仅不能促进我国经济增长，反而体现出抑制经济发展的效果，而另一方面以末端治污为代表的污染治理型技术进步反而能够促进我国经济发展，进一步推动经济绿色转型发展，是未来全国应积极推进的技术选择。研究结果与一些学者（Zhou et al.，2020）的结论保持一致。同时，$ee2$ 和 $pa2$ 的结果与 $ee1$ 和 $pa1$ 的结果在显著性和方向上保持一致，进一步体现了研究结果的稳健性和可信性。总体来看，在全国层面，研究假说 4 - 1a 未被支持，假说 4 - 1b 得到验证。其主要原因可能在于前期"先污染后治理"发展模式的历史遗留问题，导致我国技术进步中能源技术开发先于环保技术发展，且在整体层面上表现出能源效率总体高于环境效率，但是研究表明，随着技术水平越高，技术进步越难，其对经济发展的促进作用也就越低，类似于技术进步的"库兹涅茨曲线"效应，我国能源技术发展已经处在不能显著推动经济发展阶段，而当前能够积极促进经济发展的反而是处在发展成长期的环境相关技术，通过其自身发展推动我国经济绿色转型发展具有重要的现实参考意义。

其次，针对动态模型中被解释变量的滞后项进行解析。从模型（5）~ 模型（8）的结果可以看出无论是基于 $ee1$ 和 $pa1$ 还是 $ee2$ 和 $pa2$ 的回归分析中人均 GDP 的一阶滞后项都在 1% 的水平上显著为正，且无论是个体规定效应模型还是双固定效应模型的结果都保持一致。说明我国经济发展存在显著的时间上的溢出效应，上一期的经济发展对本期经济发展具有积极的促进作用，研究结果与一些学者（Zhou et al.，2020）的结论一致，这是符合实际情况的，毕竟经济发展需要建立在原有的基础上，同时也进一步说我国经济当前发展态势整体上还是比较乐观的。

最后，针对控制变量的回归结果，我们主要参考动态双固定效应模型（6）和模型（8）的结果。可以发现，其中，isc 的系数在所有模型中均在1%的水平上显著为正，以二产比重衡量的产业结构变迁显著促进我国经济发展，说明当前我国工业发展依然是引领我国经济增长的主要动力，金融危机带来的经济冲击下，后工业化时代我们依然要注重第二产业的发展，但应考虑工业4.0时期工业发展的高科技化、绿色化和智能化等特征，争取通过绿色工业化转型带动我国经济发展绿色转型；fdi 在所有模型中具有1%水平上显著为负的系数，说明当前我国 fdi 不仅不能对东道国带来正向溢出效应，反而因为资本的掠夺一定程度上抑制了我国经济发展，也就是说在未来对外开放引进 fdi 时应当注重对 fdi 进行识别，引进优质资本（有溢出影响可能的外资），或者以更丰富的方式来引进外资，促进本地经济发展；人口密度在所有个体固定效应模型中显著为正，而在双固定效应模型中不再显著，说明其本身体现出一定的时变性，在考虑时间因素的影响后，发现人口密集程度并未能显著促进经济发展，未能发挥人口集聚的影响，主要原因在于我国经济发展进入创新推动阶段，智能化时代劳动力的促进作用已逐渐弱化；政府支出在所有模型中均表现出稳健的负向结果，说明当前我国经济发展已经不再适用政府主导引领经济发展的模式，政府应该转型为服务型角色，更好地为非政府投资引领方向从而推动我国经济又好又快的发展；edu 的系数在所有模型中都显著为正，说明我国的教育发展促进经济增长，在整体上了带动了我国经济发展，人才引领经济发展的模式值得推广和持续推进；然而，比较不理想的是 rd 的系数，其在所有模型中均在1%的水平上显著为负，说明技术创新投资不仅不能促进经济增长，反而在一定程度上抑制我国经济发展，其原因可能在于技术创新投资未能进入对应的技术领域或者未能很好地实现技术转化，降低了其投资效率，未来应该区分技术投资方向，提升创新投资的效率，充分发挥创新引领经济绿色转型的发展模式优势。

（2）稳健性检验。

为了对上述结果进行稳健性检验，我们选择了两种方法：变换被解释变量和变换回归方法。表 4-5 记录了模型的全样本稳健性检验结果，并给出对应的模型适用性检验。其中，模型（9）~模型（12）是以GDP 总量的对数来作为被解释变量的回归结果，以总量来替代人均数据进行检验；而模型（13）和模型（14）则是应用广义矩估计（系统 - GMM）方法进行回归的结果，其中模型（13）是以人均 GDP 的对数作为被解释变量的结果，模型（14）是以 GDP 总量的对数作为被解释变量的结果，此模型以变量的滞后项作为工具变量控制可能存在的内生性（Bond et al. , 2001）。

对变换被解释变量的结果进行讨论，可以发现其一致于前文表 4-4记录的主要结果：在双固定效应下，静态模型中能源效率系数不显著，而在动态效应模型中能源效率系数显著为负、环境效率系数显著，说明能源节约型技术进步对我国经济发展具有负向影响，而污染治理型技术进步能够显著促进我国经济发展，证明了上述主要研究结论的稳健性。

在讨论变换估计方法的结果之前，我们应该先对估计方法的适用性进行判断，我们可以发现，模型（13）和模型（14）均表现出 AR(1)的 P 值小于 5%，而 AR(2) 的 P 值明显大于 5%，通过了 AR 检验，说明不存在二阶序列相关性，另一方面两个模型的 Hansen 检验的 P 值都明显大于 5%，接受原假说，说明 IV 是联合有效的，不存在过度识别问题，也就是说运用上述系统 - GMM 方法对模型进行回归结果估计通过了模型适用性检验，结论具有可参考性。根据模型（13）和模型（14）的回归结果我们可以发现在主要解释变量——能源效率和环境效率的系数在显著性和方向上都与前文主要结论保持基本一致，滞后项的系数也与前文结论一致，进一步说明了我们在全样本层面上的主要结论是相对稳健的。

表 4－5　　全样本稳健性检验

变量	lngdp				变量	lngdp	
	模型（9） ee1&pa1	模型（10） ee2&pa2	模型（11） ee1&pa1	模型（12） ee2&pa2		模型（13） ee1&pa1	模型（14） ee2&pa2
$L.Y$			0.278*** (0.011)	0.274*** (0.011)	$L.Y$	0.057*** (0.019)	0.053* (0.031)
$ee1/ee2$	-0.015 (0.053)	0.000 (0.028)	-.181*** (0.058)	-.107*** (0.028)	$ee1/ee2$	-1.545*** (0.561)	-1.491** (0.620)
$pa1/pa2$	0.177*** (0.054)	0.332*** (0.026)	0.236*** (0.061)	0.29*** (0.027)	$pa1/pa2$	0.87* (0.479)	0.855** (0.390)
isc	0.01*** (0.000)	0.009*** (0.000)	0.008*** (0.000)	0.008*** (0.000)	isc	-0.01** (0.005)	-0.01** (0.005)
fdi	-0.485*** (0.095)	-0.586*** (0.094)	-0.565*** (0.092)	-0.628*** (0.091)	fdi	4.108*** (1.391)	2.345 (1.445)
$lndensity$	0.195*** (0.028)	0.198*** (0.028)	0.113*** (0.026)	0.11*** (0.026)	$lndensity$	0.107 (0.197)	0.364 (0.533)
gov	-0.961*** (0.019)	-0.976*** (0.018)	-0.961*** (0.017)	-0.975*** (0.017)	gov	-2.801*** (0.702)	-4.716*** (1.774)
edu	1.882*** (0.323)	1.874*** (0.317)	1.077*** (0.328)	1.143*** (0.324)	edu	21.49*** (5.864)	10.071 (9.228)

续表

变量	模型 (9)	模型 (10)	模型 (11)	模型 (12)	变量	模型 (13)	模型 (14)
	lngdp					lnpgdp	lngdp
	ee1&pa1	ee2&pa2	ee1&pa1	ee2&pa2		ee1&pa1	ee2&pa2
rd	-0.507*** (0.143)	-0.452*** (0.140)	-0.969*** (0.130)	-0.932*** (0.128)	rd	1.814 (2.031)	6.445 (4.582)
Constant	13.159*** (0.164)	13.183*** (0.161)	9.724*** (0.206)	9.832*** (0.203)	Constant	8.442*** (1.172)	7.519** (3.049)
City-FE	1	1	1	1	SD D. Var	0.713	0.713
Year-FE	1	1	1	1	Hansen test	[0.180]	[0.095]
R-sq	0.806	0.813	0.844	0.848	AR(1)	-3.13 [0.002]	-2018 [0.030]
F-test	725.635 [0.000]	758.546 [0.000]	886.228 [0.000]	913.566 [0.000]	AR(1)	-0.12 [0.904]	-0.61 [0.539]

注：SD D. Var 表示解释变量标准差。
资料来源：作者回归整理所得。

（3）分地区结果。

考虑不同地区的禀赋特征因素可能会对研究结论产生影响（Chen et al.，2021；Zhou & Du，2021），鉴于我国阶梯式发展模式，不同地区在文化风俗、社会情况、经济及其他方面均存在较大区别，对上述分析进行异质性讨论具有重要的参考意义。根据中国国家统计局对样本城市进行的东、中、西部地区归属的划分，给出对应的异质性检验结果。具体而言，表4-6、表4-7和表4-8分别给出了东部地区、中部地区和西部地区能源、环境偏向型技术进步经济效应的实证分析结果。

表4-6 东部地区的经济效应结果

变量	模型 E（1）	模型 E（2）	模型 E（3）	模型 E（4）
	ee1&pa1	ee2&pa2	ee1&pa1	ee2&pa2
L. Y			0.268 *** (0.017)	0.263 *** (0.017)
ee1/ee2	0.205 ** (0.097)	0.098 * (0.052)	0.139 (0.107)	-0.007 (0.054)
pa1/pa2	0.058 (0.087)	0.258 *** (0.035)	0.025 (0.1)	0.233 *** (0.036)
isc	0.01 *** (0.001)	0.01 *** (0.001)	0.009 *** (0.001)	0.008 *** (0.001)
fdi	-0.733 *** (0.157)	-0.83 *** (0.154)	-0.573 *** (0.166)	-0.669 *** (0.164)
lndensity	-0.068 (0.034)	-0.06 * (0.033)	-0.034 (0.031)	-0.034 (0.031)
gov	-1.485 *** (0.046)	-1.524 *** (0.045)	-1.47 *** (0.042)	-1.51 *** (0.042)
edu	1.183 ** (0.476)	1.165 ** (0.465)	1.016 ** (0.501)	1.148 ** (0.495)
rd	-1.153 *** (0.208)	-1.03 *** (0.203)	-1.534 *** (0.190)	-1.439 *** (0.187)

变量	模型 E（1）	模型 E（2）	模型 E（3）	模型 E（4）
	ee1&pa1	ee2&pa2	ee1&pa1	ee2&pa2
Constant	9. 271 *** (0. 212)	9. 249 *** (0. 208)	6. 69 *** (0. 251)	6. 768 *** (0. 247)
City – FE	1	1	1	1
Year – FE	1	1	1	1
R – sq	0. 777	0. 787	0. 824	0. 829
F – test	230. 310 [0. 000]	243. 983 [0. 000]	288. 557 [0. 000]	299. 446 [0. 000]

资料来源：作者回归整理所得。

关于东部地区，从表 4 - 6 可知，在双固定效应模型中，不考虑经济发展的滞后项时，能源效率系数显著为正，环境效率的系数不显著，而一旦应用动态模型，考虑经济发展时间溢出效应后，能源效率和环境效率的系数发生较大变换，其中 ee1 和 pa1 都呈现不显著的结果，在考虑了其他污染物之后，pa2 的结果显著为正，ee2 的系数依然不显著。说明能源、环境偏向型技术进步并不能显著推动东部地区城市的经济增长，在考虑了其他污染治理和利用技术后，环境相关技术进步呈现较好的促进作用。意味着在东部经济相对发达地区，技术起步较早，发展水平相对较高，能源相关技术进步已经不再是拉动经济发展的动力，而应该转向全面污染治理的环境相关技术进步，且不能仅仅关注碳排放问题，在实现碳中和过程中还应结合其他污染物的协同治理，实现共同治理、联合防控的效果。

表 4 - 7　　　　　　　　中部地区的经济效应结果

变量	模型 C（1）	模型 C（2）	模型 C（3）	模型 C（4）
	ee1&pa1	ee2&pa2	ee1&pa1	ee2&pa2
L. Y			0. 207 *** (0. 018)	0. 204 *** (0. 017)

续表

变量	模型 C（1） ee1&pa1	模型 C（2） ee2&pa2	模型 C（3） ee1&pa1	模型 C（4） ee2&pa2
$ee1/ee2$	-0.061 (0.083)	0.02 (0.040)	-0.32*** (0.092)	-0.134*** (0.042)
$pa1/pa2$	0.259*** (0.095)	0.505*** (0.061)	0.383*** (0.113)	0.507*** (0.064)
isc	0.012*** (0.001)	0.011*** (0.001)	0.01*** (0.001)	0.009*** (0.001)
fdi	-0.249** (0.125)	-0.25** (0.123)	-0.304** (0.119)	-0.304*** (0.117)
$\ln density$	0.052 (0.047)	0.028 (0.046)	-0.01 (0.046)	-0.033 (0.045)
gov	-0.782*** (0.023)	-0.787*** (0.023)	-0.797*** (0.022)	-0.801*** (0.022)
edu	5.116*** (0.572)	5.004*** (0.561)	4.947*** (0.619)	4.844*** (0.608)
rd	-0.831*** (0.214)	-0.886*** (0.210)	-1.139*** (0.203)	-1.175*** (0.199)
$Constant$	7.815*** (0.269)	7.986*** (0.264)	6.542*** (0.289)	6.732*** (0.285)
City - FE	1	1	1	1
Year - FE	1	1	1	1
R - sq	0.866	0.871	0.887	0.891
F - test	413.394 [0.000]	431.862 [0.000]	468.724 [0.000]	487.949 [0.000]

资料来源：作者回归整理所得。

关于中部地区，表 4-7 中结果显示，在考虑个体和时间双向固定效应下，静态模型中能源效率的系数均不显著，而环境效率的系数显著为正，在考虑了人均 GDP 一阶滞后项的动态模型中，能源效率系数显著为负，环境效率的系数依然保持显著为正。说明对于经济发展水平处在中等水平的中部地区各城市而言，当前推动经济发展的技术动力已然从能源技术转型为环境技术效率，以往的"先污染后治理"的模式已经不适应地区经济发展，应该从环保技术入手，探索拉动地区经济发展的技术创新方向。

表 4 - 8　　　　　　　　西部地区的经济效应结果

变量	模型 W（1）	模型 W（2）	模型 W（3）	模型 W（4）
	ee1&pa1	ee2&pa2	ee1&pa1	ee2&pa2
L. Y			0. 267 *** (0. 021)	0. 258 *** (0. 020)
ee1/ee2	- 0. 199 ** (0. 089)	- 0. 123 *** (0. 047)	- 0. 326 *** (0. 098)	- 0. 104 ** (0. 047)
pa1/pa2	0. 26 *** (0. 092)	0. 455 *** (0. 055)	0. 37 *** (0. 103)	0. 348 *** (0. 057)
isc	0. 007 *** (0. 001)	0. 007 *** (0. 001)	0. 007 *** (0. 001)	0. 007 *** (0. 001)
fdi	- 1. 019 ** (0. 418)	- 0. 921 ** (0. 406)	- 1. 198 *** (0. 379)	- 1. 092 *** (0. 375)
lndensity	- . 096 (0. 100)	- . 077 (0. 097)	- . 117 (0. 094)	- 0. 098 (0. 093)
gov	- 0. 921 *** (0. 037)	- 0. 927 *** (0. 036)	- 0. 912 *** (0. 033)	- 0. 914 *** (0. 033)
edu	0. 460 (0. 586)	0. 363 (0. 570)	0. 204 (0. 556)	0. 099 (0. 549)
rd	- 1. 008 *** (0. 346)	- 1. 084 *** (0. 336)	- 1. 447 *** (0. 308)	- 1. 494 *** (0. 304)
Constant	8. 77 *** (0. 524)	8. 715 *** (0. 508)	6. 704 *** (0. 524)	6. 697 *** (0. 517)
City - FE	1	1	1	1
Year - FE	1	1	1	1
R - sq	0. 793	0. 804	0. 838	0. 841
F - test	165. 645 [0. 000]	177. 966 [0. 000]	206. 417 [0. 000]	212. 583 [0. 000]

资料来源：作者回归整理所得。

对于经济发展水平相对落后的西部地区而言，从表4-8可以看出，在双固定效应下，不管是静态模型还是考虑滞后项的动态模型中，能源效率的系数都在5%的显著性水平下为负，环境效率的系数则在1%的显著性水平下为正，说明对于西部地区而言，尽管其资源禀赋相对较高，大部分能源矿产（特别是煤矿）资源都在西部地区，但是由于长期资源依赖，反而可能造成"资源诅咒"现象，对比东、中、西部的能源效率，可以发现反而西部的能源效率水平最低，说明其并未实现资源高效利用，而在资源开采销售完成其经济发展原始积累后，粗放的资源消费模式的劣势逐渐显露，已经显著抑制西部地区经济发展，未来还应探索更好的能源资源利用模式，发挥本地资源禀赋优势。另外，其后发的经济发展导致环境状况相对良好，环境阈值相对较高，但依然不能大肆浪费良好的环境资源，环境效率的提升才是经济发展的长久之路。

综上所述，从分地区的回归结果可以看出，能源、环境偏向型技术进步对经济增长的影响确实存在异质性，这是无可厚非的，毕竟我国各地区在经济环境、社会环境、技术水平等各个方面具有较大的差异，从而导致了不同的结果，但其中中西部地区的结果比较相近，也是符合我国国情的。总体上来说，研究假说4-2得到验证。

4.5　小　　结

本章主要讨论了能源、环境偏向型技术进步的经济效应。首先，针对我国经济发展状况进行了整体的分析和总结，指出可能存在的问题；其次，从理论的视角分析能源、环境偏向型技术进步对经济发展可能产生的影响，并提出对应的研究假说；最后，基于中国城市面板数据对其进行模型构建和实证检验。结果发现，能源节约型技术进步的经济效应为负，环境治理型技术进步具有正向的经济促进效应，这表明未来我国技术开发中应更加强调环境相关技术对经济增长的推动作用。同时发现技术进步存在地区异质性，指出各地区未来发展中应该根据自身特征选择具有地区比较优势的技术创新方向，从而进一步推动地区经济能够在保证质量的情况下快速发展，实现经济绿色转型。本章与下一章为平行章节，分别从经济和环境领域评价能源、环境偏向型技术进步的影响，为下一章提供了参考。

参 考 文 献

［1］Acemoglu, D. , Aghion, P. , Bursztyn, L. , & Hemous, D. , The environment and directed technical change ［J］. American Economic Review, 2012, 102（1）: 131 – 66.

［2］Acemoglu, D. , Akcigit, U. , Hanley, D. , & Kerr, W. , Transition to clean technology ［J］. Journal of Political Economy, 2016, 124（1）: 52 – 104.

［3］Acikgoz, S. , & Mert, M. , Sources of Growth Revisited: The importance of the nature of technological progress ［J］. Journal of Applied Economics, 2014, 17（1）: 31 – 62.

［4］Aghion, P. , Dechezleprêtre, A. , Hemous, D. , Martin, R. , & Van Reenen, J. , Carbon taxes, path dependency, and directed technical change: Evidence from the auto industry ［J］. Journal of Political Economy, 2016, 124（1）: 1 – 51.

［5］Bataille C. , & Melton N. , Energy efficiency and economic growth: A retrospective CGE analysis for Canada from 2002 to 2012 ［J］. Energy Economics, 2017, 64: 118 – 130.

［6］Bond, S. R. , Hoeffler, A. , & Temple, J. R. , GMM estimation of empirical growth models ［J］. Available at SSRN, 2001, 290522.

［7］Chege, S. M. , & Wang, D. , The influence of technology innovation on SME performance through environmental sustainability practices in Kenya ［J］. Technology in Society, 2020, 60: 101210.

［8］Chen, Y. , Cheng, L. , Lee, C. C. , & Wang, C. S. , The impact of regional banks on environmental pollution: Evidence from China's city commercial banks ［J］. Energy Economics, 2021, 102: 105492.

［9］Damsgaard, E. F. , Exhaustible resources, technology choice and industrialization of developing countries ［J］. Resource and Energy Economics, 2012, 34（3）：271 – 294.

［10］Elhorst, J. P. , Spatial panel data models. In Spatial econometrics ［M］. Springer, Berlin, Heidelberg, 2014：37 – 93.

［11］Grossman, G. M. , & Helpman, E. , Endogenous innovation in the theory of growth ［J］. Journal of Economic Perspectives, 1994, 8（1）：23 – 44.

［12］Guo, P. , Wang, T. , Li, D. , & Zhou, X. , How energy technology innovation affects transition of coal resource-based economy in China ［J］. Energy Policy, 2016, 92：1 – 6.

［13］Gyedu, S. , Heng, T. , Ntarmah, A. H. , He, Y. , & Frimppong, E. , The impact of innovation on economic growth among G7 and BRICS countries：A GMM style panel vector autoregressive approach ［J］. Technological Forecasting and Social Change, 2021, 173：121169.

［14］Lucas, R. E. , On the mechanics of economic development ［J］. Journal of Monetary Economics, 1988, 22（1）：3 – 42.

［15］Marcon, A. , de Medeiros, J. F. , & Ribeiro, J. L. D. , Innovation and environmentally sustainable economy：Identifying the best practices developed by multinationals in Brazil ［J］. Journal of Cleaner Production, 2017, 160：83 – 97.

［16］Romer, P. M. , The origins of endogenous growth ［J］. Journal of Economic Perspectives, 1994, 8（1）：3 – 22.

［17］Sato, R. , The estimation of biased technical progress and the production function ［J］. International Economic Review, 1970, 11（2）：179 – 208.

［18］Schipper, L. , & Grubb, M. , On the rebound? Feedback between energy intensities and energy uses in IEA countries ［J］. Energy Policy, 2000, 28（6 – 7）：367 – 388.

［19］Shin, H. , Hwang, J. , & Kim, H. , Appropriate technology for grassroots innovation in developing countries for sustainable development: The case of Laos [J]. Journal of Cleaner Production, 2019, 232: 1167 – 1175.

[20] Silva, G. M. , Styles, C. , & Lages, L. F. , Breakthrough innovation in international business: The impact of tech-innovation and market-innovation on performance [J]. International Business Review, 2017, 26 (2): 391 – 404.

[21] Sohag, K. , Taşkın, F. D. , & Malik, M. N. Green economic growth, cleaner energy and militarization: Evidence from Turkey [J]. Resources Policy, 2019, 63: 101407.

[22] Song, M. , & Wang, S. , Measuring environment-biased technological progress considering energy saving and emission reduction [J]. Process Safety and Environmental Protection, 2018, 116: 745 – 753.

[23] Song, M. , Peng, J. , Wang, J. , & Zhao, J. , Environmental efficiency and economic growth of China: A Ray slack-based model analysis [J]. European Journal of Operational Research, 2018, 269 (1): 51 – 63.

[24] Souza, J. P. A. , Biased technical change in agriculture and industrial growth [J]. Metroeconomica, 2017, 68 (3): 549 – 583.

[25] Ulucak, R. , How do environmental technologies affect green growth? Evidence from BRICS economies [J]. Science of the Total Environment, 2020, 712: 136504.

[26] Wang, K. L. , Yang, L. , Yang, B. C. , & Cheng, Y. H. , Energy economic efficiency, the energy environmental performance and regional economic growth [J]. Management, 2013, 26: 86 – 99.

[27] Xiong, A. , Xia, S. , Ye, Z. P. , Cao, D. , Jing, Y. , & Li, H. , Can innovation really bring economic growth? The role of social filter in China [J]. Structural Change and Economic Dynamics, 2020, 53: 50 – 61.

[28] Yushchenko, A. , Patel, M. K. , Contributing to a green energy

economy? A macroeconomic analysis of an energy efficiency program operated by a Swiss utility [J]. Applied Energy, 2016, 179: 1304 – 1320.

[29] Zhou, X. X., & Du, J. T., Does environmental regulation induce improved financial development for green technological innovation in China? [J]. Journal of Environmental Management, 2021, 300: 113685.

[30] Zhou, X. X., Xia, M., Zhang, T., & Du, J. T., Energy- and Environment – Biased Technological Progress Induced by Different Types of Environmental Regulations in China [J]. Sustainability, 2020, 12 (18): 7486.

[31] 白俊红, 聂亮. 能源效率、环境污染与中国经济发展方式转变 [J]. 金融研究, 2018 (10): 1 – 18.

[32] 傅智宏, 杨先明, 徐超. 中国外部能源偏向型技术进步与经济增长 [J]. 统计与信息论坛, 2019, 34 (09): 44 – 51.

[33] 柳卸林, 葛爽. 探究20年来中国经济增长创新驱动的内在机制——基于新熊彼特增长理论的视角 [J]. 科学学与科学技术管理, 2018, 39 (11): 3 – 18.

[34] 逯进, 刘俊琦, 张晓峒. 人口视域下能源效率、产业结构升级的经济增长路径研究 [J]. 中国地质大学学报 (社会科学版), 2021, 21 (05): 82 – 100.

[35] 钱娟. 能源节约偏向型技术进步对经济增长的影响研究 [J]. 科学学研究, 2019, 37 (03): 436 – 449.

[36] 沈能, 刘凤朝. 空间溢出、门槛特征与能源效率的经济增长效应 [J]. 中国人口·资源与环境, 2012, 22 (05): 153 – 157.

[37] 史丹. 绿色发展与全球工业化的新阶段: 中国的进展与比较 [J]. 中国工业经济, 2018 (10): 5 – 18.

[38] 唐未兵, 傅元海, 王展祥. 技术创新、技术引进与经济增长方式转变 [J]. 经济研究, 2014, 49 (07): 31 – 43.

[39] 涂正革, 陈立. 技术进步的方向与经济高质量发展——基于全要素生产率和产业结构升级的视角 [J]. 中国地质大学学报 (社会科学版), 2019, 19 (03): 119 – 135.

[40] 王班班，齐绍洲. 有偏技术进步、要素替代与中国工业能源强度 [J]. 经济研究，2014，49（02）：115 - 127.

[41] 王林辉，袁礼. 有偏型技术进步、产业结构变迁和中国要素收入分配格局 [J]. 经济研究，2018，53（11）：115 - 131.

[42] 魏巍. 新常态下偏向型技术进步对经济增长动力的非线性研究——基于长三角和珠三角的实证对比 [J]. 北京交通大学学报（社会科学版），2019，18（03）：48 - 57.

[43] 许士道，江静. 创业活力、创新能力与城市经济发展效率——基于 283 个地级市数据的实证检验 [J]. 山西财经大学学报，2021，43（03）：1 - 13.

第5章

能源环境偏向型技术进步的
碳减排效应

5.1 引　　言

中国是当前世界上碳排放量最大的国家，面临着巨大的减排压力（Fu et al.，2021）。2020年中国碳排放量达到98.99亿吨、占世界总排放量的30.7%（《BP世界能源统计年鉴》2021版）。事实上，碳排放是全球变暖的罪魁祸首，对人类健康和可持续发展有严重威胁（Du & Li，2019）。鉴于碳排放的危害性，中国制定了明确的中长期碳减排目标，即2030年达到碳峰值，2060年达到碳中和，也就是"双碳"目标。为了实现这些目标，中国政府近年来不遗余力地开展区域和行业的碳减排实践，由于实现碳中和需要技术支持，提高碳排放效率（或者说技术进步）被普遍认为是控制碳排放和应对气候变化的最具成本效益的方法（Bai et al.，2019），技术创新及其带来的技术进步和效率提升被认为是应对碳中和的有效手段。因此，本章主要考察的是能源、环境偏向型技术进步的碳减排效应。

本章节主要目的在于明确偏向型技术进步推动碳减排的理论基础和中国实践情况。首先，针对当前关于技术进步和碳排放之间关系的研究进行梳理，了解其研究脉络和发展逻辑，并掌握两者关系的理论基础；其次，通过理论模型构建和分析，形成从偏向型技术进步到碳减排的理论路径，并在此基础上提出研究假说；最后，运用中国地级市面板数据对研究假说进行中国的实践检验，并基于此提出研究建议，以期为区域碳减排的比较优势技术选择和发展方向提供参考。

5.2　偏向型技术进步促进碳减排的文献综述

5.2.1　技术进步与碳排放

关于技术进步与碳排放之间的关系，许多研究者已经从不同的视角，针对不同的研究对象做出非常丰富的贡献，此部分为了清晰地、全面地对相关文献进行梳理，我们根据研究结论将现有相关文献进行分类。具体而言，关于技术创新（进步）对碳排放的影响可以分为以下几类：第一类，技术进步促进碳减排，有利于实现碳中和。有的学者针对 59 个国家的面板数据进行分位数回归，结果显示技术进步将推动碳排放效率显著提高，但这一效应因效率水平不同而有所变化（Xie et al.，2021）。有学者针对中国 30 个省区交通部门的研究指出能源效率提升能够推动碳减排且这种效应随着能源效率提升而增强（Li et al.，2022）。有学者针对中国省级碳排放的研究表明提高能源投资、技术创新、可再生能源使用、研发支出和碳排放税能够减少二氧化碳排放，从而加快中国的碳减排议程（Ma et al.，2021）。郭莉（2016）对中国西北五省的研究发现技术进步与碳排放量之间呈现反向关系。张兵兵等（2017）分行业的研究表明技术进步在全行业层面具有碳减排效果，但分行业由于初始技术选择和路径依赖差异导致只有在高能源效率行业的技术进步才降低碳排放。韩川（2018）针对中国工业行业的研究指出技术进步可以有效推进中国工业碳减排，但其减排效应由东至西递减。黄鲜华等（2018）针对长江经济带 11 个省市的研究表明产业技术进步会降低碳排放强度。焦建玲等（2018）利用省级面板数据的研究指出，省际 R&D 直接溢出对碳排放有显著的抑制作用，间接效应不明显。王少剑和黄永源（2019）在探寻中国城市碳排放强度的驱动因素时发现技术进步能够起到碳减排作用。杨莉莎等（2019）在综合分解分析框架下研究了中国碳排放的驱动因素，发现技术进步确实能够推动中国碳减排。田云和尹忑昊（2021）针对中国 2001～2018 年各省农业能源碳排放强度的研究指出技术进步对农业能源碳排放强度具有明显的抑制作用和显著的空间溢出效应。

第二类，由于回弹效应的存在，技术创新或效率改进不仅不能降低碳排放，反而增加碳排放。有的学者针对 OECD 国家和新兴经济体的研究指出，OECD 国家过度技术发展导致回弹效应反而导致碳排放增加，然而新型经济体更需要 OECD 国家技术支持实现碳中和（Wang & Wei，2020）。有学者对于中国碳排放的研究指出低碳技术创新对能源效率的直接影响为正、间接影响为负、总影响为负（Li et al.，2021）。有学者针对 40 个国家的研究发现在欧洲区位或者高经济区位技术进步具有碳减排效应，但在低区位呈现出促进碳排放作用（Leitão et al.，2022）。有的学者针对中国省级面板数据研究指出当发电量超越 8.914%，发电量和技术进步都促进碳排放（Liu et al.，2022）。还有学者的研究表明国内创新与中国二氧化碳排放呈倒 U 型关系，引进国外技术无法降低高排放地区的二氧化碳排放和碳强度（Lin & Ma，2022）。同时，国内技术转移增加了高排放地区的二氧化碳排放和碳强度，而低排放地区引进国外技术可以实现二氧化碳减排，国内外技术的同化会增加高排放地区的二氧化碳排放和碳强度。马艳艳和逯雅雯（2017）针对 1995～2012 年的中国省级面板数据研究指出 FDI 技术溢出能够显著提高二氧化碳排放效率，但是自主创新和进口的技术溢出抑制了二氧化碳排放效率。

第三类，技术进步与碳排放之间不存在显著的关系，尚未形成具体的影响结果，或者呈现出更加丰富的非线性关系或者多样化关系等。有的学者基于中国省级面板数据进行研究，发现无论是技术进步还是技术进步的组成部分，都没有对减少碳排放起到显著的作用；利用空间动态模型进一步分析表明，邻近地区的技术进步对减少碳排放起着重要作用（Huang et al.，2020）。有学者针对巴基斯坦不同部门的研究指出农业和服务业的技术进步有利于促进碳减排，而建筑业、制造业和交通运输业的技术进步对碳排放具有促进作用（Khan et al.，

2020)。雷宏和李智（2017）的研究指出不同地区不同类型技术进步具有不同碳排放效应，具体来看，发达地区技术引进和自主创新具有增加碳排放效应，模仿创新反而降低碳排放；西部不发达地区所有技术进步均未对碳排放产生显著影响。马艳艳等（2018）的研究指出不同来源的技术进步对碳排放的影响不同，具体而言，R&D 技术投资所代表的自主创新和 FDI 的技术溢出对中国省级碳减排具有促进作用，而直接技术引进对碳减排的作用并不显著。陈亮和胡文涛（2020）基于中国省级面板数据的研究证明了单纯的技术进步并没有显著的碳减排效果。赵军等（2020）的研究发现广义技术进步促进碳排放，环境技术进步降低碳排放，FDI 技术溢出和合资技术引进未能对中国省域碳排放产生显著影响。

总结而言，技术进步对碳排放的影响因同时存在效率的促进作用和回弹效应导致的抑制效应，从而形成了不同研究对象和方法下丰富复杂的研究结论。然而，对于碳减排来讲，技术在总体意义上的发展并非一定有效，而有偏向性的绿色技术进步可能更为重要（陈亮和胡文涛，2020）。有学者也指出过度的技术进步并未带来碳减排，应将技术进步转向专门针对碳锁定、碳固定技术发展（Wang & Wei, 2020）。因此，下文我们将专门针对能源、环境偏向型技术进步与碳排放关系的研究进行梳理和分析，形成更加具有针对性的研究结论。

5.2.2　偏向型技术进步与碳排放

对于偏向型技术进步对碳排放的影响，我们根据技术偏向的不同将其研究进行分类分析。首先，针对能源偏向型技术进步的效果，魏玮等（2018）基于 GTAP – E 模型的预测分析认为农业全要素技术进步和能源增进型技术进步在控制农业能源增长、减缓碳排放方面均起到了重要作用。有的研究认为能源技术进步与碳排放呈倒 U 型关系（Gu et al.，2019）。中国能源技术进步的直接效应和技术效应都存在拐点。尽管回弹效应对碳排放的增加仍有积极的影响，但它们先增加后减少了碳排放。钱娟（2020）对中国 35 个工业行业的研究发现能源消耗、碳排放与能源节约偏向型技术进步之间存在倒 U 型关系，且目前较多行业处在拐点左侧，说明未能实现碳减排。刘备和董直庆（2020）构建了技术进步能源偏向性指挥，发现其具有明显的碳排放锁定效应，且其强弱受到相应的资源依赖度影响。马海良和张格琳（2021）针对长江经济带各省的研究证明了能源偏向性技术进步对碳排放效率具有负向影响，而非能源偏向性技术进步与能源价格对碳排放效率具有正向影响，且负向影响大于正向影响。

其次，关于环境偏向型技术进步的结果，有的研究指出在研究期间，中国国内整体技术进步减少了碳排放；技术进步显著降低了中西部地区的碳排放，而东部地区的碳排放略有增加；技术进步与碳排放之间的关系是复杂的，既依赖于环境技术变革，又依赖于生产技术变革（Chen et al.，2020）。有的学者针对中国省级面板数据应用动态空间杜宾模型的研究发现，与一般技术创新相比，低碳技术创新对碳生产率的影响更大，但其潜力尚未充分发挥（Liu & Zhang，2021）。孙欣等（2016）基于 GEBML – DEA 构建中国省级低碳技术进步指数，并发现其对地区碳排放强度的降低具有非常大的作用。殷贺等（2020）基于 Y02 低碳专利的研究指出低碳技术进步能显著抑制碳排放。刘自敏和申颢（2020）认为从减排效应来看，有偏技术进步存在显著的减排效应，但碳排放权交易价格单独产生的减排效应并不强。邵帅等（2022）将总体技术前沿的概念与非角度、非径向方向性距离函数相结合，提出基于数据包络分析（DEA）方法的新型效率测算模型来测算中国省级碳排放绩效，绿色技术进步表现出"技术红利"效应，促进本地和空间关联地区碳排放绩效的改善，但其间接效应的稳健性较弱。

最后，关于后备技术进步（也就是新能源技术进步）的效果，有的学者对中国省级面板数据的研究指出新能源技术进步对中国人均碳排放具有阻碍作用（Bai et al.，2020）。还有学者应用中国 25 省市面板数据的研究结果指出新能源技术创新确实能够有效推动碳效率提高，但是其影响程度受市场分割和市场潜力的影响（He et al.，2021）。周肖肖等（2015）提出环境规制通过偏向型技术进步降低化石能源消耗，从而降低碳排放，其中后备技术的效果并不明显。

　　还有研究同时关注几类偏向型技术进步，并进行比较分析。例如：有学者针对中国制造业的研究指出能源技术进步比低碳技术进步更能推进碳效率，资本偏向技术进步比中性技术进步更推进碳效率（Fan et al.，2021）。有学者针对印度的研究指出纯减碳技术的进步和减碳技术的规模效率对减少碳排放起到了积极的作用；纯节能技术进步的规模效率是抑制碳排放最重要的因素，纯节能技术进步具有整体的促进作用，节能技术进步的效果不如提高能源技术进步的规模效率有效（Wang et al.，2022）。徐德义等（2020）基于中国省级面板数据的研究证明了能源使用技术进步对碳排放的抑制效应大于回弹效应，二氧化碳排放技术进步对碳排放的抑制效应最突出，但仅在 0.25 分位点以上的省份有效，广义的技术创新并没有表现出显著的碳减排作用。李新安和李慧（2022）针对中国制造业 27 个行业的研究表明偏向劳动的技术进步降低了碳排放。

　　总结而言，目前中国的能源回弹效应还是比较显著的（Yuan et al.，2022），能源偏向型技术进步对碳减排的作用还未呈现出统一的结论，对于环境偏向型技术进步（或称低碳技术进步、绿色技术进步）的减排效果也还存在争议，而新能源技术进步的减排效果相对来说结论比较统一，认为后备技术进步能够实现比较显著的减排效果。对比研究中可以看出，普遍接受有偏的技术进步要比无偏技术进步的碳减排效果好，而具体哪类技术进步偏向的效果更好，还有待进一步讨论。基于上述文献梳理和分析，我们认为深入分析能源、环境偏向型技术进步影响碳排放的作用机理，并针对中国大样本层面数据进行实证检验与分析对于指导各地区制定推进碳中和的技术偏向安排具有重要的理论和现实意义。基于此，本章接下来将基于环境资源化的视角，构建两部门模型对偏向型技术进步的碳减排机理进行分析，并给出基于中国实践的检验结果。

5.3　能源环境偏向型技术进步
促进碳减排的机理分析

5.3.1　理论模型构建

在第三章3.2.3节对偏向型技术进步研究基本假说的基础上，类似于第四章讨论中设定的理论模型，我们基于同样的模型进行分析，为了方便阅读和分析，本章依然给出对应的模型构建和分析过程。

基于阿西莫格鲁等（Acemoglu et al.，2012）和达姆斯高（Damsgaard，2012）的研究，基于环境资源化的视角，将环境作为第四种投入要素，构建两部门模型如下：

$$U = f_1 \left[(A_{k_1} k_1),\ (A_{l_1} l_1) \right] + f_2 \left[(A_{k_2} k_2),\ (A_{l_2} l_2),\ (A_e e),\ (A_h h) \right]$$

$$(5.1)$$

第四章中表4-1给出了对应符号的说明，此处保持一致，将不再重复展示。其中，部门1为清洁部门，仅投入资本（k_1）和劳动力（l_1）；部门2为污染部门，不仅投入资本（k_2）和劳动力（l_2），同时消耗大量能源（e）并造成污染（表现为对环境资源的消耗，即投入环境资源 h）；A_* 表示相应投入要素 * 的对应技术系数，令 $\frac{\partial f}{\partial A_*} > 0$，即相应投入要素 * 技术进步会带来相应部门效用提升；另考虑到环境污染与能源消耗之间的伴生性，假说存在 $h = h(e)$，即在减排技术不变的情况下，环境资源的消耗与能源消耗之间存在一定的比例关系；且 $k_1 + k_2 = K$，$l_1 + l_2 = L$。

5.3.2　模型分析

将效用函数分别对 k_1，l_1，k_2，l_2，e，h 求偏导，可知局部均衡框架下，各部门利润最大化需满足以下条件：

$$\frac{\partial U}{\partial k_1}=0\leftrightarrow\frac{\partial f_1\left[\left(A_{k_1}k_1\right),\ \left(A_{l_1}l_1\right)\right]}{\partial k_1}=\frac{\partial f_2\left[\left(A_{k_2}k_2\right),\ \left(A_{l_2}l_2\right),\ \left(A_e e\right),\ \left(A_h h\right)\right]}{\partial k_2}$$

$$(5.2)$$

$$\frac{\partial U}{\partial l_1}=0\leftrightarrow\frac{\partial f_1\left[\left(A_{k_1}k_1\right),\ \left(A_{l_1}l_1\right)\right]}{\partial l_1}=\frac{\partial f_2\left[\left(A_{k_2}k_2\right),\ \left(A_{l_2}l_2\right),\ \left(A_e e\right),\ \left(A_h h\right)\right]}{\partial l_2}$$

$$(5.3)$$

$$\frac{\partial U}{\partial e}=\frac{\partial f_2\left[\left(A_{k_2}k_2\right),\ \left(A_{l_2}l_2\right),\ \left(A_e e\right),\ \left(A_h h\right)\right]}{\partial e}=0 \quad (5.4)$$

$$\frac{\partial U}{\partial h}=\frac{\partial f_2\left[\left(A_{k_2}k_2\right),\ \left(A_{l_2}l_2\right),\ \left(A_e e\right),\ \left(A_h h\right)\right]}{\partial h}=0 \quad (5.5)$$

此时，式（5.2）和式（5.3）表明资本和劳动力在两部门的边际产出相等，不存在跨部门流动的比较优势，说明资本 K 和劳动力 L 在两部门间的配置达到均衡状态，实现资源的有效配置。式（5.4）和式（5.5）表明当前技术水平条件下，经济均衡时对能源和环境资源的消耗。上述均衡状态随着技术水平和结构的变动发生相应变化，具体可知：

（1）当能源利用技术提升（$A_e\rightarrow A_e^+$），则 $\frac{\partial U}{\partial e}>0$，$\frac{\partial f_2}{\partial k_2}>\frac{\partial f_1}{\partial k_1}$，$\frac{\partial f_2}{\partial l_2}>\frac{\partial f_1}{\partial l_1}$。此时，资本和劳动力在部门 2 中的边际效用会随着能源节约型技术进步而提高，若不存在要素自由流动或规模扩展，可以发现同样规模产出下，由于 A_e 提升为 A_e^+，此时只需 e^- 的能源需求即可实现，考虑化石能源与环境污染之间的伴生关系，也就意味着能源节约型技术进步带来化石能源节约从而降低相应的碳排放。然而，在要素自由流动的前提下，资本和劳动力将不断由低效率部门 1 逐渐转移到高效率部门 2 中（$k_2\rightarrow k_2^+$，$l_2\rightarrow l_2^+$，$k_1\rightarrow k_1^-$，$l_1\rightarrow l_1^-$），直至达到新的均衡状态（$\frac{\partial U^+}{\partial e^+}=0$，$\frac{\partial f_2^+}{\partial k_2^+}=\frac{\partial f_1^-}{\partial k_1^-}$，$\frac{\partial f_2^+}{\partial l_2^+}=\frac{\partial f_1^-}{\partial l_1^-}$），此时，$f_2^+>f_2$，$f_1^-<f_1$，$|\Delta f_2|>|\Delta f_1|$，$U^+>U$，可以发现此时出现了部门 2 的规模扩张，新的均衡下能源投入量反而变成 e^+，意味着随着能源效率的提升导致生产和消费规模扩张，化

石能源消耗总量提升，出现了所谓的回弹效应，考虑化石能源与环境污染之间的伴生关系，也就意味着能源节约型技术进步因回弹效应促使相应的碳排放增加。由此可得：

命题1：能源节约型技术进步能够提高资源效率促进碳减排，但同时也会因回弹效应增加碳排放。

（2）当治污技术提升（$A_h \to A_h^+$），则 $h^+(e) < h(e)$，即同样污染能源的使用会带来更少的环境污染，实现同样的效用水平需要更少的环境资源投入，上述情况出现的前提是并未出现污染部门的规模扩张。若在资源可以自由流动的状态下，此时，随着环境资源效率的提升，即 $\frac{\partial U}{\partial h} > 0$，会带来对应部门其他要素边际产出的提升 $\frac{\partial f_2}{\partial k_2} > \frac{\partial f_1}{\partial k_1}$，$\frac{\partial f_2}{\partial l_2} > \frac{\partial f_1}{\partial l_1}$，即资本和劳动力在部门2中的边际效用会随着污染治理型技术进步而提高，在要素自由流动的情况下，资本和劳动力将不断由低效率部门1逐渐转移到高效率部门2中（$k_2 \to k_2^+$，$l_2 \to l_2^+$，$k_1 \to k_1^-$，$l_1 \to l_1^-$），直至达到新的均衡状态 $\left(\frac{\partial U}{\partial h^+} = 0, \frac{\partial f_2^+}{\partial k_2^+} = \frac{\partial f_1^-}{\partial k_1^-}, \frac{\partial f_2^+}{\partial l_2^+} = \frac{\partial f_1^-}{\partial l_1^-} \right)$，此时，$f_2^+ > f_2$，$f_1^- < f_1$，$|\Delta f_2| > |\Delta f_1|$，$U^+ > U$，意味着治污技术变化引致的新均衡状态下部门2规模扩张，从而可能导致 h^+ 的环境投入，也就是说环境效率提升导致对应规模扩张并一定能带来总量上污染排放的降低。由此可得，

命题2：污染治理型技术进步能够提高资源效率促进碳减排，也可能引起规模扩张，导致总量上污染排放并未减低。

（3）当清洁部门技术进步时（以劳动力技术进步为例，即 $A_{l_1} \to A_{l_1}^+$），则 $\frac{\partial f_2}{\partial k_2} < \frac{\partial f_1}{\partial k_1}$，$\frac{\partial f_2}{\partial l_2} < \frac{\partial f_1}{\partial l_1}$。此时，资本和劳动力在部门1中的边际效用会随着后备技术进步而提高，在要素自由流动的前提下，资本和劳动力将不断由低效率部门2逐渐转移到高效率部门1中（$k_1 \to k_1^+$，$l_1 \to l_1^+$，$k_2 \to k_2^-$，$l_2 \to l_2^-$），直至达到新的均衡状态 $\left(\frac{\partial U}{\partial e^-} = 0, \frac{\partial f_2^-}{\partial k_2^-} = \frac{\partial f_1^+}{\partial k_1^+}, \frac{\partial f_2^-}{\partial l_2^-} = \frac{\partial f_1^+}{\partial l_1^+} \right)$，此时，$f_1^+ > f_1$，$f_2^- < f_2$，$|\Delta f_1| > |\Delta f_2|$，$U^+ > U$，意味着新

能源效率的提升实现更多的能源替代，传统能源消费的降低，考虑化石能源与碳排放之间的伴生关系，进而意味着碳排放的降低。由此可得，

命题 3：在资源自由流动时，后备技术进步能够促进碳减排。

5.3.3　研究假说

基于上述分析我们对偏向型技术进步和碳排放的关系进行形象化表述，即图 5-1，本部分提出研究假说 5-1a、假说 5-1b 和假说 5-2a、假说 5-2b。需要说明的是由于本研究拟采用地级市数据对研究假说进行检验，然而城市级数据中缺少对新能源的划分，难以找到后备技术进步的合理代理指标，因此，我们在后文的实证分析中仅分析了能源节约型和污染治理型两类偏向型技术进步的经济效应，是故此处仅提出对应的两对竞争性研究假说。

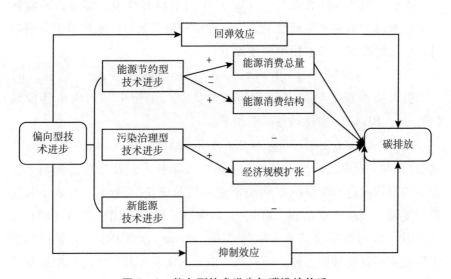

图 5-1　偏向型技术进步与碳排放关系

假说 5-1a：能源节约型技术进步抑制碳排放，呈现抑制效应；

假说 5-1b：能源节约型技术进步促进碳排放，呈现回弹效应。

假说 5-2a：污染治理型技术进步抑制碳排放，呈现抑制效应；

假说 5-2b：污染治理型技术进步促进碳排放，呈现回弹效应。

考虑到技术进步对碳排放影响的可能异质性结果（焦建玲等，2018；Gu et al.，2019；Chen et al.，2020；Xie et al.，2021；殷贺等，2020；刘备和董直庆，2020），我们提出以下研究假说：

假说5-3：能源、环境偏向型技术进步对碳排放的影响结果具有区域异质性。

5.4　能源环境偏向型技术进步对碳减排的影响

5.4.1　模型构建

本章以地区碳排放强度（$co2in$）作为被解释变量，能源、环境偏向型技术进步为主要解释变量，纳入相应控制变量以反映技术创新引导对碳排放的影响，基本模型构建如下：

$$co2in_{it} = \alpha_0 + \beta[\,tech_{it}\,] + \delta X_{it} + city_i + year_t + \varepsilon_{it} \qquad (5.6)$$

引入被解释变量的滞后一期项避免"鸡蛋相生"的内生性问题（Elhorst，2014）。构建动态模型如下：

$$co2in_{it} = \alpha_0 + \theta\, co2in_{it-1} + \beta[\,tech_{it}\,] + \delta X_{it} + city_i + year_t + \varepsilon_{it} \quad (5.7)$$

其中，i 和 t 分别表示地区和年份；$tech_{it}$ 表示技术进步指标，分别为能源节约型技术进步变量 ee_{it}、污染治理型技术进步变量 pa_{it}。X_{it} 表示其他控制变量，包括产业结构、FDI、人口密度、财政支出、环境规制、人均 GDP（取对数）及其平方项等。$city_i$ 和 $year_t$ 分别表示不客观可测的个体效应和时间效应，ε_{it} 为随机扰动项。下文实证分析中的标准误均聚类到地级市层面上，使得结果对潜在的截面异方差和序列相关保持稳健。

5.4.2　变量选择与统计描述

被解释变量为碳排放强度（$co2in$），以各地区二氧化碳排放总量与地区总产值的比重衡量，考虑其数据结果的数量级较小，不能充分显示出系数结果，我们将其乘以 1000 作为最终的碳排放衡量指标。此外，我们在稳健性检验中采用替换被解释变量的方式，将各城市人均二氧化碳排放以及二氧化碳排放总量的对数作为替代指标分别进行稳健性检验。

主要解释变量：两类能源、环境偏向型技术进步。其具体模型见第 3 章内容，此处不再赘述其计算方法。

控制变量包含产业结构、FDI、人口密度、财政支出、环境规制、人均 GDP（取对数）及其平方项。其中，产业结构变迁（isc）是经济发展过程中重要的特征，由于工业行业对中国经济影响重大，我们以第二产业增加值占 GDP 的比重来衡量产业结构变迁对中国经济发展的影响；外商直接投资（fdi）能够促进东道国经济的发展，从而增加能源消耗和碳排放；同时一定条件下还能带来一定程度的技术溢出效应，从而提高资源利用效率，降低碳排放，以外商直接投资占 GDP 比重作为其衡量指标；人口密度（$lndensity$）影响了一个地区的人类资本情况，决定一个地区经济的活跃程度，从而影响地区能源消费和碳排放，我们以单位面积人口总数的对数作为人口密度的衡量指标；财政支出（gov）反映了一个经济体政府对经济发展和环境保护的主导程度，财政分权下地方政府竞争体制必然导致政府行为对经济发展和环境保护产生重要影响，以政府财政支出占 GDP 比重衡量；环境规制（$er1$），鉴于环境规制是针对能源、环境偏向型技术进步最直接的政策工具，对技术创新偏向型发展具有较强的引导作用，能够直接作用于创新主体的创新决策选择，本书将借鉴陈诗一和陈登科（2018）基于政府工作报告析出的环境变量作为环境规制水平的衡量指标；经济规模扩张（$lnpgdp$）造成的大量能源（特别是化石能源）消费是导致二氧化碳排放迅速增多的主要原因，鉴于无法直接统计城市级全部能源消费总量，我们在此处考量将 $lnpgdp$ 作为碳排放的影响因素之一，同时考虑环境"库兹涅茨曲线"的存在，我们借鉴已有研究（Zhang et al.，2022），将同时引入人均 GDP 的对数及其平方项进入模型中。

考虑数据可得性，本书以中国 2003～2019 年 285 个城市为研究样本。所有基于货币单位的指标均进行了以 2000 年为基期的不变价格处理。其中，基础数据均来自各年度《中国城市年鉴》《中国区域经济统计年鉴》《中国金融年鉴》和《中国统计年鉴》等。对于部分少量缺失数据采用插值法予以补充。表 5 – 1 和表 5 – 2 分别给出了全样本的变量描述性统计和分地区的变量描述性统计。

表 5 – 1 全样本变量描述性统计

变量	样本量	均值	标准误	最小值	最大值	中值	变异系数
$co2in$	4845	0.34	0.657	0.003	23.153	0.181	1.931
$pco2$	4845	3.287	6.311	0.013	140.997	1.494	1.92
$ee1$	4845	0.117	0.131	0.001	1.151	0.08	1.113
$pa1$	4845	0.095	0.114	0.000	1	0.061	1.201
$ee2$	4845	0.126	0.137	0.001	1.214	0.088	1.083
$pa2$	4845	0.066	0.107	0.001	1.039	0.038	1.615
isc	4845	47.516	11.175	10.680	90.97	47.77	0.235
fdi	4604	0.021	0.028	0.000	0.776	0.013	1.311
$\ln density$	4845	5.724	0.915	1.548	7.923	5.865	0.16
gov	4845	0.192	0.203	0.040	6.041	0.146	1.059
$er1$	4537	0.005	0.002	0.000	0.023	0.004	0.52
$\ln pgdp$	4845	8.952	0.735	5.781	11.892	8.868	0.082
$\ln pgdps$	4845	80.687	13.367	33.416	141.419	78.643	0.166

资料来源：作者计算整理所得。

表 5 – 2 给出了根据中国国家统计局对于中国东、中、西部地区行政划分的分地区变量描述性统计结果，可以看出各地区在各个变量之间还是有较大差异，有必要进行分样本讨论，且分样本之后西部地区的变异系数反而变大，说明相对来说西部地区各城市间差异较大，对整体的变异系数影响较大。

表 5 - 2　　　　　　　　　　分地区变量描述性统计

地区	变量	样本量	均值	标准误	最小值	最大值	中值	变异系数
东部地区	$co2in$	1717	0.298	0.406	0.003	7.992	0.187	1.365
	$ee1$	1717	0.105	0.106	0.002	1	0.077	1.017
	$pa1$	1717	0.093	0.112	0.001	1	0.061	1.203
	$ee2$	1717	0.113	0.11	0.002	1	0.087	0.971
	$pa2$	1717	0.094	0.139	0.002	1.039	0.047	1.48
	isc	1717	48.473	9.079	16.160	82.28	49.31	0.187
	fdi	1716	0.028	0.029	0.000	0.376	0.019	1.038
	$\ln density$	1717	6.198	0.629	4.509	7.923	6.324	0.101
	gov	1717	0.14	0.105	0.040	1.464	0.114	0.75
	$er1$	1643	0.005	0.002	0.000	0.017	0.005	0.489
	$\ln pgdp$	1717	9.352	0.731	6.821	11.892	9.272	0.078
	$\ln pgdps$	1717	87.987	13.848	46.522	141.419	85.977	0.157
中部地区	$co2in$	1700	0.292	0.5	0.012	11.123	0.173	1.712
	$ee1$	1700	0.124	0.129	0.001	1.151	0.086	1.039
	$pa1$	1700	0.093	0.104	0.001	1	0.063	1.11
	$ee2$	1700	0.134	0.137	0.002	1.214	0.095	1.024
	$pa2$	1700	0.05	0.064	0.001	1	0.035	1.289
	isc	1700	47.361	11.694	10.680	85.92	47.41	0.247
	fdi	1681	0.023	0.03	0.000	0.776	0.015	1.335
	$\ln density$	1700	5.743	0.795	3.054	7.273	5.807	0.138
	gov	1700	0.198	0.248	0.040	6.041	0.152	1.25
	$er1$	1581	0.005	0.002	0.000	0.02	0.004	0.544
	$\ln pgdp$	1700	8.789	0.572	5.781	10.612	8.783	0.065
	$\ln pgdps$	1700	77.576	9.928	33.416	112.61	77.149	0.128

地区	变量	样本量	均值	标准误	最小值	最大值	中值	变异系数
西部地区	*co2in*	1428	0.449	0.975	0.011	23.153	0.186	2.175
	*ee*1	1428	0.125	0.156	0.001	1.055	0.073	1.247
	*pa*1	1428	0.1	0.128	0.000	1	0.058	1.284
	*ee*2	1428	0.133	0.162	0.001	1.055	0.079	1.217
	*pa*2	1428	0.052	0.096	0.001	1	0.03	1.831
	isc	1428	46.548	12.647	13.570	90.97	45.66	0.272
	fdi	1207	0.008	0.013	0.000	0.186	0.004	1.517
	lndensity	1428	5.133	0.998	1.548	6.953	5.251	0.194
	gov	1428	0.246	0.217	0.043	2.847	0.185	0.886
	*er*1	1313	0.005	0.003	0.000	0.023	0.005	0.528
	lnpgdp	1428	8.667	0.707	6.187	11.311	8.559	0.082
	lnpgdps	1428	75.612	12.536	38.273	127.94	73.258	0.166

资料来源：作者计算整理所得。

5.4.3　实证结果与分析

为了更好地呈现能源、环境偏向型技术进步的碳减排效应，我们将分别从全国层面和分地区层面对上述 5.4.1 节构建的模型进行回归，并对其结果进行详细解析，以期能够解析出不同地区具有比较优势的偏向型技术进步方向，为推动碳减排、早日实现中国碳达峰和碳中和目标提供技术创新策略选择。

1. 全样本结果

针对全国层面的碳减排效应，表 5－3 给出对应的回归结果，其中模型（1）~模型（4）为静态模型结果，模型（5）~模型（8）为动态模型结果，考虑了碳排放的路径依赖效应。为了提供能够比较分析和相对稳健的结果，我们分别给出基于 *ee*1 和 *pa*1，以及 *ee*2 和 *pa*2 的回归结果，表中第二行对应说明了本模型所采用的主要解释变量。

表 5 - 3　能源、环境偏向型技术进步的碳减排效应

变量	模型 (1) ee1&pa1	模型 (2) ee1&pa1	模型 (3) ee2&pa2	模型 (4) ee2&pa2	模型 (5) ee1&pa1	模型 (6) ee1&pa1	模型 (7) ee2&pa2	模型 (8) ee2&pa2
$L.Y$					0.213 *** (0.008)	0.216 *** (0.009)	0.212 *** (0.008)	0.216 *** (0.009)
$ee1/ee2$	-0.718 *** (0.132)	-0.443 *** (0.13)	-0.621 *** (0.065)	-0.297 *** (0.067)	-0.357 ** (0.142)	-0.222 (0.142)	-0.277 *** (0.066)	-0.125 * (0.069)
$pa1/pa2$	0.227 * (0.137)	0.260 * (0.134)	0.294 *** (0.066)	0.223 *** (0.066)	0.149 (0.152)	0.158 (0.151)	0.192 *** (0.067)	0.161 ** (0.067)
isc	-0.011 *** (0.001)	-0.007 *** (0.001)	-0.012 *** (0.001)	-0.008 *** (0.001)	-0.008 *** (0.001)	-0.007 *** (0.001)	-0.008 *** (0.001)	-0.008 *** (0.001)
fdi	-0.582 ** (0.232)	-0.085 (0.23)	-0.685 *** (0.232)	-0.158 (0.232)	-0.634 *** (0.227)	-0.262 (0.229)	-0.690 *** (0.227)	-0.308 (0.23)
lndensity	-0.023 (0.066)	-0.140 ** (0.066)	-0.030 (0.066)	-0.146 ** (0.066)	0.002 (0.064)	-0.067 (0.064)	0.000 (0.064)	-0.070 (0.064)
gov	1.530 *** (0.068)	1.270 *** (0.075)	1.509 *** (0.068)	1.258 *** (0.075)	1.470 *** (0.065)	1.302 *** (0.073)	1.469 *** (0.066)	1.300 *** (0.073)
$er1$	18.612 *** (2.419)	7.327 *** (2.758)	18.313 *** (2.418)	7.163 *** (2.756)	12.807 *** (2.343)	7.853 *** (2.699)	12.779 *** (2.344)	7.748 *** (2.698)
lnpgdp	0.278 (0.290)	-0.303 (0.295)	0.333 (0.291)	-0.248 (0.296)	-0.083 (0.282)	-0.338 (0.291)	-0.007 (0.284)	-0.275 (0.292)

续表

变量	模型（1）	模型（2）	模型（3）	模型（4）	模型（5）	模型（6）	模型（7）	模型（8）
	ee1&pa1	ee1&pa1	ee2&pa2	ee2&pa2	ee1&pa1	ee1&pa1	ee2&pa2	ee2&pa2
lnpgdps	-0.043*** (0.016)	-0.011 (0.016)	-0.047*** (0.016)	-0.016 (0.016)	-0.027* (0.016)	-0.010 (0.016)	-0.032** (0.016)	-0.014 (0.016)
Constant	1.700 (1.330)	4.756*** (1.394)	1.608 (1.337)	4.651*** (1.397)	3.259** (1.296)	4.521*** (1.376)	2.994** (1.305)	4.321*** (1.380)
City - FE	1	1	1	1	1	1	1	1
Year - FE	0	1	0	1	0	1	0	1
R - sq	0.618	0.645	0.620	0.645	0.680	0.692	0.680	0.692
F - test	725.120 [0.000]	291.489 [0.000]	729.599 [0.000]	292.271 [0.000]	816.249 [0.000]	343.869 [0.000]	817.697 [0.000]	344.349 [0.000]

注：*、**、***分别表示 10%、5%、1% 的显著水平，括号内是对应的标准误，[ ] 内是对应的 P 值，City - FE 为城市固定效应，Year - FE 表示时间固定效应，其中取值 1 表示采用，0 表示不采用，下同。
资料来源：作者回归整理所得。

　　对比表 5 - 3 中各模型的结果发现，在所有静态模型中，无论是个体固定效应下还是双固定效应下，能源效率的系数都显著为负，环境效率的系数都显著为正；而在动态模型中，基于 ee1 和 pa1 的回归结果发生变化，环境效率系数依然为正但不再显著，能源效率系数在个体固定效应下保持显著为负，而在双固定效应动态模型中不再显著；基于 ee2 和 pa2 的动态模型结果中能源效率和环境效率的系数与静态模型结果保持一致。对比上述结果，我们考虑系数的大致方向，依然认为能源效率具有显著抑制碳排放强度的效应，而环境效率未能促进碳减排目标实现，具体的结论将在下文结合表 5 - 4 的回归结果进行讨论分析。

　　针对滞后项的结果，可以发现在所有动态模型中，无论是个体固定效应下还是个体、时间双固定效应下，碳排放强度一阶滞后项的系数均在 1% 的水平下显著为正，说明前期碳排放强度是导致本期碳排放强度的主要因素之一，碳排放存在显著的路径依赖效应（或称路径锁定效应）。研究结果与刘自敏和申颢（2020）的结论保持一致。也就是说以往不可持续的生产、生活模式导致了高排放的经济发展方式、形成了较大的碳排放基数，导致很难在短时间内改变这种模式、降低碳排放，呈现出一种积重难返的状态。

　　针对其他控制变量的回归结果，我们主要参考双固定效应模型的结果——给出对应的说明和解释。其中，产业结构调整在所有模型中都呈现出 1% 水平下显著为负的系数，说明产业结构的调整能够显著降低碳排放强度，意味着中国绿色工业化转型已经初具效果，工业 4.0 时代下的高科技工业化不仅不会导致碳排放强度增加，反而一定程度上起到降低排放强度的作用；fdi 在个体固定效应模型中显著为负，而在双固定效应模型中变得不再显著，说明随着对时变因素的考量，fdi 不再显著抑制碳排放强度，未能起到 fdi 的绿色溢出效果，未来还应继续对 fdi 进行有效识别，期待早日实现 fdi 的污染光环效应。gov 的系数在所有模型中均在 1% 的水平下显著为正，说明政府财政支出是导致中国碳排放强度高居不下的主要因素，也就是意味着中国政府投资未能实现绿色投资转型，其结论与我们在第 3 章分析 gov 对绿色技术进步的影响结果保持一致。以环境等元词根从政府报告等相关文件中析出的环境规制 er1 在所有模型中均具有显著为正的系数，表明政府主导的命令控制型环境规制并不能显著降低中国碳排放强度，意味着我们应该变换环境规制的手段和方式，以期实现碳排放的规制目的，此结果与已有研究（Zhou et al., 2020）的结论保持一致；而对于人均GDP的结果，我们发现其一次项均不显著，二次项仅在个体固定效应模型中显著，说明环境"库兹涅茨曲线"未能在样本期内体现。

考察技术进步对碳排放影响时还需注意可能存在的内生性问题，表5-4给出了基于系统-GMM方法对全样本进行回归的结果，此方法以变量的滞后项作为工具变量控制可能存在的内生性问题（Bond et al., 2001；张兵兵等，2017；刘自敏和申颢，2020）。模型（9）和（10）则是应用广义矩估计（系统-GMM）方法对模型进行回归的结果，其中模型（9）是基于$ee1$和$pa1$为主要解释变量的结果，模型（10）是基于$ee2$和$pa2$为主要解释变量的结果。

表5-4　　　　　　　基于系统-GMM方法的全样本结果

变量	模型（9）$ee1\&pa1$		模型（10）$ee2\&pa2$	
	系数	标准误	系数	标准误
$L.Y$	0.107*	(0.059)	0.095*	(0.055)
$ee1/ee2$	-7.485*	(4.276)	-3.028*	(1.350)
$pa1/pa2$	8.117*	(4.902)	2.631#	(1.601)
控制变量	是	是	是	是
AR(1)	-3.32	[0.001]	-3.64	[0.000]
AR(2)	0.74	[0.456]	1.32	[0.188]
Hansen test	[0.166]		[0.390]	

注：#表示该系数对应的p值刚好取值为0.100，考虑取值四舍五入的影响，我们可以将其视为显著。此表省略了对控制变量结果的记录，仅仅表明考虑了控制变量，如有需要，请联系作者索取。

资料来源：作者回归整理所得。

根据表5-4可以看出，无论解释变量是$ee1$和$pa1$还是$ee2$和$pa2$，应用系统-GMM的回归结果中能源效率和环境效率的系数都显著，但其中能源效率显著为负，环境效率则显著为正，说明样本期内对碳排放强度起到抑制作用的反而是能源利用效率的提升，而以末端治污为代表的环境技术进步未能发挥其作用，实现其发展初衷，未能显著降低碳排放强度。这也从侧面反映出中国碳排放主要还是由于规模扩张效应导致的（Xu et al.，2021），巨大的能源消费基数和居高不下的能源消费扩张速度导致提升能源效率呈现出一定的碳减排效果，而环境技术未能发挥碳减排作用的主要原因可能在于其技术进步推动了居民消费结构的升级，消耗更多所谓低污染产品，反而导致了更多环境资源的消耗，呈现出"回弹效应"，导致其未能达到显著降低碳排放强度的根本目标，未来还应继续探索环境技术进步的发展方式、方向和推广应用等问题，以期早日实现通过环境技术进步推动碳减排实现碳中和的目的。

2. 稳健性检验

为了对上述结果进行稳健性检验，我们选择了替换被解释变量的方式，分别用人均二氧化碳排放和二氧化碳排放总量的对数作为被解释变量进行相应的回归。表 5 - 5 记录了模型的全样本稳健性检验结果。其中，模型（11）~ 模型（14）是通过以人均二氧化碳排放来作为被解释变量的回归结果，以人均碳排放来替代碳排放强度进行检验；模型（15）和模型（16）是以二氧化碳排放总量的对数作为被解释变量的回归结果，以总量来替代碳排放强度进行检验。

表 5 - 5　全样本稳健性检验

变量	模型（11）	模型（12）	模型（13）	模型（14）	模型（15）	模型（16）
	pco2				lnco2	
	ee1&pa1	ee2&pa2	ee1&pa1	ee2&pa2	ee1&pa1	ee2&pa2
L. Y			0.883 *** (0.011)	0.886 *** (0.011)	0.53 *** (0.011)	0.558 *** (0.012)
ee1/ee2	-1.127 (0.827)	-1.618 *** (0.427)	-1.716 *** (0.581)	-1.757 *** (0.281)	-1.703 *** (0.115)	-1.902 *** (0.063)

续表

变量	模型（11）	模型（12）	模型（13）	模型（14）	模型（15）	模型（16）
	pco2			lnco2		
	ee1&pa1	ee2&pa2	ee1&pa1	ee2&pa2	ee1&pa1	ee2&pa2
pa1/pa2	-1.868*	-2.381***	-0.010	0.421	-0.494***	0.382***
	(0.854)	(0.417)	(0.620)	(0.281)	(0.120)	(0.056)
isc	-0.066***	-0.063***	-0.032***	-0.032***	0.002**	0.002**
	(0.007)	(0.007)	(0.004)	(0.004)	(0.001)	(0.001)
fdi	-3.732**	-2.887**	1.443	1.264	0.147	-0.108
	(1.467)	(1.472)	(0.945)	(0.949)	(0.183)	(0.192)
lndensity	-0.810*	-0.819**	-0.79***	-0.809***	0.053	0.040
	(0.419)	(0.418)	(0.263)	(0.263)	(0.051)	(0.053)
gov	-1.978***	-1.862***	1.02***	0.987***	0.080	0.042
	(0.475)	(0.475)	(0.302)	(0.302)	(0.058)	(0.061)
er1	23.680	25.432	32.816***	32.304***	6.06***	5.352**
	(17.567)	(17.521)	(11.106)	(11.110)	(2.147)	(2.245)
lnpgdp	-0.566	-1.487	11.521***	11.616***	-1.757***	-1.692***
	(1.877)	(1.879)	(1.202)	(1.210)	(0.232)	(0.243)
lnpgdps	0.005	0.071	-0.664***	-0.672***	0.098***	0.090***
	(0.104)	(0.104)	(0.067)	(0.067)	(0.013)	(0.014)
Constant	14.561	17.377**	-43.160***	-43.287***	10.523***	10.405
	(8.881)	(8.880)	(5.692)	(5.716)	(1.095)	(1.148)
City–FE	1	1	1	1	1	1
Year–FE	1	1	1	1	1	1
R–sq	0.410	0.413	0.776	0.776	0.901	0.892
F–test	111.596 [0.000]	113.144 [0.000]	532.410 [0.000]	531.994 [0.000]	1403.207 [0.000]	1269.615 [0.000]

资料来源：作者回归整理所得。

根据表 5-5 的稳健性检验结果，可以看出，在动态模型中，能源效率的系数均显著为负，而环境效率的系数不稳定，在模型（11）、模型（12）和模型（15）中显著为负，在模型（13）和模型（14）中不显著，而在模型（16）中显著为正，说明样本期内对碳排放强度主要起到抑制作用的是能源节约型技术进步，而环境治理型技术进步的作用效果不稳定，未能得出一致的结果。同时，被解释变量的一阶滞后项系数表现出显著为正的结果，与上文主要结论保持一致。相比较来说，研究假说 5 - 1a 得到验证，即能源节约型技术进步抑制碳排放效应，呈现抑制效应，而环境效率结果相对来说更支持回弹效应。

3. 异质性分析

考虑到技术进步对碳排放影响的可能异质性结果（焦建玲等，2018；Gu et al.，2019；Chen et al.，2020；Xie et al.，2021；殷贺等，2020；刘备和董直庆，2020），鉴于中国阶梯式发展模式，不同地区间发展差异相对较大，在文化风俗、社会情况、资源禀赋经济发展及其他方面均存在较大区别，我们认为对上述分析进行异质性讨论具有重要的参考意义，本章根据中国国家统计局对样本城市进行的东、中、西部地区归属的划分，给出对应的异质性检验结果。具体而言，表 5 - 6、表 5 - 7 和表 5 - 8 分别给出了东部地区、中部地区和西部地区能源、环境偏向型技术进步的碳减排效应回归结果。

表 5 - 6　　　　　　　　东部地区的碳减排效应结果

变量	模型 E（1） ee1&pa1	模型 E（2） ee2&pa2	模型 E（3） ee1&pa1	模型 E（4） ee2&pa2
L. Y			0. 250 *** (0. 022)	0. 249 *** (0. 022)
ee1/ee2	- 0. 517 ** (0. 210)	- 0. 293 *** (0. 111)	- 0. 221 (0. 236)	- 0. 120 (0. 119)
pa1/pa2	0. 365 * (0. 192)	0. 204 *** (0. 075)	0. 164 (0. 219)	0. 126 (0. 080)
isc	- 0. 002 (0. 002)	- 0. 002 (0. 002)	- 0. 001 (0. 002)	- 0. 002 (0. 002)
fdi	0. 385 (0. 34)	0. 300 (0. 343)	0. 266 (0. 363)	0. 213 (0. 365)

续表

变量	模型 E（1）	模型 E（2）	模型 E（3）	模型 E（4）
	*ee*1&*pa*1	*ee*2&*pa*2	*ee*1&*pa*1	*ee*2&*pa*2
ln*density*	-0.179 *** （0.067）	-0.189 *** （0.067）	-0.129 * （0.067）	-0.135 * （0.067）
gov	1.134 *** （0.163）	1.095 *** （0.164）	1.129 *** （0.165）	1.105 *** （0.166）
*er*1	3.830 （3.812）	3.711 （3.807）	4.493 （3.772）	4.436 （3.768）
ln*pgdp*	-1.777 *** （0.442）	-1.766 *** （0.442）	-1.919 *** （0.457）	-1.899 *** （0.457）
ln*pgdps*	0.065 *** （0.024）	0.063 *** （0.024）	0.071 *** * （0.024）	0.069 *** （0.025）
Constant	12.085 *** （2.080）	12.229 *** （2.085）	12.518 *** （2.144）	12.542 *** （2.150）
City - FE	1	1	1	1
Year - FE	1	1	1	1
R - sq	0.672	0.673	0.699	0.700
F - test	124.296 ［0.000］	124.629 ［0.000］	134.207 ［0.000］	134.408 ［0.000］

资料来源：作者回归整理所得。

关于东部地区，从表5-6可知，在双固定效应模型中，在不考虑碳排放的滞后项时，能源效率系数显著为负，环境效率的系数显著为正，与全样本结论基本保持一致，而一旦应用动态模型，考虑碳排放的路径锁定效应时，能源效率和环境效率的系数发生较大变化，两者均变得不再显著。说明能源、环境偏向型技术进步并不能显著推动东部地区城市的碳减排工作。意味着在东部经济相对发达地区，样本期内一旦剔除了滞后效应的效果，能源、环境偏向型技术进步并不能实现其预期效果，预示着当前此样本地区正处在转型发展的时期，具体技术优势还未能明显体现出来，未来还有必要对其进行更加细化的分析，从而找到近期本地区碳减排的具有比较优势的技术进步方向，从而积极通过技术创新实现碳中和的长远目标。

表 5 - 7　　　　　　　中部地区的碳减排效应结果

变量	模型 C（1） ee1&pa1	模型 C（2） ee2&pa2	模型 C（3） ee1&pa1	模型 C（4） ee2&pa2
$L. Y$			0. 066 *** （0. 017）	0. 063 *** （0. 017）
ee1/ee2	0. 132 （0. 163）	- 0. 032 （0. 081）	0. 169 （0. 189）	- 0. 018 （0. 089）
pa1/pa2	- 0. 161 （0. 194）	0. 331 * （0. 132）	- 0. 195 （0. 233）	0. 339 ** （0. 135）
isc	- 0. 014 *** （0. 001）	- 0. 014 *** （0. 001）	- 0. 015 *** （0. 001）	- 0. 015 *** （0. 001）
fdi	- 1. 305 *** （0. 236）	- 1. 319 *** （0. 236）	- 1. 402 *** （0. 241）	- 1. 413 *** （0. 241）
lndensity	0. 162 * （0. 089）	0. 161 * （0. 089）	0. 181 ** （0. 092）	0. 177 ** （0. 092）
gov	1. 983 *** （0. 081）	1. 981 *** （0. 081）	1. 996 *** （0. 084）	1. 992 *** （0. 083）
er1	- 1. 568 （3. 289）	- 2. 182 （3. 286）	- 1. 087 （3. 502）	- 1. 609 （3. 492）
lnpgdp	0. 027 （0. 368）	0. 148 （0. 372）	0. 003 （0. 38）	0. 118 （0. 383）
lnpgdps	- 0. 003 （0. 021）	- 0. 011 （0. 021）	- 0. 001 （0. 021）	- 0. 010 （0. 022）
Constant	- 0. 365 （1. 808）	- 0. 785 （1. 817）	- 0. 319 （1. 868）	- 0. 687 （1. 873）
City - FE	1	1	1	1
Year - FE	1	1	1	1
R - sq	0. 821	0. 822	0. 825	0. 826
F - test	264. 247 [0. 000]	265. 499 [0. 000]	260. 071 [0. 000]	261. 349 [0. 000]

资料来源：作者回归整理所得。

关于中部地区，表 5 - 7 中结果显示，在基于 *ee*1 和 *pa*1 为主要解释变量的回归中，能源效率和环境效率的系数均不显著，而在基于 *ee*2 和 *pa*2 为主要解释变量的回归中，能源效率依然不显著，但环境效率显著为正。说明在西部地区，能源节约型技术进步并不能显著影响其碳排放强度，而考虑了其他污染的环境偏向型技术进步未能降低碳排放强度，反而呈现出回弹效应结果。意味着在中部地区承接转移发展的过程中，能源技术进步的作用效果不明显，但考虑多种污染的环境技术通过消费升级等，在提高人们消费水平和推动经济发展（第 4 章结论）的同时，反而带来了更多的碳排放。因此，中部地区需要改变其经济追赶的方式，不能原封不动地承接东部地区高污染、高排放产业转移从而实现经济追赶，而应通过技术创新走出一条绿色发展道路。

表 5 - 8　　　　　　　　　　西部地区的碳减排效应结果

变量	模型 W（1）	模型 W（2）	模型 W（3）	模型 W（4）
	*ee*1&*pa*1	*ee*2&*pa*2	*ee*1&*pa*1	*ee*2&*pa*2
L. Y			0.232 *** (0.014)	0.233 *** (0.014)
*ee*1/*ee*2	- 1.195 *** (0.281)	- 0.686 *** (0.144)	- 1.251 *** (0.293)	- 0.489 *** (0.136)
*pa*1/*pa*2	0.770 *** (0.296)	0.431 ** (0.18)	1.011 *** (0.319)	0.346 * (0.178)
isc	- 0.007 ** (0.003)	- 0.007 *** (0.003)	- 0.004 * (0.002)	- 0.005 ** (0.002)
fdi	7.987 *** (1.338)	8.039 *** (1.336)	8.993 *** (1.217)	9.023 *** (1.220)
ln*density*	- 1.419 *** (0.326)	- 1.4 *** (0.325)	- 0.956 *** (0.299)	- 0.915 *** (0.300)
gov	0.121 (0.177)	0.106 (0.177)	0.100 (0.162)	0.133 (0.162)
*er*1	18.709 *** (6.964)	18.852 *** (6.958)	18.354 *** (6.271)	18.862 *** (6.282)

续表

变量	模型 W（1）	模型 W（2）	模型 W（3）	模型 W（4）
	$ee1\&pa1$	$ee2\&pa2$	$ee1\&pa1$	$ee2\&pa2$
$\ln pgdp$	0.316 (0.789)	0.418 (0.797)	0.432 (0.726)	0.541 (0.741)
$\ln pgdps$	-0.087** (0.044)	-0.095** (0.045)	-0.093* (0.041)	-0.099** (0.042)
$Constant$	11.369*** (3.952)	10.991*** (3.965)	8.360** (3.64)	7.621** (3.684)
City - FE	1	1	1	1
Year - FE	1	1	1	1
R - sq	0.578	0.579	0.683	0.681
F - test	55.361 [0.000]	55.394 [0.000]	82.949 [0.000]	82.208 [0.000]

资料来源：作者回归整理所得。

对于经济发展相对滞后的西部地区而言，从表 5 - 8 可以看出，在双固定效应下，不管是静态模型还是考虑滞后项的动态模型中，能源效率的系数都在 1% 的水平下显著为负，环境效率的系数则在 1% 的显著性水平下为正，说明对于西部地区而言，能源效率的提升能够降低碳排放强度，达到碳减排的效果，其主要原因可能在于西部地区因其丰富的资源禀赋，较多能源资源都是开发后直接销售给其他地区的，大部分资源供给其他地区发展，因此，能源效率提升带来的消费增加相对较低，不会造成"回弹效应"，表现为积极的碳减排效应。而对于环境技术进步，西部地区环境资源较好，环境阈值相对较高，而经济发展和消费水平相对较低，环保意识相对薄弱，随着环境技术进步，可能会带来消费升级，消耗大量低污染产品，使其消费总量和排放总量扩张从而导致环境偏向型技术进步的回弹效应。未来还应探索更好的环境资源利用模式，在实现经济追赶的同时还应保护好环境，推动经济又好又快地发展。

总结而言，从分地区的回归结果可以看出，能源、环境偏向型技术进步对碳排放的影响确实存在异质性，这是无可厚非的，毕竟中国各地区之间在经济发展、社会环境、技术水平、资源禀赋等各个方面具有较大的差异，从而导致了不同的碳减排结果整体上比较符合中国国情。总体上，研究假说5－3得到验证。

5.5　小　　结

本章主要讨论了能源、环境偏向型技术进步的碳减排效应。首先，通过文献梳理，整体把握偏向型技术进步与碳排放之间的理论关系；其次，通过构建两部门模型，系统地分析能源、环境偏向型技术进步对碳排放产生的影响，并提出对应的研究假说；最后，基于中国城市面板数据对其进行模型构建和实证检验。结果发现，能源节约型技术进步的碳排放效应为负，环境治理型技术进步反向促进了碳排放的提升，未来中国技术开发中应更加强调能源节约型技术进步对碳减排的贡献。同时发现其碳减排效应存在地区异质性，指出各地区未来发展中应该根据自身特征选择具有地区比较优势的技术创新方向，从而进一步推动地区经济又好又快的发展，实现经济与环保双赢。本章与上一章为平行章节，分别从经济和环境领域评价能源、环境偏向型技术进步的影响，从作用结果的角度说明研究能源、环境偏向型技术进步的重要意义。

参 考 文 献

［1］Acemoglu, D., Aghion, P., Bursztyn, L., & Hemous, D., The environment and directed technical change［J］. American Economic Review, 2012, 102（1）: 131 –66.

［2］Acemoglu, D., Carvalho, V. M., Ozdaglar, A., & Tahbaz - Salehi, A., The network origins of aggregate fluctuations［J］. Econometrica, 2012, 80（5）: 1977 –2016.

［3］Bai, C., Du, K., Yu, Y., & Feng, C., Understanding the

trend of total factor carbon productivity in the world: insights from conver-gence analysis [J]. Energy Economics, 2019, 81: 698 – 708.

[4] Bai, C., Feng, C., Yan, H., Yi, X., Chen, Z., & Wei, W., Will income inequality influence the abatement effect of renewable ener-gy technological innovation on carbon dioxide emissions? [J]. Journal of Envi-ronmental Management, 2020, 264: 110482.

[5] Bond, S. R., Hoeffler, A., & Temple, J. R. W., GMM esti-mation of empirical growth models [J]. Available at SSRN 290522, 2001.

[6] Center, B. P., Annual energy outlook 2020 [J]. Energy Informa-tion Administration, Washington, DC, 2020, 12: 1672 – 1679.

[7] Chen, J., Gao, M., Mangla, S. K., Song, M., & Wen, J., Effects of technological changes on China's carbon emissions [J]. Tech-nological Forecasting and Social Change, 2020, 153: 119938.

[8] Damsgaard, E. F., Exhaustible resources, technology choice and industrialization of developing countries [J]. Resource and Energy Econom-ics, 2012, 34 (3): 271 – 294.

[9] Du, K., Li, J., Towards a green world: How do green technol-ogy innovations affect total-factor carbon productivity [J]. Energy Policy, 2019, 131: 240 – 250.

[10] Fan, L. W., You, J., & Zhou, P., How does technological progress promote carbon productivity? Evidence from Chinese manufacturing industries [J]. Journal of Environmental Management, 2021, 277: 111325.

[11] Fu, Y., He, C., & Luo, L., Does the low-carbon city policy make a difference? Empirical evidence of the pilot scheme in China with DEA and PSM – DID [J]. Ecological Indicators, 2021, 122: 107238.

[12] Fu, Y., Huang, G., Liu, L., & Zhai, M., A factorial CGE model for analyzing the impacts of stepped carbon tax on Chinese econo-my and carbon emission [J]. Science of The Total Environment, 2021, 759: 143512.

[13] Gu, W., Zhao, X., Yan, X., Wang, C., & Li, Q., En-

ergy technological progress, energy consumption, and CO_2 emissions: empirical evidence from China [J]. Journal of Cleaner Production, 2019, 236: 117666.

[14] Han, C., Analysis of the influence of technological progress on industrial carbon emissions in China [J]. Journal of Dalian University of Technology (Social Sciences), 2018, 2: 65.

[15] He, A., Xue, Q., Zhao, R., & Wang, D., Renewable energy technological innovation, market forces, and carbon emission efficiency [J]. Science of the Total Environment, 2021, 796: 148908.

[16] Huang, J., Chen, X., Yu, K., & Cai, X., Effect of technological progress on carbon emissions: new evidence from a decomposition and spatiotemporal perspective in China [J]. Journal of Environmental Management, 2020, 274: 110953.

[17] Khan, A. N., En, X., Raza, M. Y., Khan, N. A., & Ali, A., Sectorial study of technological progress and CO_2 emission: insights from a developing economy [J]. Technological Forecasting and Social Change, 2020, 151: 119862.

[18] Leitão, J., Ferreira, J., & Santibanez – González, E., New insights into decoupling economic growth, technological progress and carbon dioxide emissions: Evidence from 40 countries [J]. Technological Forecasting and Social Change, 2022, 174: 121250.

[19] Li, R., Li, L., & Wang, Q., The impact of energy efficiency on carbon emissions: Evidence from the transportation sector in Chinese 30 provinces [J]. Sustainable Cities and Society, 2022: 103880.

[20] Li, W., Xu, J., Ostic, D., Yang, J., Guan, R., & Zhu, L., Why low-carbon technological innovation hardly promote energy efficiency of China? – Based on spatial econometric method and machine learning [J]. Computers & Industrial Engineering, 2021, 160: 107566.

[21] Lin, B., & Ma, R., Towards carbon neutrality: The role of different paths of technological progress in mitigating China's CO_2 emissions

［J］. Science of the Total Environment, 2022, 813: 152588.

　　［22］ Liu, X. , & Zhang, X. , Industrial agglomeration, technological innovation and carbon productivity: Evidence from China ［J］. Resources, Conservation and Recycling, 2021, 166: 105330.

　　［23］ Liu, X. , Zhang, S. , & Bae, J. , Nonlinear analysis of technological innovation and electricity generation on carbon dioxide emissions in China ［J］. Journal of Cleaner Production, 2022, 343: 131021.

　　［24］ Fan, L. W. , You, J. , & Zhou, P. , How does technological progress promote carbon productivity? Evidence from Chinese manufacturing industries ［J］. Journal of Environmental Management, 2021, 277: 111325.

　　［25］ Ma, Q. , Murshed, M. , & Khan, Z. , The nexuses between energy investments, technological innovations, emission taxes, and carbon emissions in China ［J］. Energy Policy, 2021, 155: 112345.

　　［26］ Wang, H. , & Wei, W. , Coordinating technological progress and environmental regulation in CO_2 mitigation: The optimal levels for OECD countries & emerging economies ［J］. Energy Economics, 2020, 87: 104510.

　　［27］ Wang, Q. , Han, X. , & Li, R. , Does technical progress curb India's carbon emissions? A novel approach of combining extended index decomposition analysis and production-theoretical decomposition analysis ［J］. Journal of Environmental Management, 2022, 310: 114720.

　　［28］ Xie, Z. , Wu, R. , & Wang, S. , How technological progress affects the carbon emission efficiency? Evidence from national panel quantile regression ［J］. Journal of Cleaner Production, 2021, 307: 127133.

　　［29］ Xu, X. , Huang, S. , & An, H. , Identification and causal analysis of the influence channels of financial development on CO_2 emissions ［J］. Energy Policy, 2021, 153: 112277.

　　［30］ Yuan, Z. , Xu, J. , Li, B. , & Yao, T. , Limits of technological progress in controlling energy consumption: Evidence from the energy rebound effects across China's industrial sector［J］. Energy，2022：123234.

［31］Zhang，H.，Xu，T.，Zhang，Y.，& Zhou，X.，Strategic Interactions in Environmental Regulation：Evidence From Spatial Effects Across Chinese Cities［J］. Frontiers in Environmental Science，2022：106.

［32］Zhou，X. X.，Pan，Z. X.，Shahbaz，M.，& Song，M. L.，Directed technological progress driven by diversified industrial structural change［J］. Structural Change and Economic Dynamics，2020，54：112－129.

［33］陈亮，胡文涛. 金融发展、技术进步与碳排放的协同效应研究——基于2005—2017年中国30个省域碳排放的 VAR 分析［J］. 学习与探索，2020（06）：117－124.

［34］陈诗一，陈登科. 雾霾污染、政府治理与经济高质量发展［J］. 经济研究，2018，53（02）：20－34.

［35］郭莉. 技术进步对我国西北五省区碳排放量的影响［J］. 科技管理研究，2016，36（19）：256－259+266.

［36］韩川. 技术进步对中国工业碳排放的影响分析［J］. 大连理工大学学报（社会科学版），2018，39（02）：65－73.

［37］黄鲜华，边娜，石欣. 能源禀赋与产业技术进步对碳排放强度的影响效应研究——来自长江经济带的实证［J］. 科技进步与对策，2018，35（19）：59－64.

［38］焦建玲，蒋桂莉，白羽. 省际R&D技术溢出对碳排放的影响［J］. 北京理工大学学报（社会科学版），2018，20（02）：32－41.

［39］雷宏，李智. 技术进步对二氧化碳排放的影响效应研究——基于省级面板门限模型［J］. 中南财经政法大学学报，2017（03）：58－65.

［40］李新安，李慧. 外资引入、技术进步偏向影响了制造业的碳排放吗？——来自我国27个制造行业面板数据模型的实证检验［J］. 中国软科学，2022（01）：159－170.

［41］刘备，董直庆. 技术进步的能源偏向诱发"碳锁定效应"了

吗 [J]. 产经评论, 2020, 11 (04): 133 - 148.

[42] 刘自敏, 申颢. 有偏技术进步与中国城市碳强度下降 [J]. 科学学研究, 2020, 38 (12): 2150 - 2160.

[43] 马海良, 张格琳. 偏向性技术进步对碳排放效率的影响研究——以长江经济带为例 [J]. 软科学, 2021, 35 (10): 100 - 106.

[44] 马艳艳, 逯雅雯. 不同来源技术进步与二氧化碳排放效率——基于空间面板数据模型的实证 [J]. 研究与发展管理, 2017, 29 (04): 33 - 41.

[45] 马艳艳, 李丹, 逯雅雯. 不同来源技术进步对碳排放效应的差异性研究 [J]. 大连理工大学学报 (社会科学版), 2018, 39 (06): 17 - 24.

[46] 钱娟. 能源节约偏向型技术进步对工业节能减排的门槛效应研究 [J]. 科研管理, 2020, 41 (01): 223 - 233.

[47] 邵帅, 范美婷, 杨莉莉. 经济结构调整、绿色技术进步与中国低碳转型发展——基于总体技术前沿和空间溢出效应视角的经验考察 [J]. 管理世界, 2022, 38 (02): 46 - 69 + 4 - 10.

[48] 孙欣, 沈永昌, 陶然. 中国低碳技术进步测度及对碳排放强度影响效应研究 [J]. 江淮论坛, 2016 (06): 64 - 71.

[49] 田云, 尹忞昊. 技术进步促进了农业能源碳减排吗?——基于回弹效应与空间溢出效应的检验 [J]. 改革, 2021 (12): 45 - 58.

[50] 王少剑, 黄永源. 中国城市碳排放强度的空间溢出效应及驱动因素 [J]. 地理学报, 2019, 74 (06): 1131 - 1148.

[51] 魏玮, 文长存, 崔琦, 解伟. 农业技术进步对农业能源使用与碳排放的影响——基于 GTAP - E 模型分析 [J]. 农业技术经济, 2018 (02): 30 - 40.

[52] 徐德义, 马瑞阳, 朱永光. 技术进步能抑制中国二氧化碳排放吗?——基于面板分位数模型的实证研究 [J]. 科技管理研究, 2020, 40 (16): 251 - 259.

[53] 杨莉莎, 朱俊鹏, 贾智杰. 中国碳减排实现的影响因素和当前挑战——基于技术进步的视角 [J]. 经济研究, 2019, 54 (11):

118 - 132.

[54] 殷贺，王为东，王露，江红莉．低碳技术进步如何抑制碳排放？——来自中国的经验证据 [J]．管理现代化，2020，40（05）：90 - 94．

[55] 张兵兵，朱晶，全晓云．技术进步与二氧化碳排放强度：理论与实证分析 [J]．科研管理，2017，38（12）：41 - 48．

[56] 赵军，刘春艳，李琛．金融发展对碳排放的影响："促进效应"还是"抑制效应"？——基于技术进步异质性的中介效应模型 [J]．新疆大学学报（哲学·人文社会科学版），2020，48（04）：1 - 10．

[57] 周肖肖，丰超，胡莹，魏晓平．环境规制与化石能源消耗——技术进步和结构变迁视角 [J]．中国人口·资源与环境，2015，25（12）：35 - 44．

第6章

结构优化与能源环境偏向型技术进步

6.1 引　言

产业结构政策在世界其他经济体发展过程中也曾被作为经济发展的主要调整手段之一。例如，日本和英国在实现国家的工业化过程中就曾采用过产业结构相关政策，日本作为市场经济高度发达的国家，其20世纪80年代起始的产业升级政策由政府主导，在此之后实现了经济的高速增长并一度成为全球第二大经济体。2008年全球金融危机之后，世界各国经济持续低迷，为刺激经济快速复苏，提出工业4.0，美国在后危机时代为了恢复国家经济发展力，再次强调工业化发展的作用，美国也是产业政策调整的典型代表。印度产业结构调整的"跨工业化"（罗文宝和王彦，2021）特征为中国产业结构优化调整提供借鉴。

改革开放以来，中国经济经历了"中国奇迹"之后进入中低速增长阶段，人口和资源红利逐渐消退。面临经济增速下行、能源资源约束加大、生态环境质量下降等多重压力，新时期中国经济亟待解决转变发展方式、调整经济结构、转换新旧动能等一系列问题。产业结构优化是直面不断变化的国内外竞争形势，使得中国经济越过中等收入陷阱走出低迷发展的最本质要求（杨丽君，邵军，2018；杨骞，秦文晋，2018）。自中国改革开放以来中国经济的发展基本上都是在不同产业政策的推动下进行的，产业结构随着中国经济发展需求的变化而不断调整和优化，持续推动经济长期发展。2012年11月17日，习近平总书记在十八届中共中央政治局第一次集体学习中指出，党的十八大把生态文明建设纳入中国特色社会主义事业总体布局，使生态文明建设的战略地位更加明确，有利于把生态文明建设融入经济建设、政治建设、文化建设、社会建设各方面和全过程。2017年10月18日，中国共产党第十九次全国代表大会首次提出"高质量发展"，表明中国经济已经由过去的高速增长转向高质量发展阶段，发展方式也由以前的资源驱动型转向创新驱动型。中国的产业结构调整也进入了一个新阶段，绿色发展理念的提出和推进更是进一步突出产业调整的作用。新发展理念也强调对绿色产业的支持以及产业的绿色化发展。产业政策和产业结构优化对中国经济发展的过去、现在和未来都影响重大。

产业结构是决定经济增长方式的重要因素之一，是衡量经济发展水平和体现国民经济整体素质的重要标志。从产业结构变化的过程和机理来看，产业结构优化是一个具有多维度、多层次的复杂演进过程，产业结构优化必然伴随着结构高级化和合理化调整，同时随着绿色发展要求的提出，产业生态化调整成为结构优化不可或缺的方面。现有的研究在探讨结构优化与经济增长之间的关系时，逐渐从单一考察结构高级化调整到同时关注结构高级化和合理化的经济效应（Peneder，2003；Fan，2003；Hartwig，2012；杨丽君和邵军，2018），较少研究囊括了产业结构高度化、合理化和生态化三个维度。同时由于产业结构优化和技术进步往往被作为促进经济发展的两大推手，经常被放在一起并列讨论，或者是讨论技术进步带来的产业结构调整，却往往忽视了产业结构调整对技术进步的"倒逼"作用。而对于产业结构与能源环境偏向型技术进步之间关系的研究更是少之又少。

基于此，本章考虑中国经济转型期特征，关注产业结构优化调整对能源环境偏向型技术进步的影响。首先，从理论上对产业结构的概念和内涵进行界定，并对其衡量指标进行归类、整理，在此基础上对中国产业结构调整的历史演化过程和现状进行分析，形成对中国产业结构特征的整体把握；其次，通过对当前关于产业结构和技术进步相关文献的梳理，了解当前研究进展，并基于此分类讨论不同维度产业结构调整对能源环境偏向型技术进步可能的影响路径，形成机理分析并提出研究假说；最后，应用中国城市面板数据对上述研究假说进行实证检验，并对相关结果进行解释分析，提出相应对策建议。

6.2　中国产业结构特征分析

6.2.1　产业结构的概念、内涵与衡量指标

1. 产业结构定义

关于对产业结构的描述，亚当·斯密的《国富论》提供了一个早期的动态分析实例，着重于系统组件之间的关系和相应的比例条件。简而言之，结构变化是指经济部门之间相对比例的变化。这意味着结构变化可以被定义为"经济总量构成的长期变化"（Krüger，2008）。一般来说，从初级部门向先进部门转移的因素，甚至生产结构的变化和所有经济部门之间的变化，以及新部门的出现和旧部门的消失（Gabardo et al.，2019）都可以被称为结构变化。

产业结构的三大经典理论包括霍夫曼定理（1931）、配第 - 克拉克定理（1940）以及库兹涅茨法则（1941），分别研究了经济增长与产业结构变迁，轻重工业之间的比例关系，在不同产业结构下劳动力所占比重变化的特征等。这些理论归纳一般规律且更注重产业结构的外在状态。在这些理论的基础上，后来的一些研究者结合研究主体的特征，从不同视角或维度来衡量产业结构，关注产业结构的高级化或者合理化产生的结果，例如对经济增长的影响（Lopez et al.，2007；Vu，2017；Ye & Robertson，2019；冯珍等，2021），对碳排放的作用（Tian et al.，2014；Mi et al.，2018；Cheng et al.，2018；Tian et al.，2019），对污染排放的影响（Wang et al.，2018）；对能源效率的作用等（Liu & Lin，2018；Savona & Ciarli，2019）。还有一些学者分析产业结构的成因及其影响因素，例如：技术进步（偏向型技术进步）（宋德勇和毕道俊，2022；徐盈之等，2021；周璇和陶长琪，2021；盖骁敏和李爱，2021），国际贸易以及各行业要素成本之间的变化（Święcki，2017），

环境规制（谢云飞等，2021），FDI 和 OFDI（王曼怡和郭珺妍，2021），供给侧与需求侧因素不同技术发展的相互作用（Samaniego & Sun，2018），以及跨部门的劳动力再分配（Gabardo et al.，2019）等。这些因素均能影响产业结构的变化。

学术界普遍认可产业结构变迁在一国经济发展中的持续性和重要性，区域产业结构的优化水平直接决定该国经济发展的质量及速度，同时由于产业结构调整的关系，不同产业的企业面临的约束环境发生变化，必将调整其战略以适应新的产业政策，如此最先受到影响的便是技术进步的方向，如此来看，产业结构优化方向的选择必然影响偏向型技术进步的方向。此外，探索产业结构变迁的成因或影响的前提是能够准确、全面地界定结构变迁内涵，并合理设计结构变迁的衡量指标。在本章，我们借鉴加巴尔多等（Gabardo et al.，2019）对产业结构的定义，将产业结构定义为经济体发展过程中部门间和部门内部要素流动。随着环境对经济发展的约束力愈发强烈，产业结构生态化是新发展阶段结构变迁必须要考虑的部分。结合郭旭等（2021）、杨丽君和邵军（2018）、陆小莉和姜玉英（2021）学者对产业结构的研究，我们基于多方考虑将产业结构的维度划分为产业结构高级化、产业结构合理化和产业结构生态化三个维度。下文将针对三个维度产业结构衡量指标的选择进行深入讨论。

2. 产业结构衡量指标

产业结构的衡量方法发展至今已经受到很多学者的关注，其中涉及的方法主要包括利用产业内部产值的简单估算方法，也包括更加复杂化的计算方法，例如主成分分析法、灰色关联系数法、因子分析法或者层次分析法等。产业结构的维度也划分为多种多样，其中最常见的是对产业结构合理化和高度化两个方面的划分（原嫄和周洁，2021；李东海，2020；杨丽君和邵军，2018），也有学者关注了生态化、高度化（杨丽君和邵军，2018）、高新化（陆小莉和姜玉英，2021）、绿色化、产业结构变动指数（史丹等，2020）、产业专业化集聚和产业多样化集聚（张军涛和范卓玮，2021）等其他方面的划分。总体上来说划分类型和衡量方法多种多样，表 6-1 给出了对于产业结构维度的总结，我们主要基于现有数据以及指标应用的广泛性考虑，将产业结构的维度划归为产业结构高级化、产业结构合理化和产业结构生态化三类，并对其应用较多、比较认可的衡量方法予以总结分析。

表 6－1　　　　　　　　　　　产业结构维度和衡量指标

产业结构维度	具体指标	衡量方法	参考文献
产业结构高级化	产业结构高级化	高技术产业产值占制造业总产值比重；制造业总产值占工业总产值的比重；第三产业增加值占 GDP 的比重	贺丹和田立新（2015）
	产业结构高级化指数	各产业与 GDP 比重构成的向量与三个产业维度的夹角之和	付凌晖（2010）；吕明元和尤萌萌（2015）
	产业结构高度化	Moore 指数法	王林梅和邓玲（2015）；高广阔等（2016）；李新功（2016）
	产业结构高度化	第三产业与高新技术产业产值之和与第二产业的产值比重	Zhou et al.，（2020）
	产业结构升级	第三产业增加值与第二产业增加值的比重	原毅军和谢荣辉（2014）；王德春和罗章（2021）；Zhou et al.，（2020）
	产业结构高度化	高新技术产业与非高新技术产业的比重	唐晓华和刘相锋（2016）
产业结构合理化	产业关联度	感应度系数、影响力系数	贺丹和田立新（2015）
	产业结构偏离度	各产业的结构偏离度加权之和；产业结构偏离度构造产业结构合理化	吕明元和尤萌萌（2015）；韩永辉等（2016）
	产业结构均衡化	经济社会产业结构不均衡偏离程度	曾倩等（2021）
	产业结构合理化	对于泰尔指数的重新构造和变形	干春晖等（2011）；高广阔等（2016）

续表

产业结构维度	具体指标	衡量方法	参考文献
产业结构生态化	产业结构高新化	科技财政支出占该地区一般财政支出的比重	陆小莉和姜玉英（2021）
	产业结构生态化	低污染产业产值占工业总产值比重；低能耗产业产值占工业总产值比重	贺丹和田立新（2015）
	产业结构生态化	环保产业增加值占污染产业增加值比重的同时，采用环保产业增长率和污染产业增长率衡量环保产业和污染产业的发展情况	高锦杰和张伟伟（2021）

由表 6-1 可知，产业结构的划分维度多种多样，衡量方法也是多种多样，每个方法都有其对应的优缺点。如何选择合适的衡量指标，主要取决于学者研究对象的特殊性、研究层次的深度以及数据限制等。由于本书主要关注城市层面的数据实证结果，数据限制较多，我们尝试利用不同的衡量方法对产业结构的三个维度进行了考察，即产业结构高级化、产业结构合理化和产业结构生态化，以期能够更加全面地把控中国产业结构的优化调整情况。具体的衡量方法如下：

产业结构合理化（ISR）指标具体借鉴了干春晖等（2011）、叶宗裕（2003）、吕明元和尤萌萌（2013）以及韩永辉等（2016）等学者的做法。

其中，干春晖等（2011）基于产业结构偏离度构造的模型如下：

$$ISR1 = \sum_{i=1}^{3} (Y_i/Y)\ln[(Y_i/L_i)/(Y/L)] \qquad (6.1)$$

其中，i 代表对应的产业，Y、L 分别代表产值和劳动力人数，此指标为负向指标，说明偏离度越大，产业结构合理化程度越低。

叶宗裕（2003）将其进行正向化处理：

$$ISR2 = \max\{ISR1\} - ISR1 \qquad (6.2)$$

吕明元和尤萌萌（2015）构造的产业结构合理化指标如下：

$$ISR3 = \frac{1}{\sum\limits_{i=1}^{3}(Y_i/Y)\sqrt{[(Y_i/L_i)/(Y/L)-1]^2}} \tag{6.3}$$

韩永辉等（2016）基于产业结构偏离度构造的模型如下：

$$ISR4 = 1\Big/\sum\limits_{i=1}^{3}(Y_i/Y)\,|(Y_i/L_i)/(Y/L)-1|,\ i=1,2,3 \tag{6.4}$$

符号含义与上述保持一致，且上述 $ISR2$、$ISR3$、$ISR4$ 都是正向指标，即指标值越大，说明产业结构合理化程度越高，且可以看出 $ISR3 = ISR4$，因此，下文我们仅仅对 $ISR1$、$ISR2$、$ISR3$ 进行趋势和结构的分析即可。

产业结构高度化（ISU）是对自身结构扬起的过程，反映产业向服务化、技术化转变的趋势，本章具体借鉴周等（Zhou et al.，2020）的做法以第三产业生产增加值与第二产业生产增加值衡量产业结构高级化：

$$ISU1 = \frac{第三产业增加值}{第二产业增加值} \tag{6.5}$$

或

$$ISU2 = \frac{第三产业增加值}{GDP} \tag{6.6}$$

产业结构生态化（ISE）衡量经济发展过程中不断向低污染、低排放的绿色化发展方式转变的程度，低碳工业化要求技术进步过程中愈发重视节能减排。鉴于越发强烈的环境政策对各产业发展的约束和引导作用以及环境污染与化石能源的伴生性，我们认为将工业行业[①]根据各行业污染（主要为工业三废）产生量划分，以较低的前一半产业的产值占工业总产值的比重来衡量产业结构生态化能够更好地描述经济发展的绿色化水平，但由于城市层面数据的缺失，本章根据上市企业所在地进行城市企业划归，以其中污染产业企业总市值占全部企业总市值的比重来作为反向指标进行衡量：

[①]　由于统计年鉴中工业行业统计口径变化，以汇总行业为统一计量标准，将工业行业予以划分。

$$ISE = \frac{污染企业总市值}{全部企业总市值} \qquad (6.7)$$

同样，*ISE* 也是负向指标，说明指标值越大，产业结构生态化程度越低。下文将基于上述计算方法对中国 285 个城市的产业结构进行全面衡量，并给出对应的分析和总结。

6.2.2 中国产业结构发展阶段分析

在具体分析产业结构的发展现状之前，首先应对中国产业结构的发展历史和演化轨迹有充分的了解和认知，站在历史的角度才能保障具体现状分析更符合整体发展规律。许多学者对中国产业结构的发展历程和演化路径进行了详细的分析，我们借鉴马骥和庞靖民（2018）和种国双等（2020）对中国产业结构的研究，根据一二三产业对中国经济发展贡献的比重来对中国产业结构发展历程进行相应的划分和分析，具体如下：

产业结构农业化阶段（1978 年以前）：这一阶段的主要特征是三次产业经历了新中国成立之初的快速复苏和计划经济时期的相对停滞，但农业对中国经济发展贡献的比重始终保持相对较高水平。中国一直是农业大国，新中国成立之初百废待兴，三次产业基础都相对较差，为了实现经济发展，国家对三次产业都倾注较大关注，一二三次产业都快速发展，特别是由于中国人民的土地情结，这一阶段农业得到了较大的发展，到 1957 年，中国第一产业比重一直保持在 40% 左右。1958 年"大跃进"运动在全国范围内兴起，给中国经济发展带来较大影响，之后随着经济发展方向逐渐转正，三次产业的发展逐渐恢复，农业占国内生产总值的比重逐渐下降，工业开始占据主导地位，但至 1978 年，中国农业比重依然占据 30% 左右，农业发展对中国经济发展的贡献不可忽视。因此，我们将此阶段中国产业结构特征划分为农业化发展阶段。

产业结构工业化阶段（1979~2011 年）：这一阶段的特征是第一产业比重逐渐下降，二三产业快速增长，特别是第二产业的崛起，形成了中国比之世界各国更全面的工业体系。随着改革开放的提出和推进，第一产业比重下降，第二产业比重快速上升，此阶段依靠工业化快速推动中国经济高速发展，实现资本原始积累。尽管在改革开放之初，家庭联产承包责任制的推广带来农业的恢复和快速发展，随着经济的恢复，工业也取得了快速的发展，特别是随着改革开放的推进和深化，这一期间中国实现工业化的快速赶超，用 40 年的时间完成了发达国家上百年的工业化进程。随着中国经济发展工业化进程的推进，经济总量上取得了非常大的突破，在 2010 年中国 GDP 超过日本，成为世界第二大经济体，至 2011 年，中国三次产业的比重为 10.12 : 46.78 : 43.10。因此，我们将此阶段中国产业结构特征划分为工业化发展阶段。

　　产业结构绿色化阶段（2012 年至今）：这一阶段的特征是第三产业比重提升加之持续工业化的同时寻求更加可持续的绿色发展模式。工业化主导的产业发展模式带来了中国经济的飞速发展，被描述为"中国奇迹"，然而不可忽视的是快速工业化也给中国经济发展质量带来较大的负面影响。2012 年提出中国经济形势呈现出"新常态"特征，中国劳动力市场供给逐渐减少，与此同时资本投入增长速度日趋放缓，传统发展动力不断减弱，粗放型的经济增长方式逐渐开始不合时宜，有学者称之为"后工业化"时代。为了寻求新的经济增长点，中国产业政策及时做出相应调整，2012 年 11 月 17 日至 11 月 23 日，党的十八大站在历史和全局的战略高度，对推进新时代"五位一体"总体布局作了全面部署。从经济、政治、文化、社会、生态文明五个方面，制定了新时代统筹推进"五位一体"总体布局的战略目标。经济建设中，发展必须是科学发展，经济增长必须是实实在在和没有水分的增长。要以提高发展质量和效益为中心，以供给侧结构性改革为主线，加快形成引领经济发展新常态的体制机制和发展方式，深入实施创新驱动发展战略，推动科技与经济深度融合，促进新型工业化、信息化、城镇化、农业现代化同步发展，形成区域协调发展新格局，发展更高层次的开放型经济。"绿色"理念是党的十八届五中全会提出的指导中国"十三五"时期发展甚至是更为长远发展的科学的发展理念和发展方式。绿色发展是以效率、和谐、持续为目标的经济增长和社会发展方式。绿色发展与可持续发展在思想上是一脉相承的，既是对可持续发展的继承，又是可持续发展中国化的理论创新，也是中国特色社会主义应对全球生态环境恶化客观现实的重大理论贡献，符合历史潮流的演进规律。"十四五"发展规划中更是强调绿色发展的持续推进和生态文明建设的重要性，特别是随着 2020 年 9 月中国明确提出 2030 年"碳达峰"与 2060 年"碳中和"目标，产业结构、能源结构、生产和消费模式的调整更是迫在眉睫，中国进入经济发展绿色转型的进一步深化时期。因此，我们将此阶段中国产业结构特征划分为绿色化转型阶段。

6.2.3 中国产业结构现状特征分析

为全面了解中国产业结构的发展现状，我们从国家整体层面和分地区层面对中国产业结构进行综合分析。

首先，我们从全国层面给出产业结构发展的变化动态，图 6 - 1 给出了我国 2000～2020 年间产业结构各个维度的变化情况，从图中可以发现，从中国经济整体层面上来说，产业结构生态化程度虽然有所波动，

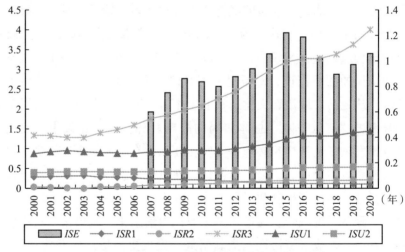

图 6 - 1   2000～2020 年中国经济多维产业结构

注：此图中 ISE 数据计算过程为非污染行业规模以上企业利润总额除以污染行业规模以上企业利润总额，属于正向指标。其中，污染行业和非污染行业的划分参考齐绍州等（2018）的划分标准，由于统计口径的变化 2007 年以前的 ISE 数据未能提供。其他指标计算方法同 6.2.1 章节显示。

资料来源：作者整理计算。

但整体上呈现上升的趋势，2015 年达到最高值，后有所回落之后又回升，说明我们产业结构生态化趋势向好，但总进程还相对较慢，仍需不断推动产业结构生态化转型发展。产业结构合理化水平中 *ISR*1（负向指标）和 *ISR*2 的趋势保持一致，均显示平稳的上升（下降）趋势，但上升速度相对缓慢，*ISR*3 显示明显的上升趋势，说明中国产业结构合理化水平在整体上呈现良好的发展趋势，随着产业结构的变化，不断呈现出更加合理的发展趋势。而对于产业结构高级化，*ISU*1 在近几年显示出比较明显的上升趋势，而 *ISU*2 的上升趋势相对不明显，说明中国第三产业占经济发展的比重仍有继续提升的空间，未来仍需不断提升第三产业对经济发展的贡献。

其次，我们对中国 285 个城市产业结构的三个维度衡量指标进行变量统计描述，如表 6－2 所示。由表 6－2 我们可以看出，全国层面上，从产业结构生态化来看，平均水平为 0.887，说明中国依然是由污染企业主导的非绿色经济发展模式，绿色产业的经济贡献还比较小，绿色发展模式转型之路仍然存在较多困难，也是未来产业结构优化应继续努力的方向。从产业结构高级化来看，*ISU*1 和 *ISU*2 的均值分别为 0.914 和 0.388，说明无论从产业间比重还是经济内部比重来看，中国第三产业发展平均水平尚未占到主导地位，特别是与第二产业相比，其比重仍未超越第二产业，可以看出中国经济发展仍以工业主导，第三产业还有很大的发展空间，未来产业结构高级化的趋势仍需不断推进，以早日赶上发达国家的水平。从产业结构合理化水平来看，由于 *ISR*1 为反向指标，我们主要参考 *ISR*2 和 *ISR*3 进行分析，可以发现两者均值分别为 2.874 和 1.838，相对来说比较低，且从标准误来看，特别是 *ISR*3 的标准误为 4.795，说明数据变化还是很大的，各个城市的产业结构合理化水平存在较大差距，未来产业结构优化方向是不仅要继续提高产业结构合理化水平，同时还要注意各地区之间的平衡发展，减少地区差距，全面提升全国层面的产业结构合理化水平。

表 6 - 2　　中国 2003 ~ 2019 年 285 个城市产业结构变量统计描述

指标	变量	计算方法	观测值	均值	标准误	最小值	最大值	中值	变异系数
产业结构生态化	*ISE*	污染产业市值/上市企业总市值	2054	0.887	0.219	0.060	1	1	0.246
产业结构高级化	*ISU*1	三产增加值/二产增加值	4845	0.914	0.503	0.094	5.34	0.801	0.55
	*ISU*2	三产增加值/GDP	4845	0.388	0.099	0.086	0.835	0.374	0.254
产业结构合理化	*ISR*1	参考干春晖等（2011）	4825	0.272	0.244	- 2.014	3.145	0.223	0.895
	*ISR*2	参考叶宗裕（2003）	4844	2.874	0.244	- 0.000	5.159	2.923	0.085
	*ISR*3	参考韩永辉等（2016）	4831	1.838	4.795	0.000	115.642	0.713	2.609

注：ISE 和 ISR1 为反向指标。
资料来源：作者整理计算。

最后，为了了解中国产业结构的内部特征，我们给出了 2019 年中国内陆 30 个省市的多维产业结构情况，如图 6 - 2 所示。可以看出，各省市之间产业结构差距还是相对较大的，特别是针对产业结构合理化来说，发现 *ISR*3 在各省市之间呈现出非常明显的差异，其中北京、上海、江苏、广东得分相对较高，位居全国前 4 位，与其他地区的产业结构合理化有较大差异，表示我国经济发展相对不均衡，发达地区的产业结构合理化水平相对比较理想，其他地区还需不断优化产业结构，尽快提升产业结构合理化水平。从产业结构高级化（主要参考 *ISU*1）的角度来看，发现北京、上海、海南、天津、黑龙江位居前 5 位，其中北京、上海、天津作为较为发达的城市，产业结构高级化呈现较高水平是比较合理的，而海南作为典型的旅游省份，第三产业比较发达也是显而易见的，对于黑龙江而言，第三产业与第二产业比重相对较高的原因可能在于东北老工业基地工业的逐渐没落，开始寻求新的发展模式。其他地区的产业结构高级化水平还有待进一步的提升。整体而言，中国经济产业结构各维度均存在地区差异，在推进产业结构高级化和合理化进程中还应注意地区间平衡发展，推进经济整体转型发展。

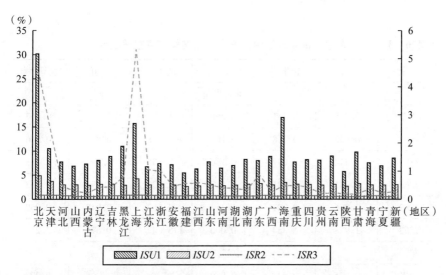

图 6 – 2　2019 年中国内陆 30 个省（区、市）的产业结构高级化和合理化

注：因 ISR1 为反向指标，这里不予以趋势比较。

资料来源：作者整理计算。

为了更加详细地比对不同地区间的差异，我们还给出了东、中、西部城市的多维产业结构变量的统计描述情况，如表 6 – 3 所示。对比来看可以发现，产业结构生态化指标呈现出东部城市均值 < 中部城市均值 < 西部城市均值的特征，这是比较符合中国经济发展产业分布状况的，随着产业转移，中国高污染、高排放的产业基本上从东部转移到中西部地区，因此呈现出上述情况。产业结构高级化指标中 ISU1 呈现出中部城市均值 < 西部城市均值 < 东部城市均值的特征，其主要原因可能在于西部城市工业相对不发达，导致其高级化水平反而高于中部城市，但从 ISU2 可以看出，其实西部城市的第三产业并没有比中部城市相对发达，支持了上述原因分析。产业结构合理化三大指标趋势保持一致，均呈现出东部城市均值 > 中部城市均值 > 西部城市均值的特征（ISR1

为反向指标，其均值亦呈现相反趋势），说明东部城市产业结构的合理化水平相对较高，符合中国整体的产业发展模式，也预示着未来产业结构优化过程中应该更加注重中西部城市产业结构的优化调整，全面推动中国整体产业结构优化。

表 6 – 3　　　　东中西部划分的中国城市产业结构变量描述统计

变量	均值	标准误	最小值	最大值	中值	变异系数
东部城市						
ISE	0.865	0.231	0.060	1	1	0.267
ISU1	0.932	0.508	0.165	5.168	0.81	0.546
ISU2	0.414	0.097	0.136	0.835	0.398	0.233
ISR1	0.241	0.201	−0.517	1.732	0.199	0.835
ISR2	2.906	0.201	1.413	3.662	2.948	0.069
ISR3	1.958	6.354	0.000	115.642	0.676	3.245
中部城市						
ISE	0.875	0.238	0.070	1	1	0.273
ISU1	0.897	0.502	0.129	5.34	0.775	0.56
ISU2	0.376	0.091	0.111	0.775	0.364	0.243
ISR1	0.268	0.262	−0.951	3.145	0.213	0.978
ISR2	2.878	0.262	−0.000	4.097	2.933	0.091
ISR3	1.801	3.206	0.000	52.49	0.78	1.78
西部城市						
ISE	0.944	0.151	0.171	1	1	0.16
ISU1	0.913	0.495	0.094	5.248	0.813	0.543
ISU2	0.373	0.103	0.086	0.741	0.361	0.277
ISR1	0.315	0.261	−2.014	2.513	0.286	0.829
ISR2	2.831	0.262	0.632	5.159	2.86	0.092
ISR3	1.736	4.151	0.000	76.123	0.66	2.391

资料来源：作者整理计算。

6.3　结构变迁对能源环境偏向型 技术进步的倒逼机制

6.3.1　结构变迁与技术进步的研究现状

越来越多的文献关注结构变化和技术进步之间的相互作用，它们大多承认技术进步（创新）或差异化是结构变革的主要驱动力之一，而很少有研究针对结构调整对技术进步的作用。

从库兹涅茨（Kuzents，1973）和鲍莫尔等（Baumol et al.，1989）到现代的经济学家（Święcki，2017；Samaniego & Sun，2018）基本上都支持结构性变化是由供给侧和需求侧因素的不同技术发展的相互作用形成的。广义上来讲，部门间技术效率差异引导要素从低效率部门流向高效率部门，从而带来经济组成结构的变化，这被称为结构变化。并且许多研究者从不同的视角针对不同经济体都证明了技术进步的差异影响是结构变化的核心原因之一。例如，埃斯拉瓦等（Eslava et al.，2014）的研究中哥伦比亚的证据表明，总体生产率的上升在很大程度上是从低生产率企业向高生产率企业的再分配推动的。乌（Vu，2017）使用了19 个亚洲经济体的样本，强调了结构改革在促进提高生产率的结构变革方面的作用。其他一些文献也从侧面验证技术进步对结构变迁的影响。例如有学者（Cheng et al.，2018）对中国节能减排的研究指出技术变革可以通过促进产业结构升级优化来间接降低碳强度。

相反地，其他一些学者认为产业结构是引导技术进步的主要因素之一。理论上来讲，由于资源错配会对技术效率产生严重影响（Ryzhenkov，2016），基于供给侧趋势的产业升级能够优化资源配置，从而提升技术效率；基于需求侧趋势的结构优化能够引导部门技术进步，从而提升技术效率。也就是说，产业结构变迁意味着要素在部门间流动，一方面通过提升资源配置效率从而促进整体效率的提升（Vu，2017）；另一方面，以劳动力为例，进入高效率部门的劳动力有更多机会进一步提升自身能力引发新一轮的技术创新。实际上，费格伯格（Fagerberg，2000）以 1973 年至 1990 年的 39 个国家和 24 个行业为样本，重点研究了制造业专业化、结构变化和生产率增长之间的关系，发现平均而言结构变化并不有利于生产率增长。有学者通过对 353 家制造商样本的研究，发现产业升级带来的进步与剥削性创新呈正相关，而剥削性创新在一定程度上中和了产业升级对探索性创新的影响（Azadegan & Wagner，2011）。有学者针对中国工业的研究指出结构变化对全要素生产率的贡献很大，但随着时间的推移也在减少（Chen et al.，2011）。有学者指出坦桑尼亚大约 80% 的劳动生产率增长是由结构变化造成的，主要是农业的就业份额下降，而服务业和制造业的就业份额上升（Diao et al.，2018）。李东海（2020）基于中国省级面板的研究证明产业结构合理化影响科技研发的直接效应和间接效应，影响成果转化的直接效应和间接效应均为促进作用；产业结构高级化影响科技研发的直接效应和长期间接效应均为抑制作用、短期间接效应为促进作用，影响成果转化的直接效应和间接效应均为抑制作用。沈冰和李鑫（2021）基于中国 2008 ~ 2017 年省级面板数据的中介效应研究认为产业结构高级化能够显著提升能源效率。逯进和李婷婷（2021）对中国省级数据的研究指出中国产业结构升级和技术创新都对绿色全要素生产率产生正向影响。唐晓灵等（2021）针对关中平原城市群产业结构调整的研究发现，产业结构调整是促进其与能源生态效率区域耦合协调水平提升的关键因素。张军涛和范卓玮（2021）基于东北城市的研究表明城市产业结构的各个维度可通过偏向型技术进步从而影响绿色全要素生产率。沈小波等（2021）的研究指出产业结构扭曲一定程度上抑制中国能源强度的下降。

当然，也有些学者质疑结构调整是否真能带来技术改进，有学者以墨西哥为研究对象，发现尽管在各个行业对工作时间进行了大规模的重新分配，但由于普遍从劳动生产率增长较高的部门流向生产率增长较低或不断下降的部门，结构变化对生产率增长的总体影响受到了阻碍。此外，高质量的生产要素（包括劳动力和资本）对增加值增长的贡献并不显著（Padilla – Pérez et al.，2017）。王德春和罗章（2020）的研究证明中国工业化进程中，产业结构升级的结果反而抑制了区域生态效率。佘硕等（2020）的研究也证明在低碳试点政策与城市绿色全要素生产率之间尽管存在产业结构升级的中介效应，但产业结构转型的效应不显著。可见并不是所有的、笼统的结构变迁都能够带来技术进步。因此，理清产业结构变迁对技术进步影响的作用机理和前提条件至关重要。

总的来说，从理论角度看，现有研究中对结构变化和技术进步背后的机制分析还不足。而对于不同层次或维度的产业结构调整是否对偏向型技术进步产生不同影响的研究更是少之又少。本章主要目的是在理清产业结构引导技术进步作用机理的前提下，结合中国不平衡发展特征，构架多维度产业结构指标，衡量不同维度结构变迁对能源环境偏向型技术进步的影响效果。这对于优化产业政策、引导技术进步从而促进中国经济绿色转型与可持续发展具有重要意义。

6.3.2　多维产业结构优化对能源环境偏向型技术进步的影响路径

正如前文所述，很少有研究（尤其是实证研究）针对结构变化与技术进步之间的机制进行深入讨论。为探讨结构优化对技术进步影响的微观机理，本书从结构变迁的诱致性和强制性出发，构建了包含多主体的理论分析框架（见图6-3）。图6-3中蕴含两种状态：一是市场失灵时，产业结构滞后，由政府主导的追赶型政策强制结构变迁继而作用于技术进步；二是市场有效时，超越型产业政策引领结构变迁从而作用于技术进步。

产业结构是动态变化的，产业结构变迁是一个紧随经济发展的、持续的过程。不同国家的经济增长方式和状态不同，结构变化趋势不同，政府与市场在产业结构变化中的影响地位相对比重也不同。总体上从新古典经济学视角，可以分为市场有效状态和市场无效两种状态。

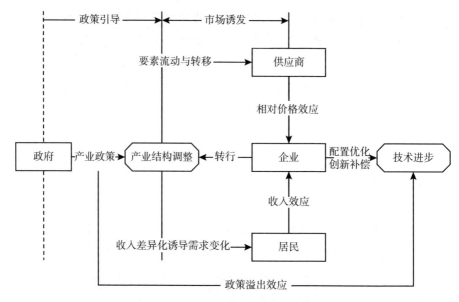

图 6 - 3　产业结构对技术进步的作用机理

　　具体而言，市场失灵时，经济体无法通过市场有效配置资源，与之相对应的是滞后的结构变化，这表明要素（劳动力、资本、能源和环境）在行业间的转移受到阻碍。这种状态下，结构变迁赶不上经济增长，要素滞留在低效率部门，同时资源相对价格扭曲（相同资源在不同部门价格不同，不同资源相对价格扭曲），不能期待市场自我调节推进结构变迁，必须求助于政府的力量。此时，政府主导追赶型产业政策，通过产业政策执行，强制产业结构向更匹配经济发展要求方向变化，不仅表现出产业结构的被动升级，而且从总体上提升了产业结构合理化水平（外生的产业结构优化）。一方面能够消除阻碍要素自由流动的因素，促进资源在行业间自由流动，提升资源配置效率；另一方面缓解资源相对价格的扭曲，要素相对价格的变化必将导致企业向节约相对昂贵要素的方向行动（见图 6 - 3 中的相对价格效应）。其中，具有较强创新能力和创新意识的企业更倾向于通过技术创新来实现成本补偿从而保持市场竞争力，而众多的市场跟随者可能选择转行（毕竟船小好调头），带来新一轮的产业结构变迁（自发的/内生的）。

　　由于结构变化的过程是由需求和供给因素同时驱动的（Gabardo et al.，2019），因此，产业结构变迁不仅带来供给侧上的影响，也会影响需求侧。从需求侧来看，考虑到不同行业的需求收入弹性（Gabardo et al.，2019），产业结构调整使得劳动力流向更高效部门，改变人们的相对收入水平，从而导致人们对产品的需求变化（消费绿色化），追求更高质量的产品（消费升级）（韩克勇和孟维福，2021），直接诱导企业改进技术提升产品质量，表现为图 6 - 3 中的收入效应。不能及时实现产品更新的企业淘汰，进一步引发产业结构的变化，提升产业结构合理化水平。总之，市场失灵状态下，产业结构相对滞后，此时，需要政府通过产业政策引导产业结构向与经济发展匹配的方向发展，从而通过相对价格效应和收入效应影响企业技术进步，同时还能够形成产业结构持续变迁的循环。

　　在市场有效状态下，经济体运行良好，资源配置相对合理，各部门之间的因素流动不受阻碍。但随着国际化程度深化，经济体发展受国际环境影响加大，特别是高质量发展、绿色发展等理念的提出，同样需要政府在具有公共品属性特征的相关领域发挥指导作用。考虑到真正前沿的创新往往是超越现有市场需求的，特别是具有正向外部性的技术创新（绿色技术创新）在被市场认可前，更需要政府为其创造前期发展空间。因此，以产业政策超越比较优势引导资源流向更具未来发展潜力的部门、提前释放未来优势产业的红利非常重要。此时超前的产业变迁同样通过供给侧和需求侧两条路径影响企业技术进步。

　　政府基于获取更充分信息的优势识别未来优势产业，制定对应产业政策予以引导，进行结构调整，引导优质资源进入未来优势产业。虽然一定程度上会降低资源优化配置，但长期来看对企业技术创新潜力具有正向促进作用。同时未来优势产业提前爆发红利，重新分配收入，从而引导需求超前，改变企业面临的市场环境，倒逼企业加速技术进步。总而言之，市场有效状态下，一方面市场诱发的结构变迁引导技术进步，另一方面政府主导的结构变迁超前释放未来优势产业红利、倒逼企业加速技术进步。

6.3.3　研究假说

上述分析过程中仅分析了产业结构对技术进步的作用机理，并未涉及结构变迁的方向或维度，也未讨论技术进步的方向。实际上产业结构调整可以划分为不同维度，现有研究也从不同维度来考察产业结构的影响，例如产业结构高级化、合理化、生态化等（Peneder，2003；Fan，2003；Hartwig，2012；杨丽君和邵军，2018；郭旭等，2021；陆小莉和姜玉英，2021）；技术进步的方向也可以划分为不同种类，例如：技能偏向型技术进步（Koch & Smolka，2019），劳动增强型技术进步（Sato，1970）等。基于本书关注中国经济转型期结构调整对能源环境偏向型技术进步的影响，在追求高质量、绿色化经济发展的背景下，我们将产业结构变迁划分为结构合理化、高级化和绿色化三个维度，技术进步分为能源节约型技术进步、污染治理型技术进步和后备技术进步三类（如图6-4所示）。鉴于后备技术进步计算基础数据的缺失，我们在实证研究中仅仅分析了产业结构对能源效率和环境效率的影响，在此基础上提出本章研究假说如下：

假说6-1：产业结构高级化、合理化、生态化分别对能源节约型技术进步具有正向影响。

假说6-2：产业结构高级化、合理化、生态化分别对污染治理型技术进步具有正向影响。

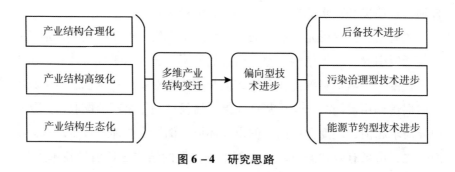

图6-4　研究思路

6.4　多维结构优化对能源环境偏向型技术进步的影响

6.4.1　模型构建

本章以能源环境偏向型技术进步为被解释变量，多维结构优化为主要解释变量，并综合纳入多种控制变量来考察结构变化对技术创新的影响。需要特别指出的是尽管在理论分析中我们为全面、综合分析，给出了多维产业结构对三类偏向型技术进步（能源节约型技术进步、污染治理型技术进步和后备技术进步）的影响，但是由于城市级新能源使用数据的缺失，我们无法像省级数据那样整理计算出三类技术进步，因此在上述研究假说和下文的模型构建和实证检验分析中均只对能源节约型技术进步和环境治理型技术进步进行对应的分析和讨论。基于此，本章实证分析的基本模型构建如下：

$$ee_{it} = \alpha_1 \, isr_{it} + \beta X_{it} + city_i + year_t + \varepsilon_{it} \tag{6.8a}$$

$$ee_{it} = \alpha_2 \, isu_{it} + \beta X_{it} + city_i + year_t + \varepsilon_{it} \tag{6.8b}$$

$$ee_{it} = \alpha_3 \, ise_{it} + \beta X_{it} + city_i + year_t + \varepsilon_{it} \tag{6.8c}$$

$$pa_{it} = \delta_1 \, isr_{it} + \beta X_{it} + city_i + year_t + \varepsilon_{it} \tag{6.9a}$$

$$pa_{it} = \delta_2 \, isu_{it} + \beta X_{it} + city_i + year_t + \varepsilon_{it} \tag{6.9b}$$

$$pa_{it} = \delta_3 \, ise_{it} + \beta X_{it} + city_i + year_t + \varepsilon_{it} \tag{6.9c}$$

考虑到技术的溢出效应，采用引入被解释变量的一阶滞后项的动态模型考察产业结构优化对偏向型技术进步的影响。动态模型构建如下：

$$ee_{it} = \theta_1 \, ee_{it-1} + \alpha_1 \, isr_{it} + \beta X_{it} + city_i + year_t + \varepsilon_{it} \tag{6.10a}$$

$$ee_{it} = \theta_2 \, ee_{it-1} + \alpha_2 \, isu_{it} + \beta X_{it} + city_i + year_t + \varepsilon_{it} \tag{6.10b}$$

$$ee_{it} = \theta_3 \, ee_{it-1} + \alpha_3 \, ise_{it} + \beta X_{it} + city_i + year_t + \varepsilon_{it} \tag{6.10c}$$

$$pa_{it} = \vartheta_1 \, pa_{it-1} + \delta_1 \, isr_{it} + \beta X_{it} + city_i + year_t + \varepsilon_{it} \tag{6.11a}$$

$$pa_{it} = \vartheta_2 \, pa_{it-1} + \delta_2 \, isu_{it} + \beta X_{it} + city_i + year_t + \varepsilon_{it} \tag{6.11b}$$

$$pa_{it} = \vartheta_3 \, pa_{it-1} + \delta_3 \, ise_{it} + \beta X_{it} + city_i + year_t + \varepsilon_{it} \tag{6.11c}$$

其中，ee_{it}、pa_{it} 分别对应各地区当年能源节约型技术进步和污染治理型技术进步，ee_{it-1}、pa_{it-1} 分别代表其对应偏向型技术进步的一阶滞后项；isr_{it}、isu_{it}、ise_{it} 分别对应各地区当年产业结构合理化、高级化和生态化程度；X_{it} 包括了所有可能影响技术进步的其他因素作为控制变量，保持与第三章一致，具体为 FDI、人口密度、财政支出、教育水平、科技支出、人均收入及其平方项等。$city_i$ 和 $year_t$ 表示城市层面的个体固定效应和时间固定效应，ε_{it} 是误差项。

6.4.2 变量选择与统计描述

被解释变量为两类能源、环境偏向型技术进步，其具体衡量方法见第 3 章内容，此处不再赘述其计算方法。

主要解释变量为三个维度的产业结构调整，分别为产业结构高级化、产业结构合理化和产业结构生态化，在 6.2.1 小节已经就其对应的指标选取和计算方法给出了详细的介绍，此处不再赘述，我们分别选用产业结构高级化的两个指标 $isu1$ 和 $isu2$，产业结构合理化的三个指标 $isr1$、$isr2$ 和 $isr3$，以及产业结构生态化 ise 的指标进行相应的回归分析，在一定程度已经实现了对回归结果的稳健性检验。

控制变量的选取应包含能够控制通过产业结构优化对技术进步产生影响的变量。借鉴已有研究（Huang et al.，2019），包含 FDI、人口密度、财政支出、教育水平、科技支出、人均收入及其平方项。对应具体指标选取和计算方法保持与第 3 章一致，详细内容参见第 3 章 3.5.2 节，此处不再赘述。

考虑到数据可得性，本书以中国 2003～2019 年 285 个城市为研究样本。所有基于货币单位的指标均进行了以 2000 年为基期的不变价格处理。其中，基础数据均来自各年度《中国城市年鉴》《中国区域经济统计年鉴》《中国金融年鉴》《中国统计年鉴》等。对于部分少量缺失数据采用插值法予以补充。表 6-4 和表 6-5 分别给出了全样本的变量描述性统计和分地区的变量描述性统计。

表 6 - 4　　　　　　　　　　全样本变量描述性统计

变量	样本量	均值	标准误	最小值	最大值	中值	变异系数
$ee1$	4845	0.117	0.131	0.001	1.151	0.08	1.113
$pa1$	4845	0.095	0.114	0.000	1	0.061	1.201
$isu1$	4845	0.914	0.503	0.094	5.34	0.801	0.55
$isu2$	4845	0.388	0.099	0.086	0.835	0.374	0.254
$isr1$	4825	0.272	0.244	-2.014	3.145	0.223	0.895
$isr2$	4844	2.874	0.244	-0.000	5.159	2.923	0.085
$isr3$	4831	1.838	4.795	0.000	115.642	0.713	2.609
ise	2054	0.887	0.219	0.060	1	1	0.246
fdi	4604	0.021	0.028	0.000	0.776	0.013	1.311
$lndensity$	4845	5.724	0.915	1.548	7.923	5.865	0.16
gov	4845	0.192	0.203	0.040	6.041	0.146	1.059
edu	4716	0.016	0.022	0.000	0.159	0.008	1.361
rd	4840	0.021	0.041	0.000	0.304	0.008	1.897
$lnpgdp$	4845	8.952	0.735	5.781	11.892	8.868	0.082
$lnpgdps$	4845	80.687	13.367	33.416	141.419	78.643	0.166

资料来源：作者计算整理所得。

表 6 - 5 给出了根据中国国家统计局对于中国东、中、西部地区行政划分的分地区变量描述性统计结果，主要用于显示分地区样本之间的差异，并辅助分析后续的分样本结果，可以看出各地区之间差异还是较大的，特别对于数据缺失较为严重的 ise 而言，各地区之间的差异更大，可能会导致回归结果产生较大差异，具体还得结合后文中的分样本回归结果予以详细讨论。

表6-5　　　　　　　　分地区样本变量描述性统计

分地区	变量	样本量	均值	标准误	最小值	最大值	中值	变异系数
东部地区	ee1	1717	0.105	0.106	0.002	1	0.077	1.017
	pa1	1717	0.093	0.112	0.001	1	0.061	1.203
	isu1	1717	0.932	0.508	0.165	5.168	0.81	0.546
	isu2	1717	0.414	0.097	0.136	0.835	0.398	0.233
	isr1	1709	0.241	0.201	-0.517	1.732	0.199	0.835
	isr2	1716	2.906	0.201	1.413	3.662	2.948	0.069
	isr3	1712	0.002	0.006	0.000	0.116	0.001	3.245
	ise	920	0.865	0.231	0.060	1	1	0.267
	fdi	1716	0.028	0.029	0.000	0.376	0.019	1.038
	lndensity	1717	6.198	0.629	4.509	7.923	6.324	0.101
	gov	1717	0.14	0.105	0.040	1.464	0.114	0.75
	edu	1709	0.019	0.023	0.000	0.127	0.011	1.209
	rd	1716	0.027	0.043	0.000	0.304	0.014	1.572
	lnpgdp	1717	9.352	0.731	6.821	11.892	9.272	0.078
	lnpgdps	1717	87.987	13.848	46.522	141.419	85.977	0.157
中部地区	ee1	1700	0.124	0.129	0.001	1.151	0.086	1.039
	pa1	1700	0.093	0.104	0.001	1	0.063	1.11
	isu1	1700	0.897	0.502	0.129	5.34	0.775	0.56
	isu2	1700	0.376	0.091	0.111	0.775	0.364	0.243
	isr1	1694	0.268	0.262	-0.951	3.145	0.213	0.978
	isr2	1700	2.878	0.262	-0.000	4.097	2.933	0.091
	isr3	1694	0.002	0.003	0.000	0.052	0.001	1.78
	ise	625	0.875	0.238	0.070	1	1	0.273
	fdi	1681	0.023	0.03	0.000	0.776	0.015	1.335
	lndensity	1700	5.743	0.795	3.054	7.273	5.807	0.138
	gov	1700	0.198	0.248	0.040	6.041	0.152	1.25
	edu	1675	0.015	0.021	0.000	0.131	0.008	1.427
	rd	1700	0.019	0.037	0.000	0.226	0.008	1.943
	lnpgdp	1700	8.789	0.572	5.781	10.612	8.783	0.065
	lnpgdps	1700	77.576	9.928	33.416	112.61	77.149	0.128

分地区	变量	样本量	均值	标准误	最小值	最大值	中值	变异系数
西部地区	$ee1$	1428	0.125	0.156	0.001	1.055	0.073	1.247
	$pa1$	1428	0.1	0.128	0.000	1	0.058	1.284
	$isu1$	1428	0.913	0.495	0.094	5.248	0.813	0.543
	$isu2$	1428	0.373	0.103	0.086	0.741	0.361	0.277
	$isr1$	1422	0.315	0.261	-2.014	2.513	0.286	0.829
	$isr2$	1428	2.831	0.262	0.632	5.159	2.86	0.092
	$isr3$	1425	0.002	0.004	0.000	0.076	0.001	2.391
	ise	509	0.944	0.151	0.171	1	1	0.16
	fdi	1207	0.008	0.013	0.000	0.186	0.004	1.517
	ln$density$	1428	5.133	0.998	1.548	6.953	5.251	0.194
	gov	1428	0.246	0.217	0.043	2.847	0.185	0.886
	edu	1332	0.014	0.022	0.000	0.159	0.006	1.507
	rd	1424	0.017	0.041	0.000	0.259	0.005	2.41
	ln$pgdp$	1428	8.667	0.707	6.187	11.311	8.559	0.082
	ln$pgdps$	1428	75.612	12.536	38.273	127.94	73.258	0.166

资料来源：作者计算整理所得。

6.4.3　实证结果与分析

为了更好地呈现多维产业结构优化对能源、环境偏向型技术进步的影响，将分别从全国层面和分地区层面对上述 6.4.1 小节构建的模型进行回归，并对其结果进行详细解析。本章分别探讨产业结构高级化、产业结构合理化、产业结构生态化三个维度对能源节约型技术进步和污染治理型技术进步的影响结果，最后通过表间比较分析，从整体上了解产业结构优化具体作用的结果，并解析能够推动中国能源、环境偏向型技术创新的结构调整方向，为推动绿色技术创新、早日实现"双碳"目标提供参考。

（1）全样本结果。

表 6－6、表 6－7 和表 6－8 分别记录了产业结构高级化、合理化和

生态化对能源、环境偏向型技术进步的影响结果。首先，不仅提供了双固定效应下静态模型结果，同时考虑技术发展可能存在的历史积累效应（正向溢出）或者路径锁定效应，还将引入其一阶滞后项，提供了动态模型的结果。其次，为了得到更加稳健的结果，针对不同的产业结构优化影响提供了不同的稳健性检验方式：针对产业结构高级化和合理化，分别提供 2 种和 3 种不同衡量主要解释变量的方式实现稳健性检验，而由于数据缺失问题，针对产业结构生态化的检验，主要是通过改变被解释变量的方式进行稳健性检验的方式，即用 $ee2$ 和 $pa1$ 替代 $ee1$ 和 $pa1$。表中各行的含义与第 5 章保持一致，不再详细说明。

　　针对产业结构高级化的影响，从表 6-6 可以看出，双固定效应下，不管是静态模型还是动态模型中 $isu1$ 和 $isu2$ 对能源效率和环境效率的回归系数均在 5% 的水平下显著为正，表示产业结构高级化能够显著促进中国整体层面的能源、环境偏向型技术进步。也就是说未来我们可以通过相关产业政策等推动产业结构高级化调整从而倒逼中国相应的能源、环境偏向型技术进步，进一步推动中国经济绿色化转型快速实现。产业结构高度化在发挥结构效应的同时，对于优化资源配置、降低二氧化碳等污染排放具有重要意义（庄贵阳等，2022）。研究结论与周等（Zhou et al.，2020）的结论保持一致。

　　针对产业结构合理化的影响，从表 6-7 可以看出，双固定效应下，不管是静态模型还是动态模型中 $isr1$、$isr2$ 和 $isr3$ 对能源效率和环境效率的回归系数均不显著，表示产业结构合理化并未对中国能源、环境偏向型技术进步产生显著影响。其主要原因可能在于，一方面囿于中国特殊的发展模式，中国产业结构合理化水平尚未达到足以倒逼偏向型技术进步的水平，另一方面基于产业结构合理化的衡量指标考虑，其主要强调的是各个产业间人力资本的均衡分配，其可能有利于无偏技术进步，而对于追求能源和环境更高效的偏向型技术进步不能产生直接影响。同时这也意味着未来我们追求产业结构合理化提升可能对能源、环境偏向型技术进步并不产生积极效果，此结论与周等（Zhou et al.，2020）应用中国省级面板数据的结论保持一致。

表 6 - 6　　产业结构高级化的影响结果

变量	模型 (1)	模型 (2)	模型 (3)	模型 (4)	模型 (5)	模型 (6)	模型 (7)	模型 (8)
	ee1				pa1			
	isu1	isu2	isu1	isu2	isu1	isu2	isu1	isu2
L. Y			0.657*** (0.010)	0.658*** (0.010)			0.608*** (0.010)	0.61*** (0.01) 0
isu	0.031*** (0.005)	0.135*** (0.031)	0.007** (0.003)	0.047** (0.021)	0.032*** (0.005)	0.110*** (0.031)	0.009*** (0.003)	0.050** (0.021)
fdi	-0.040 (0.056)	-0.022 (0.056)	0.019 (0.039)	0.023 (0.039)	0.083 (0.055)	0.101* (0.055)	0.035 (0.038)	0.040 (0.038)
Indensity	-0.037** (0.017)	-0.04** (0.017)	-0.014 (0.011)	-0.015 (0.011)	-0.041** (0.016)	-0.043*** (0.016)	-0.015 (0.011)	-0.015 (0.011)
Gov	-0.186*** (0.018)	-0.186*** (0.018)	-0.095*** (0.013)	-0.094*** (0.013)	-0.129*** (0.018)	-0.130*** (0.018)	-0.053*** (0.012)	-0.052*** (0.012)
Edu	0.484** (0.195)	0.627*** (0.192)	-0.081 (0.142)	-0.063 (0.14)	0.385** (0.191)	0.555*** (0.189)	-0.186 (0.139)	-0.150 (0.137)
Rd	-0.206** (0.088)	-0.232** (0.088)	-0.167*** (0.058)	-0.17*** (0.057)	-0.335*** (0.087)	-0.364*** (0.087)	-0.142** (0.056)	-0.148*** (0.056)
lnpgdp	-0.385*** (0.076)	-0.393*** (0.077)	-0.043 (0.052)	-0.039 (0.053)	-0.393*** (0.075)	-0.409*** (0.075)	0.004 (0.051)	0.007 (0.051)

续表

变量	模型 (1)	模型 (2)	模型 (3)	模型 (4)	模型 (5)	模型 (6)	模型 (7)	模型 (8)
	ee1				*pa1*			
	isu1	*isu2*	*isu1*	*isu2*	*isu1*	*isu2*	*isu1*	*isu2*
lnpgdps	0.023 *** (0.004)	0.024 *** (0.004)	0.003 (0.003)	0.003 (0.003)	0.024 *** (0.004)	0.025 *** (0.004)	0.001 (0.003)	0.001 (0.003)
Constant	2.001 *** (0.356)	2.028 *** (0.359)	0.252 (0.246)	0.221 (0.247)	1.963 *** (0.350)	2.035 *** (0.353)	-0.005 (0.240)	-0.029 (0.241)
City – FE	1	1	1	1	1	1	1	1
Year – FE	1	1	1	1	1	1	1	1
R – sq	0.413	0.411	0.716	0.716	0.352	0.347	0.663	0.663
F – test	123.299 [0.000]	121.862 [0.000]	411.621 [0.000]	411.742 [0.000]	95.055 [0.000]	93.176 [0.000]	321.976 [0.000]	321.725 [0.000]

资料来源：作者计算整理所得。

表 6 - 7　产业结构合理化的影响结果

变量	模型 (9)	模型 (10)	模型 (11)	模型 (12)	模型 (13)	模型 (14)	模型 (15)	模型 (16)	模型 (17)	模型 (18)	模型 (19)	模型 (20)
	ee1			ee1			pa1			pa1		
	isr1	isr2	isr3	isr1	isr2	isr3	isr1	isr2	isr3	isr1	isr2	isr3
L. Y				0.657 *** (0.010)	0.659 *** (0.010)	0.659 *** (0.010)				0.609 *** (0.010)	0.611 *** (0.010)	0.611 *** (0.010)
isr	0.004 (0.008)	−0.004 (0.008)	−0.020 (0.326)	−0.002 (0.005)	0.002 (0.005)	0.057 (0.222)	0.003 (0.008)	−0.003 (0.008)	0.210 (0.320)	−0.004 (0.005)	0.004 (0.005)	0.163 (0.217)
fdi	−0.03 (0.056)	−0.026 (0.056)	−0.025 (0.056)	0.022 (0.039)	0.023 (0.039)	0.023 (0.039)	0.092 * (0.055)	0.098 * (0.055)	0.097 * (0.055)	0.038 (0.038)	0.040 (0.038)	0.040 (0.038)
lndensity	−0.034 ** (0.017)	−0.035 ** (0.017)	−0.036 ** (0.017)	−0.014 (0.011)	−0.014 (0.011)	−0.014 (0.011)	−0.038 ** (0.016)	−0.039 ** (0.016)	−0.039 ** (0.016)	−0.014 (0.011)	−0.014 (0.011)	−0.014 (0.011)
gov	−0.189 *** (0.018)	−0.19 *** (0.018)	−0.19 *** (0.018)	−0.095 *** (0.013)	−0.095 *** (0.013)	−0.095 *** (0.013)	−0.133 *** (0.018)	−0.134 ** (0.018)	−0.133 *** (0.018)	−0.053 *** (0.012)	−0.053 *** (0.012)	−0.054 *** (0.012)
edu	0.793 *** (0.191)	0.741 *** (0.191)	0.741 *** (0.192)	−0.007 (0.14)	−0.022 (0.139)	−0.025 (0.14)	0.702 *** (0.188)	0.647 *** (0.188)	0.648 *** (0.188)	−0.085 (0.137)	−0.106 (0.136)	−0.109 (0.137)
rd	−0.221 ** (0.089)	−0.243 *** (0.088)	−0.242 *** (0.089)	−0.169 *** (0.058)	−0.175 *** (0.057)	−0.174 *** (0.058)	−0.353 *** (0.087)	−0.373 *** (0.087)	−0.37 *** (0.087)	−0.146 *** (0.056)	−0.153 *** (0.056)	−0.151 *** (0.056)
lnpgdp	−0.412 *** (0.077)	−0.425 *** (0.077)	−0.422 *** (0.077)	−0.043 (0.053)	−0.046 (0.053)	−0.047 (0.053)	−0.423 *** (0.075)	−0.434 *** (0.075)	−0.431 *** (0.075)	0.006 (0.052)	0.002 (0.052)	0.000 (0.052)

续表

变量	模型 (9)	模型 (10)	模型 (11)	模型 (12)	模型 (13)	模型 (14)	模型 (15)	模型 (16)	模型 (17)	模型 (18)	模型 (19)	模型 (20)
	ee1						pa1					
	isr1	isr2	isr3	isr1	isr2	isr3	isr1	isr2	isr3	isr1	isr2	isr3
lnpgdps	0.024*** (0.004)	0.025*** (0.004)	0.025*** (0.004)	0.003 (0.003)	0.003 (0.003)	0.004 (0.003)	0.026*** (0.004)	0.026*** (0.004)	0.026*** (0.004)	0.001 (0.003)	0.001 (0.003)	0.001 (0.003)
Constant	2.169*** (0.357)	2.25*** (0.360)	2.232*** (0.357)	0.265 (0.247)	0.273 (0.248)	0.283 (0.246)	2.14*** (0.351)	2.217*** (0.354)	2.196*** (0.351)	0.007 (0.241)	0.014 (0.242)	0.033 (0.241)
City – FE	1	1	1	1	1	1	1	1	1	1	1	1
Year – FE	1	1	1	1	1	1	1	1	1	1	1	1
R – sq	0.409	0.408	0.407	0.714	0.716	0.715	0.346	0.346	0.345	0.660	0.663	0.662
F – test	120.485 [0.000]	120.596 [0.000]	120.018 [0.000]	406.095 [0.000]	410.966 [0.000]	409.265 [0.000]	92.231 [0.000]	92.377 [0.000]	91.982 [0.000]	316.457 [0.000]	321.041 [0.000]	319.801 [0.000]

注：为了防止数据数量级差异引起的回归系数为零，我们将 $isr/1000$ 替代 $isr3$ 来进行本表的回归。
资料来源：作者计算整理所得。

表 6 – 8　　　　　　　　产业结构生态化的作用结果

变量	模型（21）ee1	模型（22）ee1	模型（23）ee2	模型（24）pa1	模型（25）pa1	模型（26）pa2
L. Y		0.634 *** (0.015)	0.647 *** (0.014)		0.633 *** (0.013)	0.622 *** (0.015)
ise	-0.029 * (0.016)	-0.007 (0.011)	-0.006 (0.01)	-0.014 (0.017)	0.000 (0.010)	0.01 (0.014)
fdi	-0.02 (0.087)	-0.037 (0.057)	-0.047 (0.056)	0.209 ** (0.089)	0.002 (0.054)	0.079 (0.077)
lndensity	0.006 (0.016)	0.005 (0.010)	-0.001 (0.010)	0.007 (0.017)	0.005 (0.010)	0.011 (0.014)
gov	-0.164 *** (0.031)	-0.115 *** (0.02)	-0.128 *** (0.02)	-0.13 *** (0.032)	-0.088 *** (0.019)	-0.006 (0.026)
edu	1.084 *** (0.210)	0.097 (0.143)	0.022 (0.140)	0.974 *** (0.214)	0.076 (0.135)	-0.089 (0.189)
rd	-0.115 (0.100)	-0.145 ** (0.062)	-0.196 *** (0.061)	-0.268 *** (0.102)	-0.129 ** (0.058)	-0.097 (0.082)
lnpgdp	-0.231 ** (0.104)	-0.12 * (0.067)	-0.2 *** (0.065)	-0.316 *** (0.106)	-0.104 * (0.063)	-0.293 *** (0.089)
lnpgdps	0.013 ** (0.006)	0.007 ** (0.004)	0.012 *** (0.004)	0.019 *** (0.006)	0.006 * (0.003)	0.020 *** (0.005)
Constant	1.183 ** (0.492)	0.532 * (0.315)	0.903 *** (0.310)	1.430 *** (0.501)	0.433 (0.296)	0.984 ** (0.418)
City – FE	1	1	1	1	1	1
Year – FE	1	1	1	1	1	1
R – sq	0.369	0.708	0.732	0.317	0.713	0.590
F – test	44.024 [0.000]	173.331 [0.000]	195.636 [0.000]	34.920 [0.000]	178.056 [0.000]	102.905 [0.000]

资料来源：作者计算整理所得。

针对产业结构生态化的影响，从表 6-8 可以看出，双固定效应下，不管是静态模型还是动态模型中 *ise* 对能源效率和环境效率的回归系数大部分呈现不显著结果，表示产业结构生态化并未能够显著促进中国整体层面的能源、环境偏向型技术进步。也就是说以上市企业中非污染产值占总产值比重衡量的产业结构生态化未能像理论预期那样对能源、环境偏向型技术进步产生积极作用。究其原因可能如下：第一，由于数据大量缺失，衡量指标本身未能很好地对整体层面产业结构生态化进行综合、全面的描述；第二，由于中国生态化调整较晚，总体生态化水平相对较低，还未达到足以推动中国能源、环境偏向型创新的高度。

总而言之，上述基于三个表的分析可以发现仅有产业结构高级化对能源节约型技术进步和污染治理型技术进步产生了积极影响，而产业结构合理化和生态化均未能倒逼中国总体层面的技术进步向节能减排偏向。意味着假说 6-1 和 6-2 得到部分验证。

被解释变量滞后项的系数呈现出均在 1% 的水平下显著为正的结果，与第 3 章内容保持一致，此处不再对其意义进行详细的解释，具体含义请参考第 3 章的分析。针对控制变量的结果，我们将对比第 3 章的结果进行比较分析。具体比较发现控制变量的结果在三类归回中大部分与第三章结果保持一致，一方面证明了回归结果的稳健性，另一方面也说明我们没有必要再针对具体的控制变量结果进行详细的叙述。

（2）异质性分析。

李东海（2020）、逯进和李婷婷（2021）、唐晓灵等（2021）等的研究均证明产业结构对技术进步的影响存在区域异质性。考虑多维产业结构优化对能源、环境偏向型技术进步影响可能存在的异质性，沿袭前面章节对异质性的讨论，根据中国国家统计局对东、中、西部城市的划分，将样本也分成东、中、西部地区三个子样本，并分别给出相应地区各个维度产业结构优化的影响结构。表 6-9、表 6-10 和表 6-11 分别对应了东部地区、中部地区和西部地区的产业结构优化对能源、环境偏向型技术进步的影响结果。

表 6 - 9　　　　　　　　　　东部地区产业结构的影响结果

变量	模型 E（1）	模型 E（2）	模型 E（3）	模型 E（4）	模型 E（5）	模型 E（6）
	ee1			pa1		
	isu1	isr1	ise	isu1	isr1	ise
L. Y	0. 664 ***	0. 665 ***	0. 806 ***	0. 638 ***	0. 638 ***	0. 721 ***
	（0. 017）	（0. 017）	（0. 015）	（0. 016）	（0. 016）	（0. 016）
isu/isr/ise	0. 014 ***	− 0. 013	− 0. 007	0. 013 **	− 0. 020 *	− 0. 001
	（0. 006）	（0. 011）	（0. 009）	（0. 006）	（0. 011）	（0. 012）
fdi	− 0. 018	− 0. 032	− 0. 008	0. 014	− 0. 001	0. 014
	（0. 07）	（0. 07）	（0. 051）	（0. 075）	（0. 075）	（0. 067）
lndensity	0. 001	0. 001	0. 006	− 0. 004	− 0. 005	0. 007
	（0. 013）	（0. 013）	（0. 007）	（0. 014）	（0. 014）	（0. 010）
gov	− 0. 069 **	− 0. 068 **	− 0. 059 **	− 0. 048	− 0. 049	− 0. 072 **
	（0. 031）	（0. 032）	（0. 028）	（0. 033）	（0. 033）	（0. 036）
edu	− 0. 609 ***	− 0. 434 **	0. 159	− 0. 672 ***	− 0. 497 **	0. 118
	（0. 218）	（0. 211）	（0. 164）	（0. 231）	（0. 223）	（0. 214）
rd	− 0. 147 *	− 0. 159 *	− 0. 100 *	− 0. 148 *	− 0. 161 *	− 0. 120
	（0. 083）	（0. 083）	（0. 059）	（0. 088）	（0. 088）	（0. 077）
lnpgdp	− 0. 075	− 0. 076	− 0. 025	− 0. 123	− 0. 122	− 0. 107
	（0. 091）	（0. 092）	（0. 068）	（0. 096）	（0. 097）	（0. 089）
lnpgdps	0. 006	0. 006	0. 003	0. 009 *	0. 009 *	0. 007
	（0. 005）	（0. 005）	（0. 004）	（0. 005）	（0. 005）	（0. 005）
Constant	0. 196	0. 216	− 0. 005	0. 462	0. 485	0. 410
	（0. 428）	（0. 430）	（0. 329）	（0. 452）	（0. 455）	（0. 429）
City - FE	1	1	1	1	1	1
Year - FE	1	1	1	1	1	1
R - sq	0. 713	0. 708	0. 898	0. 683	0. 678	0. 840
F - test	153. 218	148. 521	286. 222	133. 176	129. 098	170. 875
	[0. 000]	[0. 000]	[0. 000]	[0. 000]	[0. 000]	[0. 000]

注：由于表格内容限制，此表仅报告了 isu1、isr1、ise 作为产业结构优化代表变量的回归结果，isu2 以及 isr2、isr3 的结果与对应的代表性变量结果保持一致，不再给出，下同，如有需要，请联系作者索取。

资料来源：作者计算整理所得。

　　针对东部地区多维产业结构优化的影响，从表 6 – 9 中可以看出，在对能源效率的回归中，仅 *isu*1 的系数在 1% 的水平下显著为正，说明东部地区数据与整体样本一样，只有产业结构高级化推动能源节约型技术进步；在环境效率的回归模型 E（4）~ E（6）中 *isu*1 显著为正，而 *isr*1 在 10% 的水平下显著为负，说明对于东部地区而言产业结构高级化同时有利于环境治理型技术进步，而产业结构合理化不利于技术创新向环境效率提升偏向。根据研究结果我们建议东部地区应积极推进产业结构高级化发展，先不考虑产业结构合理化的推进，等待时机成熟再追求推动产业结构合理化进程。

表 6 – 10　　　　　　　　　　中部地区产业结构的影响结果

变量	模型 C（1）	模型 C（2）	模型 C（3）	模型 C（4）	模型 C（5）	模型 C（6）
	*ee*1			*pa*1		
	*isu*1	*isr*1	*ise*	*isu*1	*isr*1	*ise*
L. Y	0. 722 *** (0. 015)	0. 723 *** (0. 015)	0. 600 *** (0. 032)	0. 651 *** (0. 014)	0. 655 *** (0. 014)	0. 639 *** (0. 028)
isu/isr/ise	0. 003 (0. 005)	0. 003 (0. 006)	− 0. 009 (0. 014)	0. 008 ** (0. 004)	0. 001 (0. 005)	− 0. 003 (0. 009)
fdi	0. 012 (0. 046)	0. 02 (0. 044)	− 0. 227 ** (0. 103)	− 0. 033 (0. 038)	− 0. 014 (0. 037)	− 0. 220 *** (0. 068)
ln*density*	− 0. 033 * (0. 017)	− 0. 033 * (0. 017)	− 0. 013 (0. 018)	− 0. 019 (0. 014)	− 0. 019 (0. 014)	− 0. 004 (0. 012)
gov	− 0. 050 ** (0. 016)	− 0. 049 *** (0. 016)	− 0. 050 (0. 033)	− 0. 007 (0. 014)	− 0. 004 (0. 014)	− 0. 033 (0. 022)
edu	0. 322 (0. 24)	0. 349 (0. 238)	0. 052 (0. 251)	0. 286 (0. 201)	0. 361 * (0. 200)	− 0. 045 (0. 166)
rd	− 0. 089 (0. 082)	− 0. 089 (0. 083)	− 0. 139 (0. 090)	− 0. 054 (0. 069)	− 0. 053 (0. 070)	− 0. 095 (0. 060)
ln*pgdp*	0. 151 * (0. 079)	0. 155 * (0. 079)	0. 019 (0. 125)	0. 237 *** (0. 066)	0. 257 *** (0. 066)	− 0. 006 (0. 083)

变量	模型 C（1）	模型 C（2）	模型 C（3）	模型 C（4）	模型 C（5）	模型 C（6）
	*ee*1			*pa*1		
	*isu*1	*isr*1	*ise*	*isu*1	*isr*1	*ise*
ln*pgdps*	-0.008 * (0.004)	-0.008 * (0.004)	-0.001 (0.007)	-0.012 *** (0.004)	-0.014 *** (0.004)	0.001 (0.004)
Constant	-0.484 (0.375)	-0.492 (0.376)	0.077 (0.601)	-0.985 *** (0.316)	-1.048 *** (0.317)	0.075 (0.399)
City – FE	1	1	1	1	1	1
Year – FE	1	1	1	1	1	1
R – sq	0.803	0.803	0.661	0.769	0.768	0.734
F – test	243.032 [0.000]	241.600 [0.000]	42.504 [0.000]	198.480 [0.000]	196.485 [0.000]	60.186 [0.000]

资料来源：作者计算整理所得。

　　针对中部地区多维产业结构优化的影响，从表 6 - 10 中可以看出，在所有的回归模型中仅模型 C（4）中产业结构变量显著为正，说明仅有产业结构高级化正向影响环境效率，意味着在中部地区产业结构高级化能够促进环境治理型技术进步。因此，我们建议利用当前中、西部地区承接东部滞后产业转移的过程，有选择地承接能够促进自身产业结构升级的产业，淘汰落后产能，同时推动环境技术创新、实现双赢。

表 6 - 11　　　　　　　　西部地区产业结构的影响结果

变量	模型 W（1）	模型 W（2）	模型 W（3）	模型 W（4）	模型 W（5）	模型 W（6）
	*ee*1			*pa*1		
	*isu*1	*isr*1	*ise*	*isu*1	*isr*1	*ise*
L. Y	0.578 *** (0.022)	0.577 *** (0.022)	0.498 *** (0.033)	0.526 *** (0.022)	0.526 *** (0.022)	0.472 *** (0.032)
isu/isr/ise	0.002 (0.01)	0.007 (0.015)	-0.026 (0.068)	0.009 (0.009)	0.01 (0.015)	-0.005 (0.064)

续表

变量	模型 W（1）	模型 W（2）	模型 W（3）	模型 W（4）	模型 W（5）	模型 W（6）
	ee1			pa1		
	isu1	isr1	ise	isu1	isr1	ise
fdi	−0.167 （0.215）	−0.18 （0.216）	−0.354 （0.283）	−0.08 （0.213）	−0.078 （0.213）	−0.447* （0.267）
lndensity	−0.054 （0.053）	−0.05 （0.052）	0.015 （0.076）	−0.034 （0.052）	−0.024 （0.052）	0.044 （0.072）
gov	−0.151*** （0.028）	−0.153*** （0.028）	−0.201*** （0.047）	−0.096*** （0.028）	−0.101*** （0.028）	−0.136*** （0.044）
edu	0.393 （0.314）	0.403 （0.31）	0.16 （0.37）	0.26 （0.31）	0.313 （0.306）	0.168 （0.349）
rd	−0.103 （0.188）	−0.099 （0.186）	−0.419 （0.339）	−0.082 （0.185）	−0.099 （0.184）	−0.217 （0.32）
lnpgdp	−0.049 （0.14）	−0.055 （0.14）	−0.41* （0.227）	−0.023 （0.139）	−0.043 （0.139）	−0.187 （0.214）
lnpgdps	0.002 （0.008）	0.003 （0.008）	0.024* （0.013）	0.003 （0.008）	0.004 （0.008）	0.012 （0.012）
Constant	0.606 （0.675）	0.626 （0.676）	1.777 （1.102）	0.232 （0.667）	0.293 （0.668）	0.545 （1.04）
City−FE	1	1	1	1	1	1
Year−FE	1	1	1	1	1	1
R−sq	0.640	0.639	0.570	0.573	0.572	0.555
F−test	71.035 [0.000]	70.794 [0.000]	20.155 [0.000]	53.685 [0.000]	53.430 [0.000]	18.996 [0.000]

资料来源：作者计算整理所得。

针对西部地区多维产业结构优化的影响，从表 6-11 中可以看出，在所有的回归模型中所有产业结构变量的系数均不显著，说明在西部地区产业结构优化调整并不能反向影响能源、环境偏向型技术创新。其主要原因可能在于中国阶梯化经济发展模式，西部地区的产业结构优化水平相对较低，还不足以达到影响偏向型技术创新的程度。因此，西部地区的产业政策调整应该结合地区其他需求来确定。

从分地区的回归结果可以看出，产业结构优化调整对能源、环境偏向型技术进步的影响确实存在异质性，不同的结果说明不同地区产业结构优化的方向不同，未来发展中利用产业结构优化促进偏向型技术进步的策略也是不同的，应当结合当前地区发展的相对优劣势，根据扬长补短的原则，利用有限资源发挥最大优势，推动地区经济绿色转型和高质量发展。

6.5　小　　结

本章主要讨论了产业结构优化对能源、环境偏向型技术进步的影响。首先，通过对当前产业结构变化衡量指标的文献梳理，构建了多维产业结构的衡量指标，并对中国产业结构现状和发展轨迹进行整体分析，形成整体的把握；其次，通过梳理现有关于结构变迁与技术进步的文献，理清两者之间的关系，基于此给出多维产业结构优化对偏向型技术进步影响的理论分析和研究假说；最后，基于理论分析和研究假说构建计量模型，并应用中国城市面板数据给出对应检验结果和结论解释。本章与接下来的第 7 章和第 8 章为平行章节，主要是从影响因素的视角分析能源、环境偏向型技术进步的动力之源，探索绿色创新的推动手段，同时本章还为接下来两章的撰写提供了参考。

参 考 文 献

［1］Azadegan, A., & Wagner, S. M., Industrial upgrading, exploitative innovations and explorative innovations［J］. International Journal of Production Economics, 2011, 130（1）: 54 – 65.

［2］Baumol, W. J., Entrepreneurship in economic theory［J］. The American Economic Review, 1968, 58（2）: 64 – 71.

［3］Cheng, H., Dong, S., Li, F., Yang, Y., Li, S., & Li,

Y. , Multiregional input-output analysis of spatial-temporal evolution driving force for carbon emissions embodied in interprovincial trade and optimization policies: case study of northeast industrial district in China [J]. Environmental Science & Technology, 2018, 52 (1): 346 –358.

[4] Ciarli, T. , & Savona, M. , Modelling the evolution of economic structure and climate change: a review [J]. Ecological Economics, 2019, 158: 51 –64.

[5] Diao, X. , Kweka, J. , & McMillan, M. , Small firms, structural change and labor productivity growth in Africa: Evidence from Tanzania [J]. World Development, 2018, 105: 400 –415.

[6] Eslava, M. , Haltiwanger, J. , Kugler, A. , & Kugler, M. , The effects of structural reforms on productivity and profitability enhancing reallocation: evidence from Colombia [J]. Journal of Development Economics, 2004, 75 (2), 333 –371.

[7] Fagerberg, J. , Technological progress, structural change and productivity growth: a comparative study [J]. Structural Change and Economic Dynamics, 2000, 11 (4): 393 –411.

[8] Fan, S. , Zhang, X. , & Robinson, S. , Structural change and economic growth in China [J]. Review of Development Economics, 2003, 7 (3): 360 –377.

[9] Hartwig, J. , Testing the growth effects of structural change [J]. Structural Change and Economic Dynamics, 2012, 23 (1): 11 –24.

[10] Huang, J. , Cai, X. C. , Huang, S. , & Lei, H. Y. , Technological factors and total factor productivity in China: Evidence based on a panel threshold model [J]. China Economic Review, 2019, 54: 271 – 285.

[11] Koch, M. , & Smolka, M. , Foreign ownership and skill-biased technological change [J]. Journal of International Economics, 2019, 118: 84 –104.

[12] Krüger, J. J. , The sources of aggregate productivity growth: US

manufacturing industries, 1958 – 1996 [J]. Bulletin of Economic Research, 2008, 60 (4): 405 – 427.

[13] Kuznets, S. , Modern economic growth: findings and reflections [J]. The American Economic Review, 1973, 63 (3): 247 – 258.

[14] Liu, J. , Ding, R. , Liu, S. , & Zhu, Z. , A highly energy-efficient, highly area-efficient capacitance multiplexing switching scheme for SAR ADC [J]. Analog Integrated Circuits and Signal Processing, 2018, 96 (1): 207 – 215.

[15] López – Gracia, J. , & Sánchez – Andújar, S. , Financial structure of the family business: Evidence from a group of small Spanish firms [J]. Family Business Review, 2007, 20 (4): 269 – 287.

[16] Padilla – Perez, R. , & Villarreal, F. G. , Structural change and productivity growth in Mexico, 1990 – 2014 [J]. Structural Change and Economic Dynamics, 2017, 41: 53 – 63.

[17] Peneder, M. , Industrial structure and aggregate growth [J]. Structural Change and Economic Dynamics, 2003, 14 (4): 427 – 448.

[18] Ryzhenkov, M. , Resource misallocation and manufacturing productivity: The case of Ukraine [J]. Journal of Comparative Economics, 2016, 44 (1): 41 – 55.

[19] Samaniego, R. M. , & Sun, J. Y. , Productivity growth and structural transformation [J]. Review of Economic Dynamics, 2016, 21: 266 – 285.

[20] Sato, R. , The estimation of biased technical progress and the production function [J]. International Economic Review, 1970, 11 (2): 179 – 208.

[21] Święcki, T. , Determinants of structural change [J]. Review of Economic Dynamics, 2017, 24: 95 – 131.

[22] Tian, X. , Bai, F. , Jia, J. H. , Liu, Y. , & Shi, F. , Realizing low-carbon development in a developing and industrializing region: Impacts of industrial structure change on CO_2 emissions in southwest China [J].

Journal of Environmental Management，2019，233：728 – 738.

［23］Vu，K. M.，Structural change and economic growth：Empirical evidence and policy insights from Asian economies ［J］. Structural Change and Economic Dynamics，2017，41：64 – 77.

［24］Wang，Q.，Zhao，M.，Li，R.，& Su，M.，Decomposition and decoupling analysis of carbon emissions from economic growth：A comparative study of China and the United States ［J］. Journal of Cleaner Production，2018，197，178 – 184.

［25］Tian，X.，Chang，M.，Lin，C.，& Tanikawa，H.，China's carbon footprint：a regional perspective on the effect of transitions in consumption and production patterns ［J］. Applied Energy，2014，123：19 – 28.

［26］Ye，L.，& Robertson，P. E.，Hitting the Great Wall：Structural change and China's growth slowdown ［J］. China Economic Review，2019，56：101302.

［27］Zheng，J. L.，Mi，Z. F.，Coffman，D. M.，Milcheva，S.，Shan，Y. L.，Guan，D. B.，& Wang，S. Y.，Regional development and carbon emissions in China ［J］. Energy Economics，2019，81：25 – 36.

［28］Zhou，X. X.，Pan，Z. X.，Shahbaz，M.，& Song，M. L.，Directed technological progress driven by diversified industrial structural change ［J］. Structural Change and Economic Dynamics，2020，54：112 – 129.

［29］陈诗一. 中国碳排放强度的波动下降模式及经济解释 ［J］. 世界经济，2011，34（04）：124 – 143.

［30］冯珍，程赛楠，简思. 中国产业结构调整对经济高质量发展的影响研究 ［J］. 南京财经大学学报，2021（04）：1 – 12.

［31］付凌晖. 我国产业结构高级化与经济增长关系的实证研究 ［J］. 统计研究，2010，27（08）：79 – 81.

［32］盖骁敏，李爱. 要素技术效率与产业结构优化的空间效应研究——基于技术进步偏向的视角 ［J］. 财经论丛，2021（01）：3 – 13.

［33］干春晖，郑若谷，余典范. 中国产业结构变迁对经济增长和

波动的影响 [J]. 经济研究, 2011, 46 (05): 4-16, 31.

[34] 高广阔, 郭毯, 吴世昌. 长三角地区生态补偿与产业结构优化研究 [J]. 上海经济研究, 2016 (06): 73-85, 92.

[35] 高锦杰, 张伟伟. 绿色金融对我国产业结构生态化的影响研究——基于系统 GMM 模型的实证检验 [J]. 经济纵横, 2021 (02): 105-115.

[36] 郭旭, 孙晓华, 翟钰. 地区产业结构升级速度的测算及时空演变分析 [J]. 数量经济技术经济研究, 2021, 38 (09): 98-116.

[37] 韩克勇, 孟维福. 包容性金融发展、消费升级与产业结构优化 [J]. 现代经济探讨, 2021 (07): 93-104.

[38] 韩永辉, 黄亮雄, 王贤彬. 产业结构优化升级改进生态效率了吗? [J]. 数量经济技术经济研究, 2016, 33 (04): 40-59.

[39] 贺丹, 田立新. 基于低碳经济转型的产业结构优化水平实证研究 [J]. 北京理工大学学报 (社会科学版), 2015, 17 (03): 31-39.

[40] 李东海. 产业结构优化对区域创新效率的影响研究——基于创新价值链视角 [J]. 经济问题, 2020 (10): 120-129.

[41] 李新功. 区域金融改善与产业结构优化 [J]. 科学学研究, 2016, 34 (06): 833-840, 849.

[42] 陆小莉, 姜玉英. 京津冀产业结构优化效果的统计测度 [J]. 统计与决策, 2021, 37 (08): 90-93.

[43] 逯进, 李婷婷. 产业结构升级、技术创新与绿色全要素生产率——基于异质性视角的研究 [J]. 中国人口科学, 2021 (04): 86-97, 128.

[44] 罗文宝, 王彦. 优化理论视角下印度产业结构升级路径及对我国的启示 [J]. 南亚研究季刊, 2021 (02): 79-96, 158.

[45] 庄贵阳, 窦晓铭, 魏鸣昕. 碳达峰碳中和的学理阐释与路径分析 [J]. 兰州大学学报 (社会科学版), 2022, 50 (01): 57-68.

第7章

环境规制与能源环境
偏向型技术进步

7.1 引　　言

　　中国自 1978 年改革开放以来，年平均 GDP 实际增长 9.5%，但同时也付出了巨大的环境和生态成本。根据耶鲁大学和哥伦比亚大学发布的最新环境绩效指数报告（2018），中国的环境绩效指数在 180 个国家中排名第 120 位（EPI，2018）。根据《2018 年 SDG 国别指数与分析报告》（SDG Index and Dashboards Report 2018），中国环境综合评分为 70.1 分，在联合国所有 193 个成员国中排名第 54 位。中国的经济发展迅速并不能掩盖环境保护是中国可持续发展的一个短板（中国的可持续发展目标中 3、13 和 14 是红色；可持续发展目标 7、11、12 和 15 是橘色；目标 6 是黄色）。中国作为最大的新兴经济体，追求高质量、可持续的经济发展，解决能源和环境问题，是为人民谋求美好生活，也是对世界负责任。在 2015 年巴黎气候峰会上，中国表示，到 2030 年，将把单位国内生产总值的碳排放量从 2005 年的水平减少 60%～65%。之后的"双碳"目标承诺更是强调了我国在碳减排方面的决心和态度。然而，中国仍处于快速工业化和城市化的阶段，煤炭为主的能耗结构导致我国能源消耗总量和二氧化碳排放水平较高，中国在坚持可持续发展的道路上面临着巨大压力。

　　绿色转型发展是新时代中国经济发展的重要方向。能源和环境偏向型技术进步，被认为是解决经济增长期间能源环境问题的手段之一，是实现能源、环境和经济——3E 系统和谐的技术突破口，而环境规制是最直接和公认的提高能源和环境效率的手段之一。许多发达国家（如美国、日本、英国、韩国、瑞士）和发展中国家（如中国）历史上都将环境规制作为实现绿色经济的重要手段。因此，阐明环境规制对能源环境偏向型技术进步的全面和多样化的影响至关重要。已有研究大多从某一方面考察环境规制对单一技术进步的影响（Wang & Shen，2016；林柏强等，2021；王芋朴和陈宇学，2022）。随着环境规制的强度提升及手段多样化的发展，越来越多的学者开始关注不同环境规制对技术进步产生的不同作用效果（Naqvi & Stockhammer，2018；Curtis & Lee，2019；董景荣等，2021；颜青和殷宝庆，2020；张毅和严星，2021；郑飞鸿和李静，2022）。然而，关于不同类型环境规制对不同方向偏向的技术进步影响的研究相对还比较少。环境问题既是一个世界性的问题，又是人类共同的问题，涉及多个利益相关者。因此，从不同的角度检测多种环境规制对不同类型技术进步的影响更有针对性和实用性。特别是在分权治理模式下，根据区域禀赋条件、选择合适的环境规制、驱动有效的技术进步，是符合区域发展比较优势的。

　　本章主要目的在于探索不同类型环境规制对能源环境偏向型技术进步的影响。首先，通过对中国环境治理发展的过程研究梳理了解我国环保现状，并对环境规制衡量指标体系进行整理，确定适用的衡量指标；其次，从企业的视角，在文献综述的基础上对不同类型环境规制影响偏向型技术进步的作用机理进行分析，并形成对应的研究假说；最后，基于中国历史数据、利用计量模型考察我国不同类型环境规制对能源、环境偏向型技术进步的具体影响效果，以期为未来制定和实施合适的环境规制手段提供参考。

7.2　中国环境治理发展历程

7.2.1　中国环境治理的起源

环境治理顾名思义便是对环境进行整治处理，促进生态环境自然资源持续化、节约化发展。可将其定义为通过正式或非正式的机制，以保护自然资源、控制环境污染及解决环境纠纷为内容的管理过程。经过历代人的努力与积累，中国形成了独特的环境治理发展脉络。

中国环境治理行动具体来说在新中国成立初期便已出现。中国经济在不同阶段呈现的主要特征不同，环境治理行动也相应呈现了不同的局面。环境治理主要分为七大方面，分别为大气污染防治、水污染防治、水土流失防治、荒漠化防治、土壤污染防治、资源跨区调配以及西部大开发运动，每一方面都值得人们关注与重视。改革开放以来，中国经济实力跃然向前，快速成为世界上第二大经济体，国际地位日益增强。为了防范且避免走上发达国家所经历的"先污染后治理"道路，中国做出了许多努力。市场经济发展初期，由于时代特殊背景，环境治理行动出现了些许波折，但随着相关立法政策的颁布实施，治理行动在某种程度上也得到了缓慢发展。21世纪以来，科学发展观、"五位一体"发展战略、"美丽中国"等环境治理战略更进一步与经济发展相协调，中国社会主义主要矛盾的变化一定程度上也是环境治理效果的显著体现。

7.2.2　环境治理发展历程

环境问题日趋成为严重的经济社会问题，不仅仅是当前环境恶化引起的一系列卫生、经济甚至政治问题，同时这也是自然资源枯竭所带来的人类及其后代所需考虑的繁衍生存问题。当前世界上许多国家都在制定相关政策，试图改善本国绿色环境体系。中国承担大国责任、做出表率采取行动，中华人民共和国成立以来便非常重视环境治理工作的开展，环境治理具体发展历程主要分为以下四个阶段，如图 7 - 1 所示。

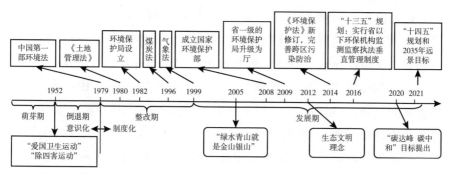

图 7 - 1　中国环境规制发展历程

环境治理行动萌芽期（20 世纪 50 年代）。1949 年中华人民共和国成立，百废待兴。重工业是当时经济发展的重中之重，为了促进重工业经济的快速推进，国家相继制定了一系列工业环境保护政策加以辅助。当时的环境治理措施主要包括 1952 年的"爱国卫生运动""除四害运动"等。"四害"指的是老鼠、麻雀、苍蝇、蚊子，虽然存在偏颇，但对于当时的中国来说，"除四害运动"大大减少了传染病和其他相关卫生疾病的传播，积极作用非常明显。当时的人们对于环境治理行动热情高涨，纷纷投入新中国卫生整改的运动当中，环境治理萌芽初期形成一个良好开端。

环境治理行动倒退期（20 世纪 50 年代末至 70 年代）。这一阶段的新中国，经济建设取得了一定成就，中国的工业企业从 1957 年的 17 万个快速增加到 1959 年的 31 万多个，冶金部门、煤炭部门、化工部门以及电力部门的数量明显超过计划数量（董海军和郭岩升，2017）。但是，由于过度的激进冒进失误，社会浮夸风盛行，例如大规模人民公社化运动和"大跃进"方针，使得环境资源遭到了极大的破坏。基于工业技术水平低下等现实问题，以及中国经济发展严重违背基本生产关系的事实，环境"三废"问题随之而来。工业方面，废气、废水和固体废弃物污染密集，植被遭到严重破坏，空气污染严重；农林业方面则是毁林开荒，为了配合重工业发展，牧区严重被废弃，生态环境加速恶化，环境治理运动进入了低潮期甚至是倒退期。该时期的环境治理运动稍显不成熟，许多问题亟待解决。

环境治理行动整改期（20 世纪 70 年代末至 90 年代末）。"文革"结束之后，中国经济、文化以及环境治理等方面逐渐步入正轨，遗留问题也得到了解决。这一时期中国制定了多部更为详尽的环境法律法规，中国第一部环境法于 1979 年被推出，首个环境保护局于 1982 年成立，煤炭法和气象法也分别于 1996 年 8 月以及 1999 年 10 月推行实施。为了防止土地被无节制使用，1986 年《中华人民共和国土地管理法》推出了耕地保护政策。环境治理法律法规的推行为中国环境质量保护行动迈向更高阶段提供了立法基础。十一届三中全会拉开了中国改革开放的序幕，中国社会市场经济蓬勃发展。这一时期中国经济得到了高速发展，市场经济为中国经济转型提供了蓬勃活力，但同时环境治理行动却与之相背离。一方面，改革开放强调市场经济，重视经济高速发展，为了达到资源利用最大化，环境治理运动不可避免遭受冲击；另一方面，改革开放为适应市场化需求，自主经营、自负盈亏口号受到各类企业的追捧，更加注重自身经济利益。由于环境资源的公共物品属性，个体在缺乏相应约束或激励下往往会为了自身经济利益最大化而无视环境保护，甚至是通过破坏环境实现自身收益最大化，从而可能导致环境领域的"公地悲剧"。

环境治理行动发展期（21 世纪初至今）。21 世纪的中国不仅经济出现了高质量稳中有进的发展局面，且此时的中国国际视野更为开阔，国家领导人高瞻远瞩，将环境问题纳入人类命运共同体计划当中。法律法规方面，立法角度更加多元化，并进一步加大了污染处罚力度。《环境行政处罚办法》的颁布成为治理环境污染最直接、最有效、最具有强制力的行政保障。土地保护方面，形成了"三区三线"政策。民间组织方面，几十年来的环境治理理念愈发深入人心，许多民间成立的环保组织都在不断发展壮大。"绿水青山就是金山银山"、五大发展"绿色"新理念、"人类命运共同体"、碳中和碳达峰"双碳"目标，这些绿色环保理念正在通过一个个的制度手段、经济手段和文化手段影响着每一个中国人。2021 年 3 月 12 日，《中华人民共和国国民经济和社会发展第十四个五年规划和 2035 年远景目标纲要》发布。其中，2035 年环境治理远景目标为形成广泛的绿色生产生活方式，一幅幅美丽中国的生动画卷已徐徐展开，中国环境治理进入空前发展的阶段。

7.2.3　国外环境治理启示

1. 美国

"先污染后治理"的环境治理办法是许多发达国家推进本国工业演进的路径之一，作为主要发达资本主义国家之一的美国也不例外。美国环境治理历史大致可分为三个阶段，每一阶段都具有其鲜明的特征，也可以给予一定启示，对中国环境治理也有参考价值。

环境治理行动高潮期（20 世纪 70 年代）。这一时期的美国经济发展迅速，经济学家凯恩斯强调政府对经济的全面干预，这一理论适应了当时经济恢复发展的需要，极大促进了"二战"后发达资本主义国家经济的发展。环境治理行动在以政府为统领的前提下发展迅速，开创总统环境咨文先河、创建环境行政机构以及通过立法司法法案等，20 世纪 70 年代的美国在环境治理行动中成就显著。

环境治理行动停滞期（20 世纪 80 年代）。80 年代凯恩斯主义失灵，滞胀局面充斥市场，政府过度干预市场弊端涌现。在经济停滞不前的情况下，里根政府改变环境治理策略，主要策略有削减环境治理项目资金、减少人员分配、立法司法停滞等。面对政府的摇摆不定，环境治理行动时好时坏，民间社会环保组织却得到了整体发展。总体来说，该时期的治理行动不尽如人意。

环境治理行动调整期（20 世纪 90 年代）这一时期美国政府采取折中处理，既不是自由冒进市场放任政策，又不是政府全面干预道路，环境治理行动出现了新的局面。环境正义运动悄然兴起，国际环境治理交流纳入国家外交政策当中。

2. 日本

位于太平洋西海岸的日本，其本土自然资源十分稀缺，但由于岛国地理位置，海上交通十分便利。战后日本环境治理行动主要分为以下四个阶段，其发展历程同样值得我们研究与参考。

第一阶段（战后至20世纪50年代）。"二战"之后的日本经济严重受创，经济恢复发展缓慢，但在战后几年之间，日本及时根据当时基本国情调整政策，为经济的迅速恢复奠定了基础。朝鲜战争加速了日本经济的腾飞，日本军工业得到了发展，这一时期日本生态环境并没有受到工业发展的严重侵蚀，环境问题并不突出，问题事件也很少出现。

第二阶段（20世纪50年代末至20世纪70年代）。这段时期为日本重工业快速发展时期，50年代迅速发展的军工业逐渐步入正轨，以石油、化工等重工业为核心的工业体系逐渐形成。经济跃进的代价是环境污染比重的上升，一方面是电力、水泥和食品化工业等污染型企业没有采取有效的治理措施，另一方面则是社会大众的普遍忽视。同样是为了经济利益牺牲环境，环境治理行动举步维艰。到了70年代，随着民众投诉事件不断增加，化工毒菌卫生疾病严重影响人们生活质量，日本政府开始向"保护环境"观念转变。

第三阶段（20世纪70年代末至90年代）。为了提高生活质量，日本民众和政府意识到生态环境同样也可以创造经济财富，该时期日本环境治理行动进入了政策协调阶段。政策治理主要有以下三个特点：一是"环境权"的提出，把"环境权"纳入基本人权当中；二是根据OECD的建议建立环境影响评价制度，将环境治理行动实实在在地纳入企业运行绩效中；三是修订政策，政策的完善有利于提高人们生活质量和环境质量。

第四阶段（20世纪90年代至今）。20世纪90年代，日本已经将视野转向国际环保运动中以争夺话语权。企业开始向国际推进生产产品，如松下、索尼等国际知名企业，政府也更加重视外交政策的加持，如日本的南太平洋外交战略。从环境外交到海洋外交，该国环境治理外交模式的转变值得注意与参考。

7.2.4 中国环保现状及环境规制衡量

1. 我国环境保护现状

针对我国当前环境保护现状，基于数据限制，主要从环境污染治理投资的视角来考察，因为环境污染治理投资是国家财政中直接用于环境污染治理的部分，一定程度上代表了政府对于环保的重视和支持程度。鉴于当前我国政府主导型环境保护模式，图 7 - 2 给出了我国 2000 ~ 2017 年环境污染治理投资总额及其占 GDP 的比重。从图中可以发现，自 2000 年起中国环境污染治理投资总额呈现整体上升的趋势，尽管某些年份稍微有所下降，但总体上呈现稳定的增长态势。具体而言，从 2000 年的 1014. 90 亿元上升到 2017 年的 9538. 95 亿元，不到 20 年间，增长了将近 9 倍，增长速度相对较快。而从环境污染治理投资总额占 GDP 的比重来看，上升趋势并不明显，可以发现自 2010 年开始呈现下降趋势，一方面可能由于 GDP 增速较快；另一方面可能由于环境治理取得一定效果，投资效率有所提升，或者吸纳了社会其他资本的进入，一定程度上节约了政府环境污染治理相对投入。但总体上来说环境污染治理投资总额比重一直保持在 1% 水平以上，说明国家对于环境治理还是非常重视的。

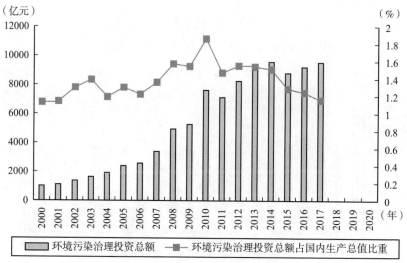

图 7 - 2　中国环境污染治理投资

资料来源：EPS 数据库。

此外，由于环境污染主要源于工业活动，碳中和背景下偏向型技术进步解决的主要问题也是针对工业行业的碳排放和其他污染问题，而这也是科研工作者相对关注的对象之一。因此，此处还给出了基于工业污染治理完成投资情况的环保现状分析。图 7－3 给出了 2000～2020 年全国工业污染治理完成投资总额以及各项具体投资分类情况。可以发现，总体上来说工业污染治理投资完成额和治理废气完成额波动性较大，且波动相对一致，在 2014 年前呈现明显的上升趋势，而在 2014 年以后趋势发生转变，呈现逐年下降趋势。同时治理废气完成额占总的工业污染治理投资完成额的比重最大，虽然有所波动，但近几年一直保持在 50％以上，2015 年甚至一度高达 78％左右。说明我国工业污染治理更多集中在废气治理方面（包含二氧化碳在内），特别是随着"双碳"目标的明确提出，环境和气候风险一致被认为是世界性的风险，相信未来废气治理更加受到各级政府以及社会各界的重视。除此之外，其他几类工业污染治理完成投资变化趋势相对平缓，总体上也呈现出下降趋势，主要原因可能在于随着污染治理取得一定成果，需要大量投资的领域相对减少，或者引入其他方式进行工业污染治理（例如自愿式节能减排），从而降低了其他几类工业污染治理投资的相对压力。而治理其他污染物的费用呈现上升的趋势，说明随着环境复杂化，新类型的污染出现并产生较大影响，需要引起国家重视，防患于未然。

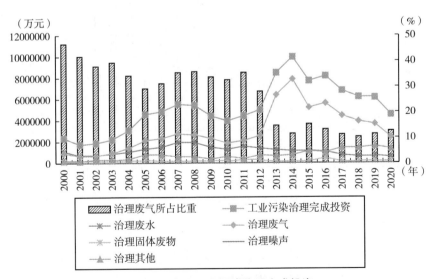

图 7－3　中国工业污染治理完成投资

资料来源：EPS 数据库。

为横向比较分析我国各个地区的环境情况，图7-4给出了2019年我国各省（区市）工业三废排放情况。由图可知，各省（区市）工业三废排放存在较大差异。其中，工业化学需氧量（COD）排放总量中排名前五的省（区市）是：江苏、广东、山东、江西、浙江，其中江苏最高，高达109953吨；工业二氧化硫排放总量中排名前五的省（区市）是内蒙古、江苏、山东、辽宁、河北，其中内蒙古最高，高达303130吨；一般工业固体废弃物产生量中排名前五的省（区市）是：山西、内蒙古、河北、山东、河南，其中山西一般工业固废产生量最大，高达52037万吨。而在上述工业三废排放中，海南、青海、上海、北京、重庆等地总体排放量相对较低，其主要原因包括经济体量相对较小或者经济结构中工业比重较小，例如海南作为旅游大省，其工业比重较低，自然污染排放也就相对较低。同时还可以发现不同的省份不同污染排放的比重也呈现出差异化特征，说明由于经济结构差异、工业内部结构差异、治污技术差异等，各省（区市）三废排放也呈现差异，未来治理重点也应因地制宜、差异化执行治污策略，切忌"一刀切"导致资源浪费。

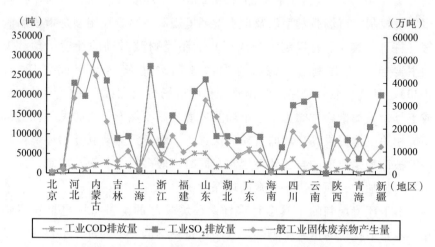

图7-4　各地区工业三废排放情况（2019年）

注：因数据缺失仅汇报了我国31个省（区市）（港、澳、台除外）的工业三废排放情况。
资料来源：《中国环境统计年鉴2020》。

2. 我国环境规制体系

环境规制旨在减少污染排放和能源消耗。大方面概括下来，环境规制则应该是由来自多方主体对各个方面环境问题做出的反馈，从而采取的包含法规、条例、行业规范、倡议、监督、惩罚、奖励、环保宣传教育等手段的综合体系。随着环境政策体系日趋复杂化和相关工具日趋多样化，准确衡量当前环境规制水平是进行系统化研究不同类型环境规制作用结果的前提和基础。

学者们从不同视角将环境规制划分为不同类型。例如，根据环境规制的形式，通常分为正式规制和非正式规制两大类（弓媛媛和周俊杰，2021）。正式环境规制指的是政府以行政命令为主对环境资源利用的直接干预，非正式环境规制则包含居民的环境意识外在表现，如民众对环保损害的申诉和控告、对污染行为的曝光、选购绿色商品、自愿型环保计划等环保行为（Langpap & Shimshack，2010）；根据规制工具的强制性与否，可以划分为命令控制环境规制、市场化环境规制和自愿环境规制（刘全齐和李力，2017）；或将涉及环境问题的资本划分为费用型和投资型，或基于价格和数量的环境监管、基于信任的环境规制。颜青和殷宝庆（2020），高红贵和肖甜（2022）等将环境规制划分为命令控制型环境规制、市场激励型以及自主型环境规制。命令控制型是指依靠监管（许可、禁止、标准制定和执行）而不是财政激励的环境干预。规制主要特点为强制性，该特点取决于行政措施（贺宝成和任佳，2020）、环境税收、补贴、碳排放等利用市场机制发挥作用的环保手段或工具，该类措施被归为基于市场的环境规制。然而，由居民、社会组织等相关主体提供的环境监督、环保宣传、教育等非营利性的环境规制一般被认为是典型的自愿环境规制，同时一般多属于非正式规制，这不是政府强加的，而取决于公众的环保意识。

由于环境规制的工具多种多样，环境规制的衡量指标也呈现多样化。本章节提供对三种类型环境规制衡量指标的总结评价，主要基于以下考虑：（1）兼顾工具的覆盖范围，鉴于中国政府经常在几个省份试点执行一些环境规制工具（Ren et al.，2018）；（2）指标的代表性，合成型指标更具有代表性；（3）数据的统一性、完整性和可得性，鉴于许多指标在后期中断统计或调整统计口径。图 7 - 5 给出常见文献中出现的 11 种环境规制指标折线图，其中 ccr1 是借鉴已有文献（Chen et al.，2018）衡量环境规制政策的方法，从政府工作报告中寻找关于环保的有关文字信息，通过计算"环境""污染""生态""防治""节能""减排"等基本关键词占总文本的比重作为环境规制的替代指标。ccr2 是当年受理环境行政处罚案件数量；ccr3 是环评制度执行率；ccr4 是固体废物综合利用率；ccr5 是新实施的环境法律法规数量；mbr1 是排污费总额；mbr2 是工业污染治理投资完成额；ir2，ir3 和 ir4 分别对应各省当年环境信访来信总数、来访人次和来访批次，ir1 是基于 ir2，ir3 和 ir4 应用熵值法计算的综合环境信访指标。可以明显看出不同类型的环境规制指标呈现出不同的发展趋势，例如，指标 ccr5 呈现出逐年下降的趋势，ccr2 呈现出较大的波动性。其中，ccr1，mbr1 和 ir1 这三个指

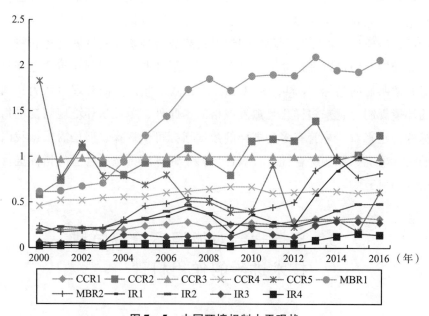

图 7 - 5　中国环境规制水平现状

注：由于部分数据不再更新或统计口径发生变化，我们只提供至 2016 年的数据结果。
资料来源：作者计算整理所得。

标在样本年间总体上呈现明显的上升趋势，与中国这些年逐步重视环境保护和加强规制力度的事实相符合，可以作为主要的衡量指标，来分别代表命令控制型、市场型和非正式环境规制指标以评判当前我国环境规制体系发展情况。

综上所述，首先，我国的环境规制体系相对来说已经比较完善，各种规制工具和方法同时存在，形成了包含政府主导、市场主导和社会自发三类环境规制体系，全方位进行环境保护和污染治理，是保障我国环保顺利推进的前提，也是刺激并推动企业技术创新从而节能减排的关键。其次，从各个类型环境规制发展趋势和相对水平来看，发现不同环境规制发展趋势呈现较大差异，即使同类型规制也可能呈现出完全相反的发展情形，这是非常合理的，主要原因在于不同环境规制手段适用的环境不同，随着外部环境不断变化，不同类型环境规制呈现此消彼长趋势也是合理的，另外，不同环境规制的水平存在显著差异也符合我国"重点领域重点防控"以及试点试行环境防治的习惯。最后，需要说明的是尽管环境规制发展趋势呈现多样的发展趋势和较大的波动性，但可以发现命令控制型、市场型和非正式规制均包含上涨趋势非常明显的指标（$ccr1$，$mbr1$ 和 $ir1$），基于此，我们有理由认为我国的环境规制是越来多样化且愈发严格的。此外，单纯从环境规制衡量指标的构建来看，尽管有多种多样的数据指标可供选择，但还需根据我国的实际情况，兼顾综合性、代表性、科学性等原则选择合适的指标进行后续的研究。

7.3 环境规制对能源环境偏向型
技术进步的作用机理

7.3.1 研究现状

环境和能源问题已经是世界级的问题，众多学者早已开始关注环境规制对技术进步的具体影响，并检验相关政策的有效性。环境规制手段和类型的多样化导致从不同的视角分析环境规制对技术进步的作用更具针对性和适用性，下文首先分析环境规制对技术进步可能的影响，然后讨论不同类型环境规制的作用效果，最后分析环境规制对能源、环境偏向型技术进步的作用效果。

1. 环境规制与技术进步

随着环境危机不断加深，关于环境规制对节能减排相关技术影响的研究也在不断增加。学术上基本形成四类结论：（1）挤出效应。遵循成本效应理论的支持者认为环境规制政策的实施使得原本无成本的环境因素成本化，增加了企业生产成本，降低了企业利润空间，从而挤出企业创新投资成本，并造成技术创新下降，削弱企业竞争力（Christainsen & Haveman，1981；Kneller & Manderson，2012；Chintrakarn，2008；Greenstone et al.，2012；Shi et al.，2018；陶锋等，2021）。（2）波特假说。所谓的波特假说主要是指在面临环境规制挤压而不断缩小的利润空间时，满足一定条件的企业可能选择技术创新去解决当前困境，最终实现效率改进（弱波特假说）或技术革新（强波特假说），最终技术创新所带来的效益可以补偿环境规制增加的成本，实现创新补偿效应（Porter，1991；Porter & van der Linder，1995；Lanjouw & Mod，1996；Carmen & Innes，2006；Chakraborty & Chatterjee，2017；Costa-campi et al.，2017；Albrizio et al.，2017；谢乔昕，2021；邓玉萍等，2021；林伯强等，2021；尹礼汇等，2022）。（3）非线性。从长期的动态化视角来看，环境规制对技术进步的影响可能呈现出非线性关系，在环境规制水平较低时将不足以形成促进企业创新的激励机制，之后随着规制强度的增加，大部分企业均需改进技术来应对环境压力，而一旦环境规制水平过高，企业创新不具有成本收益性，则可能选择转移或其他方式应对环境压力，从而不再显著促进技术创新，出现"U"型关系（弓媛媛和刘章生，2021；汪明月等，2022）、倒"U"型关系（Johnstone et al.，2017），或者其他更为复杂的门槛效应（常红和王军，2020；王晓岭等，2021；范斐等，2021；王分棉和贺佳，2022）。（4）不相关性。企业面临环境规制亦可以选择其他方式加以应对，例如选择寻租行为、寻求政治关联或企业转移（张平淡和张惠琳，2021）等，有些实证研究结果显示环境规制与技术进步之间无显著关系（Jaffe & Palmer，1997；Cesaroni & Arduini，2001；Becker，2011；Yuan et al.，2017；王超等，2021；尹礼汇等，2022）。总结而言，环境规制对技术进步的作用受到多方面的影响从而表现出差异化结果，不同类型企业根据自身状况，在面临不同水平的环境规制会做出优化决策，不同决策最终决定了技术进步与否及技术进步的方向和水平。

2. 环境规制与偏向型技术创新

上述研究中并未对技术进步进行细分。然而，面临环境规制的压力，实际上企业可能针对不同类型的技术进步采取不同的策略，从而导致环境规制可能对不同偏向的技术进步产生差异化影响。例如，谢宜章等（2021）提出了环境规制对工业绿色发展有着不同的直接作用机制，机制性质和机制作用的地区不同都可能直接影响到机制实施的效果。熊广勤等（2020）提出了城市试点低碳政策可以提高高碳排放企业的绿色技术创新水平，并且有效丰富了"波特假说"理论。林伯强等（2021）认为环境规制通过增加污染末端治理成本和倒逼技术创新对工业能源效率产生正向影响。You et al（2019）通过对中国工业上市公司2005~2016年的面本数据进行实证分析，指出在排除税收政策等因素的影响下，环境规制将对企业的生态创新产生正向影响，而财政分权将产生负向影响。程中华等（2021）的研究认为我国环境税与环境偏向型技术进步之间呈现"U"型关系，环境税使得环境技术进步偏向于非清洁生产，研发补贴和政策组合有利于环境技术进步偏向于清洁生产。许长新和甘梦溪（2021）针对黄河流域九省十个示范市的研究表明投资型和费用型环境规制与绿色全要素生产率呈现"U"型关系。汪明月等（2022）的研究指出环境规制对不同技术创新产生不同影响，其中，环境规制对末端治理型绿色技术创新产生一定的抑制作用，但是对工业废水减排的工艺改进能够起到促进作用。

3. 不同类型环境规制与技术进步

此外，不同类型的环境规制或者不同的衡量手段，同样会影响环境规制的作用结果评判（Jaffe & palmer，1997；Telle & Lstsson，2007；Horbach et al.，2011；董景荣等，2021；尹礼汇等，2022）。颜青和殷宝庆（2020）的研究指出命令控制型、市场型和自愿型环境规制都能通过间接效应对绿色技术进步产生正向促进作用。董景荣等（2021）研究了我国省级数据样本，选取了命令型、费用型和投资型三类环境规制，发现命令型规制、投资型规制、研发补助促进绿色技术创新，低碳补贴抑制绿色技术创新，费用型规制对绿色技术创新的影响效果不显著。张毅和严星（2021）应用省级面板数据的研究指出不同研发机构主体的省份呈现出不同环境规制异质性，在企业主导省份，命令型规制效果不明，市场型规制不利于节能减排技术创新。尹礼汇等（2022）对于长江经济带沿线 11 省市的研究指出命令控制型环境规制随着规制强度增加而具有更强的正向促进作用，市场激励型环境规制需要达到一定强度后才能起到规制作用，公众参与型环境规制作用不显著。包健和郭宝棋（2022）的研究指明命令强制型与市场激励型环境规制与生态效率存在倒"U"型关系，公众参与型环境规制能够促进生态效率提升但作用效果较弱，命令强制型环境规制促进东部地区生态效率提升，公众参与型环境规制促进西部地区生态效率提升，市场激励型环境规制抑制中部地区生态效率提升。

总结而言，不同类型的环境规制对不同方向的技术进步会产生不同的影响结果，特别是针对能源、环境偏向型技术进步，作为环境规制直接作用的对象，我们有必要分析其具体作用机理，并对其具体影响效果给予分类评估，这对于优化环境规制的手段、工具和强度等具有非常重要的指导意义。

7.3.2　机制分析

根据企业接收外部环境变化并作出反应的过程，我们将环境规制的作用过程划分为三个阶段：政策制定与发布执行、对企业的影响、战略调整与反应，如图 7-6 所示。在接下来的分析中，将详细解释不同类型的环境规制对能源环境偏向技术进步的影响机制。

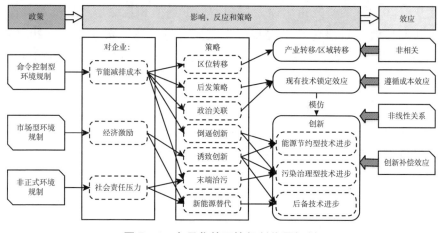

图7-6　多元化的环境规制作用机制

　　首先，节能减排是一个需要涉及多方协作、共同努力的事情，既需要政府的主导，又需要市场主体的参与，还需要群众的监督和参与，多方力量共同作用下多样化的环境规制手段不断发展。命令控制型、市场激励型和非正式环境规制体系对经济主体带来的影响包括三个方面：压力性、激励性和自愿性。作为技术改进与创新的实施主体，企业在节能减排技术进步中扮演着不可替代的主导作用。而三类环境规制会通过增加企业节能减排成本、形成经济激励和社会责任压力给企业形成三种压力（或动力）。其中，命令控制型环境规制主要由政府提出，通常与强制压力相关（Cai & Li，2018），并且通过内化环境和能源成本，强行改变企业的全要素生产成本（余泳泽和尹立平，2022）。市场激励型环境规制利用市场化工具，通过市场的传导机制，内化环境成本、为新能源、新技术创造比较优势，给企业形成经济激励。非正式环境规制由社会组织和居民力量推动，代表了人们对美好生活环境的诉求，影响企业的社会声誉和无形资产，给企业带来社会责任压力。

　　接下来，面对变化的环境和激励/动力，企业必须采取相应的策略。首先要解决的问题是命令控制型规制引起的节能减排成本增加，企业可以选择的策略有区位转移/产业转移、后发策略、政治关联、倒逼创新、或末端治污等。企业综合素质决定了其能够采取的策略范围。一般行业内领头企业具有较强的综合能力和长远的发展规划，对未来愈发严格的环境规制的预期，导致其更有能力和需要去改进当前的生产技术或者发展新能源利用技术，当受监管企业（如大型汽车公司、石油公司或发电厂）的排放量占总排放量的比例巨大时，就可能出现这样的战略投资。而在资本自由流动环境下，外资企业和小企业更倾向于采用区位转移（环境规制影响企业选址）或者产业转移的方式来规避上升的节能减排成本。小企业还可能选择后发策略（特别是管制型策略具有较强的不确定性，企业更可能采取观望行为），短期内它们将被锁定在现有技术上，甚至排挤创新投资，从而出现负相关，即所谓的"合规成本效应"。然而，从长远来看，这些企业将通过模仿或引进，采用成熟和优化的技术以提高生产率。对于拥有强大市场力量的国有企业来说，通过行使更多的政治权利寻找政治关联来获取更低的监管成本换取排放空间具有非常大的诱惑力（Lee，2008），特别是在财政分权导致的地方发展竞争"锦标赛"的背景下。而需要强调的是严格的环境标准给企业带来了低效率，可以促使企业寻找减少污染的措施，包括更新末端治污技术、提高资源利用率、采用新能源替代。然而，如果这些标准得到满足，企业将没有进一步的激励来致力于研究和创新，特别是与技术标准政策相关的研究和创新。

其次，政府补贴、优惠政策（例如绿色信贷支持）、税收等为主要规制手段给企业带来的经济激励一方面促进改进生产过程、发展节能减排技术，从而表现为推动诱致型创新，另一方面也促使企业看到发展新能源产品的市场空间。龙头企业面对较大的市场激励和对未来长期发展规划，有较大的动机去开发节能减排技术，高新技术企业也会受到刺激进一步开发新能源等相关技术从而抓住发展机会，最终表现为诱致创新效果。随着市场激励型政策的持续深化，新能源的比较优势愈发凸显，为新能源开发和应用技术发展提供了良好的市场，大规模采用后备技术实现新能源替代是企业的备选策略之一。

同时，来自社会监管等非正式环境规制对企业造成社会责任压力，末端治污是针对环境污染最直接有效的手段，具有立竿见影的效果，能够在短期内快速改变企业的社会形象。在信息不对称以及社会监管体系不健全的情况下，企业往往更倾向于采用成熟的末端治污技术来应对此类压力，而一旦压力解除则有可能不再增加此类创新投资，最终导致对环境偏向型技术的促进效果达不到"强波特效应"。新能源替代是注重社会责任的龙头企业的较优策略，为一劳永逸，开发和推广新能源利用技术对于企业未来长远发展具有重要的意义。但新能源技术的广泛应用需要建立在匹配的基础设施和市场空间基础上，能否大力推进新能源技术的应用还需要很多其他因素来一起配合。

7.3.3　研究假说

基于上述研究分析，我们可以看出，不管环境规制直接对企业、居民以及其他社会主体行为产生的环境影响进行限制和约束，还是对节能减排行为进行激励与支持，都可以通过影响社会主体的行为对创新产生影响，不管是技术创新还是管理创新，最终带来的结果都可以表现为效率的改进。但是鉴于创新的产出不确定性（Atanassov & Liu，2020）以及并非所有的技术进步都能带来能源节约和污染减排（Tsuboi，2019），非常有必要对环境规制和能源环境效率之间关系进行分析。此外，还需考虑不同行为主体对环境规制的反应差异（上述章节主要分析了企业的可能反应和结果），环境规制对能源环境偏向型技术进步可能产生不同作用结果。基于此，提出竞争性研究假说：

假说7 – 1a：环境规制促进能源环境偏向型技术进步；

假说7 – 1b：环境规制抑制能源环境偏向型技术进步；

假说7 – 1c：环境规制与能源环境偏向型技术进步呈现非线性关系。

需要补充说明的是，在第7.2.4节环保现状分析中，我们明确指出各地区环境保护情况呈现较大的差异，那么对于不同地区而言，环境规制对于能源环境偏向型的作用是否也会呈现出差异化特征值得深入探讨。加之，我国经济阶梯式发展模式导致各地区在经济发展、产业结构、资源禀赋、文化环境等各个方面均具有较大差异，这些因素均有可能导致相同的环境规制在不同地区呈现出不一样的效果。因此，我们在此提出研究假说7 – 2。

假说 7 - 2：环境规制与能源环境偏向型技术进步的关系呈现出区域差异化特征。

此外，不同类型的环境规制给受体企业带来不同的影响，从而促使企业采取差异化的策略，决定差异化技术发展方向，最终形成差异化的作用结果，企业可能根据内外部环境和条件决定具有比较优势技术策略。并且在动态视角下，环境规制具有时变性和不确定性，企业策略亦跟着调整，从而表现出更加复杂的结果。也就是说即使是在相同的环境规制下，限于条件限制不同企业也可能选择具有不同比较优势（或者说具有较大发展潜力）的技术进行创新补偿。基于此，我们提出研究假说 7 - 3。

假说 7 - 3：不同环境规制对能源效率和环境效率的影响存在差异，且不同地区呈现差异化特征。

7.4　环境规制对能源环境偏向型技术进步的影响

7.4.1　模型构建与变量说明

本章研究环境规制对于偏向型技术进步的影响，尽管在上述理论分析中，基于全面、综合分析的考量，讨论了三类环境规制的可能作用结果，然而由于数据的限制，无法找到能够衡量自愿型或信息型环境规制指标原始数据，因此，在下文的实证分析中仅就命令控制型和市场激励型环境规制的影响效果予以建模、回归和讨论。基于此，建立基础回归模型如下：

$$ee_{it} = \alpha_1\, era_{it} + \beta X_{it} + city_i + year_t + \varepsilon_{it} \qquad (7.1a)$$

$$ee_{it} = \alpha_2\, erb_{it} + \beta X_{it} + city_i + year_t + \varepsilon_{it} \qquad (7.1b)$$

$$pa_{it} = \delta_1\, era_{it} + \beta X_{it} + city_i + year_t + \varepsilon_{it} \qquad (7.2a)$$

$$pa_{it} = \delta_2\, erb_{it} + \beta X_{it} + city_i + year_t + \varepsilon_{it} \qquad (7.2b)$$

考虑到技术进步存在的自身发展路径依赖效应，采用引入被解释变

量的一阶滞后项的动态模型考察环境规制对偏向型技术进步的影响。将上述模型发展形成动态模型如下:

$$ee_{it} = \theta_1\, ee_{it-1} + \alpha_1\, era_{it} + \beta X_{it} + city_i + year_t + \varepsilon_{it} \qquad (7.3a)$$

$$ee_{it} = \theta_2\, ee_{it-1} + \alpha_2\, erb_{it} + \beta X_{it} + city_i + year_t + \varepsilon_{it} \qquad (7.3b)$$

$$pa_{it} = \vartheta_1\, pa_{it-1} + \delta_1\, era_{it} + \beta X_{it} + city_i + year_t + \varepsilon_{it} \qquad (7.4a)$$

$$pa_{it} = \vartheta_2\, pa_{it-1} + \delta_2\, erb_{it} + \beta X_{it} + city_i + year_t + \varepsilon_{it} \qquad (7.4b)$$

为了考察环境规制与能源、环境偏向型技术进步可能存在的非线性关系,我们引入环境规制的平方项,给出非线性模型如下:

$$ee_{it} = \theta_1\, ee_{it-1} + \alpha_1\, era_{it} + \varphi_2\, era_{it}^2 + \beta X_{it} + city_i + year_t + \varepsilon_{it} \qquad (7.5a)$$

$$ee_{it} = \theta_2\, ee_{it-1} + \alpha_2\, erb_{it} + \varphi_2\, erb_{it}^2 + \beta X_{it} + city_i + year_t + \varepsilon_{it} \qquad (7.5b)$$

$$pa_{it} = \vartheta_1\, pa_{it-1} + \delta_1\, era_{it} + \psi_2\, era_{it}^2 + \beta X_{it} + city_i + year_t + \varepsilon_{it} \qquad (7.6a)$$

$$pa_{it} = \vartheta_2\, pa_{it-1} + \delta_2\, erb_{it} + \psi_2\, erb_{it}^2 + \beta X_{it} + city_i + year_t + \varepsilon_{it} \qquad (7.6b)$$

其中,ee_{it}、pa_{it} 分别对应各地区当年能源节约型技术进步和污染治理型技术进步,ee_{it-1}、pa_{it-1} 分别代表其对应偏向型技术进步的一阶滞后项;era_{it}、erb_{it} 分别代表了当年各城市的命令控制型和市场型环境规制水平;X_{it} 包括了所有可能影响技术进步的其他因素作为控制变量,结合第 6 章的研究结论,将产业结构高级化加入到控制变量中,具体控制变量包括产业结构高级化、FDI、人口密度、财政支出、教育水平、科技支出、人均收入及其平方项等。$city_i$ 和 $year_t$ 表示城市层面的个体固定效应和时间固定效应,ε_{it} 是误差项。

7.4.2　变量选取与统计描述

被解释变量为两类能源、环境偏向型技术进步,其具体衡量方法见第 3 章内容,此处不再赘述其计算方法。

主要解释变量为环境规制,鉴于现有数据的限制,本章主要分析两类环境规制的影响。其中,命令控制型环境规制方面,参考陈诗一和陈登科(2018)的做法,从相关文件中析出环境相关基础词汇,以其比重来衡量政府环境政策和治理力度。由于我国命令控制型环境规制起步较早,所占比重较大,且以政府为主导,因此,此处将其作为命令控制型环境规制的替代指标;而对于市场型环境规制,我们认为工业污染治理投资在解决工业污染问题中起到重要作用，而工业污染是我国污染的主要源头，因此以工业污染治理投资完成额与第二产业增加值的比重作为市场型环境规制的替代指标。需要补充说明的是由于相关统计年鉴中只能找到省级工业污染治理投资完成额的数据，因此，基于匹配方法，将省级数据匹配到城市层面，形成城市级市场型环境规制指标。

控制变量的选取结合第 6 章的研究结论、借鉴已有文献（Huang et a.，2019），包含产业结构高级化、FDI、人口密度、财政支出、教育水平、科技支出、人均收入及其平方项。其中产业结构高级化采用 isu1 作为其衡量指标，具体计算方法见第 6 章 6.2.1 节，相应地其他指标的选取和计算方法保持与第 3 章一致，详细内容参见第 3 章 3.5.2 节，此处不再赘述。

考虑数据可得性，本书以中国 2003～2019 年 285 个城市为研究样本。所有基于货币单位的指标均进行了以 2000 年为基期的不变价格处理。其中，基础数据均来自各年度《中国城市年鉴》《中国区域经济统计年鉴》《中国金融年鉴》和《中国统计年鉴》等。对于部分少量缺失数据采用插值法予以补充。表 7-1 和表 7-2 分别给出了全样本的变量描述性统计和分地区的变量描述性统计。

表 7-1　　　　　　　　　　全样本变量描述性统计

变量	样本量	均值	标准误	最小值	最大值	中值	变异系数
$ee1$	4845	0.117	0.131	0.001	1.151	0.08	1.113
$pa1$	4845	0.095	0.114	0.000	1	0.061	1.201
$ee2$	4845	0.126	0.137	0.001	1.214	0.088	1.083
$pa2$	4845	0.066	0.107	0.001	1.039	0.038	1.615
erb	4845	0.068	0.088	0.000	2.254	0.042	1.281
era	4537	0.005	0.002	0.000	0.023	0.004	0.52
$isu1$	4845	0.914	0.503	0.094	5.34	0.801	0.55
fdi	4604	0.021	0.028	0.000	0.776	0.013	1.311
$lndensity$	4845	5.724	0.915	1.548	7.923	5.865	0.16

续表

变量	样本量	均值	标准误	最小值	最大值	中值	变异系数
gov	4845	0.192	0.203	0.040	6.041	0.146	1.059
edu	4716	0.016	0.022	0.000	0.159	0.008	1.361
rd	4840	0.021	0.041	0.000	0.304	0.008	1.897
$\ln pgdp$	4845	8.952	0.735	5.781	11.892	8.868	0.082
$\ln pgdps$	4845	80.687	13.367	33.416	141.419	78.643	0.166

资料来源：作者计算整理所得。

  表 7-2 分别给出了东部城市、中部城市、西部城市的变量描述性统计，其内容与前面章节存在部分重合，例如控制变量等，不需要再详细分析，本章主要关注解释变量 era 和 erb 的差别。发现反而西部地区样本的 erb 均值更高，era 在三个地区的均值未有较大区别，这是我们需要注意的，并与后续计量分析结果相结合，从而寻求更合理的解释。

表 7-2   分地区子样本变量描述性统计

分地区	变量	样本量	均值	标准误	最小值	最大值	中值	变异系数
东部地区	$ee1$	1717	0.105	0.106	0.002	1	0.077	1.017
	$pa1$	1717	0.093	0.112	0.001	1	0.061	1.203
	erb	1717	0.063	0.074	0.000	0.866	0.04	1.175
	era	1643	0.005	0.002	0.000	0.017	0.005	0.489
	$isu1$	1717	0.932	0.508	0.165	5.168	0.81	0.546
	fdi	1716	0.028	0.029	0.000	0.376	0.019	1.038
	$\ln density$	1717	6.198	0.629	4.509	7.923	6.324	0.101
	gov	1717	0.14	0.105	0.040	1.464	0.114	0.75
	edu	1709	0.019	0.023	0.000	0.127	0.011	1.209
	rd	1716	0.027	0.043	0.000	0.304	0.014	1.572
	$\ln pgdp$	1717	9.352	0.731	6.821	11.892	9.272	0.078
	$\ln pgdps$	1717	87.987	13.848	46.522	141.419	85.977	0.157

续表

分地区	变量	样本量	均值	标准误	最小值	最大值	中值	变异系数
中部地区	*ee*1	1700	0.124	0.129	0.001	1.151	0.086	1.039
	*pa*1	1700	0.093	0.104	0.001	1	0.063	1.11
	erb	1700	0.063	0.092	0.001	2.254	0.042	1.467
	era	1581	0.005	0.002	0.000	0.02	0.004	0.544
	*isu*1	1700	0.897	0.502	0.129	5.34	0.775	0.56
	fdi	1681	0.023	0.03	0.000	0.776	0.015	1.335
	ln*density*	1700	5.743	0.795	3.054	7.273	5.807	0.138
	gov	1700	0.198	0.248	0.040	6.041	0.152	1.25
	edu	1675	0.015	0.021	0.000	0.131	0.008	1.427
	rd	1700	0.019	0.037	0.000	0.226	0.008	1.943
	ln*pgdp*	1700	8.789	0.572	5.781	10.612	8.783	0.065
	ln*pgdps*	1700	77.576	9.928	33.416	112.61	77.149	0.128
西部地区	*ee*1	1428	0.125	0.156	0.001	1.055	0.073	1.247
	*pa*1	1428	0.1	0.128	0.000	1	0.058	1.284
	erb	1428	0.081	0.095	0.000	0.899	0.047	1.173
	era	1313	0.005	0.003	0.000	0.023	0.005	0.528
	*isu*1	1428	0.913	0.495	0.094	5.248	0.813	0.543
	fdi	1207	0.008	0.013	0.000	0.186	0.004	1.517
	ln*density*	1428	5.133	0.998	1.548	6.953	5.251	0.194
	gov	1428	0.246	0.217	0.043	2.847	0.185	0.886
	edu	1332	0.014	0.022	0.000	0.159	0.006	1.507
	rd	1424	0.017	0.041	0.000	0.259	0.005	2.41
	ln*pgdp*	1428	8.667	0.707	6.187	11.311	8.559	0.082
	ln*pgdps*	1428	75.612	12.536	38.273	127.94	73.258	0.166

资料来源：作者计算整理所得。

7.4.3　实证结果与分析

本章主要关注不同类型的环境规制对能源、环境偏向型技术进步的影响，考察我国环境规制政策能否有效推进绿色技术进步，从而实现经济绿色转型发展的根本政策目标。为了全面分析不同环境规制的影响效果，在全样本层面上，将分别讨论两类环境规制对能源效率的影响（见表7-3）和对环境效率的影响（见表7-4）；而对于分地区的结果，将分地区呈现动态模型下两类环境规制对两类偏向型技术进步的影响，具体见表7-5、表7-6和表7-7。

（1）全样本结果。

针对全国层面环境规制的影响结果，表7-3和表7-4分别记录了命令控制型和市场型环境规制对能源节约型技术进步和污染治理型技术进步的影响。首先，不仅提供了双固定效应下静态模型结果，同时考虑技术发展可能存在的历史积累效应（正向溢出）或者路径锁定效应，还将引入其一阶滞后项，提供了动态模型的结果。还给出单独对两类环境规制的回归结果和同时加入两类环境规制的回归结果，后者用来作为稳健性检验。此外，为了考察环境规制对能源、环境偏向型技术进步可能存在的非线性关系，还给出了引入环境规制平方项的结果。表中各行的含义与第5章保持一致，不再详细说明。

针对环境规制对能源节约型技术进步的影响，从表7-3的结果可知，从相关文件中以环境规制等相关词根析出的词汇比重衡量的命令控制型环境规制 era 在所有模型中均不显著，说明命令控制型环境规制不能影响我国的能源偏向型技术创新。而以工业污染治理投资为基础计算的市场型环境规制 erb 的系数在所有模型中均显著为正，说明市场型环境规制能够积极推动我国能源效率的提升，从而有助于实现绿色经济转型。而关于环境规制对能源效率影响的非线性回归——模型（7）和模型（8）中，可知发现不存在非线性关系，其结果可以视为与前文分析保持一致。一定程度上来看拒绝了假说7-1c，假说7-1a被部分证明。

表 7 - 3

环境规制对能源效率的影响结果

变量	模型 (1) erb	模型 (2) era	模型 (3) erb&era	模型 (4) erb	模型 (5) era	模型 (6) erb&era	模型 (7) erb&erb2	模型 (8) era&era2
				ee1				
$L.Y$				0.657*** (0.010)	0.647*** (0.011)	0.647*** (0.011)	0.656*** (0.010)	0.647*** (0.011)
erb	0.043** (0.022)		0.032# (0.022)	0.027* (0.014)		0.032** (0.015)	-0.009 (0.022)	0.318 (1.224)
era		-0.750 (0.679)	-0.719 (0.679)		-0.331 (0.465)	-0.298 (0.465)	0.035** (0.016)	-48.554 (84.739)
$isu1$	0.029*** (0.005)	0.026*** (0.005)	0.024*** (0.005)	0.005 (0.003)	0.007** (0.004)	0.005 (0.004)	0.006* (0.003)	0.007** (0.004)
fdi	-0.038 (0.056)	-0.033 (0.057)	-0.030 (0.057)	0.020 (0.039)	0.018 (0.04)	0.021 (0.04)	0.031 (0.039)	0.018 (0.040)
$lndensity$	-0.038** (0.017)	-0.037** (0.016)	-0.037** (0.016)	-0.014 (0.011)	-0.016 (0.011)	-0.016 (0.011)	-0.014 (0.011)	-0.016 (0.011)
gov	-0.193*** (0.019)	-0.202*** (0.019)	-0.208*** (0.019)	-0.100*** (0.013)	-0.099*** (0.013)	-0.104*** (0.013)	-0.114*** (0.014)	-0.098*** (0.013)
edu	0.468** (0.195)	0.444** (0.197)	0.432** (0.197)	-0.096 (0.142)	-0.098 (0.147)	-0.115 (0.147)	-0.090 (0.142)	-0.101 (0.147)

续表

变量	模型 (1)	模型 (2)	模型 (3)	模型 (4)	模型 (5)	模型 (6)	模型 (7)	模型 (8)
	erb	era	erb&era	erb	era	erb&era	erb&erb2	era&era2
rd	-0.213** (0.088)	-0.217** (0.087)	-0.223** (0.087)	-0.172*** (0.058)	-0.166*** (0.059)	-0.172*** (0.059)	-0.177*** (0.058)	-0.166*** (0.059)
lnpgdp	-0.375*** (0.076)	-0.442*** (0.078)	-0.437*** (0.078)	-0.039 (0.053)	-0.059 (0.054)	-0.056 (0.054)	-0.071 (0.055)	-0.058 (0.054)
lnpgdps	0.023*** (0.004)	0.025*** (0.004)	0.025*** (0.004)	0.003 (0.003)	0.004 (0.003)	0.004 (0.003)	0.005 (0.003)	0.004 (0.003)
Constant	1.957*** (0.357)	2.331*** (0.363)	2.306*** (0.364)	0.229 (0.246)	0.348 (0.254)	0.327 (0.254)	0.395 (0.257)	0.342 (0.254)
City – FE	1	1	1	1	1	1	1	1
Year – FE	1	1	1	1	1	1	1	1
R – sq	0.414	0.407	0.407	0.716	0.705	0.706	0.716	0.705
F – test	118.607 [0.000]	107.643 [0.000]	103.605 [0.000]	395.562 [0.000]	358.698 [0.000]	345.383 [0.000]	380.887 [0.000]	344.853 [0.000]

$ee1$

注：#表示 P 值接近 0.1，可大约视为相对显著。era2 和 erb2 分别代表环境规制变量 era 和 erb 的平方项，下同。
资料来源：作者回归整理所得。

表 7 - 4

环境规制对环境效率的影响结果

变量	模型 (9) -erb	模型 (10) era	模型 (11) erb&era	模型 (12) erb	模型 (13) era	模型 (14) erb&era	模型 (15) erb&erb2	模型 (16) era&era2
				pa1				
L.Y				0.609 *** (0.010)	0.606 *** (0.010)	0.607 *** (0.010)	0.608 *** (0.010)	0.606 *** (0.010)
erb	0.026 (0.022)		0.015 (0.022)	0.037 *** (0.014)		0.038 ** (0.015)	0.006 (0.022)	0.975 (1.191)
era		-0.203 (0.665)	-0.188 (0.665)		-0.073 (0.453)	-0.034 (0.453)	0.030 * (0.016)	-78.478 (82.517)
isu1	0.030 *** (0.005)	0.029 *** (0.005)	0.028 *** (0.005)	0.007 ** (0.003)	0.010 *** (0.003)	0.008 ** (0.004)	0.008 (0.003)	0.010 *** (0.003)
fdi	0.084 (0.055)	0.095 * (0.056)	0.097 * (0.056)	0.036 (0.038)	0.031 (0.039)	0.034 (0.039)	0.046 (0.038)	0.030 (0.039)
Indensity	-0.042 ** (0.016)	-0.042 *** (0.016)	-0.042 *** (0.016)	-0.015 (0.011)	-0.017 (0.011)	-0.017 (0.011)	-0.015 (0.011)	-0.017 (0.011)
gov	-0.134 *** (0.018)	-0.138 *** (0.018)	-0.141 *** (0.019)	-0.060 *** (0.013)	-0.052 *** (0.013)	-0.059 *** (0.013)	-0.072 *** (0.014)	-0.052 *** (0.013)
edu	0.376 * (0.191)	0.335 * (0.193)	0.329 * (0.193)	-0.206 (0.139)	-0.221 (0.143)	-0.242 * (0.143)	-0.201 (0.139)	-0.225 (0.143)

续表

变量	模型（9）erb	模型（10）era	模型（11）erb&era	pa1 模型（12）erb	模型（13）era	模型（14）erb&era	模型（15）erb&erb2	模型（16）era&era2
rd	-0.339*** (0.087)	-0.321*** (0.085)	-0.323*** (0.085)	-0.148*** (0.056)	-0.138** (0.057)	-0.145** (0.057)	-0.153*** (0.056)	-0.138** (.0057)
lnpgdp	-0.388*** (0.075)	-0.414*** (0.076)	-0.412*** (0.076)	0.01 (0.051)	0.006 (0.053)	0.011 (0.053)	-0.017 (0.053)	0.008 (0.053)
lnpgdps	0.024*** (0.004)	0.025*** (0.004)	0.025*** (0.004)	0.001 (0.003)	0.001 (0.003)	0.001 (0.003)	0.002 (0.003)	0.001 (0.003)
Constant	1.936*** (0.351)	2.123*** (0.356)	2.111*** (0.356)	-0.039 (0.240)	0.004 (0.247)	-0.024 (0.247)	0.104 (0.251)	-0.006 (0.247)
City-FE	1	1	1	1	1	1	1	1
Year-FE	1	1	1	1	1	1	1	1
R-sq	0.352	0.342	0.342	0.664	0.657	0.658	0.664	0.657
F-test	91.324 [0.000]	81.691 [0.000]	78.558 [0.000]	309.845 [0.000]	287.194 [0.000]	276.843 [0.000]	298.270 [0.000]	276.176 [0.000]

资料来源：作者回归整理所得。

针对环境规制对污染治理型技术进步的影响，从表 7 - 4 的结果可知，从相关文件中以环境规制等相关词根析出的词汇比重衡量的命令控制型环境规制 *era* 在所有模型中均不显著，说明命令控制型环境规制不能影响我国的环境偏向型技术创新。而以工业污染治理投资为基础计算的市场型环境规制 *erb* 的系数在静态模型中不显著，但是在所有动态模型中均显著为正，鉴于被解释变量滞后项的显著性，以及动态模型的 R 方值相对更高的事实，以动态模型的结果作为主要分析依据，说明市场型环境规制能够积极推动我国环境效率的提升，从而有助于实现对污染的治理和循环利用。而关于环境规制对环境效率影响的非线性回归——模型（7）和模型（8）中，可以发现并不存在非线性关系，其结果可以视为与前文分析保持一致，因此，在后文分地区子样本的回归分析中将不再提供对非线性关系的讨论。总结而言，上述研究结论拒绝了前文的研究假说 7 - 1c，研究假说 7 - 1a 被部分证明。

被解释变量的滞后项系数和其他控制变量的系数结果与前文结果基本保持一致，没有必要再对其进行详细的解析，此处不再赘述。

（2）异质性分析。

考虑不同环境规制对能源、环境偏向型技术进步影响可能存在的异质性（Zhou et al. , 2020），同时考虑中国经济的区域差异，现有文献一般将中国划分为东部、中部和西部三个区域来比较不同经济发展水平下环境规制的差异效果（Ren et al. , 2018）。沿袭前面章节对异质性的讨论，根据中国国家统计局对东、中、西部城市的划分同样将样分成东、中、西部地区三个子样本，并分别给出相应地区不同类型环境规制的影响结果。表 7 - 5、表 7 - 6 和表 7 - 7 分别对应了东部地区、中部地区和西部地区的环境规制对能源、环境偏向型技术进步的影响结果。

表 7 – 5 东部地区环境规制的影响结果

变量	模型 E（1）	模型 E（2）	模型 E（3）	模型 E（4）	模型 E（5）	模型 E（6）
	*ee*1			*pa*1		
L. Y	0.663 *** （0.017）	0.658 *** （0.018）	0.657 *** （0.018）	0.637 *** （0.016）	0.639 *** （0.017）	0.638 *** （0.017）
erb	− 0.047 * （0.028）		− 0.049 * （0.029）	− 0.030 （0.029）		− 0.031 （0.030）
era		− 0.197 （0.745）	− 0.115 （0.746）		− 0.482 （0.786）	− 0.431 （0.787）
*isu*1	0.016 *** （0.006）	0.014 ** （0.006）	0.016 ** （0.006）	0.014 ** （0.006）	0.013 ** （0.007）	0.014 ** （0.007）
fdi	− 0.018 （0.070）	− 0.009 （0.073）	− 0.013 （0.073）	0.014 （0.075）	0.014 （0.077）	0.012 （0.077）
ln*density*	0.002 （0.013）	0.000 （0.013）	0.001 （0.013）	− 0.003 （0.014）	− 0.005 （0.014）	− 0.005 （0.014）
gov	− 0.082 ** （0.032）	− 0.068 * （0.033）	− 0.081 ** （0.033）	− 0.056 （0.034）	− 0.045 （0.034）	− 0.053 （0.035）
edu	− 0.585 *** （0.218）	− 0.615 *** （0.227）	− 0.588 ** （0.227）	− 0.658 *** （0.231）	− 0.686 *** （0.239）	− 0.669 *** （0.239）
rd	− 0.140 * （0.083）	− 0.142 * （0.084）	− 0.135 （0.084）	− 0.144 （0.088）	− 0.140 （0.089）	− 0.136 （0.089）
ln*pgdp*	− 0.128 （0.096）	− 0.069 （0.094）	− 0.121 （0.099）	− 0.156 （0.102）	− 0.113 （0.099）	− 0.146 （0.104）
ln*pgdps*	0.009 * （0.005）	0.006 （0.005）	0.009 （0.005）	0.010 * （0.005）	0.008 （0.005）	0.010 * （0.006）
Constant	0.458 （0.454）	0.174 （0.442）	0.434 （0.467）	0.629 （0.482）	0.427 （0.465）	0.594 （0.493）
City – FE	1	1	1	1	1	1
Year – FE	1	1	1	1	1	1
R – sq	0.713	0.705	0.706	0.684	0.682	0.682
F – test	147.392 ［0.000］	137.125 ［0.000］	132.138 ［0.000］	127.893 ［0.000］	122.750 ［0.000］	118.074 ［0.000］

资料来源：作者回归整理所得。

　　表 7-5 给出了东部地区两类环境规制对能源、环境偏向型技术进步的影响。可以发现，在双固定效应下，两类环境规制的回归系数中，仅 erb 在对 ee1 的回归中显著为负，说明对于东部地区而言，命令控制型环境规制不能显著影响能源、环境偏向型技术进步，而市场型环境规制亦不能倒逼企业绿色创新，实现补偿效应，反而呈现出典型的遵循成本效应，显著抑制了能源、环境偏向型技术进步。意味着东部地区的环境规制手段并不能实现对企业绿色技术创新的有效倒逼作用，其规制的执行效果并不理想，未来还应优化环境规制的方式方法和提升其强度，争取实现从遵循成本效应向创新补偿效应的转变。

表 7-6　　　　　　　　　　　中部地区环境规制的影响结果

变量	模型 C（1）	模型 C（2）	模型 C（3）	模型 C（4）	模型 C（5）	模型 C（6）
	ee1			pa1		
L. Y	0.719 *** (0.015)	0.724 *** (0.016)	0.721 *** (0.016)	0.649 *** (0.014)	0.660 *** (0.015)	0.658 *** (0.015)
erb	0.048 ** (0.020)		0.050 ** (0.021)	0.041 ** (0.016)		0.035 ** (0.017)
era		-0.505 (0.652)	-0.363 (0.653)		-0.200 (0.543)	-0.099 (0.545)
isu1	0.001 (0.005)	0.004 (0.005)	0.000 (0.005)	0.006 (0.004)	0.009 ** (0.004)	0.007 * (0.004)
fdi	0.031 (0.046)	0.013 (0.046)	0.035 (0.047)	-0.016 (0.039)	-0.034 (0.039)	-0.019 (0.039)
lndensity	-0.034 ** (0.017)	-0.034 * (0.017)	-0.036 ** (0.017)	-0.020 (0.014)	-0.019 (0.015)	-0.020 (0.015)
gov	-0.074 *** (0.019)	-0.050 *** (0.017)	-0.076 *** (0.020)	-0.028 * (0.016)	-0.007 (0.014)	-0.025 (0.017)
edu	0.273 (0.240)	0.352 (0.249)	0.31 (0.249)	0.242 (0.202)	0.297 (0.207)	0.267 (0.208)
rd	-0.128 (0.084)	-0.086 (0.084)	-0.127 (0.086)	-0.087 (0.070)	-0.053 (0.070)	-0.082 (0.072)

变量	模型 C（1）	模型 C（2）	模型 C（3）	模型 C（4）	模型 C（5）	模型 C（6）
	ee1			pa1		
ln*pgdp*	0.105 (0.081)	0.154* (0.081)	0.103 (0.083)	0.198*** (0.068)	0.238*** (0.067)	0.203*** (0.069)
ln*pgdps*	−0.005 (0.005)	−0.008* (0.005)	−0.005 (0.005)	−0.010*** (0.004)	−0.012*** (0.004)	−0.010*** (0.004)
Constant	−0.269 (0.385)	−0.482 (0.385)	−0.24 (0.397)	−0.802** (0.323)	−0.987*** (0.321)	−0.820** (0.331)
City – FE	1	1	1	1	1	1
Year – FE	1	1	1	1	1	1
R – sq	0.804	0.791	0.792	0.770	0.758	0.759
F – test	234.355 [0.000]	206.072 [0.000]	199.071 [0.000]	191.506 [0.000]	170.537 [0.000]	164.501 [0.000]

资料来源：作者回归整理所得。

表7－6给出了中部地区两类环境规制对能源、环境偏向型技术进步的影响。可以发现，在双固定效应下，对于市场型环境规制，其系数在对两类偏向型技术进步的回归中均在5%的水平下显著为正，说明市场型环境规制能够引导企业进行绿色创新，提高我国中部地区的能源和环境效率。而命令控制型环境规制的回归系数均不显著，说明其未能对我国中部地区的企业绿色创新产生显著的影响。未来中部地区在制定和执行相应的环境规制时，可多向市场化环境规制手段靠拢，利用具有地区比较优势的市场型环境规制手段的制定和执行推动地区实现绿色转型发展。

表7－7　　　　　　　西部地区环境规制的影响结果

变量	模型 W（1）	模型 W（2）	模型 W（3）	模型 W（4）	模型 W（5）	模型 W（6）
	ee1			pa1		
L.Y	0.578*** (0.022)	0.549*** (0.023)	0.549*** (0.023)	0.526*** (0.022)	0.512*** (0.023)	0.513*** (0.023)

续表

变量	模型 W（1）	模型 W（2）	模型 W（3）	模型 W（4）	模型 W（5）	模型 W（6）
	*ee*1			*pa*1		
erb	-0.007 (0.046)		0.011 (0.049)	0.024 (0.046)		0.051 (0.048)
era		0.118 (1.110)	0.123 (1.111)		0.989 (1.098)	1.012 (1.098)
*isu*1	0.002 (0.010)	-0.001 (0.010)	-0.002 (0.010)	0.008 (0.010)	0.011 (0.010)	0.008 (0.010)
fdi	-0.164 (0.216)	-0.157 (0.217)	-0.161 (0.218)	-0.090 (0.213)	-0.097 (0.215)	-0.115 (0.215)
ln*density*	-0.054 (0.053)	-0.076 (0.054)	-0.075 (0.054)	-0.035 (0.052)	-0.061 (0.054)	-.006 (0.054)
gov	-0.152*** (0.029)	-0.168*** (0.029)	-0.166*** (0.030)	-0.094*** (0.028)	-0.099*** (0.029)	-0.093*** (0.029)
edu	0.395 (0.315)	0.380 (0.320)	0.377 (0.320)	0.254 (0.310)	0.182 (0.316)	0.165 (0.316)
rd	-0.108 (0.190)	-0.114 (0.202)	-0.107 (0.205)	-0.066 (0.187)	-0.061 (0.200)	-0.028 (0.202)
ln*pgdp*	-0.054 (0.144)	-0.143 (0.147)	-0.135 (0.152)	-0.005 (0.143)	-0.051 (0.146)	-0.012 (0.150)
ln*pgdps*	0.003 (0.008)	0.007 (0.008)	0.007 (0.008)	0.002 (0.008)	0.004 (0.008)	0.002 (0.008)
Constant	0.632 (0.695)	1.184 (0.706)	1.144 (0.730)	0.146 (0.687)	0.504 (0.699)	0.312 (0.722)
City – FE	1	1	1	1	1	1
Year – FE	1	1	1	1	1	1
R – sq	0.640	0.631	0.631	0.573	0.567	0.567
F – test	68.126 [0.000]	62.079 [0.000]	59.630 [0.000]	51.510 [0.000]	47.551 [0.000]	45.771 [0.000]

资料来源：作者回归整理所得。

　　表7-7给出了西部地区两类环境规制对能源、环境偏向型技术进步的影响。可以发现，在双固定效应下，所有的模型中两类环境规制的回归系数都不显著，说明西部地区的环境规制执行未能起到影响企业创新的效果，对地区的能源、环境偏向型技术进步未能产生作用。其主要原因可能在于我国西部地区环境条件相对较好，环境阈值相对较高，同等水平下的环境规制政策并未能给企业带来较大的压力，环境规制指标相对容易实现，产生的影响相对较小，因此未能导致企业创新策略调整。

　　总结而言，从分地区的回归结果可以看出，环境规制对能源、环境偏向型技术进步的影响确实存在异质性，不同的结果说明不同地区环境规制的比较优势手段不同，一定程度上证明了研究假说7-2和假说7-3。未来发展中利用环境规制促进偏向型技术进步的策略也是不同的，应当结合当前地区发展的相对优劣势，根据扬长补短的原则，利用有限资源发挥最大优势，推动地区经济绿色转型和高质量发展。

7.5　小　　结

　　本章主要讨论了环境规制对能源、环境偏向型技术进步的影响。首先，从历史的角度梳理了我国环境治理的发展历程，之后讨论了国外环境规制可能的启示，并通过对当前环境规制衡量指标的梳理，构建了环境规制的具体衡量指标，对我国环境规制现状进行了整体评价；其次，通过梳理现有关于环境规制与技术进步的文献，理清两者之间的关系，并构建了理论分析模型，给出环境规制对偏向型技术进步影响的理论分析和研究假说；最后，基于理论分析和研究假说构建计量模型，并应用中国城市面板数据给出对应检验结果和结论解释。本章与第6章和第8章为平行章节，主要希望从影响因素的视角分析能源、环境偏向型技术进步的动力之源，探索绿色创新的可能推动手段和措施。

参 考 文 献

［1］Albrizio, S. , Kozluk, T. , & Zipperer, V. , Environmental policies and productivity growth: Evidence across industries and firms ［J］. Journal of Environmental Economics and Management, 2017, 81: 209 – 226.

［2］Arduini, R. , Cesaroni, F. , Environmental Technologies in the European Chemical Industry ［J］. LEM Papers Series, 2001.

［3］Atanassov, J. , & Liu, X. , Can corporate income tax cuts stimulate innovation? ［J］. Journal of Financial and Quantitative Analysis, 2020, 55 (5): 1415 – 1465.

［4］Becker, R. A. , Local environmental regulation and plant-level productivity ［J］. Ecological Economics, 2011, 70 (12): 2516 – 2522.

［5］Cai, W. , & Li, G. , The drivers of eco-innovation and its impact on performance: Evidence from China ［J］. Journal of Cleaner Production, 2018, 176: 110 – 118.

［6］Carrión – Flores, C. E. , & Innes, R. , Environmental innovation and environmental policy: an empirical test of bi-directional effects ［J］. University of Arizona Working Paper, 2006.

［7］Chakraborty, P. , & Chatterjee, C. , Does environmental regulation indirectly induce upstream innovation? New evidence from India ［J］. Research Policy, 2017, 46 (5): 939 – 955.

［8］Chen, Z. , Kahn, M. E. , Liu, Y. , & Wang, Z. , The consequences of spatially differentiated water pollution regulation in China ［J］. Journal of Environmental Economics and Management, 2018, 88: 468 – 485.

［9］Chintrakarn, P. , Environmental regulation and US states' technical inefficiency ［J］. Economics Letters, 2008, 100 (3): 363 – 365.

［10］Christainsen, G. B. , & Haveman, R. H. , The contribution of environmental regulations to the slowdown in productivity growth [J]. Journal of Environmental Economics and Management, 1981, 8 (4): 381 – 390.

[11] Costa – Campi, M. T. , García – Quevedo, J. , & Martínez – Ros, E. , What are the determinants of investment in environmental R&D? [J]. Energy Policy, 2017, 104: 455 – 465.

[12] Curtis, E. M. , & Lee, J. M. , When do environmental regulations backfire? Onsite industrial electricity generation, energy efficiency and policy instruments [J]. Journal of Environmental Economics and Management, 2019, 96: 174 – 194.

[13] Greenstone, M. , List, J. A. , & Syverson C. , The effects of environmental regulation on the competitiveness of US manufacturing [R]. National Bureau of Economic Research, 2012.

[14] Horbach, J. , Rammer, C. , & Rennings, K. , Determinants of eco-innovations by type of environmental impact—The role of regulatory push/pull, technology push and market pull [J]. Ecological Economics, 2012, 78: 112 – 122.

[15] Huang, J. , Cai, X. , Huang, S. , Tian, S. , & Lei, H. , Technological factors and total factor productivity in China: Evidence based on a panel threshold model [J]. China Economic Review, 2019, 54: 271 – 285.

[16] Jiang, K. , You, D. , Merrill, R. , & Li, Z. , Implementation of a multi-agent environmental regulation strategy under Chinese fiscal decentralization: an evolutionary game theoretical approach [J]. Journal of Cleaner Production, 2019, 214: 902 – 915.

[17] Johnstone, N. , Managi, S. , Rodríguez, M. C. , Haščič, I. , Fujii, H. , & Souchier, M. , Environmental policy design, innovation and efficiency gains in electricity generation [J]. Energy Economics, 2017, 63: 106 – 115.

[18] Jones, C. , Exploring new ways of assessing the effect of regulation on environmental management [J]. Journal of Cleaner Production,

2010, 18 (13): 1229 - 1250.

[19] Kneller, R. , & Manderson, E. , Environmental regulations and innovation activity in UK manufacturing industries [J]. Resource and Energy Economics, 2012, 34 (2): 211 - 235.

[20] Langpap, C. , & Shimshack, J. P. , Private citizen suits and public enforcement: Substitutes or complements? [J]. Journal of Environmental Economics and Management, 2010, 59 (3): 235 - 249.

[21] Lanjouw, J. O. , & Mody, A. , Innovation and the international diffusion of environmentally responsive technology [J]. Research Policy, 1996, 25 (4): 549 - 571.

[22] Lee, M. , Environmental regulations and market power: The case of the Korean manufacturing industries [J]. Ecological Economics, 2008, 68 (1 - 2): 205 - 209.

[23] Naqvi, A. , & Stockhammer, E. , Directed technological change in a post - Keynesian ecological macromodel [J]. Ecological Economics, 2018, 154: 168 - 188.

[24] Porter, M. E. , Towards a dynamic theory of strategy [J]. Strategic Management Journal, 1991, 12 (S2): 95 - 117.

[25] Porter, M. E. , Van der Linde C. Toward a new conception of the environment-competitiveness relationship [J]. Journal of Economic Perspectives, 1995, 9 (4): 97 - 118.

[26] Ren, S. , Li, X. , Yuan, B. , Li, D. , & Chen, X. , The effects of three types of environmental regulation on eco-efficiency: A cross-region analysis in China [J]. Journal of Cleaner Production, 2018, 173: 245 - 255.

[27] Shi, B. , Feng, C. , Qiu, M. , & Ekeland, A. , Innovation suppression and migration effect: The unintentional consequences of environmental regulation [J]. China Economic Review, 2018, 49: 1 - 23.

[28] Telle, K. , & Larsson, J. , Do environmental regulations hamper productivity growth? How accounting for improvements of plants' environ-

mental performance can change the conclusion ［J］. Ecological Economics，2007，61 （2 - 3）：438 - 445.

［29］You，D.，Zhang，Y.，& Yuan，B.，Environmental regulation and firm eco-innovation：Evidence of moderating effects of fiscal decentralization and political competition from listed Chinese industrial companies ［J］. Journal of Cleaner Production，2019，207：1072 - 1083.

［30］Yuan，B.，Ren，S.，& Chen，X.，Can environmental regulation promote the coordinated development of economy and environment in China's manufacturing industry？ - A panel data analysis of 28 sub-sectors ［J］. Journal of Cleaner Production，2017，149：11 - 24.

［31］包健，郭宝棋. 异质性环境规制对区域生态效率的影响研究 ［J］. 干旱区资源与环境，2022，36 （02）：25 - 30.

［32］常红，王军. 环境规制对经济增长的影响研究——基于技术创新门槛的经验分析 ［J］. 经济问题探索，2020 （11）：41 - 51

［33］陈诗一，陈登科. 雾霾污染、政府治理与经济高质量发展 ［J］. 经济研究，2018，53 （02）：20 - 34.

［34］程中华，徐晴霏，李廉水. 环境政策与环境偏向型技术进步 ［J］. 研究与发展管理，2021，33 （05）：94 - 107.

［35］邓玉萍，王伦，周文杰. 环境规制促进了绿色创新能力吗？——来自中国的经验证据 ［J］. 统计研究，2021，38 （07）：76 - 86.

［36］董海军，郭岩升. 中国社会变迁背景下的环境治理流变 ［J］. 学习与探索，2017 （07）：27 - 33.

［37］董景荣，张文卿，陈宇科. 环境规制工具、政府支持对绿色技术创新的影响研究 ［J］. 产业经济研究，2021 （03）：1 - 16.

［38］范斐，张雪蓉，连欢. 环境规制对长江经济带绿色创新效率的影响研究——基于外商直接投资的中介效应检验 ［J］. 科技管理研究，2021，41 （15）：191 - 196.

［39］高红贵，肖甜. 异质性环境规制能否倒逼产业结构优化——基于工业企业绿色技术创新效率的中介与门槛效应 ［J］. 江汉论坛，2022 （03）：13 - 21.

［40］弓媛媛，刘章生．金融结构与绿色技术进步：理论模型、影响效应及作用机制［J］．经济经纬，2021，38（05）：151-160.

［41］弓媛媛，周俊杰．环境规制、产业结构优化与经济高质量发展——以黄河流域沿线地级市为例的研究［J］．生态经济，2021，37（09）：52-60.

［42］贺宝成，任佳．政府监管强度与环境信息披露质量研究［J］．财会通讯，2020（05）：50-54.

［43］林伯强，王喜枝，杜之利．环境规制对中国工业能源效率的影响——基于微观企业数据的实证研究［J］．厦门大学学报（哲学社会科学版），2021（04）：30-42.

［44］刘全齐，李力．媒体报道、市场化进程与股权融资成本——来自中国重污染行业的证据［J］．财经论丛，2017（12）：79-87.

［45］陶锋，赵锦瑜，周浩．环境规制实现了绿色技术创新的"增量提质"吗——来自环保目标责任制的证据［J］．中国工业经济，2021（02）：136-154.

［46］汪明月，李颖明，王子彤．异质性视角的环境规制对企业绿色技术创新的影响——基于工业企业的证据［J］．经济问题探索，2022（02）：67-81.

［47］王超，李真真，蒋萍．环境规制政策对中国重污染工业行业技术创新的影响机制研究［J］．科研管理，2021，42（02）：88-99.

［48］王分棉，贺佳．地方政府环境治理压力会"挤出"企业绿色创新吗？［J］．中国人口·资源与环境，2022，32（02）：140-150.

［49］王晓岭，陈语，王玲．高质量发展目标下的环境规制与技术效率优化——以钢铁产业为例［J］．财经问题研究，2021（12）：39-48.

［50］王芋朴，陈宇学．环境规制、金融发展与企业技术创新［J］．科学决策，2022（01）：65-78.

［51］谢乔昕．环境规制、绿色金融发展与企业技术创新［J］．科研管理，2021，42（06）：65-72.

［52］谢宜章，邹丹，唐辛宜．不同类型环境规制、FDI 与中国工

业绿色发展——基于动态空间面板模型的实证检验 [J]. 财经理论与实践, 2021, 42 (04): 138 – 145.

[53] 熊广勤, 石大千, 李美娜. 低碳城市试点对企业绿色技术创新的影响 [J]. 科研管理, 2020, 41 (12): 93 – 102.

[54] 许长新, 甘梦溪. 黄河流域经济型环境规制如何影响绿色全要素生产率? [J]. 河海大学学报 (哲学社会科学版), 2021, 23 (06): 62 – 69, 111.

[55] 颜青, 殷宝庆. 环境规制工具对绿色技术进步的差异性影响 [J]. 科技管理研究, 2020, 40 (12): 248 – 254.

[56] 尹礼汇, 孟晓倩, 吴传清. 环境规制对长江经济带制造业绿色全要素生产率的影响 [J]. 改革, 2022 (03): 101 – 113.

[57] 余泳泽, 尹立平. 中国式环境规制政策演进及其经济效应: 综述与展望 [J]. 改革, 2022 (03): 114 – 130.

[58] 张平淡, 张惠琳. 环境规制改进企业全要素生产率的路径研究——基于碳排放权交易试点的准自然实验 [J]. 江淮论坛, 2021 (04): 44 – 51.

[59] 张毅, 严星. 经济环境、环境规制类型与省域节能减排技术创新——基于异质性科研主体的实证分析 [J]. 科技进步与对策, 2021, 38 (08): 41 – 49.

[60] 郑飞鸿, 李静. 科技型环境规制对资源型城市产业绿色创新的影响——来自长江经济带的例证 [J]. 城市问题, 2022 (02): 35 – 45, 75.

第8章

金融发展与能源环境偏向型技术进步

8.1 引 言

能源环境偏向型技术进步被普遍认为是能够良好应对经济发展和环境保护矛盾的手段之一，特别是在碳中和背景下，能源环境偏向型技术进步的发展对于"双碳"目标的实现至关重要。金融市场的发展和繁荣，特别是绿色金融、碳金融发展被认为是应对气候变化最主要的市场化手段。本章主要从金融发展的视角探索促进能源环境偏向型技术进步的因素。

以往的研究普遍认为，金融发展的过程其实是金融资源效率提升的过程，其结果是随着金融发展进程的推进，会给市场参与生产经营的主体提供更多元化且成本更低的金融资源，这将会在一定程度上促进各市场主体的创新投入，并且随着金融环境的改善，其创新风险也会进一步降低。因此，金融发展被认为是技术进步的主要原因之一（King & Levine，1993；Yang，2019；杨伟中等，2020；孙伍琴和朱顺林，2008）。许多学者认为金融发展能够通过缓解信息不对称、动员储蓄等途径促进企业技术创新与技术进步。金融发展与技术创新之间的关系已经在不同的学术领域中得到了广泛的讨论（Hsu et al.，2014；Ho et al.，2018；魏巍，2016）。在这些研究中，一些学者创新性地将金融发展与技术创新结合在一起，提出了金融科技的概念，这样可以更好地描述与技术进步有关的金融发展问题（Liu et al.，2020a）。其他学者则依据其各自的专业工作，证明了金融发展对技术创新的重要贡献（Pagano，1993；Hsu et al.，2014；Sunaga，2017；Fan et al.，2020；Wu et al.，2020；张志强，2012；彭俞超，2015；王淑娟等，2018；张黎娜和千慧雄，2020）。总体而言，创新活动确实需要资本这一要素的参与，其成败也直接取决于资金来源是否存在限制或障碍（García - Quevedo et al.，2018；Pellegrino & Savona，2017），而国内则更加强调金融支持的重要性（曹霞和张路蓬，2017；赵婧等，2019）。尽管如此，一些实证研究仍然表明，在某些情况下，金融发展对技术进步不产生影响（Zhu et al.，2020），甚至具有不利影响（即挤出效应）（张杰等，2016；谈儒勇和丁桂菊，2007；Aluko & Obalade，2020；Hahn，2019）。

综上所述，学术界关于金融发展对技术进步影响的结论尚未统一，他们之间的关系复杂且充满争议，更遑论金融发展对绿色相关技术的影响了。基于此，有必要从金融发展的视角探究其对能源环境偏向型技术进步的影响。本章主要目的在于分析金融发展对偏向型技术进步的影响机理并检验具体影响效果，从而寻找优化金融发展推动绿色技术创新的方法。首先，对金融发展相关理论和衡量指标进行梳理，并对中国金融发展现状进行分析，宏观把握当前我国金融发展情况；其次，在整理分析金融发展与偏向型技术进步研究现状的基础上，对金融发展影响技术创新的路径进行分析，并提出相应研究假说；最后，对中国金融发展与能源环境偏向型技术进步的关系进行实证检验与分析，并给出相应的对策建议，以期为从金融发展的角度优化制度环境、推动绿色技术创新提供参考。

8.2 金融发展概况介绍

8.2.1 金融发展相关理论

目前，学术界对于金融发展的概念还没有形成统一的共识，原因在于金融发展的概念较为宽泛，其中涉及金融中介、金融工具、金融结构、金融周期和金融系统等多个方面。但学者们普遍认同的是金融发展的核心在于金融资源配置效率的高低。具体而言，金融发展的动机在于市场参与主体基于其逐利的本能，会不断创新改造金融工具，以达到减少投融资过程以及生产过程中所需的金融成本，从而充分发挥金融服务经济的职能，这样的一个过程就可以称为金融发展。

关于金融发展的研究，其定义最早是由格利和肖（Gurley & Shaw，1955）提出的，在此之后，戈德史密斯（Goldsmith，1969）在其发表的《金融结构与金融发展》中首先提出了金融结构的变化对于金融发展具有重要作用，他认为金融发展的实质在于金融中介机构的改变，而这一动态的变化过程就是金融发展。此后，以戈德史密斯为代表的金融结构主义广泛传播。但是，这种"金融结构"主义也具有一定的局限性，即只强调金融结构变化对金融发展的影响，他们仅仅从金融数量指标考察金融发展水平（GDP 和 M2 等），而忽略了金融发展的质量。与之相对的则是金融抑制主义，他们认为金融体系与金融中介所控制的金融价格变量（利率与汇率）对于金融发展水平的作用同样不可忽视。具体而言，一些国家出于其各种目的会充分干预经济，通过利率等价格工具对经济进行调节，这样做的后果是可能会阻碍金融的发展。"金融抑制"最早由麦金农（Mckinnon，1973）在《经济发展中的货币和资本》中提出，他通过研究发现发展中国家会对利率市场进行干预，随之而来的后果则是金融市场不够完善且存在漏洞，金融资源配置效率低下。肖（Shaw，1973）在考察金融中介的作用时，提出了金融深化理论，他认为政府应放松对金融市场的管制，让市场发挥"无形的手"的作用，从而消除金融抑制。但是，这种理论过分强调自由市场的重要性，忽视了政府对于疏导金融体系，完善金融制度的重要作用，长此以往下去，随着金融的持续发展，金融系统内部的风险会逐渐积聚，最终变得不可控。针对这一问题，赫尔曼等人在 1996 年提出了金融约束理论，他们在金融抑制理论的基础上主张"温和的抑制"，强调政府对金融进行管控的重要性，但同时政府需要把握好调整的力度（Hellman et al.，1996）。此间，经济学"内生增长"理论产生并逐步发展，该理论也深刻影响了金融发展理论。在这种理论的影响下，莱文（Levine，

2002）从金融体系的角度来考察金融发展，他认为金融发展需要配备完善的金融制度和体系，这也就是金融功能论。

国内关于金融发展的研究大多集中在金融发展对于经济增长的影响上，学者们主要从宏观的角度进行研究，从金融发展的不同含义及衡量标准出发去考察金融发展对经济增长所产生的不同影响：一些学者研究了中国融资方式的差异所代表的金融发展对经济的影响，他们发现，国内以商业银行等金融中介机构主导的直接融资所代表的金融发展会对经济产生正向的增长，而以股票证券市场上的间接融资所代表的金融发展则与经济增长的关系比较模糊（谢平，1992；谈儒勇，1999；庞晓波和赵玉龙，2003；赵振全和薛丰慧，2004）；在金融结构的视角上，林毅夫等（2003，2006，2009）研究了要素禀赋的不同会影响到产业结构，而金融作为要素的配置方式，其结构最先受到要素的影响，从而进一步影响产业结构，最终影响经济增长。袁成和于润（2013）通过中国 1982～2011 年的数据，实证检验证明了保险市场的发展会对经济增长产生正向的影响；在金融周期的视角上，李成（2005）通过新中国成立以来 50 多年的金融数据，总结归纳出了中国金融周期潜在的特征和成因。曹永琴和李泽祥（2009）通过对中国的金融周期和经济周期进行整理比对，发现随着中国金融制度的日益完善，金融市场自由度日益提高，中国金融经济周期的波动愈加趋近于真实经济周期的波动，也就是金融周期的波动会对经济周期产生显著的影响。马永谈等（2021）通过全球 1981 年第一季度到 2018 年第二季度的季度数据，通过 VAR 模型框架下的 FEVD（广义预测误差方差分解）的方法，发现了金融发展确实会影响到经济增长，并受到金融周期和金融稳定因素的影响。综上所述，考察一国的金融发展水平，不仅要关注该国金融业的规模，而且应考察其背后的金融制度和金融体系，同时其对金融发展维度的划分和衡量指标选择也具有重要的指导意义。

8.2.2　金融发展的衡量

金融发展的程度能够反映出一个国家或地区的金融实力，那么，该采取何种指标来量化金融发展呢？目前学术界主要从以下三个方面对一国金融发展水平进行衡量：金融结构、金融规模和金融效率。戈德曼（Goldman，1969）提出了金融相关比率（FIR）这一指标，具体计算方法则是将全部的金融资产除以全部的实物资产。麦金农（Mckinnon，1973）从金融深化的角度出发，将 M2 与国内生产总值（GDP）的比率作为衡量一国金融发展水平的指标。在此之后，学者们分别考察了金融中介机构和股票市场规模，并将它们作为衡量金融发展程度的重要依据（King & Levine，1993；Levine & Zervous，1998）。拉扬和津加莱斯（Rajan & Zingales，1998）对金融发展的描述是借款人和贷款人相互联系的容易程度和联系时相互之间的信任程度，并将全部信贷总额和股市总市值与实际国内生产总值的比值作为金融发展的衡量指标。随着金融发展研究的蓬勃发展，越来越多的学者倾向于通过同时考虑多个维度来衡量和反映金融发展复杂的多维本质（Svirydzenka，2016；Canh & Thanh，2020；Zhao & Yang，2020）。具体来说，汤和冉恩（Canh & Thanh，2020）的研究认为金融深度代表金融机构的发展深度，并由金融部门的国内信贷与当地 GDP 的比率来衡量。戈德史密斯（Goldsmith，1969）将金融相关比率定义为某一时刻金融总资产占国民财富的比例，反映经济的金融化程度。因此，有学者用金融机构存贷款总额占 GDP 的比例来代替金融规模（Fang et al.，2020）。金融中介机构的相对规模是对一个经济体中金融发展结构的描述。根据杜塔和索贝尔的研究（Dutta & Sobel，2018），私人信贷可以捕获银行系统进行了多少中介活动，并衡量私人资本通过金融中介的转换功能，在此将家庭储蓄存款占 GDP 的比例近似为金融中介。还有一些学者构建了金融发展综合指标，通过主成分分析（PCA）基于上述三个金融发展维度形成金融发展综合指标（Canh & Thanh，2020；Zhao & Yang，2020；Zhou & Du，2021；徐璋勇和朱睿，2020）。

　　国内对于金融发展衡量指标研究也呈现出多样化特征，为更加明了地观察国内研究对金融发展衡量指标的具体做法，我们将主要参考文献中的衡量指标列举在表 8 - 1 中。由此可以看出，不管是从单一维度还是多维度对金融发展进行衡量，或者是构建综合指标进行衡量，都可以发现中国学者在对金融发展进行衡量的时候主要是从金融机构，或者可以直接说从银行业的角度对金融发展水平进行衡量，其主要原因如下：
一方面囿于数据限制不得不利用现有的数据从机构的角度进行衡量；另
一方面，由于中国不同于美国的金融发展模式，属于银行主导型金融市
场，中国金融机构在金融业起到更大的作用，而且中国股市发展尚待进
一步完善，因此学者们更加关注机构对金融发展的影响。基于此，下文
对中国金融发展现状特征的分析中也主要采用金融机构的相关数据予以
展开。

表 8-1　　　　　　　国内学者对金融发展的衡量（部分）

维度	描述	参考文献
单一指标	人均实际金融机构贷款余额/GDP	郭峰和胡军（2016）
	金融机构信贷总量/GDP	熊灵和齐绍洲（2016）；郑好和武山（2021）
	银行业存贷款总额/GDP	吕朝凤和朱丹丹（2016）
	金融机构人民币各项贷款增加额/GDP	蔡栋梁等（2019）；沈冰和李鑫（2020）
	金融增加值*/GDP	赵儒煜等（2021）
	各城市城商行分支机构数量	Chen et al.，（2021）；张健鹏和陈诗一（2021）
多维指标	金融深度＝银行业贷款与存款总额之和/GDP 金融效率＝银行业贷款总额/银行业存款总额	Hao et al.，（2016）
	金融发展规模：金融机构各项存、贷款余额/当期名义 GDP 金融发展效率：金融机构各项贷款余额/存款余额	王小斌（2017）
	金融机构人民币贷款总额/GDP 金融机构人民币存款总额/GDP 金融业从业人数/单位就业人数	邓伟和刘萍萍（2016）
	间接融资：各省贷款余额/GDP 直接融资：各省股票市值/GDP 金融效率：DEA 计算的金融资源配置效率	罗天正和魏成龙（2021）

续表

维度	描述	参考文献
综合指标	利用熵值法基于金融规模，金融结构和金融效率构建综合金融发展指标	徐璋勇和朱睿（2020）
	利用熵值法基于人均存贷总量、存贷结构、存贷款与 GDP 比重构建综合指标	孟维福等（2020）
	基于金融体系规模、活力、效率、金融稳定性和金融服务可得性等加权构建的金融发展指数	杨子荣和张梓润（2021）
	基于金融总体规模、金融质量规模、金融内部结构、金融相对结构、金融中介效率、资本转化效率利用相对化处理和变异系数法相结合构建综合指标	黄凌云等（2021）

注：金融增加值为银行、保险、证券行业在一年内创造的价值。

8.2.3　中国金融发展的现状特征

在过去的几十年里，世界见证了所谓的"中国奇迹"，其特点是经济与技术的快速进步并逐步接近世界顶尖水平（Li et al.，2020）。而回到中国自身，作为全球第二大市场，并且作为全世界生产制造的工厂，中国在经历经济快速增长，连年创下经济增长奇迹的同时，也在遭受着能源快速枯竭、环境持续恶化和生态环境破坏严重等问题（He et al.，2020；Zhou et al.，2020；林诗贤和祁毓，2021；陈素梅和何凌云，2017）。图 8 - 1 展示了近期中国经济增长、金融发展、能源消耗和二氧化碳排放量的增长趋势。从图中可以看到，金融发展和经济同向增长明显，金融增长速度更快。金融业增加值占 GDP 的比重从 1990~2019 年的 1.96% 上升到 4.19%，近期上升幅度更大。不幸的是，随着金融与经济的增长，能源消耗以及二氧化碳排放量也都有增加的趋势。在这样的背景下，2018 年中国在宪法中强调生态文明建设，强化相关法律地位和法律效力，并且国家进行更深入绿色科技创新的意愿明显增强，生态文明建设的力度也在不断加大。此外，中国在联合国气候变化大会上做出了节能减排的相应承诺，这是当前乃至未来几年中国所面临的重大挑战，也是中国进一步实现长期可持续发展应当要解决的重点问题。

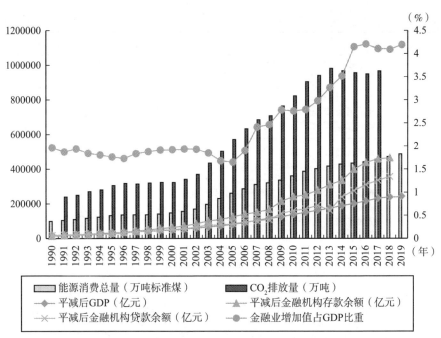

图 8 - 1   1990～2019 年中国经济增长、金融发展、能源消耗和二氧化碳排放趋势
资料来源：作者整理所得。

自 2008 年全球金融危机以来，美国房地产市场泡沫的破灭为全世界的金融监管部门敲响了警钟，即虚拟经济的过度繁荣势必在金融体系内积聚大量的风险，而这种不断累积的风险也必然会有爆发的那一天，从而造成严重的金融危机，从金融体系内向外蔓延到社会各界，给经济带来沉重的打击。据 Wind 统计数据发现，截至 2017 年，中国有 1139 家上市公司配置了大量的金融资产，合计金额高达 11417.31 亿元。可以看到，中国上市公司金融资产的规模越来越大，其金融化问题也是越来越严重，这也导致了经济在逐渐走向"脱实向虚"。面对这一问题，党的十九大报告特别指出，"要深化金融体制改革，增强金融服务实体经济能力，提高直接融资比重，促进多层次资本市场健康发展"，"着力加快建设实体经济、科技创新、现代金融、人力资源协同发展的产业体系"。具体来看，中国的金融发展呈现出以下特征：

1. 国有金融部门占据主导

与西方推崇的自由市场经济、金融市场自由发展不同的是，中国的金融市场上存在着完全国有制和以政府为主导的混合所有制金融机构。既有负责全国金融政策制定、对宏观经济实行调控的中央银行，又有主导间接融资方式的金融中介机构等，它们分别通过调节货币供应量的方式来执行中国的货币政策。这样将金融资源集中于国家部门的方式可以通过国家的合理分配，极大地减少发生系统性金融风险的可能性。另一方面，主导性的金融部门也能保证国家高效实施逆经济周期的宏观调控政策。当然，这一做法也直接导致了中国的融资方式以银行等金融中介机构为代表的间接融资为主，而这种融资方式不能很好地为正处于转型升级的制造业等实体部门提供金融支持，与国家当前的创新驱动型发展战略也存在着不兼容的现象。

2. 金融偏向性发展

当前，随着中国的制造业发展瓶颈期到来，实体企业的利润空间也在逐步压缩，而由于中国的金融市场还不够完善，相关的法律法规还比较缺失，以及中国以间接融资为主导的融资方式，使得中国的金融发展逐渐呈现出金融业过度扩张以及金融资源错配等有偏发展的特征。

（1）金融业过度扩张。

金融作为在生产活动中不可或缺的资源之一，其对生产部门的重要性不言而喻。但是，金融业的过度发展必然会挤占其他行业发展的空间，从而造成经济与实体部门脱轨，呈现出虚拟繁荣的假象。1996 年中国的金融业发展程度还较弱，其所占 GDP 比重只有 5.17%，2005 年下降到 3.99%。在此之后，中国的金融业迎来了快速发展的阶段，在 2005 年 ~ 2015 年这十年间，中国金融业占 GDP 的比重由 3.99% 上升到 8.40%，到了 2016 年出现了小幅回落，下降到了 8.35%。虽然这一数字并没有那么大，但是与一些发达国家（美国占比为 7.62%、日本为 4.20%、英国为 6.69%）相比，中国的金融业占 GDP 比重相对较高。另外，这些发达国家金融业的比重在这十余年间大多呈现出下降的趋势，并且 2005 ~ 2016 年间中国各省份地区金融业增加值占 GDP 比重的增长率均值水平为 184.01%，远高于这些发达国家同期水平（张杰等，2021）。

（2）金融资源错配。

金融资源错配是指将金融资源分配到金融资源利用效率较低的部门，这样的结果就是所损失的机会成本较大，从而在一定程度上造成了金融资源的浪费。由于中国是一个国有经济占主导的所有制体制，在金融资源分配时，受到所有制结构的影响，这也在一定程度上催生了金融资源错配问题（张庆君等，2016）。而在中国的金融市场上，其资源错配主要呈现出以下特征：

①供给与需求错配。由于当前中国各大银行出于风险控制角度考虑，为了避免触及国家不良贷款率要求的红线，而将金融资金提供给那些资金充足，融资需求相对较低的上市企业或大型国有企业，甚至不惜以高额的利息去"讨好"这些企业。而那些尚处于创业初期和成长阶段，迫切需要资金来支撑其研发和转型升级活动的创新型企业和制造业企业，却很难从金融体系中得到有效支持。最终使得这些企业的融资活动只能以更高的利息成本依赖于民间的借贷渠道，进一步缩减了制造业企业的盈利空间，降低了其创新研发的积极性，长此以往下去势必严重阻碍中国制造业的转型升级和自主创新活动的推进。

②期限错配。同样地，银行出于其风险控制的目的以及防止国家不良贷款率的终身制追责，在其贷款活动中更加偏好于一年期限以内的短期贷款，而对于发放给企业的超过一年的长期贷款，普遍采用"以短代长"的模式，这种模式是采取年初借款，年末还款的形式，还款则采用滚动期限的方式。而无论是中国传统的制造业，还是先进高端的制造业，抑或是技术密集型的行业，其生产设备的升级维护、产品质量与制造工艺的提升及技术升级所需的各项研发投入等都需要大量的资金投入，过多的短期借款会给公司的现金流带来较大的压力，特别是对于那些前期投入高、盈利周期长的战略性新兴产业来说，当前的贷款期限结构无法满足其需要。

由此可以看出，中国金融业的发展整体上还存在许多问题，而碳中和目标的实现需要大量的资金支持，金融作为资金融通的重要手段，承担着提供资本的重大责任。基于偏向型技术进步的视角，在了解金融发展现状的基础上，理清金融发展对中国能源偏向型技术创新的影响机理和效果，提出促进绿色创新的有效金融政策和体系优化建议是实现碳中和的重要内容。

8.2.4　中国绿色金融发展概况

随着"双碳"目标的明确提出，绿色金融被认为是实现"双碳"目标的有效方式之一，社会各界对于绿色金融的研究甚嚣尘上。绿色金融的特点是既保持资本最根本的逐利性（经济效应）又追求投资绿色化效果（绿色效应或环境效应），我们称之为绿色金融的双重效应。中国碳达峰碳中和目标（简称"双碳"目标）的承诺给发展绿色金融带来新的机遇和挑战（马俊，2021），推进新发展理念下的中国经济高质量发展需要绿色金融支持（陈雨露，2021）。绿色金融兼具双重功能，既是对传统金融功能的深化（中国银保监会政策研究局课题组，2021），又是对传统环境规制政策的有益补充（陆菁等，2020），是实现碳中和的重要手段和政策抓手（张中祥，2021；王瑶等，2021）。碳中和背景下，环境和气候相关风险已成为金融风险的重要部分（马俊，2021；计紫藤和樊纲，2021），如何全面理清绿色金融作用机理、准确测度绿色金融的技术进步效应，从而优化绿色金融体系、利用绿色金融逐步推进新发展格局值得深入探讨（安国俊，2021）。

中国绿色金融起源于 20 世纪 80 年代，经历近半个世纪发展，形成了较为系统的政策体系（见图 8 - 2）。自进入制度化阶段以来，2007年原国家环境保护总局、中国人民银行和原中国银监会联合颁布的《关于落实环保政策法规防范信贷风险的意见》首次将绿色信贷作为保护环境与节能减排的重要市场手段。2012 年，原中国银监会印发《绿色信贷指引》，让整个银行业开始重视"绿色"，但由于政策缺少实质性激励与刚性约束等原因，未能得到深入落实。绿色金融体系建设始于2015 年《中共中央　国务院关于加快推进生态文明建设的意见》，在此之前表现为单一方面的部分效力指导意见等政策。2016 年中国人民银行、财政部等七部委联合发布的《关于构建绿色金融体系的指导意见》明确了绿色金融包括绿色信贷、绿色债券、绿色股票指数和相关产品、绿色发展基金、绿色保险、碳金融等。2017 年首批绿色金融改革创新试验区的落实标志着绿色金融的落地；2021 年中国人民银行印发的《银行业金融机构绿色金融评价方案》旨在提升银行业金融机构绿色金融绩效；2021 年上海环境能源交易所开启全国碳市场交易。中国已经进入全面构建绿色金融体系的深化阶段，十九届六中全会强调"立足新发展阶段、贯彻新发展理念、构建新发展格局、推动高质量发展"，为绿色金融体系建设提供了根本性指南和新动力。政府主导的"自上而下"的金融体系推动中国绿色金融迅速发展。至 2021 年年末，中国绿色信贷达 15.9 万亿元，绿色债券存量 1.73 万亿元，碳排放配额累计成交 1.79 亿吨，累计成交额 76.61 亿元，绿色金融产品丰富，规模在国际前列（陈雨露，2021）。尽管在相关政策和实务领域，中国绿色金融已取得较大发展，但当前中国绿色金融在产品标准、激励机制、管理工具、风险定价、信息披露、机构建设和市场环境等方面依然存在系列问题（安国俊，2021；中国银保监会政策研究局课题组，2021）。全面优化绿色金融体系建设、提升绿色金融服务质量需要充分把握当前中国绿色金融服务逻辑和作用效果。基于此，在碳中和背景下，从偏向型技术创新的视角全面测评中国绿色金融效率对完善绿色金融体系建设、形成协同政策系统具有重要现实意义。然而鉴于数据缺失问题我们在下文的实证分析中仅考虑从金融发展整体角度对能源、环境偏向型技术进步影响的分析。

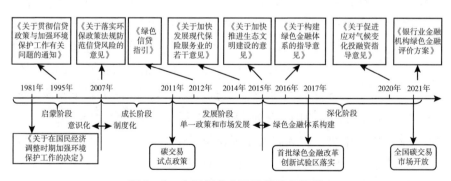

图 8-2　中国绿色金融政策演化路径

8.3　金融发展影响能源环境偏向型技术进步的机理分析

8.3.1　金融发展与偏向型技术进步研究现状

偏向型技术进步隶属于一般技术创新的范畴，因此，为了保障文献梳理的广泛性和理论分析的普适性，本章先从金融发展与一般技术进步的视角进行研究现状的分析。尽管金融与经济增长之间的因果关系存在广泛争议，但人们普遍认为金融能通过刺激技术创新来推动经济发展（King & Levine，1993；Pradhan et al.，2018；Rajan & Zingales，1998；Wu et al.，2020；Yang，2019；Zhou & Du，2021；庄毓敏等，2020；邵宜航等，2015；易信和刘凤良，2015；贾俊生等，2017；刘培森，2018）。在这些学者的研究中，技术进步被视为金融发展影响经济的方式之一。他们认为，金融发展为公司提供信息、分担风险和发放贷款，会进一步刺激这些企业的创新投入和生产力，最终促进经济的增长（Pagano，1993；Levine，1997；王金波，2018）。随着研究的逐渐深入和细化，一些研究直接记录了金融发展和创新（技术进步）之间的关系，可以粗略地归纳为三个方面。

第一，大多数研究者支持金融发展对技术创新有明显的积极影响。例如，须永（Sunaga，2017）的模型从理论上证明，资本积累和金融创新都是企业创新的关键且密不可分的组成部分。霍等（Ho et al.，2018）基于 74 个国家的面板数据，研究证明了银行和股票市场的增强都与创新的增加有关。普拉丹等（Pradhan et al.，2018）使用 49 个欧洲国家的面板数据，通过格兰杰（Granger）因果检验发现，创新和金融发展之间确实有着双向因果关系。潘等（Pan et al.，2019）对从金融发展到能源效率的渠道进行了系统的研究，得出的结论是金融发展对能源效率的促进作用存在着直接效应、商业效应、财富效应和技术效应四个渠道。张和瓦因（Zhang & Vigne，2021）考察了中国企业的创新绩效，认为财务约束会对企业的创新绩效产生负面影响，并且倡导创新效率应与绿色金融发展并重。孟维福等（2020）针对中国省级面板的研究指出金融发展对中国技术创新具有显著促进作用。张健鹏和陈诗一（2021）的城市级数据研究支持金融发展协同环境规制促进绿色经济转型。赵儒煜等（2021）基于2010～2018年中国内陆30个省份数据支持金融发展对中国区域创新的推动作用。郑好和武山（2021）利用空间杜宾模型，证明金融发展对科技创新的空间溢出效应存在显著的正向影响关系。罗天正和魏成龙（2021）的分维度研究认为，金融效率和银行信贷规模的增加能够有效地提升科技创新的研发效率和转化效率，而股票市场规模的扩大可以很好地激励创新研发效率的提升，但在提高创新转化效率方面确实也存在着一定抑制作用。

第二，一些经济学家不接受金融发展的重要作用，而是声称金融发展对创新没有影响。肖和赵（Xiao & Zhao, 2012）支持股票市场发展以促进企业创新，但同时他们指出银行业的发展未能促进甚至会阻碍市场中企业的创新，而中国的金融中介则主要由政府持股比例较高的银行组成。哈恩（Hahn, 2019）根据对德国公司、经理和银行的采访资料，主张金融化对公司的创新没有直接影响。还有学者（Zhu et al., 2020）使用基于跨国数据的动态面板阈值方法，研究发现金融发达国家的金融发展与创新之间的联系较小或不显著。

第三，一些关于金融发展和创新之间的实证检验呈现更加复杂的结果。具体而言，当金融投资超过了创新投资需求时，金融发展可能会抑制技术进步。例如，有学者的研究认为，公司中更多具有金融背景的高管会导致更多的金融资产投资和更少的研发，即存在着挤出效应（Liu et al., 2020b）。阿卢科和巴拉德 Aluko & Obalade（2020）以35个撒哈拉以南非洲国家为样本，他们发现在金融发展过程中会对环境质量产生不利的影响，因此，单一地就金融发展与技术创新之间的联系下结论是武断的。杜江和刘诗园（2020）基于中国历史数据的研究认为金融发展对技术创新的短期影响为正，长期来看影响为负。

总结而言，金融发展对技术进步的作用结果并未形成统一的结论，主要原因可能在于研究者们应用了不同的金融发展衡量指标、不同的技术进步衡量方式、不同的研究方法、差异化的研究对象等导致最终研究结果呈现出较大的差异。但从整理各类研究结论所占的比重来看，更多研究还是支持金融发展对技术进步的积极作用。为了理清金融发展与技术进步之间究竟存在怎样的关系，特别是与偏向型技术进步之间的关系，本章接下来首先分析金融发展对技术创新影响的路径，之后基于中国地级市数据进行计量检验，对中国金融发展与偏向型技术进步之间的关系进行具体的判断。

8.3.2　金融发展与技术创新的路径分析

技术作为企业的核心竞争力，对技术进行不断升级也是企业保障其公司价值的根本要求，因此，技术创新对于企业的生存及发展至关重要。另外，技术创新也是一个国家经济持续增长的核心动力，而这一活动自然离不开金融市场的资金支持，在上文中我们介绍了一些金融发展对于技术创新影响的研究。下面我们从金融规模、金融效率和金融结构的角度，来揭示金融发展对技术创新的影响机理，图 8 – 3 给出基本路径框架。

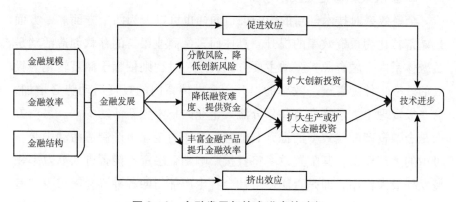

图 8 – 3　金融发展与技术进步的路径

1. 金融规模对企业技术创新的影响

金融规模对技术创新的影响渠道主要有两个方面。一方面，金融规模可以通过影响企业的融资来源从而促进企业的技术创新活动。金融规模的扩大可以为企业提供更多的金融贷款，也可以为企业提供更多的贷款选择，使得企业能以更小的成本去获得更多的金融资源，从而为企业的技术创新活动提供保障。一般而言，企业的融资方式主要可以分为内源融资和外源融资两种，内源融资是指企业通过公积金变现和职工筹资的方式为企业提供资金支持，这种方式获得的金融资源往往较少，难以满足企业技术创新活动的资金需要。而外源融资是指企业通过金融中介或企业在资本市场上进行股权融资等方式获取金融资源，虽然这种方式获得的资金相对于内源融资的方式较多，但是这种方式往往只适用于那些综合实力较强的大企业，中小企业往往很难从该渠道获得资金，或者融资成本过高。而金融规模的扩大可以很好地解决这些问题，从而为这些企业的创新活动提供资金保障。另一方面，金融规模的扩张一定程度上会带来金融产品的创新和丰富，可以提供更多金融投资机会供投资者（特别是机构投资者）选择，金融规模扩张使得企业融资成本降低和融资机会提升，然而这些资本进入企业后也有可能被用于规模扩张或者被用于金融投资，特别是在金融投资收益率相对较高的时代，从而并未对技术创新投资产生影响，甚至有可能挤出部分创新投资。

2. 金融效率对企业技术创新的影响

金融效率对技术创新的影响渠道同样也可以分为两个方面。一方面是储蓄转化为投资效率的提升。具体而言，商业银行的存款创造活动是金融体系内金融资源扩张的主要方式，这一过程则依赖于储蓄转化为投资的效率，伴随着这一效率的提升，金融体系内的投资活动势必增加，这些投资理论上最终会有些部分流入企业的技术创新活动中来。另一方面是金融资产配置效率的提升。金融资源作为企业生产制造活动中必不可少的生产要素，其配置效率将直接影响到金融资本能否进入高效率领域发挥最大作用，即是否能使得社会各生产部门的各种资金需求得到有效的满足。由此带来的结果便是呈现出金融的锦上添花角色，也可以说是资本逐利性的直接体现：金融资本进入效率更高领域进一步促进创新和效率提升，从而获得更高投资收益率，而对于效率较低但对经济和环保有正向溢出的行业，可能由于资本的缺失，创新不能继续，导致效率的低下问题无法解决。

3. 金融结构对企业技术创新的影响

金融结构主要通过产业机制和风险机制为企业的技术创新提供金融支持。首先是产业机制，金融作为服务于实体经济的第三产业，是企业创新活动得以实现的重要基础，合理健全的金融产业结构可以有效地优化其他产业结构，保障其他产业的融资需求，满足其他产业的发展需要，以此推动其他产业技术创新活动发展。其次是风险机制。技术创新具有为企业创造大量收益的潜力，但是在这一过程中往往潜藏着较大的风险，如流动性风险、创新成果转化的市场风险以及创新不确定性等。而合理的金融结构和稳定的金融体系则可以有效地降低风险，能够创造一个相对稳定的融资环境，为企业提供稳定的资金来源来供企业进行技术创新活动，还能分担企业创新风险。同时合理的金融结构意味着对应的金融机构服务与对应的企业主体，一定程度上降低企业融资配对的搜索成本和交易成本，从而提升企业效率。

8.3.3　研究假说

由图 8-3 和上述研究分析可知，金融发展能够从多条路径形成对企业技术进步的多重影响，既可能产生促进效应又可能表现为挤出效应。然而本书关注的主要研究对象是偏向型技术进步，但其根本归属于技术创新，只不过是进一步详细划分技术创新的方向，也就是更加细分企业创新投资的方向，因此，对于金融发展与能源环境偏向型技术进步的影响路径将不再赘述。基于上述分析我们将提出以下竞争性研究假说：

假说 8-1a：金融发展促进能源、环境偏向型技术进步；

假说 8-1b：金融发展阻碍能源、环境偏向型技术进步；

此外，考虑不同环境下金融发展对技术进步的作用结果可能呈现出异质性（杜江和刘诗园，2020；孟维福等，2020；赵儒煜等，2021；朱向东等，2021；Zhou & Du，2021；Tan et al.，2022），基于此，我们提出对应的研究假说：

假说 8-2：金融发展对能源、环境偏向型技术进步的影响具有异质性。

8.4 多维金融发展对能源环境
偏向型技术进步的影响

8.4.1 模型构建与变量说明

本章研究多维金融发展对于偏向型技术进步的影响,尽管在上述理论分析中,我们基于全面、综合分析的考量,从金融规模、金融效率和金融结构的角度分析了金融发展对偏向型技术进步的影响,然而鉴于数据可获得性考虑,我们在下文的实证分析中借鉴已有研究(Zhou & Du, 2021)分别从金融深化(fde)、金融相关比率(fir)和金融中介发展(fid)的维度来构建综合指标分析金融发展对偏向型技术进步的影响。基础回归模型如下:

$$ee_{it} = \alpha_1 fde_{it} + \beta X_{it} + city_i + year_t + \varepsilon_{it} \tag{8.1a}$$

$$ee_{it} = \alpha_2 fir_{it} + \beta X_{it} + city_i + year_t + \varepsilon_{it} \tag{8.1b}$$

$$ee_{it} = \alpha_3 fid_{it} + \beta X_{it} + city_i + year_t + \varepsilon_{it} \tag{8.1c}$$

$$pa_{it} = \delta_1 fde_{it} + \beta X_{it} + city_i + year_t + \varepsilon_{it} \tag{8.2a}$$

$$pa_{it} = \delta_2 fir_{it} + \beta X_{it} + city_i + year_t + \varepsilon_{it} \tag{8.2b}$$

$$pa_{it} = \delta_3 fid_{it} + \beta X_{it} + city_i + year_t + \varepsilon_{it} \tag{8.2c}$$

考虑到技术进步存在的自身发展路径依赖效应,采用引入被解释变量的一阶滞后项的动态模型考察金融发展对偏向型技术进步的影响。将上述模型扩展到动态模型如下:

$$ee_{it} = \theta_1 ee_{it-1} + \alpha_1 fde_{it} + \beta X_{it} + city_i + year_t + \varepsilon_{it} \tag{8.3a}$$

$$ee_{it} = \theta_2 ee_{it-1} + \alpha_2 fir_{it} + \beta X_{it} + city_i + year_t + \varepsilon_{it} \tag{8.3b}$$

$$ee_{it} = \theta_3 ee_{it-1} + \alpha_3 fid_{it} + \beta X_{it} + city_i + year_t + \varepsilon_{it} \tag{8.3c}$$

$$pa_{it} = \vartheta_1 pa_{it-1} + \delta_1 fde_{it} + \beta X_{it} + city_i + year_t + \varepsilon_{it} \tag{8.4a}$$

$$pa_{it} = \vartheta_2 pa_{it-1} + \delta_2 fir_{it} + \beta X_{it} + city_i + year_t + \varepsilon_{it} \tag{8.4b}$$

$$pa_{it} = \vartheta_3 pa_{it-1} + \delta_3 fid_{it} + \beta X_{it} + city_i + year_t + \varepsilon_{it} \tag{8.4c}$$

其中，ee_{it}、pa_{it} 分别对应各地区当年能源节约型技术进步和污染治理型技术进步，ee_{it-1}、pa_{it-1} 分别代表其对应偏向型技术进步的一阶滞后项；fde_{it}、fir_{it}、fid_{it} 分别代表了当年各城市的金融深化、金融相关比率和金融中介发展水平；X_{it} 包括了所有可能影响技术进步的其他因素，并将其作为控制变量，结合第 7 章的研究结论，将市场型环境规制加入到控制变量中，具体控制变量包括环境规制、产业结构高级化、FDI、人口密度、财政支出、教育水平、科技支出、人均收入及其平方项等。$city_i$ 和 $year_t$ 表示城市层面的个体固定效应和时间固定效应，ε_{it} 是误差项。

8.4.2 变量选取与统计描述

被解释变量为两类能源、环境偏向型技术进步，其具体计算方法见第 3 章内容，此处不再赘述。

主要解释变量为金融发展，为了全面记录金融发展的特征，我们借鉴已有研究（Zhou & Du，2021）的做法，从金融深化（fde）、金融相关比率（fir）和金融中介发展（fid）的维度，来构建综合指标分析金融发展对偏向型技术进步的影响。其中金融深化用金融机构贷款余额占 GDP 的比重衡量，金融相关比率用金融机构存贷款总额占 GDP 的比重来衡量，金融中介以居民储蓄存款占 GDP 的比重来衡量。

控制变量的选取结合第 7 章的研究结论、借鉴已有文献（Huang et al.，2019）的做法，包含环境规制、产业结构高级化、FDI、人口密度、财政支出、教育水平、科技支出、人均收入及其平方项。鉴于前两章的研究结果，产业结构高级化我们采用 $isu1$ 作为其衡量指标，环境规制采用 erb 来衡量，具体计算方法见第 6 章 6.2.1 节，相应其他指标的选取和计算方法保持与第 3 章一致，详细内容参见第 3 章 3.5.2 节，此处不再赘述。

考虑数据可得性，本书以中国 2003～2019 年 285 个城市为研究样本。对于基于货币单位的指标，全部进行了以 2000 年为基期的不变价格处理。其中，基础数据均来自各年度《中国城市年鉴》《中国区域经济统计年鉴》《中国金融年鉴》和《中国统计年鉴》等。对于少量缺失数据，本书采用插值法进行补充。表 8 - 2 和表 8 - 3 分别给出了全样本的变量描述性统计和分地区的变量描述性统计。

表 8 – 2　　　　　　　　　　全样本变量描述性统计

变量	样本量	均值	标准误	最小值	最大值	中值	变异系数
$ee1$	4845	0.117	0.131	0.001	1.151	0.08	1.113
$pa1$	4845	0.095	0.114	0.000	1	0.061	1.201
$ee2$	4845	0.126	0.137	0.001	1.214	0.088	1.083
$pa2$	4845	0.066	0.107	0.001	1.039	0.038	1.615
fde	4844	0.963	0.798	0.075	16.743	0.724	0.829
fir	4844	2.4	1.824	0.508	38.237	1.898	0.76
fid	4838	0.812	0.569	0.083	15.165	0.702	0.701
erb	4845	0.068	0.088	0.000	2.254	0.042	1.281
$isu1$	4845	0.914	0.503	0.094	5.34	0.801	0.55
fdi	4604	0.021	0.028	0.000	0.776	0.013	1.311
ln$density$	4845	5.724	0.915	1.548	7.923	5.865	0.16
gov	4845	0.192	0.203	0.040	6.041	0.146	1.059
edu	4716	0.016	0.022	0.000	0.159	0.008	1.361
rd	4840	0.021	0.041	0.000	0.304	0.008	1.897
ln$pgdp$	4845	8.952	0.735	5.781	11.892	8.868	0.082
ln$pgdps$	4845	80.687	13.367	33.416	141.419	78.643	0.166

资料来源：作者整理所得。

　　根据分地区子样本的描述性统计，主要针对本章主要解释变量——多维金融发展予以分析，可以发现东、中、西部三个地区在三个维度——金融深化、金融相关比率、金融中介发展水平上各有长短，并未表现出单个地区具有明显比较优势的现象，说明各个地区在金融的不同维度各有所长。

表 8 - 3　　　　　　　　　分地区子样本变量描述性统计

分地区	变量	样本量	均值	标准误	最小值	最大值	中值	变异系数
东部地区	ee1	1717	0.105	0.106	0.002	1	0.077	1.017
	pa1	1717	0.093	0.112	0.001	1	0.061	1.203
	fde	1717	1.018	0.712	0.181	9.012	0.813	0.699
	fir	1717	2.498	1.612	0.784	19.461	2.034	0.645
	fid	1715	0.784	0.472	0.242	8.178	0.679	0.602
	erb	1717	0.063	0.074	0.000	0.866	0.04	1.175
	isu1	1717	0.932	0.508	0.165	5.168	0.81	0.546
	fdi	1716	0.028	0.029	0.000	0.376	0.019	1.038
	lndensity	1717	6.198	0.629	4.509	7.923	6.324	0.101
	gov	1717	0.14	0.105	0.040	1.464	0.114	0.75
	edu	1709	0.019	0.023	0.000	0.127	0.011	1.209
	rd	1716	0.027	0.043	0.000	0.304	0.014	1.572
	lnpgdp	1717	9.352	0.731	6.821	11.892	9.272	0.078
	lnpgdps	1717	87.987	13.848	46.522	141.419	85.977	0.157
中部地区	ee1	1700	0.124	0.129	0.001	1.151	0.086	1.039
	pa1	1700	0.093	0.104	0.001	1	0.063	1.11
	fde	1700	0.876	0.87	0.112	16.743	0.656	0.993
	fir	1700	2.259	2.161	0.588	38.237	1.764	0.957
	fid	1699	0.843	0.736	0.083	15.165	0.693	0.874
	erb	1700	0.063	0.092	0.001	2.254	0.042	1.467
	isu1	1700	0.897	0.502	0.129	5.34	0.775	0.56
	fdi	1681	0.023	0.03	0.000	0.776	0.015	1.335
	lndensity	1700	5.743	0.795	3.054	7.273	5.807	0.138
	gov	1700	0.198	0.248	0.040	6.041	0.152	1.25
	edu	1675	0.015	0.021	0.000	0.131	0.008	1.427
	rd	1700	0.019	0.037	0.000	0.226	0.008	1.943
	lnpgdp	1700	8.789	0.572	5.781	10.612	8.783	0.065
	lnpgdps	1700	77.576	9.928	33.416	112.61	77.149	0.128

分地区	变量	样本量	均值	标准误	最小值	最大值	中值	变异系数
西部地区	$ee1$	1428	0. 125	0. 156	0. 001	1. 055	0. 073	1. 247
	$pa1$	1428	0. 1	0. 128	0. 000	1	0. 058	1. 284
	fde	1427	1	0. 799	0. 075	9. 622	0. 729	0. 8
	fir	1427	2. 452	1. 602	0. 508	19. 648	1. 945	0. 653
	fid	1424	0. 811	0. 429	0. 103	3. 921	0. 734	0. 529
	erb	1428	0. 081	0. 095	0. 000	0. 899	0. 047	1. 173
	$isu1$	1428	0. 913	0. 495	0. 094	5. 248	0. 813	0. 543
	fdi	1207	0. 008	0. 013	0. 000	0. 186	0. 004	1. 517
	$\ln density$	1428	5. 133	0. 998	1. 548	6. 953	5. 251	0. 194
	gov	1428	0. 246	0. 217	0. 043	2. 847	0. 185	0. 886
	edu	1332	0. 014	0. 022	0. 000	0. 159	0. 006	1. 507
	rd	1424	0. 017	0. 041	0. 000	0. 259	0. 005	2. 41
	$\ln pgdp$	1428	8. 667	0. 707	6. 187	11. 311	8. 559	0. 082
	$\ln pgdps$	1428	75. 612	12. 536	38. 273	127. 94	73. 258	0. 166

资料来源：作者整理所得。

8.4.3 实证结果与分析

本章主要关注多维度的金融发展对能源、环境偏向型技术进步的影响，考察中国金融发展能否有效推进绿色技术进步，从而实现经济绿色转型发展的根本政策目标。为了全面分析多维度金融发展的影响效果，在全样本层面上，我们将分别讨论三个维度的金融发展对能源效率的影响（见表8-4），和对环境效率的影响（见表8-5）；同时为了保障结果的可信性，本章还以 $ee2$ 和 $pa2$ 作为被解释变量进行了稳健性检验（见表8-6）。而对于分地区的结果，将分地区呈现动态模型下的三个维度金融发展对两类偏向型技术进步的影响，具体见表8-7、表8-8和表8-9。

1. 全样本结果

针对全国层面金融发展的影响结果，表8-4和表8-5分别记录了三个维度的金融发展分别对能源节约型技术进步和污染治理型技术进步的影响。首先，不仅提供了双固定效应下静态模型结果，同时考虑技术发展可能存在的历史积累效应（正向溢出）或者路径锁定效应，我们还将引入其一阶滞后项，提供了动态模型的结果。表中各行的含义与第5章的保持一致，不再详细说明。

表 8－4　　　　　　　　　　金融发展对能源效率的影响结果

变量	模型（1）	模型（2）	模型（3）	模型（4）	模型（5）	模型（6）
	*ee*1					
	fde	*fir*	*fid*	*fde*	*fir*	*fid*
L. Y				0.656 *** (0.010)	0.657 *** (0.010)	0.656 *** (0.010)
fde/fir/fid	0.009 ** (0.004)	0.002 (0.002)	− 0.014 *** (0.004)	0.007 *** (0.002)	0.003 ** (0.001)	− 0.004 (0.003)
erb	0.039 * (0.022)	0.039 * (0.022)	0.015 (0.023)	0.025 * (0.015)	0.022 # (0.015)	0.017 (0.015)
*isu*1	0.027 *** (0.005)	0.028 *** (0.005)	0.029 *** (0.005)	0.004 (0.003)	0.004 (0.003)	0.006 (0.003)
fdi	− 0.036 (0.056)	− 0.035 (0.056)	− 0.030 (0.056)	0.022 (0.039)	0.026 (0.039)	0.023 (0.039)
ln*density*	− 0.038 ** (0.017)	− 0.038 ** (0.017)	− 0.04 ** (0.017)	− 0.014 (0.011)	− 0.014 (0.011)	− 0.015 (0.011)
gov	− 0.213 *** (0.02)	− 0.208 *** (0.022)	− 0.186 *** (0.019)	− 0.114 *** (0.014)	− 0.118 *** (0.015)	− 0.099 *** (0.013)
edu	0.391 ** (0.197)	0.441 ** (0.196)	0.444 ** (0.195)	− 0.156 (0.144)	− 0.134 (0.143)	− 0.105 (0.143)
rd	− 0.216 ** (0.088)	− 0.216 ** (0.088)	− 0.230 *** (0.088)	− 0.173 *** (0.058)	− 0.174 *** (0.058)	− 0.178 *** (0.058)
ln*pgdp*	− 0.381 *** (0.076)	− 0.373 *** (0.076)	− 0.468 *** (0.080)	− 0.044 (0.052)	− 0.036 (0.052)	− 0.071 (0.055)
ln*pgdps*	0.023 *** (0.004)	0.023 *** (0.004)	0.027 *** (0.004)	0.004 (0.003)	0.003 (0.003)	0.005 (0.003)

续表

变量	模型（1）	模型（2）	模型（3）	模型（4）	模型（5）	模型（6）
	ee1					
	fde	fir	fid	fde	fir	fid
Constant	1.956 *** (0.357)	1.927 *** (0.358)	2.442 *** (0.377)	0.235 (0.246)	0.190 (0.246)	0.400 (0.261)
City – FE	1	1	1	1	1	1
Year – FE	1	1	1	1	1	1
R – sq	0.415	0.414	0.416	0.717	0.717	0.716
F – test	114.426 [0.000]	114.122 [0.000]	114.996 [0.000]	381.202 [0.000]	381.050 [0.000]	380.328 [0.000]

注：#表示 P 值接近 0.1，可大致视为相对显著。
资料来源：作者回归整理所得。

针对多维度金融发展对能源效率的影响，从表 8 - 4 可以发现，在双固定效应下，*fde* 的系数在静态模型和动态模型中均显著为正，说明金融深化能够缓解企业融资压力、积极促进企业能源偏向型技术创新发展。*fir* 的系数在静态模型中不显著，但在动态模型中显著为正，说明随着引入技术进步的溢出效应，金融相关比率提升能够进一步发挥促进能源利用效率提升的功能。*fid* 的系数在静态模型中显著为负，但在考虑了技术进步的动态模型中不再显著，我们基于动态模型结果认为金融中介的发展并不能促进能源效率提升，说明以商业银行为主的金融中介中居民储蓄存款影响力不足，并未发挥好其金融服务和投资转化功能，未能推动能源偏向型技术进步。

表 8 - 5　　　　　　　　金融发展对环境效率的影响结果

变量	模型（7）	模型（8）	模型（9）	模型（10）	模型（11）	模型（12）
	pa1					
	fde	fir	fid	fde	fir	fid
L. Y				0.609 *** (0.010)	0.609 *** (0.010)	0.608 *** (0.010)

变量	模型（7）	模型（8）	模型（9）	模型（10）	模型（11）	模型（12）
	pa1					
	fde	fir	fid	fde	fir	fid
fde/fir/fid	0.003 (0.004)	0.000 (0.002)	− 0.013 *** (0.004)	0.008 *** (0.002)	0.004 *** (0.001)	− 0.003 (0.003)
erb	0.025 (0.022)	0.026 (0.022)	0.002 (0.023)	0.034 ** (0.014)	0.031 ** (0.014)	0.030 ** (0.015)
isu1	0.030 *** (0.005)	0.030 *** (0.005)	0.031 *** (0.005)	0.006 * (0.003)	0.006 * (0.003)	0.007 ** (0.003)
fdi	0.085 (0.055)	0.085 (0.055)	0.091 * (0.055)	0.039 (0.038)	0.043 (0.038)	0.039 (0.038)
lndensity	− 0.042 ** (0.016)	− 0.041 ** (0.016)	− 0.043 *** (0.016)	− 0.015 (0.011)	− 0.014 (0.011)	− 0.015 (0.011)
gov	− 0.140 *** (0.020)	− 0.136 *** (0.022)	− 0.126 *** (0.019)	− 0.078 *** (0.014)	− 0.081 *** (0.015)	− 0.059 *** (0.013)
edu	0.351 * (0.194)	0.371 * (0.193)	0.356 * (0.192)	− 0.284 ** (0.141)	− 0.251 * (0.140)	− 0.212 (0.139)
rd	− 0.34 *** (0.087)	− 0.339 *** (0.087)	− 0.354 *** (0.087)	− 0.151 *** (0.056)	− 0.151 *** (0.056)	− 0.153 *** (0.056)
lnpgdp	− 0.389 *** (0.075)	− 0.387 *** (0.075)	− 0.468 *** (0.078)	0.005 (0.051)	0.014 (0.051)	− 0.013 (0.054)
lnpgdps	0.024 *** (0.004)	0.024 *** (0.004)	0.028 *** (0.004)	0.002 (0.003)	0.001 (0.003)	0.002 (0.003)
Constant	1.936 (0.351)	1.931 *** (0.352)	2.357 *** (0.37)	− 0.034 (0.240)	− 0.085 (0.240)	0.087 (0.255)
City – FE	1	1	1	1	1	1
Year – FE	1	1	1	1	1	1
R – sq	0.352	0.352	0.354	0.665	0.665	0.664
F – test	87.829 [0.000]	87.792 [0.000]	88.462 [0.000]	299.244 [0.000]	298.825 [0.000]	297.743 [0.000]

资料来源：作者回归整理所得。

针对多维度金融发展对环境效率的影响，从表 8 – 5 可以发现，在双固定效应下，*fde* 的系数在静态模型为正但不显著、在动态模型中均显著为正，我们基于动态模型结果认为金融深化能够缓解企业融资压力、积极促进企业环境偏向型技术创新发展。*fir* 的系数在静态模型中不显著，但在动态模型中显著为正，说明随着引入技术进步的溢出效应，金融相关比率提升能够进一步发挥促进环境利用效率提升的功能。*fid* 的系数在静态模型中显著为负，但在考虑了技术进步的动态模型中不再显著，我们基于动态模型结果认为金融中介的发展并不能促进环境效率提升，说明以商业银行为主的金融中介中居民储蓄存款的投资转化效率尚不足以支持整个服务效率提升，未能有效推动环境偏向型技术进步。其总体结果大致上与对能源效率的结果保持一致，研究假说 8 - 1a 部分得到验证。

对于被解释变量的滞后项系数和其他控制变量的系数结果与前文结果基本保持一致，我们认为没有必要再对其进行详细解析，此处不再赘述。然而需要说明的是，产业结构高级化的显著性随着金融发展变量的引入有所下降，特别是在对能源效率的回归中，其主要原因可能在于金融本身属于第三产业，金融发展一定程度上意味着第三产业发展，也就是产业结构高级化，其引入一定程度上削弱了产业结构高级化的影响效果也是非常合理的。

2. 稳健性检验

为了对上述结论进行稳健性检验，本章采用替换被解释变量的方式，将基于多种污染物排放合并二氧化碳后作为非期望产出计算出的能源效率 *ee2* 和环境效率 *pa2* 作为被解释变量进行对应的回归分析，其结果如表 8 - 6 所示。

表 8 - 6 全样本的稳健性检验

变量	模型（13）	模型（14）	模型（15）	模型（16）	模型（17）	模型（18）
	ee2			*pa2*		
	fde	*fir*	*fid*	*fde*	*fir*	*fid*
L. Y	0.678 *** (0.009)	0.679 *** (0.009)	0.679 *** (0.009)	0.632 *** (0.010)	0.632 *** (0.010)	0.632 *** (0.010)

续表

变量	模型（13）	模型（14）	模型（15）	模型（16）	模型（17）	模型（18）
	ee2			*pa2*		
	fde	*fir*	*fid*	*fde*	*fir*	*fid*
fde/fir/fid	0. 007 *** （0. 002）	0. 003 ** （0. 001）	− 0. 001 （0. 003）	0. 002 （0. 003）	0. 001 （0. 001）	− 0. 002 （0. 003）
erb	0. 025 * （0. 014）	0. 023 （0. 014）	0. 022 （0. 014）	0. 005 （0. 015）	0. 005 （0. 015）	0. 002 （0. 016）
*isu*1	0. 002 （0. 003）	0. 002 （0. 003）	0. 003 （0. 003）	− 0. 003 （0. 004）	− 0. 003 （0. 004）	− 0. 003 （0. 004）
fdi	0. 020 （0. 037）	0. 024 （0. 037）	0. 020 （0. 037）	0. 065 （0. 041）	0. 066 （0. 041）	0. 066 （0. 041）
ln*density*	− 0. 017 （0. 01）	− 0. 016 （0. 010）	− 0. 017 （0. 011）	0. 000 （0. 011）	0. 001 （0. 011）	0. 000 （0. 011）
gov	− 0. 128 *** （0. 013）	− 0. 132 *** （0. 014）	− 0. 116 *** （0. 013）	0. 009 （0. 014）	0. 008 （0. 015）	0. 013 （0. 014）
edu	− 0. 199 （0. 137）	− 0. 176 （0. 136）	− 0. 143 （0. 136）	− 0. 463 *** （0. 150）	− 0. 456 *** （0. 149）	− 0. 448 *** （0. 148）
rd	− 0. 190 *** （0. 055）	− 0. 190 *** （0. 055）	− 0. 191 *** （0. 055）	− 0. 131 ** （0. 060）	− 0. 132 ** （0. 060）	− 0. 134 ** （0. 060）
ln*pgdp*	− 0. 104 ** （0. 050）	− 0. 095 * （0. 050）	− 0. 114 ** （0. 053）	− 0. 147 *** （0. 055）	− 0. 145 *** （0. 055）	− 0. 158 *** （0. 057）
ln*pgdps*	0. 007 *** （0. 003）	0. 007 ** （0. 003）	0. 007 *** （0. 003）	0. 012 *** （0. 003）	0. 011 *** （0. 003）	0. 012 *** （0. 003）
Constant	0. 513 ** （0. 234）	0. 469 ** （0. 235）	0. 588 ** （0. 250）	0. 409 （0. 255）	0. 400 （0. 255）	0. 473 * （0. 270）
City – FE	1	1	1	1	1	1
Year – FE	1	1	1	1	1	1
R – sq	0. 757	0. 756	0. 756	0. 582	0. 582	0. 582
F – test	468. 560 [0. 000]	468. 336 [0. 000]	466. 994 [0. 000]	209. 888 [0. 000]	209. 876 [0. 000]	209. 705 [0. 000]

资料来源：作者回归整理所得。

针对全样本稳健性检验结果，从表 8－6 可以看出，能源效率的结果与前文分析结果相对一致，说明上文结果比较稳健，而针对环境规制的结果却均不显著，说明目前随着"双碳"目标的提出以及碳金融的发展，金融发展更多针对的是碳排放问题，而对其他污染物的共同治理问题有所忽略，未来金融发展服务中不仅要关注解决碳排放问题，还应考虑环境问题的综合治理，争取做到联防联控，实现更好的、全面的治理效果。

3. 分地区结果

考虑不同维度金融发展对能源、环境偏向型技术进步影响可能存在的异质性（Zhou & Du，2021），我们沿袭前面章节对异质性的讨论，根据中国国家统计局对东、中、西部城市的划分同样将样分成东、中、西部地区三个子样本，并分别给出相应地区多维金融发展的影响结果。表 8－7、表 8－8 和表 8－9 分别对应了东部地区、中部地区和西部地区的多维金融发展对能源、环境偏向型技术进步的影响结果。

表 8－7　　　　　　　　　　东部地区结果

变量	模型 E（1）	模型 E（2）	模型 E（3）	模型 E（4）	模型 E（5）	模型 E（6）
	*ee*1			*pa*1		
	fde	*fir*	*fid*	*fde*	*fir*	*fid*
L. Y	0.662 ***	0.662 ***	0.662 ***	0.638 ***	0.638 ***	0.637 ***
	(0.017)	(0.017)	(0.017)	(0.016)	(0.016)	(0.016)
fde/fir/fid	0.009 **	0.005 **	－ 0.003	0.009 *	0.004 *	－ 0.002
	(0.004)	(0.002)	(0.004)	(0.005)	(0.002)	(0.004)
erb	－ 0.049 *	－ 0.048 *	－ 0.047 *	－ 0.031	－ 0.030	－ 0.029
	(0.028)	(0.028)	(0.028)	(0.029)	(0.029)	(0.029)
*isu*1	0.013 **	0.013 **	0.016 ***	0.012 *	0.011 *	0.015 **
	(0.006)	(0.006)	(0.006)	(0.007)	(0.007)	(0.006)
fdi	－ 0.010	－ 0.012	－ 0.024	0.021	0.019	0.010
	(0.07)	(0.07)	(0.071)	(0.075)	(0.075)	(0.075)
ln*density*	0.004	0.004	0.001	－ 0.002	－ 0.001	－ 0.004
	(0.013)	(0.013)	(0.013)	(0.014)	(0.014)	(0.014)

续表

变量	模型 E（1）	模型 E（2）	模型 E（3）	模型 E（4）	模型 E（5）	模型 E（6）
	*ee*1			*pa*1		
	fde	*fir*	*fid*	*fde*	*fir*	*fid*
gov	-0.119 *** (0.037)	-0.123 *** (0.038)	-0.074 ** (0.034)	-0.091 ** (0.039)	-0.095 ** (0.040)	-0.050 (0.036)
edu	-0.604 *** (0.218)	-0.594 *** (0.218)	-0.598 *** (0.220)	-0.673 *** (0.231)	-0.664 *** (0.231)	-0.666 *** (0.233)
rd	-0.132 (0.083)	-0.129 (0.083)	-0.145 * (0.083)	-0.136 (0.088)	-0.134 (0.088)	-0.148 * (0.088)
ln*pgdp*	-0.150 (0.097)	-0.137 (0.096)	-0.130 (0.096)	-0.176 * (0.102)	-0.164 (0.102)	-0.158 (0.102)
ln*pgdps*	0.011 ** (0.005)	0.010 * (0.005)	0.009 * (0.005)	0.012 ** (0.005)	0.011 ** (0.005)	0.010 * (0.005)
Constant	0.519 (0.454)	0.446 (0.454)	0.488 (0.456)	0.679 (0.482)	0.612 (0.481)	0.649 (0.483)
City - FE	1	1	1	1	1	1
Year - FE	1	1	1	1	1	1
R - sq	0.714	0.714	0.713	0.684	0.684	0.684
F - test	142.241 [0.000]	142.213 [0.000]	141.469 [0.000]	123.328 [0.000]	123.304 [0.000]	122.755 [0.000]

资料来源：作者回归整理所得。

　　针对东部地区的结果，从表 8 - 7 可以发现，在双固定效应下，*fde* 和 *fir* 在对能源效率和环境效率的回归中均显著为正，说明在东部地区金融深化和金融中介比率的提高能够有效推动能源、环境偏向型技术进步。而 *fid* 的系数在模型 E（3）和 E（6）两个回归中均不显著，表明金融中介发展未能发挥推动企业绿色技术创新的功能。也就是说东部地区整体回归结果与全样本结果保持相对一致，未来该地区金融发展的比较优势方向为金融深化和金融相关比率提升，以期通过降低企业融资压力、提供金融服务推动企业绿色创新，从而推动地区经济绿色转型和"双碳"目标的实现。

表 8 – 8　　　　　　　　　　　　　中部地区结果

变量	模型 C（1）	模型 C（2）	模型 C（3）	模型 C（4）	模型 C（5）	模型 C（6）
	$ee1$			$pa1$		
	fde	fir	fid	fde	fir	fid
$L.Y$	0.719 *** (0.015)	0.719 *** (0.015)	0.716 *** (0.015)	0.649 *** (0.014)	0.649 *** (0.014)	0.647 *** (0.014)
$fde/fir/fid$	0.002 (0.003)	0.000 (0.002)	– 0.008 ** (0.004)	0.005 * (0.003)	0.000 (0.001)	– 0.008 ** (0.003)
erb	0.047 ** (0.020)	0.048 ** (0.02)	0.022 (0.022)	0.039 ** (0.016)	0.041 ** (0.017)	0.019 (0.019)
$isu1$	0.001 (0.005)	0.001 (0.005)	0.000 (0.005)	0.006 (0.004)	0.006 (0.004)	0.006 (0.004)
fdi	0.031 (0.046)	0.031 (0.047)	0.031 (0.046)	– 0.016 (0.039)	– 0.015 (0.039)	– 0.017 (0.039)
$\ln density$	– 0.034 ** (0.017)	– 0.034 ** (0.017)	– 0.034 ** (0.017)	– 0.021 (0.014)	– 0.020 (0.014)	– 0.020 (0.014)
gov	– 0.078 *** (0.021)	– 0.073 *** (0.022)	– 0.068 *** (0.02)	– 0.040 ** (0.017)	– 0.030 (0.019)	– 0.021 (0.016)
edu	0.254 (0.244)	0.276 (0.242)	0.249 (0.24)	0.184 (0.204)	0.237 (0.203)	0.220 (0.202)
rd	– 0.130 (0.084)	– 0.127 (0.084)	– 0.132 (0.084)	– 0.093 (0.07)	– 0.088 (0.070)	– 0.091 (0.070)
$\ln pgdp$	0.104 (0.081)	0.105 (0.081)	0.025 (0.089)	0.195 *** (0.068)	0.198 *** (0.068)	0.126 * (0.074)
$\ln pgdps$	– 0.005 (0.005)	– 0.005 (0.005)	– 0.001 (0.005)	– 0.01 ** (0.004)	– 0.010 *** (0.004)	– 0.006 (0.004)
$Constant$	– 0.265 (0.385)	– 0.267 (0.386)	0.129 (0.424)	– 0.791 ** (0.323)	– 0.806 ** (0.324)	– 0.450 (0.356)
City – FE	1	1	1	1	1	1
Year – FE	1	1	1	1	1	1
R – sq	0.804	0.804	0.804	0.770	0.770	0.771
F – test	225.230 [0.000]	225.185 [0.000]	225.737 [0.000]	184.509 [0.000]	184.019 [0.000]	184.616 [0.000]

资料来源：作者回归整理所得。

　　针对中部地区的结果，从表 8 - 8 可以发现，在双固定效应下，*fde*
的系数仅在模型 C（4）中显著为正，说明在中部地区金融深化未能推
动能源效率提升，只能推动环境效率提升；*fir* 的系数在对能源效率和
环境效率的回归中均不显著，说明在中部地区金融相关比率不能有效推
动绿色技术创新；而 *fid* 的系数在模型 C（3）和 C（6）中均显著为负，
说明金融中介发展不仅不能促进绿色创新，反而束缚了绿色创新发展，
阻碍能源、环境效率提升。也就是说在中部地区，金融发展的比较优势
方向应当是加强金融深化、调整金融中介发展水平，合理安排其服务范
围和服务对象，促进其绿色服务功能发挥。

表 8 - 9 西部地区结果

变量	模型 W（1）	模型 W（2）	模型 W（3）	模型 W（4）	模型 W（5）	模型 W（6）
	*ee*1			*pa*1		
	fde	*fir*	*fid*	*fde*	*fir*	*fid*
L. Y	0.574 *** (0.022)	0.577 *** (0.022)	0.578 *** (0.022)	0.523 *** (0.022)	0.526 *** (0.022)	0.526 *** (0.022)
fde/fir/fid	0.014 * (0.008)	0.005 (0.006)	0.002 (0.009)	0.017 ** (0.008)	0.008 (0.005)	-0.003 (0.008)
erb	-0.014 (0.047)	-0.006 (0.046)	-0.006 (0.047)	0.016 (0.046)	0.026 (0.046)	0.020 (0.047)
*isu*1	-0.002 (0.010)	0.001 (0.01)	0.002 (0.010)	0.003 (0.010)	0.005 (0.010)	0.009 (0.010)
fdi	-0.186 (0.217)	-0.187 (0.218)	-0.158 (0.217)	-0.117 (0.213)	-0.127 (0.215)	-0.088 (0.214)
ln*density*	-0.06 (0.053)	-0.053 (0.053)	-0.052 (0.053)	-0.042 (0.052)	-0.033 (0.052)	-0.036 (0.052)
gov	-0.172 *** (0.031)	-0.168 *** (0.034)	-0.153 *** (0.029)	-0.118 *** (0.031)	-0.118 *** (0.033)	-0.092 *** (0.029)
edu	0.228 (0.330)	0.310 (0.330)	0.401 (0.317)	0.050 (0.325)	0.117 (0.325)	0.238 (0.312)

续表

变量	模型 W（1）	模型 W（2）	模型 W（3）	模型 W（4）	模型 W（5）	模型 W（6）
	*ee*1			*pa*1		
	fde	*fir*	*fid*	*fde*	*fir*	*fid*
rd	− 0. 097 （0. 190）	− 0. 107 （0. 190）	− 0. 113 （0. 191）	− 0. 053 （0. 187）	− 0. 066 （0. 187）	− 0. 072 （0. 188）
ln*pgdp*	− 0. 070 （0. 145）	− 0. 044 （0. 145）	− 0. 054 （0. 147）	− 0. 024 （0. 143）	0. 012 （0. 143）	− 0. 020 （0. 146）
ln*pgdps*	0. 004 （0. 008）	0. 003 （0. 008）	0. 003 （0. 008）	0. 003 （0. 008）	0. 002 （0. 008）	0. 003 （0. 008）
Constant	0. 709 （0. 696）	0. 550 （0. 702）	0. 622 （0. 716）	0. 238 （0. 687）	0. 014 （0. 693）	0. 226 （0. 708）
City − FE	1	1	1	1	1	1
Year − FE	1	1	1	1	1	1
R − sq	0. 641	0. 640	0. 640	0. 575	0. 574	0. 573
F − test	65. 729 ［0. 000］	65. 519 ［0. 000］	65. 393 ［0. 000］	49. 851 ［0. 000］	49. 654 ［0. 000］	49. 451 ［0. 000］

资料来源：作者回归整理所得。

　　针对西部地区的结果，从表 8 - 9 可以发现，在双固定效应下，*fde*
的系数在对能源效率和环境效率的回归中均显著为正，说明在西部地区
金融深化能有效促进企业绿色创新、推动能源和环境效率提升；*fir* 和
fid 的系数所有模型中均不显著，说明在西部地区金融相关比率和金融
中介发展水平的提升并未发挥其放松绿色融资约束的功能，不能对能
源、环境偏向型技术进步产生积极影响。也就是说西部地区金融发展的
比较优势方向是金融深化，未来应积极发挥金融深化对企业绿色创新的
助力，争取通过金融深化推动企业绿色创新，推动本地区经济追赶的同
时能够实现绿色转型。

　　总结而言，从分地区的回归结果可以看出，金融发展对能源、环境
偏向型技术进步的影响确实存在异质性，差异化的结果说明不同地区金
融发展的比较优势方向不同，一定程度上证明了研究假说 8 - 2。未来

发展中利用金融发展促进偏向型技术进步的策略也是不同的，应当结合当前地区发展的相对优劣势，积极推动金融发展的优势维度，为绿色创新提供更好的金融服务，从而推动地区经济高质量发展和"双碳"目标的实现。

8.5　小　　结

本章主要讨论了金融发展对能源、环境偏向型技术进步的影响。首先，对金融发展相关理论进行梳理，并构建了金融发展的衡量指标，之后从历史的角度梳理了中国金融发展的历程，并对中国金融和绿色金融发展现状进行了整体评价；其次，通过梳理现有关于金融发展与技术进步的文献，理清两者之间的关系，并构建了理论分析模型，给出金融发展对偏向型技术进步影响的理论分析和研究假说；最后，在理论分析和研究假说的基础上构建计量模型，并应用中国城市面板数据给出对应检验结果和结论解释。本章与第6章和第7章为平行章节，主要希望从影响因素的视角分析能源、环境偏向型技术进步的动力之源，探索绿色创新的可能推动手段和措施，并为下章讨论能源、环境偏向型技术进步的根源所在提供一个参考方向。

参 考 文 献

［1］Aluko, O. A. , & Obalade, A. A. , Financial development and environmental quality in sub – Saharan Africa：Is there a technology effect? ［J］. Science of the Total Environment, 2020, 747：141515.

［2］Canh, N. P. , & Thanh, S. D. , Financial development and the shadow economy：A multi-dimensional analysis ［J］. Economic Analysis and Policy, 2020, 67：37 – 54.

［3］Chen, Y. , Cheng, L. , Lee, C. C. , & Wang, C. S. , The impact of regional banks on environmental pollution：Evidence from China's city commercial banks [J]. Energy Economics, 2021, 102: 105492.

[4] Fan, F., Lian, H., Liu, X., & Wang, X., Can environmental regulation promote urban green innovation Efficiency? An empirical study based on Chinese cities [J]. Journal of Cleaner Production, 2021, 287: 125060.

[5] Fang, Z., Gao, X., & Sun, C. W., Do financial development, urbanization and trade affect environmental quality? Evidence from China [J]. Journal of Cleaner Production, 2020, 259: 120892.

[6] García – Quevedo, J., Segarra – Blasco, A., & Teruel, M., Financial constraints and the failure of innovation projects [J]. Technological Forecasting and Social Change, 2018, 127: 127 – 140.

[7] Goldsmith, R. W., Financial Structure and Development [M]. Yale University Press, 1969.

[8] Gurley, J. G., & Shaw, E. S., Financial aspects of economic development [J]. The American Economic Review, 1955, 45 (4): 515 – 538.

[9] Hahn, K., Innovation in times of financialization: Do future-oriented innovation strategies suffer? Examples from German industry [J]. Research Policy, 2019, 48 (4): 923 – 935.

[10] Hao, Y., Zhang, Z. Y., Liao, H., Wei, Y. M., & Wang, S., Is CO_2 emission a side effect of financial development? An empirical analysis for China [J]. Environmental Science and Pollution Research, 2016, 23 (20): 21041 – 21057.

[11] He, Y. Q., Ding, X., & Yang, C. C., Do environmental regulations and financial constraints stimulate corporate technological innovation? Evidence from China [J]. Journal of Asian Economics, 2021, 72: 101265.

[12] Hellmann, T., Murdock, K., & Stiglitz, J. E., Deposit mobilization through financial restraint [J]. Hermes, N. and Lensink, R. (Ed), In: Financial Development and Economic Growth: Theory and Expe-

riences from Developing Countries. London: Routledge, 1996: 219 – 246.

[13] Ho, C. Y., Huang, S. Q., Shi, H., & Wu, J., Financial deepening and innovation: The role of political institutions [J]. World Development, 2018, 109: 1 – 13.

[14] Hsu, P. H., Tian, X., & Xu, Y., Financial development and innovation: Cross-country evidence [J]. Journal of Financial Economics, 2014, 112 (1): 116 – 135.

[15] Huang, J., Cai, X. C., Huang, S., Tian, S., & Lei, H. Y., Technological factors and total factor productivity in China: Evidence based on a panel threshold model [J]. China Economic Review, 2019, 54: 271 – 285.

[16] King, R. G., & Levine, R., Finance and growth: Schumpeter might be right [J]. The Quarterly Journal of Economics, 1993, 108 (3): 717 – 737.

[17] Levine R., Bank-based or market-based financial systems: which is better? [J]. Journal of Financial Intermediation, 2002, 11 (4): 398 – 428.

[18] Levine R., Financial development and economic growth: views and agenda [J]. Journal of Economic Literature, 1997, 35 (2): 688 – 726.

[19] Levine, R., & Zervos, S., Stock markets, banks, and economic growth [J]. American Economic Review, 1998: 537 – 558.

[20] Li, Y. F., Ji, Q., & Zhang, D. Y., Technological catching up and innovation policies in China: What is behind this largely successful story? [J]. Technological Forecasting and Social Change, 2020, 153: 119918.

[21] Liu, B. H., Zhou, W., Chan, K. C., & Chen, Y. N., Corporate executives with financial backgrounds: The crowding-out effect on innovation investment and outcomes [J]. Journal of Business Research, 2020, 109: 161 – 173.

[22] Liu, J. J. , Li, X. R. , & Wang, S. Y. , What have we learnt from 10 years of fintech research? a scientometric analysis [J]. Technological Forecasting and Social Change, 2020, 155: 120022.

[23] Mckinnon, R. I. , Money and capital in economic development [M]. Washington, D. C. : Brookings Institution, 1973.

[24] Pagano M. , Financial markets and growth: an overview [J]. European Economic Review, 1993, 37 (2 – 3): 613 – 622.

[25] Pan, X. F. , Uddin, M. K. , Han, C. C. , & Pan, X. Y. , Dynamics of financial development, trade openness, technological innovation and energy intensity: Evidence from Bangladesh [J]. Energy, 2019, 171: 456 – 464.

[26] Pellegrino, G. , & Savona, M. , No money, no honey? Financial versus knowledge and demand constraints on innovation [J]. Research policy, 2017, 46 (2): 510 – 521.

[27] Pradhan, R. P. , Arvin, M. B. , & Bahmani, S. , Are innovation and financial development causative factors in economic growth? Evidence from a panel granger causality test [J]. Technological Forecasting and Social Change, 2018, 132: 130 – 142.

[28] Rajan, R. G. , & Zingales, L. , Financial dependence and growth [J]. American Economic Review, 1998, 88 (3): 559 – 586.

[29] Shaw, E. S. , Financial deepening in economic development [M]. New York: Oxford University Press, 1973.

[30] Sunaga M. , Endogenous growth cycles with financial intermediaries and entrepreneurial innovation [J]. Journal of Macroeconomics, 2017, 53: 191 – 206.

[31] Svirydzenka K. , Introducing a new broad-based index of financial development [M]. International Monetary Fund, 2016.

[32] Tan, X. J. , Yan, Y. X. , & Dong, Y. Y. , Peer effect in green credit induced green innovation: An empirical study from China's Green Credit Guidelines [J]. Resources Policy, 2022, 76: 102619.

［33］Wu, C. F., Huang, S. C., Chang, T., Chiou, C. C., & Hsueh, H. P., The nexus of financial development and economic growth across major Asian economies: Evidence from bootstrap ARDL testing and machine learning approach ［J］. Journal of Computational and Applied Mathematics, 2020, 372: 112660.

［34］Xiao, S., & Zhao, S., Financial development, government ownership of banks and firm innovation ［J］. Journal of International Money and Finance, 2012, 31 (4): 880 – 906.

［35］Yang, F., The impact of financial development on economic growth in middle-income countries ［J］. Journal of International Financial Markets, Institutions and Money, 2019, 59: 74 – 89.

［36］Zhang, D. Y., & Vigne, S. A., How does innovation efficiency contribute to green productivity? A financial constraint perspective ［J］. Journal of Cleaner Production, 2021, 280: 124000.

［37］Zhao, B. Y., & Yang, W. P., Does financial development influence CO_2 emissions? A Chinese province-level study ［J］. Energy, 2020, 200: 117523.

［38］Zhou, X. X., & Du, J. T., Does environmental regulation induce improved financial development for green technological innovation in China? ［J］. Journal of Environmental Management, 2021, 300: 113685.

［39］Zhou, X. X., Pan, Z. X., Shahbaz, M., & Song, M. L., Directed technological progress driven by diversified industrial structural change ［J］. Structural Change and Economic Dynamics, 2020, 54: 112 – 129.

［40］Zhu, X. Y., Asimakopoulos, S., & Kim, J., Financial development and innovation-led growth: Is too much finance better? ［J］. Journal of International Money and Finance, 2020, 100: 102083.

［41］安国俊. 碳中和目标下的绿色金融创新路径探讨 ［J］. 南方金融, 2021 (02): 3 – 12.

［42］蔡栋梁, 闫懿, 程树磊. 碳排放补贴、碳税对环境质量的影

响研究 [J]. 中国人口·资源与环境, 2019, 29 (11): 59 - 70.

[43] 曹霞, 张路蓬. 金融支持对技术创新的直接影响及空间溢出效应——基于中国 2003 - 2013 年省际空间面板杜宾模型 [J]. 管理评论, 2017, 29 (07): 36 - 45.

[44] 曹永琴, 李泽祥. 中国金融经济周期与真实经济周期的动态关联研究 [J]. 统计研究, 2009, 26 (05): 9 - 16.

[45] 陈素梅, 何凌云. 环境、健康与经济增长: 最优能源税收入分配研究 [J]. 经济研究, 2017, 52 (04): 120 - 134.

[46] 陈雨露. 绿色金融"三大功能""五大支柱"助力实现"30·60"目标. 中国人民银行, 2021.

[47] 邓伟, 刘萍萍. 金融发展、企业家精神与城乡收入差距 [J]. 浙江工商大学学报, 2016 (04): 82 - 91.

[48] 杜江, 刘诗园. 经济政策不确定性、金融发展与技术创新 [J]. 经济问题探索, 2020 (12): 32 - 42.

[49] 郭峰, 胡军. 地区金融扩张的竞争效应和溢出效应——基于空间面板模型的分析 [J]. 经济学报, 2016, 3 (02): 1 - 20.

[50] 黄凌云, 邹博宇, 张宽. 中国金融发展质量的测度及时空演变特征研究 [J]. 数量经济技术经济研究, 2021, 38 (12): 85 - 104.

[51] 计紫藤, 樊纲. 碳达峰碳中和背景下的央行政策研究 [J]. 江淮论坛, 2021 (03): 69 - 74.

[52] 贾俊生, 伦晓波, 林树. 金融发展、微观企业创新产出与经济增长——基于上市公司专利视角的实证分析 [J]. 金融研究, 2017 (01): 99 - 113.

[53] 李成. 中国金融周期的基本特征与分析结论 [J]. 金融论坛, 2005 (01): 50 - 56, 63.

[54] 林诗贤, 祁毓. 区位导向型生态环境政策的激励效应及策略选择 [J]. 财政研究, 2021 (06): 85 - 103.

[55] 林毅夫, 姜烨. 经济结构、银行业结构与经济发展——基于分省面板数据的实证分析 [J]. 金融研究, 2006 (01): 7 - 22.

[56] 林毅夫, 孙希芳, 姜烨. 经济发展中的最优金融结构理论初

探［J］.经济研究，2009，44（08）：4-17.

［57］林毅夫，章奇，刘明兴.金融结构与经济增长：以制造业为例［J］.世界经济，2003（01）：3-21，80.

［58］刘培森.金融发展、创新驱动与长期经济增长［J］.金融评论，2018，10（04）：41-59，119-120.

［59］陆菁，鄢云，王韬璇.绿色信贷政策的微观效应研究——基于技术创新与资源再配置的视角［J］.中国工业经济，2021（01）：174-192.

［60］罗天正，魏成龙.金融发展对科技创新效率影响的区域收敛性研究［J］.中国科技论坛，2021（04）：34-43.

［61］吕朝凤，朱丹丹.中国垂直一体化生产模式的决定因素——基于金融发展和不完全契约视角的实证分析［J］.中国工业经济，2016（03）：68-82.

［62］马骏，孟海波，邵丹青，朱亚珊.绿色金融、普惠金融与绿色农业发展［J］.金融论坛，2021，26（03）：3-8，20.

［63］马永谈，鲁静怡，林萍，谢权斌.全球金融发展与经济增长的结构性关联效应——基于金融周期和金融稳定机制的分析［J］.财经科学，2021（10）：1-14.

［64］孟维福，贾鑫晶，杨兆廷.金融发展、制度环境优化与技术创新——基于空间杜宾模型的实证检验［J］.江汉论坛，2020（08）：29-36.

［65］庞晓波，赵玉龙.我国金融发展与经济增长的弱相关性及其启示［J］.数量经济技术经济研究，2003（09）：47-51.

［66］彭俞超.金融功能观视角下的金融结构与经济增长——来自1989~2011年的国际经验［J］.金融研究，2015（01）：32-49.

［67］邵宜航，刘仕保，张朝阳.创新差异下的金融发展模式与经济增长：理论与实证［J］.管理世界，2015（11）：29-39.

［68］沈冰，李鑫.金融发展、产业结构高级化与能源效率提升［J］.经济问题探索，2020（12）：131-138.

［69］孙伍琴，朱顺林.金融发展促进技术创新的效率研究——基

于 Malmuquist 指数的分析 [J]. 统计研究，2008（03）：46 - 50.

[70] 谈儒勇，丁桂菊. 外部融资依赖度与增长机会：金融发展效应行业差异探析 [J]. 华南师范大学学报（社会科学版），2007（03）：23 - 27，157.

[71] 谈儒勇. 中国金融发展和经济增长关系的实证研究 [J]. 经济研究，1999（10）：53 - 61.

[72] 王金波. 金融发展、技术创新与地区经济增长——基于中国省际面板数据的实证研究 [J]. 金融与经济，2018（01）：57 - 64.

[73] 王淑娟，叶蜀君，解方圆. 金融发展、金融创新与高新技术企业自主创新能力——基于中国省际面板数据的实证分析 [J]. 软科学，2018，32（03）：10 - 15.

[74] 王小斌. 金融发展、空间溢出与城乡收入差距——基于空间杜宾模型的研究 [J]. 武汉理工大学学报（社会科学版），2017，30（01）：68 - 75.

[75] 王瑶，刘倩，黎峥. 中国地方绿色金融发展报告. 北京：社会科学文献出版社，2021.

[76] 魏巍. 金融发展、技术创新与产业升级的关系研究 [J]. 技术经济与管理研究，2016（05）：98 - 102.

[77] 谢平. 中国金融资产结构分析 [J]. 经济研究，1992（11）：30 - 37，13.

[78] 熊灵，齐绍洲. 金融发展与中国省区碳排放——基于 STIRPAT 模型和动态面板数据分析 [J]. 中国地质大学学报（社会科学版），2016，16（02）：63 - 73.

[79] 徐璋勇，朱睿. 金融发展对绿色全要素生产率的影响分析——来自中国西部地区的实证研究 [J]. 山西大学学报（哲学社会科学版），2020，43（01）：117 - 129.

[80] 杨伟中，余剑，李康. 金融资源配置、技术进步与经济高质量发展 [J]. 金融研究，2020（12）：75 - 94.

[81] 杨子荣，张梓润. 金融发展指数构建与测度——基于 34 个经济体的比较 [J]. 经济纵横，2021（12）：90 - 100.

［82］易信，刘凤良．金融发展、技术创新与产业结构转型——多部门内生增长理论分析框架［J］．管理世界，2015（10）：24 – 39，90．

［83］袁成，于润．基于多元职能论的保险发展对经济增长贡献的实证检验［J］．财经论丛，2013（01）：40 – 46．

［84］张建鹏，陈诗一．金融发展、环境规制与经济绿色转型［J］．财经研究，2021，47（11）：78 – 93．

［85］张杰，吴书凤，金岳．中国金融扩张下的本土企业创新效应——基于倒 U 型关系的一个解释［J］．金融研究，2021（04）：55 – 72．

［86］张杰，杨连星，新夫．房地产阻碍了中国创新么？——基于金融体系贷款期限结构的解释［J］．管理世界，2016（05）：64 – 80．

［87］张黎娜，千慧雄．区域金融发展对技术创新的双重作用机制研究［J］．金融经济学研究，2020，35（01）：104 – 116．

［88］张庆君，李雨霏，毛雪．所有制结构、金融错配与全要素生产率［J］．财贸研究，2016，27（04）：9 – 15，23．

［89］张志强．金融发展、研发创新与区域技术深化［J］．经济评论，2012（03）：82 – 92．

［90］张中祥．碳达峰、碳中和目标下的中国与世界——绿色低碳转型、绿色金融、碳市场与碳边境调节机制［J］．人民论坛·学术前沿，2021（14）：69 – 79．

［91］赵婧，吴珍珠，谢朝华．金融支持促进高技术产业技术创新成效的区域性差异研究［J］．财经理论与实践，2019，40（01）：39 – 43．

［92］赵儒煜，肖茜文，王铁钊．金融发展、对外开放与区域科技创新［J］．税务与经济，2021（02）：62 – 69．

［93］赵振全，薛丰慧．金融发展对经济增长影响的实证分析［J］．金融研究，2004（08）：94 – 99．

［94］郑好，武山．金融发展对科技创新的空间溢出效应分析［J］．统计与决策，2021，37（13）：140 – 144．

［95］中国银保监会政策研究局课题组，洪卫．绿色金融理论与实践研究［J］．金融监管研究，2021（03）：1－15.

［96］朱向东，黄永源，朱晟君，黄海峰．绿色金融影响下中国污染性产业技术创新及其空间差异［J］．地理科学，2021，41（05）：777－787.

［97］庄毓敏，储青青，马勇．金融发展、企业创新与经济增长［J］．金融研究，2020（04）：11－30.

第9章

能源环境偏向型技术进步的动力之源：
制度优化还是市场建设？

9.1 引　　言

上述章节分别从产业结构优化调整、环境规制方式调整、金融发展方向选择视角来探讨分析这些因素对能源、环境偏向型技术进步的影响，证明了不同维度的产业结构优化、不同类型的环境规制和不同的金融发展方向对能源环境偏向型技术进步产生的影响不同。基于这些结果我们可以从两个方面对能源、环境偏向型技术进步的影响因素予以总结分析，即政府调控和市场完善。也就是说不管是产业调整策略还是环境规制手段，基本上都属于政府调控，从根本上来说都是从制度入手来实现更好的制度环境优化，从而推动偏向型技术进步；而金融发展或者绿色金融的发展不仅体现了政府意志，更大的特点是通过市场化手段来引导要素流动，从而实现推动或引导偏向型技术进步的目的。

简而言之，上述分析的能源、环境偏向型技术进步的影响因素，或者我们常说的可以用来对偏向型技术进步进行引导、调整或推动的方式，大致可以从政府和市场两个方面予以简要的划分。也就是说，从更加宏观的视角来看，我们可以从制度优化和市场建设两个方面来寻求进一步推进能源、环境偏向型技术进步的动力。鉴于我国自然资源的全民所有制形式，以及我国自然资源市场制度的发展历程，接下来我们将从制度环境优化和市场化改革两个方面来探寻能源环境偏向型技术进步的动力之源。同时，在党的十九大和二十大报告中均指出要"充分发挥市场在资源配置中的决定性作用，更好发挥政府作用。"同样为我们探索资源优化配置和绿色转型发展提供了明确的方向。

本章采用演化博弈模型从制度环境优化和市场化建设两个方面分析其对偏向型技术进步的影响机理，模型中包含政府、污染企业、非污染企业和消费者四大群体，其中，将制度优化体现在政府的行为上，而市场化力量将体现在消费者需求导向上，从而分析不同情境下企业绿色创新与否的选择，并应用数值仿真分析对其具体可能行为趋势和作用效果进行更加形象的展现。

9.2　制度优化评价与市场化改革进程

9.2.1　制度环境概念及衡量

目前，中国处于全面深化改革的重要阶段，规范地区制度环境，使制度环境的各个子环境充分发挥作用，完善地方法律法规，发展文化软实力，充分发挥地方政府"经济学家"的经济职能尤为重要，党的十八大之后形成了生态文明建设的顶层设计，也明确了"以制度保护生态环境"的改革路线（苏利阳，2021）。然而制度环境并非一个十分明确的概念，其主要包括法律、政府、市场等与企业生产经营活动有关的因素，是一个与社会经济发展相关的政治、经济与文化的交互环境，会作用于资源的配置效率从而影响企业的创新行为（刘思明等，2015）。制度理论指出，制度定义了规则和规范，为个体和经济活动（例如，创业活动）设定了边界条件（North，1990）。在一般情况下，国内外学者将制度环境主要分为三个主要子环境，分别是政府治理子环境、法律法规制度子环境以及文化发展水平子环境。在中国，不同地区之间制度环境的区别相差甚远，造成这种差别主要是由于中国地大物博，地区间资源禀赋、自然条件、社会条件等差异较大。改革开放以来，中国工业与科技的快速发展，与目前中国形成的制度环境是息息相关的，在近几十年来，伴随着市场化进程与市场化改革的加快，制度环境的差异越来越大。一种新的制度理论的出现会促进对制度质量和制度改革的研究，制度环境理论逐渐发展为一种新的经济学研究方法，即新制度经济学。国内外不同的学者对制度环境理论做了许多方面的研究，下面从目前国内外学者的研究内容、研究方法、研究视角阐述制度环境的相关概念及影响。

在研究内容方面，与制度环境相关的内容非常丰富，但从主要分类来看，制度环境所影响的主要是那些与政治政策、法律法规、文化发展相关的行业。首先从制度环境与企业创新的角度进行分析，在新制度经济学理论中，阿西莫格鲁等（Acemoglu et al.，2005）认为，新的制度激励政策对企业创新起着决定性作用。诺斯和托马斯（North & Thomas，1973）认为有利的制度环境会引进更多投资，从而进一步促进技术创新。曹琪格等（2014）利用中国的省域数据，分析制度环境对企业技术创新的促进作用，研究认为中介组织与要素市场的发育会促进企业的技术创新。孙宏芃（2016）认为优化制度环境，提高居民文化素质水平对绿色技术创新发展有积极的促进作用。徐浩等（2016）在研究制度环境、技术创新与金融创新之间的关系时，将问题划分为国家层面与地区层面分别进行分析，对于国家层面来说优化制度环境可以通过金融创新优化资源配置，因此会带来技术创新的发展，对于地区层面，制度环境与技术创新之间呈正相关关系，即制度环境越好，地区的技术创新发展状况越好。洪俊杰等（2017）研究考察了371个创新型企业，分析制度环境对于自主创新的调节作用，研究表明制度环境对于企业自主创新的影响会因为企业的海内外研发情况、所有制与上市情况有所不同，并且指出地方政府应该因地制宜，根据地方的制度环境制定创新支持政策。徐浩等（2018）以中国特有的体制特征为落脚点，分析了制度环境、政府子环境、法律子环境、文化子环境对自主创新的影响机制，认为制度环境的改善对技术创新有着根本性的促进作用，与法律子环境与文化子环境相比，政府子环境的优化将更加有利于某地区的技术创新。另外，通过优化政府子环境，法律子环境与文化子环境也会有不同程度的改善，并且优化法制子环境可以促进文化子环境对技术创新的推动作用。张秀娥等（2021）从跨层次视角探索了创业自我效能感与制度环境对创业意愿的交互作用，得出不同的制度因素所起的调节效应并不相同的结果，说明区分不同的制度因素才能清晰、深入地解释创业意愿的形成机制；此外，沃尔特和布鲁克（Walter & Block，2016）认为制度环境在鼓励创业方面发挥关键作用，法律法规环境、行为准则、文化价值观和资源可得性对创业具有重要影响。沃尔特和布鲁克（Walter & Block，2016）认为制度环境在鼓励创业方面发挥关键作用，法律法规环境、行为准则、文化价值观和资源可得性对创业具有重要影响。

除了研究制度环境与技术创新、金融创新之间的关系之外，与制度环境相关的研究方向还有很多。刘慧龙等（2014）认为优良的制度环境可以取代税收优惠政策从而吸引更多外商投资，揭示了制度环境在不同地区之间的竞争优势。熊焰等（2020）基于社会网络理论和制度理论，进行相关理论模型的构建，模型包括网络嵌入、制度环境和区域创新能力，利用中国 30 个省（区、市）2005～2016 年间的面板数据，探索了国际网络嵌入和本地网络嵌入对区域创新能力的影响机制，以及制度环境的调节作用。韩国高等（2021）从能源环境的角度出发，分析中国的制度环境与中国企业能源强度的关系，认为制度环境会减少地区腐败，以及完善相关法律法规和提高行政审批效率会有利于降低能源在中间使用过程中的消耗。邓国营等（2018）从高度细化的出口产品层面并利用中国现有的工业企业有关数据，针对制度环境不同的地区，分析在制度环境的大背景下，中国进口的中间产品对中国工业出口质量的影响。研究表明，制度环境的优化程度与中国工业出口商品的质量成正比，并且认为优化制度环境可以提升出口产品的质量。姚辉斌等（2021）以制度环境对农产品出口量的影响为依托，在定性分析的基础上，定量分析了"一带一路"沿线不同国家的政策对中国农产品出口的影响。研究结果指出，中国农产品的出口贸易更加青睐于制度环境较好的国家，并且两者之间呈现非线性的特征关系。聂世坤等（2021）在新贸易理论框架下，从制度环境的角度切入，以"一带一路"的周边国家为研究对象，分析制度环境与中国对外直接投资商品之间的关系，研究表明国际贸易商品在流动的过程中所带来的创造效应也是不同的，并且制度环境优化程度与对外直接投资商品的产品效应成正比，对外直接投资的出口效应在制度环境太差的国家并不能产生显著影响。杨继军等（2021）通过制度环境和行业特点之间具有的协同效应为切入点，利用四十个经济体的行业双边贸易数据进行分析，研究表明交易双方产生的机会主义行为可以通过提高制度环境进行有效的约束，降低贸易成本，认为需要加强制度建设，搭建起良好的商业平台，以此促进营商环境的改善，提高契约执行效率，提高出口国内的价值增加量。从研究内容上看，目前制度环境的主要研究方向在于地区治理环境、工业绿色创新、创新与创业意愿、国内外的多边与双边贸易环境等方面，对于制度环境与能源环境偏向型技术进步之间关系的研究目前还比较少，世界能源资源匮乏、气候问题成为需要全世界共同面对的问题，在此背景下，对于能源环境偏向型经济的研究是非常有必要的。

从研究方法来看，在大的层面上，制度环境影响国际多边贸易与双边贸易；在小的层面上，不同地区的制度环境以及每个子环境的实施方式与实施策略，不仅会影响地区的经济发展水平，而且会影响消费者的生存与发展。制度环境能够影响有关人类生活的各行各业和方方面面，因此关于制度环境的研究方法也有很多，但基本都是计量经济模型相关方法，只是不同的研究学者所使用的方法有所差异。而无论什么样的分析方法，其前提必有理论基础的支撑，为了更加全面地了解本章的研究内容—制度优化和市场建设对能源、环境偏向型技术进步的影响，我们将不同于以往的研究方式，通过构建演化博弈模型具体分析制度优化的影响效果，同时应用模拟分析来更加形象地判断制度优化带来的效果。

9.2.2　能源市场化改革进程分析

根据资源定价方式的不同，我们可以将我国能源资源市场化改革进程大致划分为以下五个阶段（见图 9 - 1）。

第一，政府管控阶段（1978 年以前）。改革开放之前，我国的计划经济体制决定了我国的资源（包括能源资源在内）分配方式采取的是计划经济体制，那么定价上必然是由国家政府全权管控。此阶段的特点更明确地体现集中力量干大事的理念，能源资源集中由政府调配，其技术进步也主要由政府主导推动。

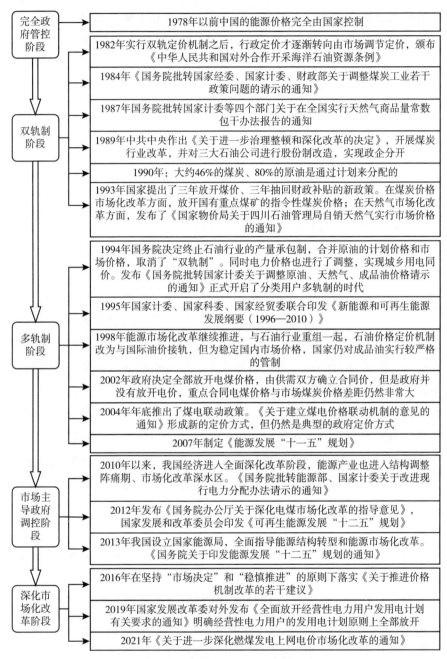

图 9 - 1　我国能源市场化改革进程

注：政策信息等均为作者收集整理。

第二，双轨制阶段（1982～1993年）。自1982年起，我国的能源价格机制开始转变，逐渐从行政定价向市场调节定价转变，开始实行双轨定价机制，并颁布了一系列的法令条例等，如《中华人民共和国对外合作开采海洋石油资源条例》，在海洋石油资源的开采和消费等方面扩大了与国际能源的贸易和合作程度，价格努力与国际接轨，缓解国内石油供需矛盾。之后煤炭、天然气等的开采和消费也逐渐开始双轨制改革，从煤炭价格的层面来看，开始放开国有重点煤矿的指令性煤炭价格；从天然气价格的层面来看，开始实施《国家物价局关于四川石油管理局自销天然气实行市场价格的通知》，通过不断放开政府对价格的管控，探寻更好的定价方法，以满足我国对能源资源快速增长的需求。这一阶段的特点是尽管进行价格双轨制，但大部分的能源资源还是计划分配的。

第三，多轨制阶段（1994～2010年）。1994年，国务院取消了双轨定价，具体内容如下：在油气方面，首先，国务院开始对原油的计划价格和市场价格进行改革，将价格合并；其次，开始整顿石油行业，主要目的是废除产量承包制。与此同时，对天然气价格的包干内外井口价格并轨制度的实施，标志着多轨时代的正式开始，这一时期的主要法案是《国务院批转国家计委关于调整原油、天然气、成品油价格请示的通知》。在电力方面，开始对电力价格进行改革，加大了电力价格的调整力度，以此实现城乡用电同价。随着我国对能源市场改革的稳步推进，在1998年，开始将石油行业进行重组，以此来逐步与国际油价接轨，但由于起步较晚，为了防止市场动乱以及稳定国内市场价格，仍然对成品油实行较为严格的管制制度。直到2002年，政府决定开始对电煤价格全部放开，交易的双方主体以合同的形式确定价格，但是在此过程中的电价，政府仍然进行相关管制并没有放开，从而导致以合同形式确定的电煤价格相较于市场煤炭价格有所差距。为了加快能源市场化改革，自"十五"时期起，我国颁布一系列相关法案，如《电价改革方案》旨在促进电价市场化的改革进程以及加速电力产业的相关发展，形成了政策制定配电和输电价格，市场决定发电和售电价格的模式。为了进一步使能源之间加深联系，我国于2004年年底颁布了《关于建立煤电价格联动机制的意见的通知》，旨在加强煤电联动，资源协调发展，以此来缓解煤电之间的矛盾，但本质上仍然是政府的行政定价占据主要力量，因此是一种过渡方法。在可再生能源方面，我国高度重视可再生能源的发展，2005 年发布了一系列相关法案，旨在促进可再生能源的发展，并且对可再生能源公司和新能源公司施行技术补贴、绿色技术创新奖励和相关的税收减免等政策。具体的相关法案包括《中华人民共和国可再生能源法》《关于发展生物能源和生物化工财税扶持政策的实施意见》《风力发电设备产业化专项资金管理暂行办法》《新能源汽车生产企业及产品准入管理规则》等。这一阶段的特点体现在完善能源供给体系方面，可以发现我国能源供给从国内扩展到国际市场，同时主要能源系统从传统的煤炭、石油、天然气，逐渐引入新能源，包括风能、水能、生物质能等可再生能源，在价格机制上不断开放完善并推进市场化的同时，从能源结构上完善能源体系的构建。

第四，市场主导政府调控阶段（2010～2015 年）。自 2010 年起，我国开始了全面深化改革的阶段，能源消费结构和产业结构调整进入阵痛期，能源的市场化改革开始进入深水区。主要表现为通过一系列条例、法规等相关规章制度的颁布，具体包括《国务院批转能源部、国家计委关于改进现行电力分配办法请示的通知》《国务院办公厅关于深化电煤市场化改革的指导意见》《可再生能源发展"十二五"规划》等，以此对我国的传统能源和新能源的生产和消费进行深化调整，试图构建市场主导政府调控的能源市场，强调市场在资源配置中的主导地位，推进构建有效竞争的市场结构和市场体系。例如，国家发展改革委印发《电力交易机构组建和规范运行的实施意见》重点强调了电力交易机构的重要性，要严格确保电力交易机构的独立性和规范性，提出建立相对独立、规范运行的电力交易机构，加快组建相对独立的电力交易机构，这一举措的实施，促进了我国电力市场化改革，对电力改革有着深远意义。另外，为了逐渐提高油品质量，提升市场竞争力，我国开始制定相关政策，如 2015 年商务部颁布的《关于原油加工企业申请非国营贸易进口资格有关工作的通知》，以此为抓手，开始督促石油行业进行油品质量的严格把关，并且通过降低私营企业油气行业的准入门槛以及允许地方石油企业自主进口原油，逐渐放开下游产业，推动市场化进程。在通过法令、条例等构建能源资源市场的同时，加强政府监管作用的发挥，将政府的作用定位在监管、调控、弥补市场失灵上，构建一系列监管条例、法规和机制等，保障政府监管到位、服务到位。为保障新一轮的电力体制改革稳步实施，2015 年党中央、国务院印发《关于进一步深化电力体制改革的若干意见》《输配电定价成本监审办法》《省级电网输配电价定价办法》，以此对电力改革进行总体部署，并建立具有科学性、规范性、透明度的电网输配和电力监管体系。这一阶段的特点是明确资源配置中市场主导地位、转换政府角色形成服务型政府定位。

第五，深化市场化改革阶段（2016 年～）。2016 年开始，市场化改革进入深水区，改革不再停留在国家总体层面，开始深入各个地区层面、不同主体层面，从内部结构上进一步推动市场化改革进程。不仅发布各个领域的监管、调控通知，更加细化地建设多层级的能源资源市场体系，还对市场建设的各个环境加强建设和监管，从市场准入到退出市场，推出了一系列优化市场建设的条款，帮助我国能源资源市场化建设。主体层面更是从区分工业用电和居民用电的差异化变成统一的门站价格管理办法，不再区分居民和非居民用气价格，完善不同领域不同方向的市场化建设。具体表现如下：2017 年国家发改委颁布《关于全面深化价格机制改革的意见》，以此确定了价格改革的方向，建立起了未来价格改革的"路线图"，指明了前进道路，构建起了以"准许成本 + 合理收益"为核心的政府定价制度，并以此确立了有助于绿色发展的价格体系，建立健全了保障、兜底制度，确保了低收入群体的稳定生活。随着时间的推移，为了放开经营性用户的发电计划，国家发改委于2019 年颁布了《全面放开经营性电力用户发用电计划有关要求的通知》。这一阶段的主要特征在于全面提出了"安全、节约、绿色、低碳、主动创新"的发展战略，并且为了确保经济高质量发展以及促进绿色转型，为更好更快地实现"双碳"目标，制定了关于能源中长期开发利用的规划目标，主要分为 2020 年、2030 年和 2050 年三个时间段，并以此为基础，使得能源逐渐向绿色低碳化、清洁高效化转型。也就是说在市场化改革不断推动我国资源配置效率的同时，还加入对能源资源清洁化、低碳化的引导，这符合新时期我国新发展格局下绿色发展理念的要求。此外，党的十九大和二十大报告中均强调要"构建高水平社会主义市场经济体制""充分发挥市场在资源配置中的决定性作用，更好发挥政府作用"。体现了新时代对于包括能源、环境等在内的资源配置模式更进一步市场化改革的决心。

通过上述分析可以明确看出，随着我国能源资源市场化改革进程的推进，我国能源资源的定价方式逐渐由政府主导转向市场供求决定；满足我国能源需求的方式逐渐从自给自足到国际合作再到技术推动效率提升；能源体系构建逐渐从总量扩大到体系结构多元化再到能源资源清洁化、低碳化发展。可以看出在这一进程中我国能源资源的配置愈发强调市场主体的作用，政府转向服务、监管的定位，市场主体在能源配置中发挥更大作用，发展理念转向绿色化，这一过程伴随着我国能源资源利用技术的不断变革与发展。加之考虑能源与环境之间的伴生关系以及我国环境资源利用的一系列举措（详见第 7 章），可以肯定的是构建优化配置我国能源、环境资源配置效率和利用效率的市场是当前市场化改革的主要目的，同时也是推动我国能源、资源技术进步的要素之一。因此，下文将结合制度优化，共同探寻市场建设和制度优化对能源、环境偏向型技术进步的影响机理和模拟效果。

9.3 制度优化和市场化对能源环境偏向型 技术进步影响的演化博弈分析

9.3.1 模型构建

1. 模型基本假说

绿色技术创新是实现可持续发展的重要手段之一，作为同时结合了绿色发展和创新驱动的绿色技术进步，可以直接作用于污染排放物，是企业减少环境污染的最佳选择（王彩明和李健，2019）。学者们对于企业绿色技术创新的动力机制有着丰富的研究，其中包括环境规制（Cai et al.，2020）、知识产权保护（王馨和王营，2021；万迈，2004）、利益相关者压力（李婉虹等，2021；曹霞和张路蓬，2015）、金融发展（Zhou & Du，2021）、市场导向（吕希琛等，2019；庄芹芹等，2020）等，其中市场导向为代表的市场化和环境规制为代表的制度化是最为有效的途径。基于对制度优化和市场建设的理解，我们将通过构建四群体演化博弈模型，以政府来作为制度优化的代表，以消费者行为选择代表市场化的导向来分析不同情境下企业绿色创新①选择，从而寻找更加有效推动能源、环境偏向型技术进步的动力之源。

　　基于上述分析和演化博弈的理论基础，提出以下相关假说。

　　假说1：在没有其他条件约束的情况下，政府、消费者、污染企业和非污染企业构成一个完整的四群体博弈系统，基于有限理性的基础，在整个博弈的动态过程四群体会通过不断学习和反复重复模仿来调整自身的策略选择，以此确保实现自身利益最大化。政府的作用是保障、激励和引领企业进行绿色技术创新，而由于企业绿色转型具有一定的过程性，尤其是对污染企业来说，所以政府的策略集为｛强干预、弱干预｝，具体来说，强干预是指当企业未进行绿色技术创新时，政府会给予一定的处罚，以此来倒逼企业绿色转型，弱干预则是只对企业实施激励政策（即补贴）而无处罚，但是由于矫正绿色技术创新的正外部性，所以政府无论采取何种形式的干预措施，对于进行绿色技术创新的企业和购买绿色产品的消费者都会给予补贴。对于企业来说，会根据政府激励和绿色技术创新得到的收益进行权衡，得到污染企业和非污染企业的策略集为｛进行绿色技术创新、不进行绿色技术创新｝。消费者会根据自身需求以及为了追求效用最大化进行选择，因此策略集为｛购买绿色产品、购买传统产品｝。

　　假说2：政府在与污染企业、非污染企业的策略博弈中，采取"强干预"的策略比例为 $x(0 \leqslant x \leqslant 1)$，采取"弱干预"策略比例为 $1-x$；污染企业在与政府的策略博弈中，采取"进行绿色技术创新"的策略

---

　　① 此处为方便后续的博弈模型构建与分析，将能源、环境偏向型技术进步统一以绿色技术创新替代。

比例为 $y_1(0 \leq y_1 \leq 1)$，采取"不进行绿色技术创新"策略比例为 $1 - y_1$；非污染企业在与政府的策略博弈中，采取"进行绿色技术创新"的策略比例为 $y_2(0 \leq y_2 \leq 1)$，采取"不进行绿色技术创新"策略比例为 $1 - y_2$；消费者采取"购买绿色产品"的策略比例为 $z(0 \leq z \leq 1)$，采取"购买传统产品"的策略比例为 $1 - z$。

假说 3：当政府进行干预时，会产生干预成本，并且当政府弱干预时，政府只对企业和消费者进行补贴，并不出台政策进行规制；企业在面对政府干预的相关规制时，如果接受则需要付出成本进行绿色技术创新投入，但是会得到政府相应的技术补贴激励，而不接受时则不需要进行绿色技术创新投入，但是会受到相应的政府惩罚；同样的政府干预也会给消费者带来一定的成本，如时间、金钱和精力。

2. 参数设置

政府、消费者、污染企业和非污染企业四群体博弈分析的参数描述，具体如表 9-1 所示，当政府进行强干预时，会禁止企业生产不合格的绿色产品并进行相应的处罚，因此需付出干预成本 C_g，而在弱干预的情况下，当消费者想要购买绿色产品却无法购买时，同时因政府方不作为会使得工作产生消极抵触的负面情绪，从而会导致政府信誉和公信力下降，造成 W 的损失，另外良好的制度环境能够降低交易成本、促进创新精神、提升违约成本，此时政府会产生额外的效用 $U_g \times \ln\varphi$，其中 φ 为政府对于制度化的额外效用反应度，当制度优化水平较低时 $0 < \varphi \leq 1$，而当制度优化水平较高时 $\varphi > 1$。污染企业在不进行绿色技术创新时正常经营活动获得利润为 R_1，并且会受到政府处罚 F，当进行成本为 C_1 的绿色技术创新后，会得到 $\lambda_1 S$ 的补贴，其中 λ_1 为污染企业的补贴系数，S 为总补贴额，且因为采取绿色技术创新给政府带来的环境效益为 ΔR_1。非污染企业不进行绿色技术创新时正常经营活动获得利润为 R_2，同样受到政府处罚 F，进行绿色技术创新时，成本为 C_2，也同样会得到 $\lambda_2 S$ 的补贴，其中 λ_2 为非污染企业补贴系数，并为政府带来 ΔR_2 的环境效益。另外绿色技术创新可以为企业获得发展前景、社会声誉等间接收益 α，以及在不考虑利率的情况下，当企业进行绿色技术生产时，会生产边际收益为 γ 的绿色产品。而对于消费者来说当企业未进行绿色技术创新而生产传统产品时，消费者购买传统产品时会给自身带来的效用为 U，从而给政府带来的收益为 R_g，以及政府进行相关干预时，会给消费者带来 C_3 的成本，而当消费者购买绿色产品时，政府会给予消费者 $\lambda_3 S$ 的补贴，λ_3 是消费者的补贴系数，且 $\lambda_1 + \lambda_2 + \lambda_3 = 1$，而当企业都未进行绿色技术生产绿色产品时，消费者会购买进口绿色产品，价格为 $m(m > \gamma)$，此时政府同样损失 W，另外，消费者购买绿色产品会产生额外的效用 $U_e \times \ln\theta$，其中 $\ln\theta$ 为消费者对于绿色产品额外效用的反应度，消费者为环境敏感型时 $\theta > 1$，消费者为价格敏感型时 $0 < \theta \leqslant 1$。当企业进行绿色技术创新时，主要成本由两方面构成，一方面是企业需要投入绿色技术创新的资本成本（K），另一方面是投入的绿色技术创新的人力资本（L），这与格里利兹（Griliches，1979）和贾菲（Jaffe，1989）提出的知识生产函数一致，因此可以转换为绿色创新量 Y，$Y_i = e K_i^a L_i^\beta$，以及绿色产品的生产成本 $I_i = K_i + L_i (i = 1 、 2)$，其中 e 为与资本成本和人力资本以外的因素有关。

表 9 – 1　　　　　　　　　　模型中各参数的含义说明

参数	说明
C_g	政府强干预时的成本
C_1	污染企业进行绿色技术创新时的成本
C_2	非污染企业进行绿色技术创新时的成本
I_1	污染企业生产绿色产品的成本
I_2	非污染企业生产绿色产品的成本
C_3	政府强干预时，给消费者带来的成本
R_g	消费者购买传统产品给政府带来的效益
R_1	污染企业未进行绿色技术创新时正常生产时的利润
R_2	非污染企业未进行绿色技术创新时正常生产时的利润
ΔR_1	污染企业进行绿色技术创新时给政府带来的环境效益
ΔR_2	非污染企业进行绿色技术创新时给政府带来的环境效益
U	消费者购买传统产品带来的效用
U_e	消费者购买绿色产品带来的额外效用
U_g	良好的制度优化给政府带来的额外效用

参数	说明
W	消费者购买进口绿色产品给政府带来的损失
α	企业进行绿色技术生产获得的间接收益
S	政府的补贴总额
λ_1	污染企业的补贴系数
λ_2	非污染企业的补贴系数
λ_3	消费者的补贴系数
F	企业未进行绿色技术创新受到的政府处罚
m	绿色产品进口价格
θ	消费者对于绿色产品额外效用的反应度
φ	政府对于制度化水平的额外效用反应度
Y	企业绿色创新总量
γ	绿色产品的边际收益

3. 收益矩阵和模型构建

通过上述假说和相关参数描述，我们可以得到"政府－污染企业－非污染企业－消费者"四群体博弈演化博弈的收益矩阵，如表 9 – 2 所示。

表 9 – 2 　　　　　　　　　　　　收益矩阵

策略选择		政府			
	污染企业	强干预 x		弱干预 $1-x$	
		消费者购买绿色产品 z	消费者购买传统产品 $1-z$	消费者购买绿色产品 z	消费者购买传统产品 $1-z$
非污染企业	绿色技术创新 y_2	绿色技术创新 y_1	$R_g + \Delta R_1 + \Delta R_2 - C_g + U_g \times \ln\varphi - S$, $R_1 - C_1 - I_1 + \gamma Y_1 + \lambda_1 S + \alpha$, $R_2 - C_2 - I_2 + \gamma Y_2 + \lambda_2 S + \alpha$, $U + U_e \times \ln\theta - \gamma + \lambda_3 S - C_3$	$R_g + \Delta R_1 + \Delta R_2 - C_g + U_g \times \ln\varphi - (\lambda_1 + \lambda_2)S$, $R_1 - C_1 - I_1 + \lambda_1 S + \alpha$, $R_2 - C_2 - I_2 + \lambda_2 S + \alpha$, U	$R_g + \Delta R_1 + \Delta R_2 - S$, $R_1 - C_1 - I_1 + \gamma Y_1 + \lambda_1 S + a$, $R_2 - C_2 - I_2 + \gamma Y_2 + \lambda_2 S + \alpha$, $U + U_e \times \ln\theta - \gamma + \lambda_3 S$	$R_g + \Delta R_1 + \Delta R_2 - (\lambda_1 + \lambda_2)S$, $R_1 - C_1 I_1 + \lambda_1 S + a$, $R_2 - C_2 - I_2 + \lambda_2 S + \alpha$, U

续表

策略选择	污染企业	政府			
		强干预 x		弱干预 $1-x$	
		消费者购买绿色产品 z	消费者购买传统产品 $1-z$	消费者购买绿色产品 z	消费者购买传统产品 $1-z$
非污染企业	绿色技术创新 y_2	非绿色技术创新 $1-y_1$	$R_g + \Delta R_2 - C_g + U_g \times \ln\varphi - (\lambda_2 + \lambda_3)S + F$, $R_1 - F$, $R_2 - C_2 - I_2 + \gamma Y_2 + \lambda_2 S + \alpha$, $U + U_e \times \ln\theta - \gamma + \lambda_3 S - C_3$	$R_g + \Delta R_2 - C_g + U_g \times \ln\varphi - \lambda_2 S + F$, $R_1 - F$, $R_2 - C_2 - I_2 + \lambda_2 S + \alpha$, U	$R_g + \Delta R_2 - (\lambda_2 + \lambda_3)S$, R_1, $R_2 - C_2 - I_2 + \gamma Y_2 + \lambda_2 S + \alpha$, $U + U_e \times \ln\theta - \gamma + \lambda_3 S$	$R_g + \Delta R_2 - \lambda_2 S$, R_1, $R_2 - C_2 - I_2 + \lambda_2 S + \alpha$, U
	非绿色技术创新 $1-y_2$	绿色技术创新 y_1	$R_g + \Delta R_1 - C_g + U_g \times \ln\varphi - (\lambda_1 + \lambda_3)S + F$, $R_1 - C_1 - I_1 + \gamma Y_1 + \lambda_1 S + \alpha$, $R_2 - F$, $U + U_e \times \ln\theta - \gamma + \lambda_3 S - C_3$	$R_g + \Delta R_1 - C_g + U_g \times \ln\varphi - \lambda_1 S + F$, $R_1 - C_1 - I_1 + \lambda_1 S + \alpha$, $R_2 - F$, U	$R_g + \Delta R_1 - (\lambda_1 + \lambda_3)S$, $R_1 - C_1 - I_1 + \gamma Y_1 + \lambda_1 S + \alpha$, R_2, $U + U_e \times \ln\theta - \gamma + \lambda_3 S$	$R_g + \Delta R_1 - \lambda_1 S$, $R_1 - C_1 - I_1 + \lambda_1 S + \alpha$, R_2, U
		非绿色技术创新 $1-y_1$	$R_g - C_g + U_g \times \ln\varphi + 2F - W$, $R_1 - F$, $R_2 - F$, $U + U_e \times \ln\theta - m - C_3$	$R_g - C_g + U_g \times \ln\varphi + 2F$, $R_1 - F$, $R_2 - F$, U	$R_g - W$, R_1, R_2, $U + U_e \times \ln\theta - m$	R_g, R_1, R_2, U

从上述博弈的收益矩阵中计算出政府采取"强干预"策略的期望收益 U_{11}，采取"弱干预"策略的期望收益 U_{12} 以及政府平均收益 $\bar{U}_1$。

$$U_{11} = y_2 y_1 z (R_g + \Delta R_1 + \Delta R_2 - C_g + U_g \times \ln\varphi - S) + y_2 y_1 (1 - z)$$
$$[R_g + \Delta R_1 + \Delta R_2 - C_g + U_g \times \ln\varphi - (\lambda_1 + \lambda_2)S] + y_2 (1 - y_1)$$
$$z(R_g + \Delta R_2 - C_g + U_g \times \ln\varphi - (\lambda_2 + \lambda_3)S + F) + y_2 (1 - y_1)$$
$$(1 - z)(R_g + \Delta R_2 - C_g + U_g \times \ln\varphi - \lambda_2 S + F) + (1 - y_2)$$
$$y_1 z(R_g + \Delta R_1 - C_g + U_g \times \ln\varphi - (\lambda_1 + \lambda_3)S + F) + (1 - y_2)$$

$$y_1(1-z)(R_g + \Delta R_1 - C_g + U_g \times \ln\varphi - \lambda_1 S + F) + (1 - y_2)$$
$$(1 - y_1)z(R_g - C_g + U_g \times \ln\varphi + 2F - W) + (1 - y_2)(1 - y_1)$$
$$(1 - z)(R_g - C_g + U_g \times \ln\varphi + 2F) \tag{9.1}$$

$$U_{12} = y_2 y_1 z[R_g + \Delta R_1 + \Delta R_2 - S] + y_2 y_1 (1 - z)[R_g + \Delta R_1 + \Delta R_2$$
$$- (\lambda_1 + \lambda_2)S] + y_2(1 - y_1)z[R_g + \Delta R_2 - (\lambda_2 + \lambda_3)S]$$
$$+ y_2(1 - y_1)(1 - z)[R_g + \Delta R_2 - \lambda_2 S] + (1 - y_2)$$
$$y_1 z[R_g + \Delta R_1 - (\lambda_1 + \lambda_3)S] + (1 - y_2)y_1(1 - z)$$
$$[R_g + \Delta R_1 - \lambda_1 S] + (1 - y_2)(1 - y_1)z[R_g - W]$$
$$+ (1 - y_2)(1 - y_1)(1 - z)[R_g] \tag{9.2}$$

$$\bar{U}_1 = xU_{11} + (1 - x)U_{12} \tag{9.3}$$

设政府选择强干预的策略占总体比例的增长率为 $\dot{x}/x$，那么可以得到复制动态方程为

$$\dot{x} = \frac{\mathrm{d}x}{\mathrm{d}t} = x(U_{11} - \bar{U}_1) = x(1 - x)(-C_g + U_g \times \ln\varphi - y_1 F - y_2 F + 2F) \tag{9.4}$$

当污染企业的采取"绿色技术创新"策略的期望收益为 U_{21}，采取"非绿色技术创新"策略的期望收益为 U_{22} 以及污染企业平均收益为 $\bar{U}_2$，即

$$U_{21} = xy_2 z(R_1 - C_1 - I_1 + \gamma Y_1 + \lambda_1 S + \alpha) + xy_2(1 - z)(R_1 - C_1 - I_1$$
$$+ \lambda_1 S + \alpha) + (1 - x)y_2 z(R_1 - C_1 - I_1 + \gamma Y_1 + \lambda_1 S + \alpha)$$
$$+ (1 - x)y_2(1 - z)(R_1 - C_1 - I_1 + \lambda_1 S + \alpha) + x(1 - y_2)$$
$$z(R_1 - C_1 - I_1 + \gamma Y_1 + \lambda_1 S + \alpha) + x(1 - y_2)(1 - z)(R_1 - C_1$$
$$- I_1 + \lambda_1 S + \alpha) + (1 - x)(1 - y_2)z(R_1 - C_1 - I_1 + \gamma Y_1$$
$$+ \lambda_1 S + \alpha) + (1 - x)(1 - y_2)(1 - z)(R_1 - C_1 - I_1 + \lambda_1 S + \alpha) \tag{9.5}$$

$$U_{22} = xy_2 z[R_1 - F] + xy_2(1 - z)[R_1 - F] + (1 - x)y_2 z[R_1]$$
$$+ (1 - x)y_2(1 - z)[R_1] + x(1 - y_2)z[R_1 - F] + x(1 - y_2)$$
$$(1 - z)[R_1 - F] + (1 - x)(1 - y_2)z[R_1] + (1 - x)$$
$$(1 - y_2)(1 - z)[R_1] \tag{9.6}$$

$$\bar{U}_2 = y_1 U_{21} + (1 - y_1)U_{22} \tag{9.7}$$

设污染企业选择进行绿色技术创新的策略占总体比例的增长率为 $\dot{y}_1/y_1$，那么可以得到复制动态方程为

$$\dot{y}_1 = \frac{dy_1}{dt} = y_1(U_{21} - \overline{U}_2) = y_1(1 - y_1)(xF + z\gamma Y_1 - C_1 - I_1 + \lambda_1 S + \alpha)$$

(9.8)

当非污染企业的采取"绿色技术创新"策略的期望收益为 U_{31}，采取"非绿色技术创新"策略的期望收益为 U_{32} 以及非污染企业平均收益为 $\overline{U}_3$，即

$$
\begin{aligned}
U_{31} = {} & xy_1z(R_2 - C_2 - I_2 + \gamma Y_2 + \lambda_2 S + \alpha) + xy_1(1 - z)(R_2 - C_2 - I_2 \\
& + \lambda_2 S + \alpha) + (1 - x)y_1z(R_2 - C_2 - I_2 + \gamma Y_2 + \lambda_2 S + \alpha) \\
& + (1 - x)y_1(1 - z)(R_2 - C_2 - I_2 + \lambda_2 S + \alpha) + x(1 - y_1) \\
& z(R_2 - C_2 - I_2 + \gamma Y_2 + \lambda_2 S + \alpha) + x(1 - y_1)(1 - z)(R_2 - C_2 \\
& - I_2 + \lambda_2 S + \alpha) + (1 - x)(1 - y_1)z(R_2 - C_2 - I_2 + \gamma Y_2 \\
& + \lambda_2 S + \alpha) + (1 - x)(1 - y_1)(1 - z)(R_2 - C_2 - I_2 + \lambda_2 S + \alpha)
\end{aligned}
$$

(9.9)

$$
\begin{aligned}
U_{32} = {} & xy_1z[R_2 - F] + xy_1(1 - z)[R_2 - F] + (1 - x)y_1z[R_2] \\
& + (1 - x)y_1(1 - z)[R_2] + x(1 - y_1)z[R_2 - F] + x(1 - y_1) \\
& (1 - z)[R_2 - F] + (1 - x)(1 - y_1)z[R_2] + (1 - x) \\
& (1 - y_1)(1 - z)[R_2]
\end{aligned}
$$

(9.10)

$$\overline{U}_3 = y_2 U_{31} + (1 - y_2)U_{32}$$

(9.11)

设非污染企业选择进行绿色技术创新的策略占总体比例的增长率为 $\dot{y}_2/y_2$，那么可以得到复制动态方程为

$$\dot{y}_2 = \frac{dy_2}{dt} = y_2(U_{31} - \overline{U}_3) = y_2(1 - y_2)(xF + z\gamma Y_2 - C_2 - I_2 + \lambda_2 S + \alpha)$$

(9.12)

当消费者采取"购买绿色产品"策略的期望收益为 U_{41}，采取"购买传统产品"策略的期望收益为 U_{42} 以及消费者的平均收益为 $\overline{U}_4$，即

$$
\begin{aligned}
U_{41} = {} & y_2 y_1 x[U + U_e \times \ln\theta - \gamma + \lambda_3 S - C_3] + y_2 y_1(1 - x)[U + U_e \times \ln\theta \\
& - \gamma + \lambda_3 S] + y_2(1 - y_1)x[U + U_e \times \ln\theta - \gamma + \lambda_3 S - C_3] \\
& + y_2(1 - y_1)(1 - x)[U + U_e \times \ln\theta - \gamma + \lambda_3 S] + (1 - y_2)
\end{aligned}
$$

$$y_1 x \left[U + U_e \times \ln\theta - \gamma + \lambda_3 S - C_3 \right] + (1 - y_2) y_1 (1 - x) \left[U + U_e \right.$$
$$\left. \times \ln\theta - \gamma + \lambda_3 S \right] + (1 - y_2)(1 - y_1) x (U + U_e \times \ln\theta - m - C_3)$$
$$+ (1 - y_2)(1 - y_1)(1 - x)(U + U_e \times \ln\theta - m) \qquad (9.13)$$

$$U_{42} = y_2 y_1 x (U) + y_2 y_1 (1 - x)(U) + y_2 (1 - y_1) x (U) + y_2 (1 - y_1)$$
$$(1 - x)(U) + (1 - y_2) y_1 x (U) + (1 - y_2) y_1 (1 - x)(U)$$
$$+ (1 - y_2)(1 - y_1) x (U) + (1 - y_2)(1 - y_1)(1 - x)(U)$$

$$(9.14)$$

$$\overline{U}_4 = z U_{41} + (1 - z) U_{42} \qquad (9.15)$$

设消费者选择购买绿色产品的策略占总体比例的增长率为 $\dot{z}/z$，那么可以得到复制动态方程为

$$\dot{z} = \frac{\mathrm{d}z}{\mathrm{d}t} = z(U_{41} - \overline{U}_4) = z(1 - z) \left[-x C_3 + (y_2 + y_1 - y_2 y_1)(-\gamma + \lambda_3 S) \right.$$
$$\left. + (1 - y_2)(1 - y_1)(-m) + U_e \times \ln\theta \right] \quad (9.16)$$

9.3.2 政府、污染企业、非污染企业、消费者的复制动态方程的策略稳定分析

由式（9.4）可知，当政府策略的复制动态方程 $\dot{x} = 0$，且满足 $\dot{x}' < 0$ 时，则该点是政府策略的演化稳定点，即政府策略处于稳定状态。令 $\dot{x} = 0$，得到 $x = 0$，$x = 1$ 和 $y_1 = y_1^* = \dfrac{-C_g + U_g \times \ln\varphi - y_2 F + 2F}{F}$。

（1）当 $y_1 = y_1^* = \dfrac{-C_g + U_g \times \ln\varphi - y_2 F + 2F}{F}$ 时，$\dot{x} \equiv 0$，则政府的策略选择不会随系统演化而发生变化，任意策略均为稳定策略。

（2）当 $y_1 > y_1^*$ 时，$\dot{x}'(x = 1) > 0$，$\dot{x}'(x = 0) < 0$，则 $x = 0$（政府选择弱干预）为稳定策略。

（3）当 $y_1 < y_1^*$ 时，$\dot{x}'(x = 0) > 0$，$\dot{x}'(x = 1) < 0$，此时 $x = 1$（政府选择强干预）为稳定策略。

根据以上分析，得出以下命题：

命题1：当制度优化水平越高，政府进行强干预获得的额外效用 U_g 越大，政府越倾向于选择强干预，反之，政府越容易选择弱干预。

证明：$y_1 = y_1^* = \dfrac{-C_g + U_g \times \ln\varphi - y_2 F + 2F}{F}$，在其他参数不变的情况下，$U_g$ 越大，会使得 $y_1 < y_1^*$，最终会在 $x=1$（政府选择强干预）处稳定。反之 U_g 减小，会使得 $y_1 > y_1^*$，最终在 $x=0$（政府选择弱干预）处稳定。

命题 2：当政府对制度化水平的额外效用反应度 φ 越大，政府越倾向选择强干预，反之，政府越容易选择弱干预。

证明：$y_1 = y_1^* = \dfrac{-C_g + U_g \times \ln\varphi - y_2 F + 2F}{F}$，在其他参数不变的情况下，$\varphi$ 增大，使得 $y_1 < y_1^*$，最终会在 $x=1$（政府选择强干预）处稳定。反之，φ 减小，会使得 $y_1 > y_1^*$，最终在 $x=0$（政府选择弱干预）处稳定。因为在政府进行干预时，制度优化水平越高，政府干预的阻力就越小，政府干预和良好制度水平相结合，可以更好地发挥市场的作用，以及行政环境优化能够减少交易成本，促进要素流动优化资源配置，减少腐败寻租空间，能够为企业家提供更加公平和具有吸引力的空间，激发企业家创新创业。

命题 3：政府干预时的成本 C_g 越小（处罚 F 越大），政府越倾向于选择强干预，反之，政府越容易选择弱干预。

证明：$y_1 = y_1^* = \dfrac{-C_g + U_g \times \ln\varphi - y_2 F + 2F}{F}$，在其他参数不变的情况下，$C_g$ 减小，使得 $y_1 < y_1^*$，最终会在 $x=1$（政府选择强干预）处稳定。反之，C_g 增大，会使得 $y_1 > y_1^*$，最终在 $x=0$（政府选择弱干预）处稳定；以及在其他参数不变的情况下，$y_1 = y_1^* = \dfrac{-C_g + U_g \times \ln\varphi - y_2 F + 2F}{F} = 2 - y_2 - \dfrac{C_g - U_g \times \ln\varphi}{F}$，$F$ 增大，使得 $y_1 < y_1^*$，最终会在 $x=1$（政府选择强干预）处稳定。反之，F 减小，会使得 $y_1 > y_1^*$，最终在 $x=0$（政府选择弱干预）处稳定。

由式（9.8）可知，当污染企业策略选择的复制动态方程 $\dot{y}_1 = 0$，且满足 $\dot{y}_1' < 0$ 时，则该点是污染企业策略的演化稳定点，即污染企业策略处于稳定状态，则令 $\dot{y}_1 = 0$，解得 $y_1 = 0$、$y_1 = 1$ 和 $x = x^* =$

$$\frac{C_1 + I_1 - \lambda_1 S - \alpha - z\gamma Y_1}{F}。$$

（1）当 $x = x^* = \dfrac{C_1 + I_1 - \lambda_1 S - \alpha - z\gamma Y_1}{F}$ 时，$\dot{y_1} \equiv 0$，则污染企业的策略不会随系统演化而发生变化，任意策略均为稳定策略。

（2）当 $x < x^*$ 时，$\dot{y_1}'(y_1 = 0) < 0$，$\dot{y_1}'(y_1 = 0) > 0$，则 $y_1 = 0$（污染企业不进行绿色技术创新）为稳定策略。

（3）当 $x > x^*$ 时，$\dot{y_1}'(y_1 = 1) < 0$，$\dot{y_1}'(y_1 = 0) > 0$，此时 $y_1 = 1$（污染企业进行绿色技术创新）为稳定策略。

由式（9.12）可知，当非污染企业策略选择的复制动态方程 $\dot{y_2} = 0$，且满足 $\dot{y_2}' < 0$ 时，则该点是非污染企业策略的演化稳定点，即非污染企业策略处于稳定状态，则令 $\dot{y_2} = 0$，解得 $y_2 = 0$、$y_2 = 1$ 和 $x = x^{**} = \dfrac{C_2 + I_2 - \lambda_2 S - \alpha - z\gamma Y_2}{F}$。

（1）当 $x = x^{**} = \dfrac{C_2 + I_2 - \lambda_2 S - \alpha - z\gamma Y_2}{F}$ 时，$\dot{y_2} \equiv 0$，则污染企业的策略不会随系统演化而发生变化，任意策略均为稳定策略。

（2）当 $x < x^{**}$ 时，$\dot{y_2}'(y_2 = 0) < 0$，$\dot{y_2}'(y_2 = 0) > 0$，则 $y_2 = 0$（非污染企业不进行绿色技术创新）为稳定策略。

（3）当 $x > x^{**}$ 时，$\dot{y_2}'(y_2 = 1) < 0$，$\dot{y_2}'(y_2 = 0) > 0$，此时 $y_2 = 1$（非污染企业进行绿色技术创新）为稳定策略。

根据以上分析，得出以下命题：

命题4：企业的绿色技术创新成本越低，企业越趋向于选择进行绿色技术创新，反之，企业越容易选择不进行绿色技术创新。

证明：以污染企业为例，$x = x^* = \dfrac{C_1 + I_1 - \lambda_1 S - \alpha - z\gamma Y_1}{F}$，在其他参数不变的情况下，$C_1$ 减小，使得 $x > x^*$，最终会在 $y_1 = 1$（污染企业进行绿色技术创新）处稳定，反之，C_1 增大，使得 $x < x^*$，最终会在 $y_1 = 0$（污染企业不进行绿色技术创新）处稳定。同理可证非污染企业的情况。

命题5：在一定范围内，企业绿色创新人力资本存量越大，企业越容易选择绿色技术创新策略。

证明：以污染企业例，$x = x^* = \dfrac{C_1 + I_1 - \lambda_1 S - \alpha - z\gamma Y_1}{F}$。

令 $f(L) = \dfrac{C_1 + L_1 + K_1 - \lambda_1 S - \alpha - z\gamma e K_1^a L_1^\beta}{F}$，对 $f(L)$ 求导，得到

$f'(L) = \dfrac{1 - \beta z\gamma e K_1^a L_1^{\beta-1}}{F}$，当 $f'(L) < 0$，即 $L_1^{\beta-1} > \dfrac{1}{\beta z\gamma e K_1^a}$ 时，在其他参数不变的情况下，L_1 增大，会使 $x > x^*$，最终会在 $y_1 = 1$（污染企业进行绿色技术创新）处稳定。反之，L_1 减小，会使 $x < x^*$，最终会在 $y_1 = 0$（污染企业不进行绿色技术创新）处稳定。同理可证非污染企业的情况。

命题6：政府对进行绿色技术创新的企业补贴 λ_i 力度越大（惩罚 F 越小），企业越容易选择绿色技术创新策略。

证明：同样，以污染企业为例，$x = x^* = \dfrac{C_1 + I_1 - \lambda_1 S - \alpha - z\gamma Y_1}{F}$，在其他参数不变的情况下，$\lambda_1$ 增大（或者 F 减小），会使 $x > x^*$，最终会在 $y_1 = 1$（污染企业进行绿色技术创新）处稳定。反之，λ_1 减小（或者 F 增大），会使 $x < x^*$，最终会在 $y_1 = 0$（污染企业不进行绿色技术创新）处稳定。同理可证非污染企业的情况。

由式（9.16）可得当消费者的策略选择的复制动态方程 $\dot{z} = 0$，且满足 $\dot{z}' < 0$ 时，则该点是消费者策略选择的演化稳定点，即消费者的策略选择处于稳定状态，则令 $\dot{z} = 0$。

解得 $z = 0$、$z = 1$ 和 $x = x° = \dfrac{(y_2 + y_1 - y_2 y_1)(-\gamma + \lambda_3 S) + (1 - y_2)(1 - y_1)(-m) + U_e \times \ln\theta}{C_3}$。

（1）当 $x = x° = \dfrac{(y_2 + y_1 - y_2 y_1)(-\gamma + \lambda_3 S) + (1 - y_2)(1 - y_1)(-m) + U_e \times \ln\theta}{C_3}$ 时，复制动态方程 $\dot{z} \equiv 0$，此时消费者的策略选择不会随系统演化而发生变化，任意策略均为稳定策略。

（2）当 $x > x°$ 时，$\dot{z}'(z = 0) < 0$，$\dot{z}'(z = 1) > 0$，此时 $z = 0$（购买传

统产品）为稳定策略。

（3）当 $x < x^\circ$ 时， $\dot{z}'(z=1) < 0$ ， $\dot{z}'(z=0) > 0$ ，此时 $z=1$ （购买绿色产品）为稳定策略。

根据以上分析，得出以下命题：

命题7：当消费者为环境敏感型时，消费者购买绿色产品产生的额外效用 U_e 越大，消费者越容易购买绿色产品；相反，消费者越容易购买传统产品。

证明： $x = x^\circ = \dfrac{(y_2 + y_1 - y_2 y_1)(-\gamma + \lambda_3 S) + (1 - y_2)(1 - y_1)(-m) + U_e \times \ln\theta}{C_3}$ ，在其他参数不变的情况下， U_e 增大，使得 $x < x^\circ$ ，最终在 $z=1$ （购买绿色产品）处稳定。反之， U_e 减小，使得 $x > x^\circ$ ，最终在 $z=0$ （购买传统产品）处稳定。

命题8：消费者对于绿色产品额外效用 θ 的反应度越大，消费者越容易购买绿色产品；相反，消费者越容易购买传统产品。

证明： $x = x^\circ = \dfrac{(y_2 + y_1 - y_2 y_1)(-\gamma + \lambda_3 S) + (1 - y_2)(1 - y_1)(-m) + U_e \times \ln\theta}{C_3}$ ，在其他参数不变的情况下， θ 增大，使得 $x < x^\circ$ ，最终在 $z=1$ （购买绿色产品）处稳定。反之， θ 减小，使得 $x > x^\circ$ ，最终在 $z=0$ （购买传统产品）处稳定。

命题9：绿色产品的价格 γ 越低（或者政府干预给消费者带来的成本 C_3 越低）消费者越容易购买绿色产品；相反，消费者越容易购买传统产品。

证明： $x = x^\circ = \dfrac{(y_2 + y_1 - y_2 y_1)(-\gamma + \lambda_3 S) + (1 - y_2)(1 - y_1)(-m) + U_e \times \ln\theta}{C_3}$ ，在其他参数不变的情况下， γ 减小（或者 C_3 减小），使得 $x < x^\circ$ ，最终在 $z=1$ （购买绿色产品）处稳定。反之， γ 增大（或者 C_3 增大），使得 $x > x^\circ$ ，最终在 $z=0$ （购买传统产品）处稳定。

从命题9的证明可以得到，当绿色产品价格 γ 越小时，消费者会选择购买绿色产品，但 $x = x^* = \dfrac{C_1 + I_1 - \lambda_1 S - \alpha - z\gamma Y_1}{F}$ 又表明只有随着绿色产品价格 γ 增大，污染企业才会选择进行绿色技术创新，进而生产绿色产品，但这并不矛盾，因为根据马克思的《资本论》所说，虽然资本有机构成增加会导致一般利润率下降，但利润量却因生产规模扩大而增加，所以对于企业来说整体利润量会增加，这一结论也和王鹏等（2022）的结论一致。

9.3.3　系统稳定性分析

通过联立复制动态方程（9.4）、（9.8）、（9.12）、（9.16）可以得到一个四维动力系统 L：

$$\dot{x} = \frac{\mathrm{d}x}{\mathrm{d}t} = x(U_{11} - \overline{U}_1) = x(1-x)(-C_g + U_g \times \ln\varphi - y_1 F - y_2 F + 2F)$$

$$(9.17)$$

$$\dot{y_1} = \frac{\mathrm{d}y_1}{\mathrm{d}t} = y_1(U_{21} - \overline{U}_2) = y_1(1-y_1)(xF + z\gamma Y_1 - C_1 - I_1 + \lambda_1 S + \alpha)$$

$$(9.18)$$

$$\dot{y_2} = \frac{\mathrm{d}y_2}{\mathrm{d}t} = y_2(U_{31} - \overline{U}_3) = y_2(1-y_2)(xF + z\gamma Y_2 - C_2 - I_2 + \lambda_2 S + \alpha)$$

$$(9.19)$$

$$\dot{z} = \frac{\mathrm{d}z}{\mathrm{d}t} = z(U_{41} - \overline{U}_4) = z(1-z)\big[-xC_3 + (y_2 + y_1 - y_2 y_1)(-\gamma + \lambda_3 S)$$
$$+ (1-y_2)(1-y_1)(-m) + U_e \times \ln\theta\big] \quad (9.20)$$

分别令 $\dot{x} = 0$、$\dot{y_1} = 0$、$\dot{y_2} = 0$、$\dot{z} = 0$，求得该复制动态系统的平衡点，$(0, 0, 0, 0)$、$(0, 0, 0, 1)$、$(0, 0, 1, 0)$、$(0, 1, 0, 0)$、$(1, 0, 0, 0)$、$(0, 0, 1, 1)$、$(0, 1, 0, 1)$、$(1, 0, 0, 1)$、$(1, 1, 0, 0)$、$(1, 0, 1, 0)$、$(0, 1, 1, 0)$、$(0, 1, 1, 1)$、$(1, 0, 1, 1)$、$(1, 1, 0, 1)$、$(1, 1, 1, 0)$、$(1, 1, 1, 1)$，分别对 x、y_1、y_2、z 求偏导，得到动力系统的雅可比矩阵 J：

$$J = \begin{pmatrix} J_1 & J_2 & J_3 & J_4 \\ J_5 & J_6 & J_7 & J_8 \\ J_9 & J_{10} & J_{11} & J_{12} \\ J_{13} & J_{14} & J_{15} & J_{16} \end{pmatrix} \qquad (9.21)$$

其中，$J_1 = \dfrac{\partial \dot{x}}{\partial x} = (1-2x)(-C_g + U_g \times \ln\varphi - y_1 F - y_2 F + 2F)$，$J_2 = \dfrac{\partial \dot{x}}{\partial y_1} = x$

$(1-x)(-F)$，$J_3 = \dfrac{\partial \dot{x}}{\partial y_2} = x(1-x)(-F)$，$J_4 = \dfrac{\partial \dot{x}}{\partial z} = 0$，$J_5 = \dfrac{\partial \dot{y_1}}{\partial x} = y_1(1-$

$y_1)(F)$，$J_6 = \dfrac{\partial \dot{y_1}}{\partial y_1} = (1-2y_1)(xF + z\gamma Y_1 - C_1 - I_1 + \lambda_1 S + \alpha)$，$J_7 = \dfrac{\partial \dot{y_1}}{\partial y_2} =$

0，$J_8 = \dfrac{\partial \dot{y_1}}{\partial z} = y_1(1-y_1)(\gamma Y_1)$，$J_9 = \dfrac{\partial \dot{y_2}}{\partial x} = y_2(1-y_2)(F)$，$J_{10} = \dfrac{\partial \dot{y_2}}{\partial y_1} = 0$，

$J_{11} = \dfrac{\partial \dot{y_2}}{\partial y_2} = (1-2y_2)(xF + z\gamma Y_2 - C_2 - I_2 + \lambda_2 S + \alpha)$，$J_{12} = \dfrac{\partial \dot{y_2}}{\partial z} = y_2(1-$

$y_2)(\gamma Y_2)$，$J_{13} = \dfrac{\partial \dot{z}}{\partial x} = z(1-z)(-C_3)$，$J_{14} = \dfrac{\partial \dot{z}}{\partial y_1} = z(1-z)[(1-y_2)(m$

$-\gamma + \lambda_3 S) + U_e \times \ln\theta]$，$J_{15} = \dfrac{\partial \dot{z}}{\partial y_2} = z(1-z)[(1-y_1)(m-\gamma + \lambda_3 S) + U_e$

$\times \ln\theta]$，$J_{16} = \dfrac{\partial \dot{z}}{\partial z} = (1-2z)[-xC_3 + (y_2 + y_1 - y_2 y_1)(-\gamma + \lambda_3 S) + (1-$

$y_2)(1-y_1)(-m) + U_e \times \ln\theta]$。

参考弗里德曼（Friedman，1991）的做法，当该动力系统的雅克比矩阵的特征值均为负值时，对应的均衡点为该动力系统的 ESS。经计算，该动力系统雅可比矩阵的特征值分别如下：

$$\sigma_1 = (1-2x)(-C_g + U_g \times \ln\varphi - y_1 F - y_2 F + 2F) \qquad (9.22)$$

$$\sigma_2 = (1-2y_1)(xF + z\gamma Y_1 - C_1 - I_1 + \lambda_1 S + \alpha) \qquad (9.23)$$

$$\sigma_3 = (1-2y_2)(xF + z\gamma Y_2 - C_2 - I_2 + \lambda_2 S + \alpha) \qquad (9.24)$$

$$\sigma_4 = (1-2z)[-xC_3 + (y_2 + y_1 - y_2 y_1)(-\gamma + \lambda_3 S) + (1-y_2)$$

$$(1-y_1)(-m) + U_e \times \ln\theta] \qquad (9.25)$$

根据上述分析判断，结合 x、y_1、y_2、$z \in [0, 1]$，求得的各均衡点对应的特征值及符号如表 9-3 所示，从表 9-3 可以看出，φ 和 θ 的不

同区间对于特征值符号的影响有所不同，当 $0 < \varphi \leqslant 1$ 时，即制度优化水平较低时，消费者无论是价格敏感型还是环境敏感型，此时都没有稳定的均衡策略，政府、污染企业、非污染企业和消费者的演化路径都不稳定。当 $\varphi > 1$ 时，即制度优化水平较高时，此时的稳定策略取决于消费者的类型，当消费者是价格敏感型时，四群体的稳定策略为（1，1，1，0），即｛强干预，进行绿色技术创新，进行绿色技术创新，购买传统产品｝，当消费者是环境敏感型时，四群体的稳定策略为（1，1，1，1），即｛强干预，进行绿色技术创新，进行绿色技术创新，购买绿色产品｝。

表 9 – 3　　　　　　　　　　均衡点的稳定性分析

均衡点	特征值	$0 < \varphi \leqslant 1$		$\varphi > 1$	
		$0 < \theta \leqslant 1$	$\theta > 1$	$0 < \theta \leqslant 1$	$\theta > 1$
(0, 0, 0, 0)	$\sigma_1 = -C_g + U_g \times \ln\varphi + 2F$ $\sigma_2 = -C_1 - I_1 + \lambda_1 S + \alpha$ $\sigma_3 = -C_2 - I_2 + \lambda_2 S + \alpha$ $\sigma_4 = -m + U_e \times \ln\theta$	$\sigma_1 > 0$ $\sigma_2 < 0$ $\sigma_3 < 0$ $\sigma_4 < 0$	$\sigma_1 > 0$ $\sigma_2 < 0$ $\sigma_3 > 0$ $\sigma_4 > 0$	$\sigma_1 > 0$ $\sigma_2 < 0$ $\sigma_3 < 0$ $\sigma_4 < 0$	$\sigma_1 > 0$ $\sigma_2 < 0$ $\sigma_3 > 0$ $\sigma_4 > 0$
(0, 0, 0, 1)	$\sigma_1 = -C_g + U_g \times \ln\varphi + 2F$ $\sigma_2 = \gamma Y_1 - C_1 - I_1 + \lambda_1 S + \alpha$ $\sigma_3 = \gamma Y_2 - C_2 - I_2 + \lambda_2 S + \alpha$ $\sigma_4 = -(-m + U_e \times \ln\theta)$	$\sigma_1 > 0$ $\sigma_2 < 0$ $\sigma_3 < 0$ $\sigma_4 > 0$	$\sigma_1 > 0$ $\sigma_2 < 0$ $\sigma_3 < 0$ $\sigma_4 < 0$	$\sigma_1 > 0$ $\sigma_2 < 0$ $\sigma_3 < 0$ $\sigma_4 > 0$	$\sigma_1 > 0$ $\sigma_2 < 0$ $\sigma_3 < 0$ $\sigma_4 < 0$
(0, 0, 1, 0)	$\sigma_1 = -C_g + U_g \times \ln\varphi + F$ $\sigma_2 = -C_1 - I_1 + \lambda_1 S + \alpha$ $\sigma_3 = -(-C_2 - I_2 + \lambda_2 S + \alpha)$ $\sigma_4 = -\gamma + \lambda_3 S + U_e \times \ln\theta$	$\sigma_1 > 0$ $\sigma_2 < 0$ $\sigma_3 > 0$ $\sigma_4 > 0$	$\sigma_1 > 0$ $\sigma_2 < 0$ $\sigma_3 > 0$ $\sigma_4 > 0$	$\sigma_1 > 0$ $\sigma_2 < 0$ $\sigma_3 > 0$ $\sigma_4 > 0$	$\sigma_1 > 0$ $\sigma_2 < 0$ $\sigma_3 > 0$ $\sigma_4 > 0$
(0, 1, 0, 0)	$\sigma_1 = -C_g + U_g \times \ln\varphi + F$ $\sigma_2 = -(-C_1 - I_1 + \lambda_1 S + \alpha)$ $\sigma_3 = -C_2 - I_2 + \lambda_2 S + \alpha$ $\sigma_4 = -\gamma + \lambda_3 S + U_e \times \ln\theta$	$\sigma_1 > 0$ $\sigma_2 > 0$ $\sigma_3 < 0$ $\sigma_4 > 0$	$\sigma_1 > 0$ $\sigma_2 > 0$ $\sigma_3 < 0$ $\sigma_4 > 0$	$\sigma_1 > 0$ $\sigma_2 > 0$ $\sigma_3 < 0$ $\sigma_4 > 0$	$\sigma_1 > 0$ $\sigma_2 > 0$ $\sigma_3 < 0$ $\sigma_4 > 0$
(1, 0, 0, 0)	$\sigma_1 = -(-C_g + U_g \times \ln\varphi + 2F)$ $\sigma_2 = F - C_1 - I_1 + \lambda_1 S + \alpha$ $\sigma_3 = F - C_2 - I_2 + \lambda_2 S + \alpha$ $\sigma_4 = -C_3 - m + U_e \times \ln\theta$	$\sigma_1 < 0$ $\sigma_2 > 0$ $\sigma_3 > 0$ $\sigma_4 < 0$	$\sigma_1 < 0$ $\sigma_2 > 0$ $\sigma_3 > 0$ $\sigma_4 > 0$	$\sigma_1 < 0$ $\sigma_2 > 0$ $\sigma_3 > 0$ $\sigma_4 < 0$	$\sigma_1 < 0$ $\sigma_2 > 0$ $\sigma_3 > 0$ $\sigma_4 > 0$

均衡点	特征值	$0 < \varphi \leqslant 1$		$\varphi > 1$	
		$0 < \theta \leqslant 1$	$\theta > 1$	$0 < \theta \leqslant 1$	$\theta > 1$
$(1, 1, 0, 0)$	$\sigma_1 = -(-C_g + U_g \times \ln\varphi + F)$	$\sigma_1 < 0$	$\sigma_1 < 0$	$\sigma_1 < 0$	$\sigma_1 < 0$
	$\sigma_2 = -(F - C_1 - I_1 + \lambda_1 S + \alpha)$	$\sigma_2 < 0$	$\sigma_2 < 0$	$\sigma_2 < 0$	$\sigma_2 < 0$
	$\sigma_3 = F - C_2 - I_2 + \lambda_2 S + \alpha$	$\sigma_3 > 0$	$\sigma_3 > 0$	$\sigma_3 > 0$	$\sigma_3 > 0$
	$\sigma_4 = -C_3 - \gamma + \lambda_3 S + U_e \times \ln\theta$	$\sigma_4 < 0$	$\sigma_4 > 0$	$\sigma_4 < 0$	$\sigma_4 > 0$
$(1, 0, 1, 0)$	$\sigma_1 = -(-C_g + U_g \times \ln\varphi + F)$	$\sigma_1 < 0$	$\sigma_1 < 0$	$\sigma_1 < 0$	$\sigma_1 < 0$
	$\sigma_2 = F - C_1 - I_1 + \lambda_1 S + \alpha$	$\sigma_2 > 0$	$\sigma_2 > 0$	$\sigma_2 > 0$	$\sigma_2 > 0$
	$\sigma_3 = -(F - C_2 - I_2 + \lambda_2 S + \alpha)$	$\sigma_3 < 0$	$\sigma_3 < 0$	$\sigma_3 < 0$	$\sigma_3 < 0$
	$\sigma_4 = -C_3 - \gamma + \lambda_3 S + U_e \times \ln\theta$	$\sigma_4 < 0$	$\sigma_4 > 0$	$\sigma_4 < 0$	$\sigma_4 > 0$
$(0, 0, 1, 1)$	$\sigma_1 = -C_g + U_g \times \ln\varphi + F$	$\sigma_1 > 0$	$\sigma_1 > 0$	$\sigma_1 > 0$	$\sigma_1 > 0$
	$\sigma_2 = \gamma Y_1 - C_1 - I_1 + \lambda_1 S + \alpha$	$\sigma_2 < 0$	$\sigma_2 < 0$	$\sigma_2 < 0$	$\sigma_2 < 0$
	$\sigma_3 = -(\gamma Y_2 - C_2 - I_2 + \lambda_2 S + \alpha)$	$\sigma_3 > 0$	$\sigma_3 > 0$	$\sigma_3 > 0$	$\sigma_3 > 0$
	$\sigma_4 = -(-\gamma + \lambda_3 S + U_e \times \ln\theta)$	$\sigma_4 < 0$	$\sigma_4 < 0$	$\sigma_4 < 0$	$\sigma_4 < 0$
$(0, 1, 0, 1)$	$\sigma_1 = -C_g + U_g \times \ln\varphi + F$	$\sigma_1 > 0$	$\sigma_1 > 0$	$\sigma_1 > 0$	$\sigma_1 > 0$
	$\sigma_2 = -(\gamma Y_1 - C_1 - I_1 + \lambda_1 S + \alpha)$	$\sigma_2 > 0$	$\sigma_2 > 0$	$\sigma_2 > 0$	$\sigma_2 > 0$
	$\sigma_3 = \gamma Y_2 - C_2 - I_2 + \lambda_2 S + \alpha$	$\sigma_3 < 0$	$\sigma_3 < 0$	$\sigma_3 < 0$	$\sigma_3 < 0$
	$\sigma_4 = -(-\gamma + \lambda_3 S + U_e \times \ln\theta)$	$\sigma_4 < 0$	$\sigma_4 < 0$	$\sigma_4 < 0$	$\sigma_4 < 0$
$(1, 0, 0, 1)$	$\sigma_1 = -(-C_g + U_g \times \ln\varphi + 2F)$	$\sigma_1 < 0$	$\sigma_1 < 0$	$\sigma_1 < 0$	$\sigma_1 < 0$
	$\sigma_2 = F + \gamma Y_1 - C_1 - I_1 + \lambda_1 S + \alpha$	$\sigma_2 > 0$	$\sigma_2 > 0$	$\sigma_2 > 0$	$\sigma_2 > 0$
	$\sigma_3 = F + \gamma Y_2 - C_2 - I_2 + \lambda_2 S + \alpha$	$\sigma_3 > 0$	$\sigma_3 > 0$	$\sigma_3 > 0$	$\sigma_3 > 0$
	$\sigma_4 = -(-C_3 - m + U_e \times \ln\theta)$	$\sigma_4 > 0$	$\sigma_4 < 0$	$\sigma_4 > 0$	$\sigma_4 < 0$
$(0, 1, 1, 0)$	$\sigma_1 = -C_g + U_g \times \ln\varphi$	$\sigma_1 < 0$	$\sigma_1 < 0$	$\sigma_1 > 0$	$\sigma_1 > 0$
	$\sigma_2 = -(-C_1 - I_1 + \lambda_1 S + \alpha)$	$\sigma_2 > 0$	$\sigma_2 > 0$	$\sigma_2 > 0$	$\sigma_2 > 0$
	$\sigma_3 = -(-C_2 - I_2 + \lambda_2 S + \alpha)$	$\sigma_3 > 0$	$\sigma_3 > 0$	$\sigma_3 > 0$	$\sigma_3 > 0$
	$\sigma_4 = -\gamma + \lambda_3 S + U_e \times \ln\theta$	$\sigma_4 > 0$	$\sigma_4 > 0$	$\sigma_4 > 0$	$\sigma_4 > 0$
$(0, 1, 1, 1)$	$\sigma_1 = -C_g + U_g \times \ln\varphi$	$\sigma_1 < 0$	$\sigma_1 < 0$	$\sigma_1 > 0$	$\sigma_1 > 0$
	$\sigma_2 = -(\gamma Y_1 - C_1 - I_1 + \lambda_1 S + \alpha)$	$\sigma_2 > 0$	$\sigma_2 > 0$	$\sigma_2 > 0$	$\sigma_2 > 0$
	$\sigma_3 = -(\gamma Y_2 - C_2 - I_2 + \lambda_2 S + \alpha)$	$\sigma_3 > 0$	$\sigma_3 > 0$	$\sigma_3 > 0$	$\sigma_3 > 0$
	$\sigma_4 = -(-\gamma + \lambda_3 S + U_e \times \ln\theta)$	$\sigma_4 < 0$	$\sigma_4 < 0$	$\sigma_4 < 0$	$\sigma_4 < 0$
$(1, 1, 1, 0)$	$\sigma_1 = -(-C_g + U_g \times \ln\varphi)$	$\sigma_1 > 0$	$\sigma_1 > 0$	$\sigma_1 < 0$	$\sigma_1 < 0$
	$\sigma_2 = -(F - C_1 - I_1 + \lambda_1 S + \alpha)$	$\sigma_2 < 0$	$\sigma_2 < 0$	$\sigma_2 < 0$	$\sigma_2 < 0$
	$\sigma_3 = -(F - C_2 - I_2 + \lambda_2 S + \alpha)$	$\sigma_3 < 0$	$\sigma_3 < 0$	$\sigma_3 < 0$	$\sigma_3 < 0$
	$\sigma_4 = -\gamma - C_3 + \lambda_3 S + U_e \times \ln\theta$	$\sigma_4 < 0$	$\sigma_4 > 0$	$\sigma_4 < 0$	$\sigma_4 > 0$

续表

均衡点	特征值	0 < φ ≤ 1		φ > 1	
		0 < θ ≤ 1	θ > 1	0 < θ ≤ 1	θ > 1
(1, 0, 1, 1)	$\sigma_1 = -(-C_g + U_g \times \ln\varphi + F)$ $\sigma_2 = F + \gamma Y_1 - C_1 - I_1 + \lambda_1 S + \alpha$ $\sigma_3 = -(F + \gamma Y_1 - C_2 - I_2 + \lambda_2 S + \alpha)$ $\sigma_4 = -(-\gamma - C_3 + \lambda_3 S + U_e \times \ln\theta)$	$\sigma_1 < 0$ $\sigma_2 > 0$ $\sigma_3 < 0$ $\sigma_4 > 0$	$\sigma_1 < 0$ $\sigma_2 > 0$ $\sigma_3 < 0$ $\sigma_4 < 0$	$\sigma_1 < 0$ $\sigma_2 > 0$ $\sigma_3 < 0$ $\sigma_4 > 0$	$\sigma_1 < 0$ $\sigma_2 > 0$ $\sigma_3 < 0$ $\sigma_4 < 0$
(1, 1, 0, 1)	$\sigma_1 = -(-C_g + U_g \times \ln\varphi + F)$ $\sigma_2 = -(F + \gamma Y_1 - C_1 - I_1 + \lambda_1 S + \alpha)$ $\sigma_3 = F + \gamma Y_1 - C_2 - I_2 + \lambda_2 S + \alpha$ $\sigma_4 = -(-\gamma - C_3 + \lambda_3 S + U_e \times \ln\theta)$	$\sigma_1 < 0$ $\sigma_2 < 0$ $\sigma_3 > 0$ $\sigma_4 > 0$	$\sigma_1 < 0$ $\sigma_2 < 0$ $\sigma_3 > 0$ $\sigma_4 < 0$	$\sigma_1 < 0$ $\sigma_2 < 0$ $\sigma_3 > 0$ $\sigma_4 > 0$	$\sigma_1 < 0$ $\sigma_2 < 0$ $\sigma_3 > 0$ $\sigma_4 < 0$
(1, 1, 1, 1)	$\sigma_1 = -(-C_g + U_g \times \ln\varphi)$ $\sigma_2 = -(F + \gamma Y_1 - C_1 - I_1 + \lambda_1 S + \alpha)$ $\sigma_3 = -(F + \gamma Y_1 - C_2 - I_2 + \lambda_2 S + \alpha)$ $\sigma_4 = -(-\gamma - C_3 + \lambda_3 S + U_e \times \ln\theta)$	$\sigma_1 > 0$ $\sigma_2 < 0$ $\sigma_3 < 0$ $\sigma_4 > 0$	$\sigma_1 > 0$ $\sigma_2 < 0$ $\sigma_3 < 0$ $\sigma_4 < 0$	$\sigma_1 < 0$ $\sigma_2 < 0$ $\sigma_3 < 0$ $\sigma_4 > 0$	$\sigma_1 < 0$ $\sigma_2 < 0$ $\sigma_3 < 0$ $\sigma_4 < 0$

上述分析表明，制度化水平的提高可以有助于污染企业和非污染企业进行绿色技术创新，促进非污染企业进行绿色转型。以及当消费者收入水平较低、人力资本水平较低、价格敏感时，即使企业进行绿色生产，消费者也更愿意购买传统产品。因此要实现理想的市场环境，需要良好的制度化水平与行政干预相结合，形成行政环境优化，同时以市场为导向，并积极引导消费者向环境型转变，提高市场化水平，最终从多维度促进绿色技术创新，实现绿色发展，以此推动碳中和体系的构建。

9.3.4　仿真分析

为了更加形象地说明政府、消费者、污染企业和非污染企业四群体策略选择的稳定性，本部分将通过 MATLAB（R2021a）进行数值仿真分析，以此来探讨四群体策略选择的演化路径和演化进程，并且对参数的敏感性进行分析。

1. 均衡点数值仿真

根据前文的分析，不考虑参数的量纲进行合理假说，将参数赋值为

$C_g = 1.2$、$U_g = 6$、$F = 6$、$\gamma = 5.5$、$Y_1 = 0.5$、$C_1 = 10$、$I_1 = 2$、$\lambda_1 = 0.4$、$S = 6.6$、$\alpha = 5$、$Y_2 = 1$、$C_2 = 5$、$I_2 = 4$、$C_3 = 3$、$\lambda_2 = 0.3$、$m = 6$、$U_e = 5.6$，另外设政府、消费者、污染企业和非污染企业的起始概率为0.5。

当$0 < \varphi \leq 1$、$0 < \theta \leq 1$时，取$\varphi = 0.3$、$\theta = 0.5$，即制度优化水平较低，消费者为价格敏感型，x轴表示时间，y轴反映博弈主体的策略选择概率，如图9-2所示，随着时间的推移，四群体的演化路径未演化至稳定状态，政府和非污染企业处于周期波动状态，符合表9-3的分析。当$0 < \varphi \leq 1$、$\theta > 1$时，取$\varphi = 0.3$、$\theta = 1.5$，即制度优化水平较低，消费者为环境敏感型，如图9-3所示，可以看出，博弈主体随着演化的进行，同样没有演化到稳定策略，这同样与我们上述分析一致。

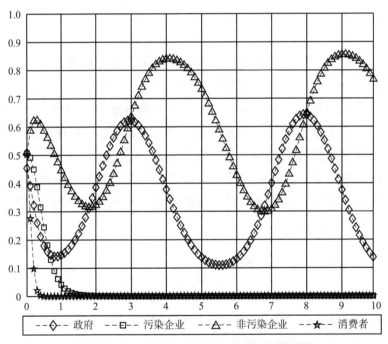

图9-2 $\varphi = 0.3$、$\theta = 0.5$时，四群体演化路径

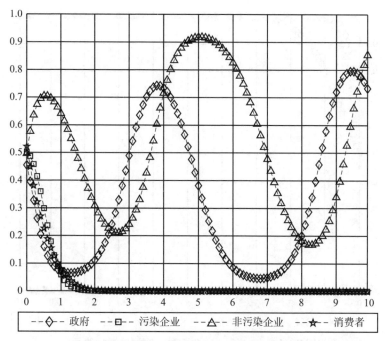

图 9 - 3 　 $\varphi = 0.3$、$\theta = 1.5$ 时，四群体演化路径

当 $\varphi > 1$、$0 < \theta \leqslant 1$ 时，取 $\varphi = 1.5$、$\theta = 0.5$，即制度优化水平较高，消费者是价格敏感型，均衡点为（1，1，1，0）的仿真分析，同样设定四群体的初始概率为 0.5，如图 9 - 4 所示，政府迅速演化为强干预，消费者迅速演化为购买传统产品，污染企业和非污染企业迅速演化为进行绿色技术创新，但非污染企业的演化速度要快于污染企业的演化速度，这是因为非污染企业的绿色创新成本低于污染企业的绿色创新成本，经过多期演变后，系统同样稳定在（1，1，1，0），显示出了该演化系统的稳定性。随后，在其他参数不变的条件下，设定政府、消费者、污染企业和非污染企业策略选择的初始概率分别 0.3 和 0.7，进行演化路径模拟，结果分别如图 9 - 5 和图 9 - 6，四群体的稳定策略仍然是政府选择强干预，污染企业和非污染企业选择进行绿色技术创新，消费者选择购买传统产品。以上仿真模拟表明了四群体的演化路径不受初始概率的影响，显示了演化系统的稳定性。

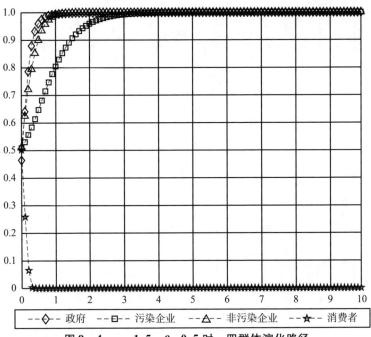

图 9-4　$\varphi=1.5$、$\theta=0.5$ 时，四群体演化路径

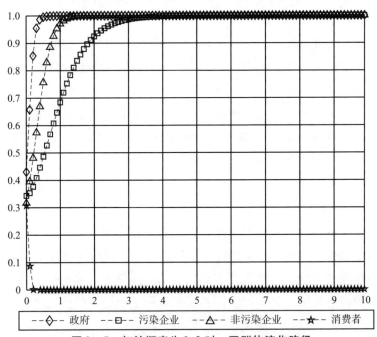

图 9-5　初始概率为 0.3 时，四群体演化路径

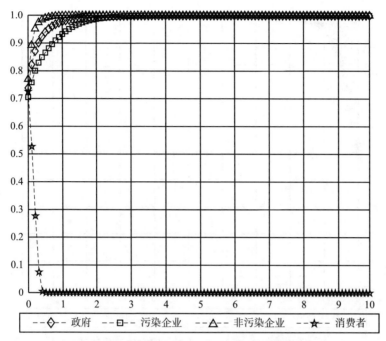

图 9 - 6　初始概率为 0.7 时，四群体演化路径

$\varphi > 1$、$0 < \theta \leqslant 1$ 时，取 $\varphi = 1.5$、$\theta = 5$，即制度优化水平较高，消费者是环境敏感型，均衡点为 (1，1，1，1) 的仿真分析，同样设定四群体的初始概率为 0.5，如图 9 - 7 所示，政府迅速演化为强干预，消费者迅速演化为购买绿色产品，同样的污染企业和非污染企业迅速演化为进行绿色技术创新，但非污染企业的演化速度要快于污染企业的演化速度，这是因为非污染企业的绿色创新成本低于污染企业的绿色创新成本，经过多期演变后，系统同样稳定在 (1，1，1，1)，显示出了该演化系统的稳定性。随后，在其他参数不变的条件下，设定政府、消费者、污染企业和非污染企业策略选择的初始概率分别为 0.3 和 0.7，进行演化路径模拟，结果分别如图 9 - 8 和图 9 - 9，四群体的稳定策略仍然是政府选择强干预，污染企业和非污染企业选择进行绿色技术创新，消费者选择购买绿色产品。以上仿真模拟表明了四群体的演化路径不受初始概率的影响，显示了演化系统的稳定性。

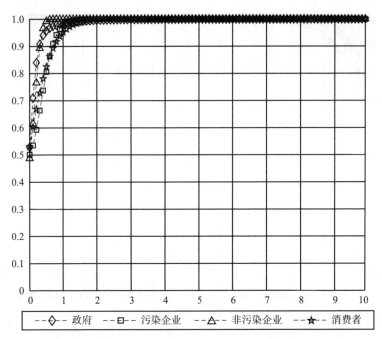

图 9 - 7 $\varphi = 1.5$、$\theta = 5$ 时，四群体演化路径

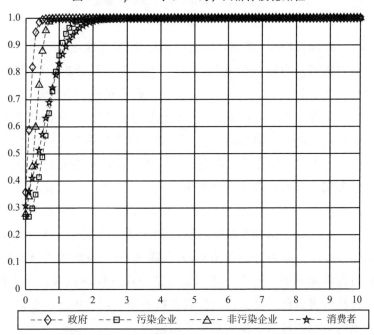

图 9 - 8 初始概率为 0.3 时，四群体演化路径

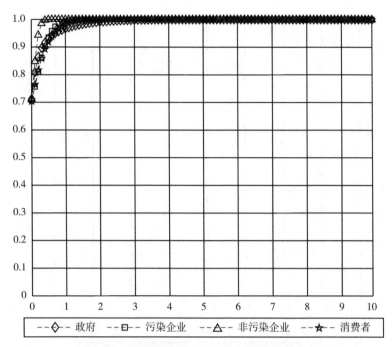

图 9 - 9　初始概率为 0.7 时，四群体演化路径

2. 参数敏感性分析

为了进一步研究主要参数变化对博弈主体策略选择的影响，本文以当 $\varphi > 1$、$\theta > 1$ 时，取 $\varphi = 1.5$、$\theta = 5$，稳定策略（1，1，1，1）情景为例，其他参数不变的情况下，分别讨论良好的制度优化给政府带来的额外效用（U_g）、绿色产品产生的额外效用（U_e），以及当 $\theta = 5$，其他参数不变时，对政府对制度优化的反应度（φ）进行敏感性分析，当 $\varphi = 1.5$，其他参数不变时，对消费者对于绿色产品额外效用的反应度（θ）进行敏感性分析。

当探讨 U_g 的不同变化对政府策略选择的影响时，分别令 $U_g = 5$、10、15，其他参数赋值与前文一致，政府策略选择的演化路径如图 9 - 10 所示，可以看出，U_g 的值与曲线向 1 的方向收敛的速度正相关，也就是说，政府选择强干预的策略随着制度优化给政府带来的额外效用增加而增加，即在一定范围内，制度化水平提高带来的额外效用越大，政府越容易选择强干预。

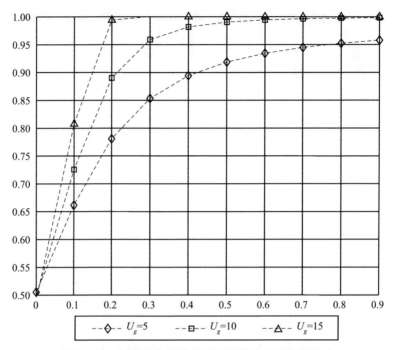

图 9 - 10   制度优化额外效用对政府策略选择的影响

当探讨 U_e 的不同变化对消费者策略选择的影响时，分别令 U_e = 6、7、8，其他参数赋值与前文一致，消费者策略选择的演化路径如图 9 - 11 所示，结果表明，随着 U_e 的增加，消费者选择购买绿色产品的速度增快，即在一定范围内，表明绿色产品额外效用越大，消费者越容易购买绿色产品。

当探讨 φ 的不同变化对政府策略选择的影响时，分别令 φ = 1.5、2.5、3.5，其他参数赋值与前文一致，政府策略选择的演化路径如图 9 - 12 所示，结果表明，政府策略演化至强干预的速度随着 φ 的增大而加快，即在一定范围内，政府对制度优化水平的反应度越大，政府越容易选择强干预。

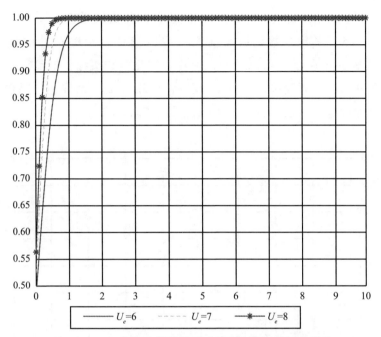

图 9 - 11   绿色产品额外效用对消费者策略选择的影响

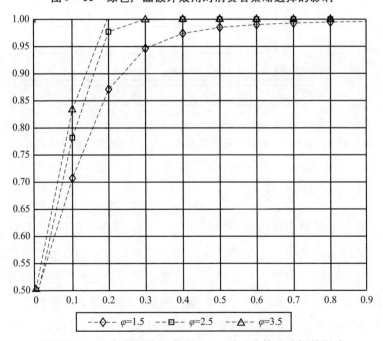

图 9 - 12   制度优化的反应度（φ）对政府策略选择的影响

当探讨 θ 的不同变化对消费者策略选择的影响时，分别令 $\theta =$ 5、10、15，其他参数赋值与前文一致，消费者策略选择的演化路径如图 9 - 13 所示，可以看出，消费者演化至购买绿色产品策略的速度随着 θ 的增大而变快，表明在一定范围内，消费者对绿色产品额外效用的反应度越大，消费者越容易购买绿色产品。

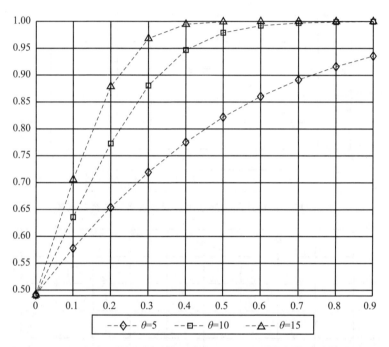

图 9 - 13　绿色产品额外效用的反应度（θ）对消费者策略选择的影响

9.3.5　研究总结

为研究不同制度环境和不同市场化水平下企业绿色技术创新问题，本部分通过引入消费者对绿色产品额外效用的反应度和政府对制度优化水平额外效应的反应度，并且同时考虑到企业异质性的问题，构建了政府、消费者、污染企业和非污染企业参与的四群体演化博弈模型，利用复制动态方程分析了四维动力系统的动态复制过程并进行仿真，探讨了不同消费者类型和不同制度化水平演化稳定策略的影响因素，得出了以下结论：（1）当制度优化水平较低时，四群体没有稳定策略，随着制度优化水平提高，四群体演化出了均衡策略，表明较高的制度优化水平能够显著提高四群体的策略稳定性，促进企业进行绿色技术创新，更加充分地发挥政府行政干预的作用，以达到制度环境优化的根本目的。（2）不同的消费类型决定了市场导向，环境敏感型消费者更容易购买绿色产品，价格敏感型消费者更愿意购买传统产品。因此，一方面，企业需要重视绿色产品的附加功能，积极创造绿色产品卖点，充分发挥市场的作用，以此引导消费，形成环境敏感型的消费习惯。另一方面，政府需要大量推广和宣传低碳生活方式，并且积极推动形成绿色生活方式，在制度上应完善相关补贴机制，应该对进行绿色技术创新的企业和购买绿色产品的消费者积极进行补贴。最终，促进污染企业绿色转型，形成市场与制度相结合的绿色生产生活方式，以此实现"双碳"目标与绿色经济转型的共同推进。

9.4　中国碳中和综合体系构建的技术基础与未来发展

当前中国碳中和综合体系主要由碳市场和政府政策制度以及其他配套体系构成。中国在 2013 年正式启动碳市场，截至 2020 年年底，中国碳市场配额现货累计成交量为 4.55 亿吨，CCER 累计成交量为 2.68 亿吨，合计规模约 7.23 亿吨[1]。但目前来看，支持碳中和远景目标的碳市场规模远未达到。另外在立法层面也存在一定的缺陷，碳排放交易体系需要得到国家层面的立法支撑，碳交易产品的法律属性并不明确，如碳配额或者经核证的碳减排量，履约保障机制力度不足难以发挥其作用，导致对排放主体难以形成有效的约束。总之，当前中国碳中和综合体系的构建还处于初级阶段，仍然存在着诸多不足，我们需要构建一个更加完善的碳中和综合体系。而本书的根本目的是从能源、环境偏向型

---

[1]　2020 年碳交易市场情况，http：//m. tanpaifang. com/article/77392. html。

技术进步的视角来寻求推动我国"双碳"目标实现的途径，因此我们从其影响因素入手分析了可能推动能源、环境偏向型技术进步的行政手段和市场方法，本章从政府和市场两个视角给出了推动能源、环境偏向型技术进步的理论基础，接下来我们将基于上述分析同样从政府和市场两个方面给出推动我国能源、环境偏向型技术进步从而推动我国"双碳"目标以及绿色转型发展早日实现的建议和思考。

（1）政府加强优化制度建设，形成全面高效的自然资源管理体系，准确定位相关技术政策。我国自然资源种类丰富，各种自然资源管理之间形成了割裂的管理模式，不同资源归属于不同部门，甚至存在多头管理的情况，必然导致的结果就是各自为政，重复或者冲突的政策手段会使得管理无序，执行效果较差，无法实现根本目标。然而随着 2018 年3 月中华人民共和国自然资源部的成立，我国自然资源管理进入构建统一管理体系的阶段，对应的政策制定和执行等都放在统一的体系框架下，形成高效、多层次的管理体系和政策系统。从宏观上看，能源、环境偏向型技术进步是自然资源高效利用体系的一部分。广义来说，助推企业进行能源、环境偏向型技术创新的政策属于自然资源管理政策体系的一部分。因此，政府在基于上述研究结论推动相关政策时，从宏观上应该考虑是否与整体的自然资源管理政策一致，从内部结构上看是否与其他相关自然资源高效利用政策形成协同，至少要保证做到不内耗，从政策本身来看注重结合地区技术发展比较优势，实现利用有限资源推动自然资源高效利用和绿色发展的偏向型技术进步创新。

（2）致力形成稳定运行的市场体系，推进技术开发和技术转化，形成技术推广和应用的市场环境。有学者曾在研究中表明中国并不缺少绿色创新技术，而真正的难点在于这些技术的转化、应用与推广，也就是说我们具有先进的技术，但是由于这些技术的高推广成本（配套设施的建设、应用人员的培训等导致非常高的应用成本）、高沉默成本（传统技术淘汰需要相应淘汰一系列配套设施和技术人员，从而受阻）等导致我们先进的、高效的、绿色技术并没有应用和推广的空间。也就是说仅仅通过政策鼓励企业进行原始技术创新并不足以解决我国自然资源高效利用问题，后续绿色技术转化效率以及技术推广应用等都需要相应的政策支持和市场建设。基于此，建设高效的技术交易和转化市场，形成稳定运行的市场体系推动能源、环境偏向型技术的应用是当前市场应该努力改进的方向。可结合相关政策等逐渐培育绿色技术开发、转化和应用市场，结合社会各界的力量（例如政产学研合作模式）共同推动市场基础设施和基本体系建设，从解决自然资源的定价入手，致力于解决外部性问题，逐渐形成能够稳定运行、良好自我循环的市场环境。

9.5　小　　结

本章在总结前文第 6、第 7、第 8 三章分析的基础上，从制度优化和市场建设两个方向寻找促进能源、环境偏向型技术进步的动力源泉，考虑制度优化的结果是提供更好的政府服务，而消费者的需求更能体现市场导向，因此，我们分别从政府管控和消费者感知的视角来分析制度优化和市场化建设的作用，基于此构建了包含政府、消费者、污染企业和非污染企业的四群体演化博弈模型，通过各个主体的创新行为分析，讨论了不同情境下企业绿色创新策略选择，并给出不同参数下的模拟结果，更加形象化地理解制度优化和市场建设对偏向型技术进步的影响，同时从政府制度优化和资源市场建设的角度提出相应的对策建议，为推动绿色转型发展，实现碳中和目标提供参考。

参 考 文 献

［1］ Acemoglu, D., Politics and economics in weak and strong states ［J］. Journal of Monetary Economics, 2005, 52 （7）: 1199 – 1226.

［2］ Cai, X., Zhu, B., Zhang, H., Li, L., & Xie, M., Can direct environmental regulation promote green technology innovation in heavily polluting industries? Evidence from Chinese listed companies ［J］. Science of the Total Environment, 2020, 746: 140810.

［3］ Friedman, D., Evolutionary games in economics ［J］. Econometrica：Journal of the Econometric Society，1991，59（03）：637 –666.

　　［4］Griliches，Z.，Issues in assessing the contribution of research and development to productivity growth ［J］. The Bell Journal of Economics，1979，10（01）：92 –116.

　　［5］Jaffe，A. B.，Real effects of academic research ［J］. The American Economic Review，1989，79（05）：957 –970.

　　［6］North，D. C.，A transaction cost theory of politics ［J］. Journal of Theoretical Politics，1990，2（4）：355 –367.

　　［7］North，D. C.，& Thomas，R. P.，The rise of the western world：A new economic history ［M］. Cambridge University Press，1973.

　　［8］Walter，S. G.，& Block，J. H.，Outcomes of entrepreneurship education：An institutional perspective ［J］. Journal of Business Venturing，2016，31（2）：216 –233.

　　［9］Zhou，X. X.，& Du，J. T.，Does environmental regulation induce improved financial development for green technological innovation in China? ［J］. Journal of Environmental Management，2021，300：113685.

　　［10］曹琪格，任国良，骆雅丽. 区域制度环境对企业技术创新的影响 ［J］. 财经科学，2014（01）：71 –80.

　　［11］曹霞，张路蓬. 企业绿色技术创新扩散的演化博弈分析 ［J］. 中国人口·资源与环境，2015，25（07）：68 –76.

　　［12］邓国营，宋跃刚，吴耀国. 中间品进口、制度环境与出口产品质量升级 ［J］. 南方经济，2018（08）：84 –106.

　　［13］韩国高，刘田广. 中间品进口、制度环境与中国企业能源强度 ［J］. 经济科学，2021（03）：44 –56.

　　［14］洪俊杰，石丽静. 自主研发、地区制度差异与企业创新绩效——来自371家创新型企业的经验证据 ［J］. 科学学研究，2017，35（02）：310 –320.

　　［15］李婉红，李娜，刘芳. 绿色技术创新利益相关者的三群体演化博弈及其仿真 ［J］. 运筹与管理，2021，30（09）：216 –224.

　　［16］刘慧龙，吴联生. 制度环境、所有权性质与企业实际税率

[J]. 管理世界，2014（04）：42-52.

[17] 刘思明，侯鹏，赵彦云. 知识产权保护与中国工业创新能力——来自省级大中型工业企业面板数据的实证研究［J］. 数量经济技术经济研究，2015，32（03）：40-57.

[18] 吕希琛，徐莹莹，徐晓微. 环境规制下制造业企业低碳技术扩散的动力机制——基于小世界网络的仿真研究［J］. 中国科技论坛，2019（07）：145-156.

[19] 聂世坤，叶泽樱. 双边关系、制度环境与中国对"一带一路"国家OFDI的出口创造效应［J］. 国际经贸探索，2021，37（02）：67-82.

[20] 苏利阳. 碳达峰、碳中和纳入生态文明建设整体布局的战略设计研究［J］. 环境保护，2021，49（16）：6-9.

[21] 孙宏芃. 制度创新环境与中国绿色技术创新效率［J］. 科技管理研究，2016，36（21）：251-257.

[22] 万迈. 基于环境保护的绿色技术创新分析［J］. 经济与管理，2004（12）：14-16.

[23] 王彩明，李健. 中国区域绿色创新绩效评价及其时空差异分析——基于2005-2015年的省际工业企业面板数据［J］. 科研管理，2019，40（06）：29-42.

[24] 王鹏，刘殊奇. 市场导向机制下绿色技术创新演化博弈研究［J］. 经济问题，2022（01）：67-77.

[25] 王馨，王营. 绿色信贷政策增进绿色创新研究［J］. 管理世界，2021，37（06）：173-188，11.

[26] 熊焰，杨博旭. 双重网络嵌入、制度环境与区域创新能力［J/OL］. 科研管理：1-18.

[27] 徐浩，冯涛. 制度环境优化有助于推动技术创新吗？——基于中国省际动态空间面板的经验分析［J］. 财经研究，2018，44（04）：47-61.

[28] 徐浩，温军，冯涛. 制度环境、金融发展与技术创新［J］. 山西财经大学学报，2016，38（06）：41-52.

［29］杨继军，赵梓辰．制度环境、行业契约密集度对出口国内增加值的影响［J］．南京社会科学，2021（10）：35－44．

［30］姚辉斌，彭新宇．"一带一路"沿线国家制度环境对中国农产品出口贸易的影响研究［J］．农业技术经济，2021（04）：17－29．

［31］张秀娥，王超，李帅．制度环境、创业自我效能感与创业意愿［J/OL］．科研管理：1－17．

［32］庄芹芹，吴滨，洪群联．市场导向的绿色技术创新体系：理论内涵、实践探索与推进策略［J］．经济学家，2020（11）：29－38．